中等职业教育“十四五”规划教材
职业教育课程改革规划创新教材

税 收 基 础

汪文艳　马雪莹　胡　盼　主编

中国石化出版社
HTTP://WWW.SINOPEC-PRESS.COM
中国经济出版社
CHINA ECONOMIC PUBLISHING HOUSE
·北 京·

内 容 提 要

本书涵盖税法基本原理，主要介绍各主要税种以及征收管理等内容。每章节知识点采用思维税图给出内容框架，帮助学习者快速掌握内容梗概；每个知识点后都有配套重难点知识训练习题以及答案解析，教师在授课时可以配套使用，减轻备课工作量。

本书可作为中高职财经类相关专业教材，也可作为参加税务技能大赛和初级会计专业技术资格考试的参考书。

图书在版编目(CIP)数据

税收基础 / 汪文艳，马雪莹，胡盼主编．--北京：中国石化出版社，2025.1.—ISBN 978-7-5114-7792-7

Ⅰ．F812.423

中国国家版本馆 CIP 数据核字第 2025R6H822 号

中国石化出版社出版发行

地址：北京市东城区安定门外大街 58 号
邮编：100011 电话：(010)57512500
发行部电话：(010)57512575
http://www.sinopec-press.com
E-mail：press@sinopec.com
宝蕾元仁浩(天津)印刷有限公司印刷
全国各地新华书店经销

*

787 毫米×1092 毫米 16 开本 16.75 印张 342 千字
2025 年 1 月第 1 版　2025 年 1 月第 1 次印刷
定价：52.00 元

《税收基础》

编 委 会

主　编：汪文艳　马雪莹　胡　盼

副主编：梁学东　秦　蕾　童慕雪

陈舒静　汪丽文

编　委：吴　双　李　鑫　高沙沙

欧冬玲　张晓婷

前言

国家全面推广应用数字化电子发票、实施水资源税改试点等有关税收政策，对推动经济高质量发展具有重要意义。本书结合国家最新税制要求，旨在帮助职业教育财经类专业学生熟悉税收的内容，掌握各种税收计算、缴纳、申报等知识。

本书有以下特点：

1. 内容对接最新税收制度要求

精心设计了每章的“学税目标”模块，让学生树立正确的学习目标，锚定目标精准开展教与学活动。“税言税语”模块增加教材的趣味性与可读性，让学生在轻松愉快的氛围中学习税收相关知识。“税的内容”模块依据我国最新税收法律法规进行编写，对我国税收政策和各类税种进行介绍。“思政启税”模块融合课程思政，体现立德树人的教学理念，在帮助学生学习税收相关知识的同时也注重培养学生税收的法律意识和社会责任感。“数字赋税”模块向学生介绍数字经济赋能税收改革对财税人才提出的知识、技能、综合素养的新要求。“思维税图”模块侧重于税收基本知识的系统总结，帮助学生构建思维导览图，加深对税收知识的理解。

2. 以立体化资源补充纸质教材

为了方便学习，本书提供二维码学习资料（拓展知识链接、税法导航、微课实操等）。丰富纸质教材的内容，作为实操学习的先导课程，拓展了技能训练的方式。

3. 对接“岗、课、赛、证”，为实操训练提供理论支撑

本书对接财税岗位理论知识需求，夯实专业课程知识学习，根据“1+X”相关证书、技能大赛知识点等多维度需求，注重理论先导，为实操训练提供理论支撑。通过本书学习，可以有效地提高学生的税收技能知识和素养，有利于“岗、课、赛、证”融合提升。

4. 校企合作，职普融通

本书由学校与企业合作编写，有利于加强职业教育与普通教育的相互融通、双向赋能、协同发展，有利于对学生职业能力的培养。

目录

第一章　税收基础概述

【学税目标】

知识目标

- 我国税收的概念、特征，我国现行税收法律制度的构成要素。
- 税收的职能与作用。
- 了解现行税收制度的基本要素。
- 了解我国目前税收的分类。

技能目标

- 税收发展的历史进程。
- 税收法律关系中的主体、客体和内容三个组成部分。
- 税收调节经济的方法。
- 税法体系的要求及特征。

素质目标

- 培养严谨细致的工作态度，提高责任心和敬业精神。
- 培养良好的职业道德，诚实守信，依法纳税。
- 培养自主学习能力，不断更新知识，适应税收政策的变化。
- 培养团队合作精神，善于沟通协调，提高工作效率。

第一节　税收与税收法律关系

【税言税语】

一个周六的晚上，小明和爸爸妈妈一起到广场散步，广场上灯光明亮，人们在休闲娱乐……小明也加入溜旱冰的队伍中。擦汗喝水时，小明突然问妈妈："妈妈，你觉得这里的灯光怎么样？"妈妈微笑着说："很好啊，这里的灯光为我们提供了光明，让我们可以更好地休闲娱乐，怎么会提这个问题？"小明又问："妈妈，家里的电费是我们付钱的，那我们到这里玩，要不要交电费呢？"妈妈笑着说："到这里玩，我们不用交电费啊！是政府掏钱的。"小明不解地问："政府掏钱？政府怎么会有钱？政府的钱是银行提供的吗？"在一旁的爸爸听到小明这样问，笑着说："政府的钱不是银行提供的，最主要来源是每个纳税人缴纳的税收。""税收？什么是税收？做生意为什么要交税？"小明问。爸爸说："你还小，等你再长大点就会明白了！"

※思考：

架设路灯、铺设马路、建设文化广场及配套设施等公共工程项目，这些公共开支有向使用者收费吗？如果没有，政府的钱从哪里来？

学习目标：

1. 了解税收的概念和特点；
2. 掌握我国税收的起源及发展；
3. 掌握税收的特征；
4. 了解我国的税收法律。

【税的内容】

一、税收的概念

税收是指国家为了向社会提供公共产品、满足社会共同需要，按照法律的规定，参与社会产品的分配，强制、无偿取得财政收入的一种规范形式。

税收是国家(政府)公共财政最主要的收入形式和来源。政府征税的依据是国家的政治权力，政府征税的目的是实现其职能的需要，其本质是国家为满足社会公共需要，凭借公共权力，按照法律所规定的标准和程序，参与国民收入分配，强制、无偿取得财政收入，所形成的一种特殊分配关系。它体现了一定社会制度下国家与纳税人在征收、纳税的利益分配上的一种特定分配关系。

二、我国税收的起源及发展

知识点：公元前594年(鲁宣公十五年)鲁国实行了“初税亩”，按平均产量对土地征税，是税收起源的里程碑。

(一) 奴隶社会时期

在我国古代的第一个奴隶制国家夏朝，最早出现的财政征收方式是“贡”，即臣属将物品进献给君王，“贡”带有强制性，是税收萌芽的开始。而后出现的“赋”与“贡”不同。西周，征收军事物资称“赋”；征收土产物资称“税”。

春秋后期，赋与税统一按田亩征收。“赋”原指军赋，即君主向臣属征集的军役和军用品。后来“赋”的形式扩展，国家对关口、集市、山地、水面等征集的收入也称“赋”。所以，“赋”已不仅指国家征集的军用品，而且具有了“税”的含义。

(二) 封建社会时期

随着生产力及生产工具不断发展，封建社会的物质生产有了大幅提高，为封建国家征收各种税收提供了坚实的物质基础。

唐朝的赋税主要是均田制下的租庸调制和两税法，租庸调制是以均田制的推行为前提的，均田制规定每个成丁的农民都受田一百亩，因此国家征收租庸调时只问丁身，不问财产。租庸调税制是我国封建社会前期税收制度的集成，并有一定的创新，内容比较系统和完整，在我国封建税制史上占有重要的地位。

明朝为了缓和阶级矛盾，改革赋税制度，在全国推行一条鞭法。一条鞭法将原来的田赋、徭役、杂税等“并为一条”，折成银两，把从前按户、丁征收的役银，分摊在田亩上，按人丁和田亩的多寡来分担。

到了清朝则推行“摊丁入亩”的办法，把丁税平均摊入田赋中，征收统一的地丁银，对人口增长和社会经济发展起到积极的作用。清末，租税成为多种捐税的统称。农民向地主交纳实物叫“租”，向国家交纳货币叫“税”。后来，“赋”和“税”往往就并用了，统称赋税。

(三) 中华人民共和国时期

中华人民共和国税收经历了国民经济恢复与社会主义改造时期、计划经济时期、改革开放初期、建立和完善社会主义市场经济时期、全面深化改革时期。尤其是在全面深化改革时期，陆续进行营业税改征增值税改革、国税地税征管体制改革，制定及修订相关法律法规，为社会主义经济建设提供了坚实的财政基础。

【例 1-1 · 多选题】 为什么会产生税收行为？（　　）

A. 满足政府履行职能　　　　B. 调节经济社会

C. 维护市场秩序　　　　D. 保障财政收入稳定

答案：ABCD

解析：税收行为的产生是为了满足政府履行职能、调节经济社会、维护市场秩序以及保障财政收入稳定等多方面的需求。

三、税收的特征

（一）强制性

税收的强制性是指税收是国家以社会管理者的身份，凭借政权力量，依据政治权力，通过颁布法律或政令来进行强制征收。负有纳税义务的社会集团和社会成员，都必须遵守国家强制性的税收法令，在国家税法规定的限度内，纳税人必须依法纳税，否则就要受到法律的制裁，这是税收具有法律地位的体现。

强制性特征体现在两个方面：一方面，税收分配关系的建立具有强制性，即税收征收完全凭借国家拥有的政治权力；另一方面，税收的征收过程具有强制性，即如果出现了税务违法行为，国家可以依法进行处罚。

（二）无偿性

税收的无偿性是指通过征税，社会集团和社会成员的一部分收入转归国家所有，国家不向纳税人支付任何报酬或代价。税收的这种无偿性是与国家凭借政治权力进行收入分配的本质相联系的。

无偿性体现在两个方面：一方面是指政府获得税收收入后无须向纳税人直接支付任何报酬；另一方面是指政府征得的税收收入不再直接返还给纳税人。税收无偿性是税收的本质体现，反映的是一种社会产品所有权、支配权的单方面转移关系，而不是等价交换关系。税收的无偿性是区分税收收入和其他财政收入形式的重要特征。

（三）固定性

税收的固定性是指税收是按照国家法令规定的标准征收的，即纳税人、课税对象、税目、税率、计价办法和期限等，都是税收法令预先规定了的，在一定时间内是相对稳定的，是一种固定的连续收入。

对于税收预先规定的标准，征税和纳税双方都必须共同遵守，非经国家法令修订或调整，征纳双方都不得违背或改变这个固定的比例或数额以及其他制度规定。

税收的三个基本特征是统一的整体。其中，强制性是实现税收无偿征收的强有力保证，无偿性是税收本质的体现，固定性是强制性和无偿性的必然要求。

【例 1–2 · 单选题】 企业或个人如果未按时足额缴纳税款，(　　)有权采取罚款、加收滞纳金等措施。

A. 公安机关　　　　　　B. 市场监督管理部门

C. 税务机关　　　　　　D. 法院

答案： C

解析： 税务机关有权针对税务方面的违规行为采取相关措施，如涉及违法行为，则需移交公安机关。

四、税收法律及关系

(一) 税收法律的概念

税收法律广义上与税法同义。狭义上的税收法律是指拥有税收立法权的国家机关依照法律规定的程序制定和颁布的调整税收关系的规范性文件，是税法的主要表现形式。在我国，只有全国人民代表大会及其常务委员会依照法定程序制定和颁布的规范性文件才能称为税收法律。

(二) 税收法律关系的概念

税收法律关系是指国家、税务征管机关和纳税人之间，在税收征收和管理过程中，根据税法规范而发生的具体的征收和管理权利义务关系。税收管理法律关系是一种纵向的法律关系，是国家与税务征管机关以及税务征管机关相互间所发生的，在税收管理过程中的具体的责权关系。

【例 1–3 · 单选题】 下列关于税收法律关系的说法中，错误的是(　　)。

A. 税收法律关系的内容是税法的灵魂

B. 自然灾害属于税收法律事件

C. 税收法律关系的保护对权利主体双方是不平等的

D. 我国采用属地兼属人的原则来确定税收法律关系中的纳税主体

答案： C

解析： 税收法律关系的保护对权利主体双方是平等的。

(三) 税收法律关系的构成

税收法律关系由主体、客体和内容三个方面构成。

1. 主体

税收法律关系主体也称为税法主体，是指在税收法律关系中享有权利和承担义务的当事人，主要包括国家、征税机关、纳税人和扣缴义务人。

2. 客体

税收法律关系的客体是税收法律关系中各种权利和义务共同指向的内容，它联结了整个税收法律关系的运行，它是征税主体和纳税主体的权利和义务得以存在的客观基础。一般认为，税收法律关系的客体就是税收利益，包括货币、实物、税收指标和行为四个方面。

3. 内容

税收法律关系的内容是指税收法律关系主体所享有的权利和所承担的义务，主要包括纳税人的权利义务和征税机关的权利义务。

税收征收法律关系是国家参与国民收入分配与再分配的税收经济关系在法律上的体现。征税主体只能是国家，只能由代表国家的国家税收征收机关来行使。带有财产所有权或经营管理权单向无偿转移的性质。

【例 1-4 · 单选题】（　　）指应根据客观事实确定是否符合课税要件，并根据纳税人的真实负担能力决定纳税人的税负，而不能仅考虑相关外观和形式。

A. 税收法律原则　　B. 税收公平原则

C. 税收效率原则　　D. 实质课税原则

答案：D

解析：实质课税原则指应根据客观事实确定是否符合课税要件，并根据纳税人的真实负担能力决定纳税人的税负，而不能仅考虑相关外观和形式。

【思维税图】

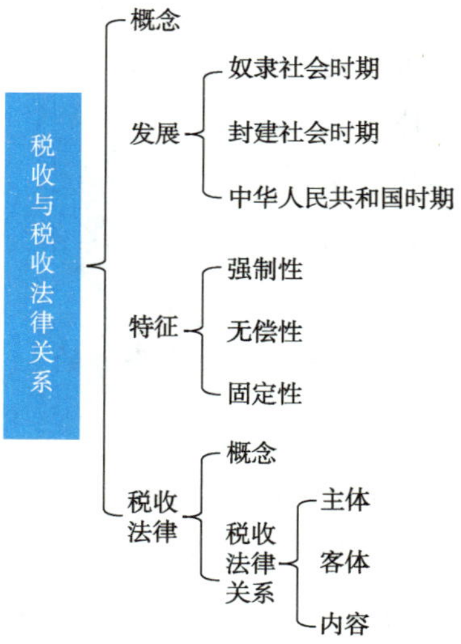

第二节　税收的职能与作用

【税言税语】

有一个村庄遭遇了严重的洪灾，房屋倒塌、农田被毁。政府通过税收筹集资金，迅速组织救援和重建工作。不仅为受灾群众提供了临时住所和生活物资，还出资修复了道路、桥梁等基础设施，帮助村民恢复了生产生活，让村庄重新焕发了生机。

这个案例体现了税收在促进经济发展、保障社会公平、改善民生等方面的职能与作用。

学习目标：

1. 掌握税收的职能；
2. 掌握税收的作用；
3. 了解我国税收的来源构成。

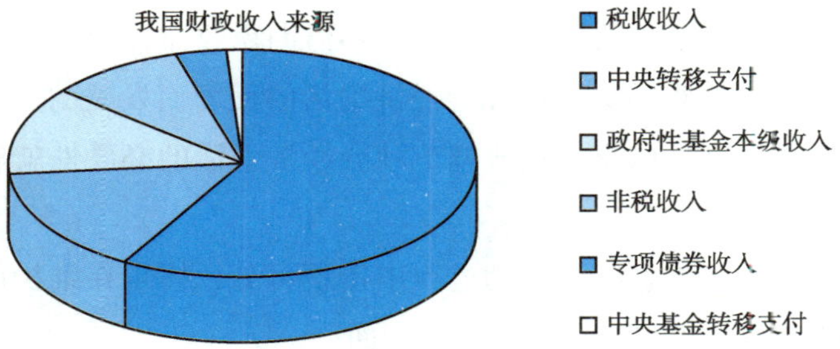

【税的内容】

一、税收的职能

税收职能是指在一定社会制度下，税收这种分配关系本身在社会经济活动中内在固有的基本功能。它是税收本质的具体表现。税收的三项基本职能：财政职能、经济职能、监督职能。

（一）财政职能

财政职能亦称“收入手段职能”。国家为了实现其职能，需要大量的财政资金（税收收入占 70%～80%）。税收作为国家依照法律规定参与剩余产品分配的活动，承担起筹集财政收入的重要任务。税收自产生之日起，就具备了筹集财政收入的职能，并且是最基本的职能。

（二）经济职能

经济职能亦称“调节手段职能”。国家要执行其管理社会和干预经济的职能，除需筹集必要的财政资金作为其物质基础，还要通过制定一系列正确的经济政策，以及体现并执行诸政策的各种有效手段，才能得以实现。税收作为国家强制参与社会产品分配的主要形式，在筹集财政收入的同时，也改变了各阶级、阶层、社会成员及各经济组织的经济利益。因此，国家有目的地利用税收体现其有关的社会经济政策，对各种经济组织和社会成员的经济利益进行调节。

税收自产生之日起，就具备了调节社会经济杠杆的功能。它的实现，会受到一定社会形态下国家政治经济状况及国家任务的影响。社会主义市场经济体制下国家宏观调控体系的建立，对实现税收调节社会经济活动的职能，既提出了强烈要求，也提供了可能条件。

（三）监督职能

税收政策体现着国家的意志，税收制度是纳税人必须遵守的法律准绳，它约束纳税人的经济行为，使之符合国家的政治要求。因此，税收成为国家监督社会经济活动的强有力工具。监督职能是指税收在取得收入过程中，能够借助税收监督社会经济活动的广泛性与深入性，是随商品经济发展和国家干预社会经济生活的程度而发展的。一般地说，商品经济越发达，经济生活越复杂，国家干预或调节社会经济生活的必要性就越强烈，税收监督也就越广泛而深入。

税收的三项职能，在政治、经济活动过程中密不可分，体现在维护国家主权、调整经济发展方向、缩小贫富差距及调节国际关系等方面。

【例 1–5 · 单选题】 以下属于税收调节经济职能的是(　　)。

A. 对高收入群体征收较高的个人所得税　　B. 对环保企业给予税收优惠

C. 对小微企业减免增值税　　D. 以上都是

答案： D

解析： 对高收入群体征税、对环保企业给予优惠、对小微企业减免税等措施，都是通过税收手段调节经济。

二、税收的作用

（一）税收是组织财政收入的重要来源

在社会主义市场经济条件下，税收成为中国财政收入的主要形式，税收收入逐年大幅上升，税收组织财政收入的作用，体现在以下两个方面。

1. 税收来源的广泛性

不仅可以对流转额征税，还可以对各种收益、资源、财产、行为征税；不仅可以对国有企业、集体企业征税，还可以对外资企业、私营企业、个体工商户征税等。税收保证财政收入来源的广泛性，是其他任何一种财政收入形式不能比拟的。

2. 税收收入的及时性、稳定性和可靠性

税收具有强制性、无偿性、固定性的特征，因此，税收就把财政收入建立在及时、稳定、可靠的基础之上，成为国家满足公共需要的主要财力保障。

（二）税收是调控经济运行的重要手段

税收是国家调控经济运行的重要手段。税收作为国家宏观调控的重要手段，通过制定税法，以法律的形式确定国家与纳税人之间的利益分配关系，调节社会成员的收入水平，调整产业结构和社会资源的优化配置，使之符合国家的宏观经济政策；同时，以法律的平等原则，公平纳税人的税收负担，鼓励平等竞争，为市场经济的发展创造良好的条件。通过税种的设置以及在税目、税率、加成征收或减免税等方面的规定，可以调节社会生产、交换、分配和消费，促进社会经济的健康发展。

（三）税收是调节收入分配的重要工具

在市场经济条件下，由市场决定的分配机制，不可避免地会拉大收入分配上的差距，客观上要求通过税收调节，缩小这种收入差距。税收在调节收入分配方面的作用，具体表现在以下两方面。

1. 公平收入分配

通过开征个人所得税、遗产税等，可以适当调节个人间的收入水平、缓解社会分配不公的矛盾，促进经济发展和社会稳定。

2. 鼓励平等竞争

在市场机制失灵的情况下，由于价格、资源等外部因素引起的不平等竞争，需要通过税收进行合理调节，以创造平等竞争的经济环境，促进经济的稳定和发展。

【例 1-6 · 单选题】 税收在调节个人收入分配方面的作用主要体现在（　　）。

A. 实行累进税率　　B. 开征消费税　　C. 开征资源税　　D. 开征房产税

答案： A

解析： 累进税率使得高收入者适用更高的税率，从而调节个人收入分配。

（四）税收具有监督经济活动的作用

国家在征收税款过程中，一方面要查明情况，正确计算并征收税款；另一方面要发现纳税人在生产经营过程中，或是在缴纳税款过程中存在的问题。国家税务机关对征税过程中发现的问题，可以采取措施纠正，也可以通知纳税人或政府有关部门及时解决。

通过税收监督，可以了解税收政策的效应，有利于协调税收活动同整个宏观经济的运行相吻合，更好地发挥税收调节经济的作用；同时，将收集到的税收信息及时传递给企业，可以使税收更好地发挥促进企业加强经济核算、提高经济效益的作用。

随着我国经济形势的不断发展，出现了一些偷逃税款的现象，使国家财政收入遭受严重损失，因此，必须加强税收监督，严肃税收法令和纳税纪律，才能保证税收组织财政收入任务的顺利完成。

【例 1-7 · 单选题】 以下哪项不是税收在维护国家政权方面的作用表现？(　　)

A. 为国家机构运行提供资金　　B. 增强国家的经济实力

C. 促进国际经济交流　　D. 保障国家安全

答案： C

解析： 促进国际经济交流不是税收在维护国家政权方面的直接作用。

【思维税图】

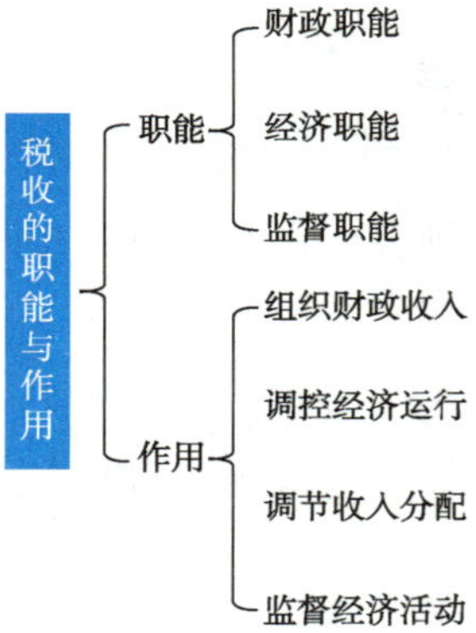

第三节　税收制度与构成要素

【税言税语】

在古代中国的西汉末期，王莽推行了一项经济改革措施，设立了对工商业者的纯经营利润额征收的税种"贡"。根据《汉书 · 食货志》记载，"贡"的征税对象为纯盈利额，纳税人是从事多种经营活动取得纯收入的人，税率为十分之一。纳税人需要自行申报，官吏会进行核实。如果纳税人没有如实申报，将会被没收全部收入，并被罚服劳役苦工一年。

从税收制度的构成要素来看，王莽的"贡"已经具备了所得税的特征。这个案例展示了税收制度中不同要素的作用和相互关系。

学习目标：

1. 掌握税收制度的概念；
2. 了解制定税收制度的原则；
3. 理解税收的构成要素。

【税的内容】

一、税收制度

税收制度是指国家(政府)以法律或法规的形式确定的各种课税方法的总称，反映国家与纳税人之间的经济关系，是国家财政制度的主要内容，简称"税制"。税收制度的内容包括税种的设计、各个税种的具体内容，如征税对象、纳税人、税率、纳税环节、纳税期限、违章处理等。

广义的税收制度还包括税收管理制度和税收征收管理制度。一个国家制定什么样的税收制度，是由生产力发展水平、生产关系性质、经济管理体制以及税收应发挥的作用决定的。不同社会制度或同一社会制度的不同历史发展时期，税收制度是不相同的或不完全相同的。符合客观经济规律的税收制度对生产力的发展可以起促进作用，而违反客观经济规律的税收制度会阻碍社会生产力的发展。

【例 1-8 · 单选题】 以下关于税收制度的表述，错误的是(　　)。

A. 税收制度是国家以法律形式规定的各种税收法令和征收管理办法的总称

B. 税收制度的核心是税收法规

C. 税收制度是国家取得财政收入的重要保证

D. 税收制度总是随着经济的发展而不断变化

答案： B

解析： 税收制度的核心是税法，不是税收法规。

二、制定税收制度的原则

(一) 兼顾与可能的原则

任何一个国家在建立税收制度时，首要考虑的都是保证它的政府支出需要。社会主义经济的发展需要大量的资金，而税收收入却是有限的，它不能不受到一定时期税源的制约，这就要求对二者合理兼顾，以求得需要与可能之间的平衡。同时，社会主义国家和纳税人之间不存在根本利益的冲突；社会主义公有制使国民收入的创造和分配都有可能有计划地进行，从而，为国家需要与税源可能之间的协调平衡提供了条件。

（二）促进国民经济发展的原则

税收分配的对象来自社会再生产中创造的物质财富。只有生产规模不断扩大、生产速度持续增长，税源才会越来越充裕。相反，如果经济不发展、生产不增长，税源就会枯竭。所以，国家税收制度包括税种的建立、征税对象的确定和税率的设计等，只有着眼于经济发展，才能壮大国家的物质基础。

【例 1-9 · 单选题】 制定税收制度时应首要考虑的因素是（　　）。

A. 财政收入需求　　B. 经济发展状况　　C. 社会公平　　D. 税收征管能力

答案：B

解析：经济发展状况是制定税收制度时首要考虑的因素，税收制度应与经济发展水平相适应。

（三）公平税负、区别对待的原则

公平税负是指在商品经济条件下，对同部分、同行业内部的不同生产者课以同等的税收，做到公平税负，借以强化价值规律的作用，促进竞争，鼓励先进，鞭策落后，降低劳动耗费，提高经济效益。区别对待则是指国家根据经济政策和社会政策，对不同地区、不同产业部门、不同产品在税收上采取的某种差别待遇。一般说来，凡是国家政策需要加以鼓励或照顾的，税收征管就应该宽松，凡是国家政策需要加以限制或特殊调节的，税收征管就应该严厉。公平税负与区别对待是辩证统一的关系：只讲公平税负，不讲区别对待，也就无从体现政策；只讲区别对待，不讲公平税负，则违背了市场经济条件下价值规律和竞争规律的要求。只有在公平税负基础上区别对待，才能更好促进经济发展。

（四）简化税制的原则

国家税收制度的建立，必须注意适当简化税制。如果把税种搞得过于复杂，把稽征和缴纳手续定得过于烦琐，不仅会给纳税人带来额外负担，不利于经济核算，也会使政府的征收费用增加。但是，税制的简化也要适当，要以不削弱税收促进经济发展、调节各方面经济关系的经济杠杆作用为前提，不能为简化而简化，否则，也将给经济带来不良后果。

【例 1-10 · 单选题】 制定税收制度时，以下哪种情况可能导致税收负担不合理？（　　）

A. 未充分考虑地区差异　　B. 准确界定征税对象

C. 合理设置税率档次　　D. 明确税收优惠政策

答案：A

解析：未充分考虑地区差异可能导致税收负担不合理。

三、税收的构成要素

税收的构成要素也称税法的构成要素，包括总则、基本要素和其他要素。税收制度的基本要素：纳税义务人、征税对象和税率；税收制度的其他要素：税目、纳税环节、纳税期限、减税免税及法律责任等。

（一）总则

总则主要包括立法依据、立法目的、适用原则等。

（二）税收的基本要素

税收的基本要素包括纳税义务人、征税对象和税率。

1. 纳税义务人

税法规定了直接负有纳税义务的单位和个人，规定了税款的直接承担者。

区别代扣代缴义务人：代扣代缴义务人直接负有扣缴税款的义务，应当按照税法规定代扣代缴税款，并在规定期限内按期、足额地缴库。

2. 征税对象

征税对象也称征税客体，指对什么征税，即国家征税的标的物。征税对象规定了每一种税的征收界限，是一种税区别于另一种税的主要标志。

征税对象可以从质和量两方面进行划分，质的具体化是征税范围和税目，量的具体化是计税依据和计税标准，它们与税类、税种、税基、税源等共同补充和延伸了征税对象的功能并使其具体化。

【例 1-11 · 单选题】 税收基本要素中，明确对什么征税的是（ ）。

A. 纳税人　　B. 课税对象　　C. 税率　　D. 纳税地点

答案： B

解析： 课税对象明确了对什么征税。

3. 税率

税率是应纳税额与征税对象数额之间的法定比例，是计算税额的尺度，体现着征税的深度，是税收法律制度中的核心要素。

税收的固定性特征主要是通过税率来体现的。在征税对象确定的前提下，税率形式选择和设计的高低决定着国家税收收入的规模和纳税人的负担水平，因此，税率是税收制度的中心环节。科学合理地设置税率是正确处理国家、企业和个人之间的分配关系，充分发挥税收经济杠杆作用的关键。税率可分为比例税率、定额税率、累进税率三大类。

【例 1-12 · 单选题】 在税收基本要素中，体现征税深度的是（ ）。

A. 纳税人　　B. 课税对象　　C. 税率　　D. 纳税环节

答案：C

解析：税率体现征税的深度。

（三）税收的其他要素

税收的其他要素包括税目、纳税环节、纳税期限、减税免税和法律责任等。

1. 税目

税目是指在税法中对征税对象分类规定的具体的征税项目，反映具体的征税范围，是对课税对象质的界定。设置税目一是为了体现公平原则，根据不同项目的利润水平和国家经济政策，通过设置不同的税率进行税收调控；二是为了体现“简便”原则，对性质相同、利润水平相同且国家经济政策调控方向也相同的项目进行分类，以便按照项目类别设置税率。有些税种不分课税对象的性质，一律按照课税对象的应税数额采用同一税率计征税款，因此没有必要设置税目，如企业所得税。有些税种具体课税对象复杂，需要规定税目，如消费税，一般都规定有不同的税目。

2. 纳税环节

纳税环节，主要是指税法规定的征税对象在从生产到消费的流转过程中应当缴纳税款的环节。按照某种税征税环节的多少，可以将税种划分为一次课征制或多次课征制。

纳税环节是商品在过程中缴纳税款的重要环节。任何税种都要确定纳税环节，有的比较明确、固定，有的则需要在许多流转环节中选择确定。确定纳税环节，是流转课税的一个重要问题。它关系到税制结构和税种的布局、税款能否及时足额入库、地区间税收收入的分配，同时关系到企业的经济核算和是否便利纳税人缴纳税款等问题。

【例 1-13 · 单选题】 下列关于纳税环节的说法，正确的是(　　)。

A. 纳税环节是指税法规定的征税对象在从生产到消费的流转过程中应当缴纳税款的环节

B. 纳税环节主要解决的是在哪个环节纳税的问题

C. 纳税环节的设置会影响税收的征管效率和税收负担的分配

D. 以上说法都正确

答案：D

解析：纳税环节是指税法规定的征税对象在从生产到消费的流转过程中应当缴纳税款的环节，主要解决的是在哪个环节纳税的问题，其设置会影响税收的征管效率和税收负担的分配。

3. 纳税期限

纳税期限是指负有纳税义务的纳税人向国家缴纳税款的最后时间限制。它是税收强制性、固定性在时间上的体现。

纳税期限分为纳税计算期和税款缴库期。纳税计算期是纳税人据以计算纳税、扣缴义务人据以计算缴纳税款的期间，一般分为按次计算和按期计算两种；税款缴库期是纳税计算期届满后，纳税人、扣缴义务人向税务机关报缴税款的期间。

【例 1-14 · 单选题】 纳税期限的形式不包括(　　)。

A. 按期纳税　　B. 按次纳税　　C. 按年纳税　　D. 不定期纳税

答案： D

解析： 纳税期限的形式包括按期纳税、按次纳税、按年纳税等，不存在不定期纳税。

4. 减税、免税

减税、免税是指根据税法和政策规定，对某些纳税人或课税对象的照顾或鼓励措施；是税收制度的一个组成部分；是税制统一性与灵活性相结合的体现。减税是对应征税款减征其一部分，属于针对某些纳税人的特殊情况给予减轻税负的一种优惠规定；免税是对应缴税款全部予以免征，属于对某些纳税人的特殊情况给予免除税负的一种优惠规定。

减免税的基本形式有以下几种。

(1) 税基式减免：起征点、免征额、项目扣除、跨期结转；

(2) 税率式减免：高新技术企业企业所得税税率 15%；

(3) 税额式减免：例如，全部免征、减半征收等。

5. 法律责任

税收法律责任，是指税收法律关系的主体因违反税收法律规范所应承担的法律后果。税收法律责任可分为行政责任和刑事责任。

税法中的行政法律责任是行政违法引起的，用以调整和维护行政法律关系，具有一定的惩罚性。税务行政处罚包括罚款、没收违法所得、停止出口退税权以及吊销税务行政许可证件四种。

税法中的刑事责任是对违反税法行为情节严重，已构成犯罪的当事人或直接责任人所给予的刑事制裁。追究刑事责任以税务违法行为情节严重、构成犯罪为前提。刑事责任是税收法律责任中最严厉的一种制裁措施。

行政责任通常由税务机关依法追究，刑事责任由司法机关追究。

【例 1-15 · 单选题】 纳税人伪造、变造、隐匿、擅自销毁账簿、记账凭证，或者在账簿上多列支出或者不列、少列收入，导致少缴税款的行为属于(　　)。

A. 偷税　　B. 欠税　　C. 骗税　　D. 抗税

答案： A

解析： 纳税人伪造、变造、隐匿、擅自销毁账簿、记账凭证，或者在账簿上多列支出或者不列、少列收入，导致少缴税款的行为属于偷税。

【思维税图】

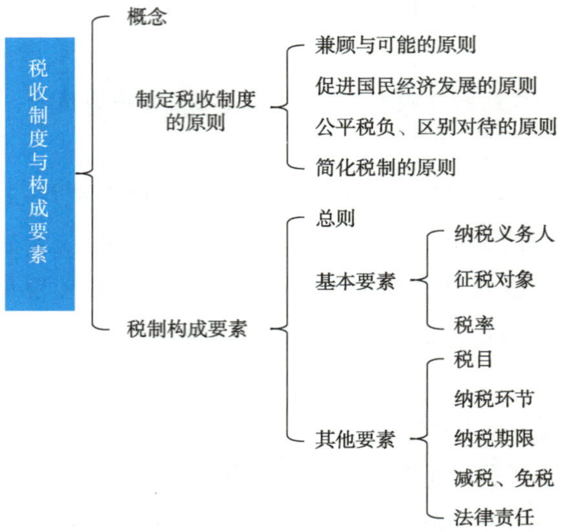

知识链接：《中华人民共和国税收征收管理法》

第七十八条：未经税务机关依法委托征收税款的，责令退还收取的财物，依法给予行政处分或者行政处罚；致使他人合法权益受到损失的，依法承担赔偿责任；构成犯罪的，依法追究刑事责任。

第七十九条：税务机关、税务人员查封、扣押纳税人个人及其所扶养家属维持生活必需的住房和用品的，责令退还，依法给予行政处分；构成犯罪的，依法追究刑事责任。

第四节　税收分类与税法体系

【税言税语】

有一次，老张接到了税务局的通知，说他的工厂可能存在税收申报问题。老张一下子慌了神，赶忙去税务局咨询。

在税务局，税务专员小王耐心地给老张讲解。小王说："税收分类就像是把不同的水果放进不同的篮子。比如，增值税就像是苹果，只要您的工厂销售产品，就会涉及；企业所得税就像橙子，根据工厂的盈利情况来计算；而个人所得税则像香蕉，是要员工们从工资里缴纳的。”

老张听得似懂非懂，小王又接着说：“咱们国家的税法体系就像一棵大树，有主干也有分支。主干是宪法中的税收规定，然后有各种税收法律，比如《企业所得税法》《个人所得税法》，还有税收行政法规和地方性税收法规等。这些就像大树的树枝和树叶，共同构成了一个完整的体系，保障税收的公平和有序。”

老张听后，恍然大悟：“原来税收分类和税法体系这么形象！我以后一定认真学习，依法纳税。”

学习目标：

1. 学习我国现行税收的分类；
2. 了解我国的税法体系概念、要求及特征。

【税的内容】

一、税收的分类

（一）按照税法的基本内容和效力分类

1. 税收基本法

税收基本法也称税收通则，是税法体系的主体和核心，在税法体系中起着税收“母”法的作用。

2. 税收普通法

税收普通法是根据税收基本法的原则，对税收基本法规定的事项分别立法实施的法律。

（二）按照税法的职能作用分类

1. 税收实体法

税收实体法主要是指确定税种立法，具体规定各税种的征税对象、征税范围、税目、税率、纳税地点等。

2. 税收程序法

税收程序法是指税务管理方面的法律，主要包括税收管理法、纳税程序法、发票管理法、税务机关组织法、税务争议处理法等。

（三）按照税法的征收对象分类

（1）商品和劳务税。主要包括增值税、消费税等。

（2）所得税。主要包括企业所得税、个人所得税等。

(3) 财产、行为税。包括房产税、印花税等。

(4) 资源税。主要包括资源税、城镇土地使用税等。

(5) 特定目的税。主要包括城市维护建设税、烟叶税等。

【例 1-16 · 单选题】 下列税种中，属于所得税的是(　　)。

A. 资源税　　　　B. 城市维护建设税

C. 企业所得税　　　　D. 房产税

答案： C

解析： 企业所得税属于所得税，资源税、城市维护建设税、房产税不属于所得税。

(四) 按照税收收入归属分类

1. 中央政府固定收入税

中央政府固定收入税包括消费税、车辆购置税、关税、海关代征的进口环节的增值税。

2. 地方政府固定收入税

地方政府固定收入税包括城镇土地使用税、耕地占用税、土地增值税、房产税、车船税、契税。

3. 中央政府与地方政府共享收入税

中央政府与地方政府共享收入税主要包括：

增值税(不含进口环节由海关代征的部分)。中央政府分享 50%，地方政府分享 50%。

企业所得税。中央企业、地方银行和外资银行及非银行金融企业，铁道部门、各银行总行、各保险总公司等缴纳的部分归中央政府，其他企业缴纳的部分中央与地方政府按 60 : 40分配。

个人所得税。除储蓄存款利息所得的个人所得税外，其余部分的分享比例与企业所得税的相同。

资源税。海洋石油企业缴纳的部分归中央政府，其余部分归地方政府。

城市维护建设税。中央企业、地方银行和外资银行及非银行金融企业，铁道部门、各银行总行、各保险总公司等缴纳的部分归中央政府，其他企业缴纳的部分归地方政府。

印花税。证券交易印花税收入全部归中央政府，其他印花税收入归地方政府。

【例 1-17 · 单选题】 下列税种中，属于中央政府固定收入税的是(　　)。

A. 增值税　　B. 消费税　　C. 企业所得税　　D. 个人所得税

答案： B

解析： 消费税属于中央政府固定收入税，增值税、企业所得税、个人所得税属于中央政府与地方政府共享收入税。

（五）按照税收征收管理范围分类

按照税收征收管理范围，可分为税务、海关、财政等系统负责征收管理。

二、我国的税法体系

（一）税法体系的概念

税法体系是指全部现行的税收法律规范分类组合成为税收法律子系统而形成的一国税收法律内在和谐统一的有机整体。任何国家的税收法律规范都要建立在相应的生产关系基础之上，都是统治阶级意志的体现。税法体系具有内在的统一性，可以构成和谐统一的整体。税法体系就是通常所说的税收制度。

依据对税法的不同分类，税法体系也有不同的构成方式，其中最为常见的是以下两种：一是依据税收立法权限或法律效力的不同，可以划分为有关税收的宪法性规范、税收法律、税收行政法规、税收规章、地方性税收法规与国际税收协定等；二是依据税法调整对象的不同，可以分为税收实体法与税收程序法。

【例 1–18 · 单选题】 我国税法体系的主体和核心是（　　）。

A. 税收实体法　　B. 税收程序法　　C. 税收基本法　　D. 税收行政法规

答案： A

解析： 我国税法体系的主体和核心是税收实体法。

（二）税法体系应具备以下要求

（1）税法的指导思想、原则和基本概念是统一的；

（2）不同税收法律规范之间应存在纵向的效力从属关系，层次较低的税收法律规范应不违背层次较高的法律规范或是层次较高的法律规范的具体化；

（3）同一层次的不同税收法律规范之间应有横向协作关系，即应相互联系、相互配合、协调一致。

（三）税法体系的特征

（1）完整性。要求每个税种都具有相应的税法规范予以规制。

（2）一致性。既要求保证税法的指导思想、原则、概念、术语的统一性，还要求下位阶税法规范符合上位阶税法规范，并且同一层次的税法规范间也应当保持协调、一致，不能相互矛盾。

（3）权威性。要求层次较高的税法规范在整个税法体系中占有较大的比重。

（4）合理性。要求具有较强的现实操作性，体系内部紧密衔接，具有较强的严密性。

【思维税图】

- 税收分类与税法体系
  - 税收的分类
    - 按照税法的基本内容和效力分类
    - 按照税法的职能作用分类
    - 按照税法的征收对象分类
    - 按照税收收入归属分类
    - 按照税收征收管理范围分类
  - 我国的税法体系
    - 概念
    - 要求
    - 特征
      - 完整性
      - 一致性
      - 权威性
      - 合理性

第二章　增值税

【学税目标】

知识目标

- 掌握增值税的基本概念、特点、作用和意义。
- 熟悉增值税的纳税人、征税范围、税率和征收率。
- 理解增值税应纳税额的计算方法，包括一般计税方法和简易计税方法。
- 掌握增值税的税收优惠政策，包括免税、减税等。
- 了解增值税的征收管理，包括纳税义务发生时间、纳税地点、纳税期限和纳税申报表。
- 熟悉增值税专用发票的使用规定，包括专用发票的概念、联次及用途、领购、开具范围和要求。
- 了解全面数字化电子发票(简称：数电票)的相关规定，包括数电票的概念、法律效力、基本用途、基本内容等。

技能目标

- 能够运用所学知识进行增值税的计算、申报和管理。
- 能够熟练操作增值税专用发票的开具、验真和认证。
- 能够熟练在数电票服务平台开具和接收发票。

素质目标

- 培养严谨细致的工作态度，提高责任心和敬业精神。
- 培养良好的职业道德，诚实守信，依法纳税。
- 培养自主学习能力，不断更新知识，适应税收政策的变化。
- 培养团队合作精神，善于沟通协调，提高工作效率。

第一节　增值税纳税人、征税范围、税率和征收率

【税言税语】

作为一名中职会计事务专业的毕业生，小明来到了南湖服装有限公司实习。实习的第一天，他就被安排到了财务部，负责协助增值税的申报工作。小明虽然在学校学过一些会计知识，但对增值税的了解并不多。这天，小明负责整理销售数据，他发现公司不仅销售服装，还提供服装定制服务。小明心想，这应该都属于增值税的征税范围吧，于是，他向财务部的同事请教。同事告诉他，销售服装和提供服装定制服务确实属于增值税的征税范围，但是税率可能会有所不同。小明进一步询问，同事解释说，销售服装的税率通常是13%，而提供服装定制服务的税率一般是6%。小明恍然大悟，原来增值税的税率是根据不同的业务类型来确定的。小明决定深入学习增值税相关内容。

【税的内容】

增值税是对销售商品或者劳务过程中实现增值额征收的一种税。增值税是我国现阶段税收收入规模最大的税种。

一、增值税纳税人和扣缴义务人

（一）纳税人的含义

根据《增值税暂行条例》的规定，在中华人民共和国境内销售货物或者提供加工、修理修配劳务（以下简称劳务），销售服务、无形资产、不动产以及进口货物的单位和个人，为增值税的纳税人。单位，是指企业、行政单位、事业单位、军事单位、社会团体及其他单位；个人，是指个体工商户和其他个人。

单位以承包、承租、挂靠方式经营的，承包人、承租人、挂靠人（以下统称承包人）以发包人、出租人、被挂靠人（以下统称发包人）名义对外经营并由发包人承担相关法律责任的，以该发包人为纳税人；否则，以承包人为纳税人。

资管产品运营过程中发生的增值税应税行为，以资管产品管理人为增值税纳税人。

（二）纳税人的分类

根据纳税人的经营规模以及会计核算健全程度的不同，增值税的纳税人可划分为小规模纳税人和一般纳税人。

1. 小规模纳税人

增值税小规模纳税人标准为年应征增值税销售额500万元及以下。年应税销售额，是指纳税人在连续不超过12个月或4个季度的经营期内累计应征增值税销售额，包括纳税申报销售额、稽查查补销售额、纳税评估调整销售额。

小规模纳税人会计核算健全、能够提供准确税务资料的，可以向税务机关申请登记为一般纳税人，不再作为小规模纳税人。会计核算健全，是指能够按照国家统一的会计制度规定设置账簿，根据合法、有效凭证核算。

为持续推进放管服（简政放权、放管结合、优化服务的简称）改革，全面推行小规模纳税人自行开具增值税专用发票。小规模纳税人（其他个人除外）发生增值税应税行为，需要开具增值税专用发票的，可以自愿使用增值税发票管理系统自行开具。

2. 一般纳税人

一般纳税人，是指年应税销售额超过财政部、国家税务总局规定的小规模纳税人标准的企业和企业性单位。

一般纳税人实行登记制，除另有规定外，应当向税务机关办理登记手续。

下列纳税人不办理一般纳税人登记：

（1）按照政策规定，选择按照小规模纳税人纳税的；

（2）年应税销售额超过规定标准的其他个人。

纳税人自一般纳税人生效之日起，按照增值税一般计税方法计算应纳税额，并可以按照规定领用增值税专用发票，财政部、国家税务总局另有规定的除外。

纳税人登记为一般纳税人后，不得转为小规模纳税人，国家税务总局另有规定的除外。

（三）扣缴义务人

中华人民共和国境外的单位或者个人在境内销售劳务，在境内未设有经营机构的，以其境内代理人为扣缴义务人；在境内没有代理人的，以购买方为扣缴义务人。

二、增值税征税范围

增值税的征税范围包括在中华人民共和国境内销售货物或者劳务，销售服务、无形资产、不动产以及进口货物。

（一）销售货物

在中国境内销售货物，是指销售货物的起运地或者所在地在境内。

销售货物是有偿转让货物的所有权。货物，是指有形动产，包括电力、热力、气体在内。有偿，是指从购买方取得货币、货物或者其他经济利益。

（二）销售劳务

在中国境内销售劳务，是指提供的劳务发生地在境内。

销售劳务，是指有偿提供加工、修理修配劳务。单位或者个体工商户聘用的员工为本单位或者雇主提供加工、修理修配劳务不包括在内。

加工，是指受托加工货物，即委托方提供原料及主要材料，受托方按照委托方的要求，制造货物并收取加工费的业务；修理修配，是指受托对损伤和丧失功能的货物进行修复，使其恢复原状和功能的业务。

【例 2-1 · 多选题】 下列各项中，属于增值税征税范围的有（　　）。

A. 设备修理　　B. 电脑维修　　C. 食品加工　　D. 电力销售

答案： ABCD

解析： 根据增值税法律制度的规定，有偿提供加工、修理修配劳务，销售电力均属于增值税征税范围。

（三）销售服务

销售服务，是指提供交通运输服务、邮政服务、电信服务、建筑服务、金融服务、现代服务、生活服务。

1. 交通运输服务

交通运输服务，是指利用运输工具将货物或者旅客送达目的地，使其空间位置得到转移的业务活动。包括陆路运输服务、水路运输服务、航空运输服务和管道运输服务。

（1）陆路运输服务，是指通过陆路（地上或者地下）运送货物或者旅客的运输业务活动，包括铁路运输服务和其他陆路运输服务。

出租车公司向使用本公司自有出租车的出租车司机收取的管理费用，按照陆路运输服务缴纳增值税。

（2）水路运输服务，是指通过江、河、湖、川等天然、人工水道或者海洋航道运送货物或者旅客的运输业务活动。

水路运输的程租、期租业务，属于水路运输服务。

（3）航空运输服务，是指通过空中航线运送货物或者旅客的运输业务活动。航空运输的湿租业务，属于航空运输服务。

航天运输服务，是指利用火箭等载体将卫星、空间探测器等空间飞行器发射到空间轨道的业务活动，按照航空运输服务缴纳增值税。

（4）管道运输服务，是指通过管道设施输送气体、液体、固体物质的运输业务活动。

无运输工具承运业务，是指经营者以承运人身份与托运人签订运输服务合同，收取运费并承担承运人责任，然后委托实际承运人完成运输服务的经营活动，按照交通运输服务缴纳增值税。

2. 邮政服务

邮政服务，是指中国邮政集团公司及其所属邮政企业提供邮件寄递、邮政汇兑和机要通信等邮政基本服务的业务活动。包括邮政普遍服务、邮政特殊服务和其他邮政服务。

(1) 邮政普遍服务，是指函件、包裹等邮件寄递，以及邮票发行、报刊发行和邮政汇兑等业务活动。

(2) 邮政特殊服务，是指义务兵平常信函、机要通信、盲人读物和革命烈士遗物的寄递等业务活动。

(3) 其他邮政服务，是指邮册等邮品销售、邮政代理等业务活动。

3. 电信服务

电信服务，是指利用有线、无线的电磁系统或者光电系统等各种通信网络资源，提供语音通话服务，传送、发射、接收或者应用图像、短信等电子数据和信息的业务活动。包括基础电信服务和增值电信服务。

(1) 基础电信服务，是指利用固网、移动网、卫星、互联网，提供语音通话服务的业务活动，以及出租或者出售带宽、波长等网络元素的业务活动。

(2) 增值电信服务，是指利用固网、移动网、卫星、互联网、有线电视网络，提供短信和彩信服务、电子数据和信息的传输及应用服务、互联网接入服务等业务活动。

卫星电视信号落地转接服务，按照增值电信服务缴纳增值税。

4. 建筑服务

建筑服务，是指各类建筑物、构筑物及其附属设施的建造、修缮、装饰，线路、管道、设备、设施等的安装以及其他工程作业的业务活动。包括工程服务、安装服务、修缮服务、装饰服务和其他建筑服务。

(1) 工程服务，是指新建、改建各种建筑物、构筑物的工程作业，包括与建筑物相连的各种设备或者支柱、操作平台的安装或者装设工程作业，以及各种窑炉和金属结构工程作业。

(2) 安装服务，是指生产设备、动力设备、起重设备、运输设备、传动设备、医疗实验设备以及其他各种设备、设施的装配、安置工程作业，包括与被安装设备相连的工作台、梯子、栏杆的装设工程作业，以及被安装设备的绝缘、防腐、保温、油漆等工程作业。

固定电话、有线电视、宽带、水、电、燃气、暖气等经营者向用户收取的安装费、初装费、开户费、扩容费以及类似收费，按照安装服务缴纳增值税。

(3) 修缮服务，是指对建筑物、构筑物进行修补、加固、养护、改善，使之恢复原来的使用价值或者延长其使用期限的工程作业。

（4）装饰服务，是指对建筑物、构筑物进行修饰装修，使之美观或者具有特定用途的工程作业。

（5）其他建筑服务，是指上列工程作业之外的各种工程作业服务，如钻井（打井）、拆除建筑物或者构筑物、平整土地、园林绿化、疏浚（不包括航道疏浚）、建筑物平移、搭脚手架、爆破、矿山穿孔、表面附着物（包括岩层、土层、沙层等）剥离和清理等工程作业。

5. 金融服务

金融服务，是指经营金融保险的业务活动。包括贷款服务、直接收费金融服务、保险服务和金融商品转让。

（1）贷款服务。贷款，是指将资金贷与他人使用而取得利息收入的业务活动。

各种占用、拆借资金取得的收入，包括金融商品持有期间（含到期）利息（保本收益、报酬、资金占用费、补偿金等）收入、信用卡透支利息收入、买入返售金融商品利息收入、融资融券收取的利息收入，以及融资性售后回租、押汇、罚息、票据贴现、转贷等业务取得的利息及利息性质的收入，按照贷款服务缴纳增值税。

融资性售后回租，是指承租方以融资为目的，将资产出售给从事融资性售后回租业务的企业后，从事融资性售后回租业务的企业将该资产出租给承租方的业务活动。

以货币资金投资收取的固定利润或者保底利润，按照贷款服务缴纳增值税。

（2）直接收费金融服务，是指为货币资金融通及其他金融业务提供相关服务并且收取费用的业务活动。包括提供货币兑换、账户管理、电子银行、信用卡、信用证、财务担保、资产管理、信托管理、基金管理、金融交易场所（平台）管理、资金结算、资金清算、金融支付等服务。

（3）保险服务，是指投保人根据合同约定，向保险人支付保险费，保险人对于合同约定的可能发生的事故因其发生所造成的财产损失承担赔偿保险金责任，或者当被保险人死亡、伤残、疾病或者达到合同约定的年龄、期限等条件时承担给付保险金责任的商业保险行为。包括人身保险服务和财产保险服务。

（4）金融商品转让，是指转让外汇、有价证券、非货物期货和其他金融商品所有权的业务活动。包括基金、信托、理财产品等各类资产管理产品和各种金融衍生品的转让。

6. 现代服务

现代服务，是指围绕制造业、文化产业、现代物流产业等提供技术性、知识性服务的业务活动。包括研发和技术服务、信息技术服务、文化创意服务、物流辅助服务、租赁服务、鉴证咨询服务、广播影视服务、商务辅助服务和其他现代服务。

（1）研发和技术服务，包括研发服务、合同能源管理服务、工程勘察勘探服务、专业技术服务。

（2）信息技术服务，是指利用计算机、通信网络等技术对信息进行生产、收集、处理、加工、存储、运输、检索和利用，并提供信息服务的业务活动。包括软件服务、电路设计及测试服务、信息系统服务、业务流程管理服务和信息系统增值服务。

（3）文化创意服务，包括设计服务、知识产权服务、广告服务和会议展览服务。

（4）物流辅助服务，包括航空服务、港口码头服务、货运客运场站服务、打捞救助服务、装卸搬运服务、仓储服务和收派服务。

（5）租赁服务，包括融资租赁服务和经营租赁服务。

融资性售后回租不按照本税目缴纳增值税。

将建筑物、构筑物等不动产或者飞机、车辆等有形动产的广告位出租给其他单位或者个人用于发布广告，按照经营租赁服务缴纳增值税。

车辆停放服务、道路通行服务（包括过路费、过桥费、过闸费等）等按照不动产经营租赁服务缴纳增值税。

（6）鉴证咨询服务，包括认证服务、鉴证服务和咨询服务。翻译服务和市场调查服务按照鉴证咨询服务缴纳增值税。

（7）广播影视服务，包括广播影视节目（作品）的制作服务、发行服务和播映（含放映）服务。

（8）商务辅助服务，包括企业管理服务、经纪代理服务、人力资源服务、安全保护服务。

（9）其他现代服务，是指除研发和技术服务、信息技术服务、文化创意服务、物流辅助服务、租赁服务、鉴证咨询服务、广播影视服务和商务辅助服务以外的现代服务。

7. 生活服务

生活服务，是指为满足城乡居民日常生活需求提供的各类服务活动。包括文化体育服务、教育医疗服务、旅游娱乐服务、餐饮住宿服务、居民日常服务和其他生活服务。

（1）文化体育服务，包括文化服务和体育服务。

（2）教育医疗服务，包括教育服务和医疗服务。

（3）旅游娱乐服务，包括旅游服务和娱乐服务。

（4）餐饮住宿服务，包括餐饮服务和住宿服务。

（5）居民日常服务，是指主要为满足居民个人及其家庭日常生活需求提供的服务，包括市容市政管理、家政、婚庆、养老、殡葬、照料和护理、救助救济、美容美发、按摩、桑拿、氧吧、足疗、沐浴、洗染、摄影扩印等服务。

（6）其他生活服务，是指除文化体育服务、教育医疗服务、旅游娱乐服务、餐饮住宿服务和居民日常服务之外的生活服务。

（四）销售无形资产

销售无形资产，是指转让无形资产所有权或者使用权的业务活动。无形资产，是指不具有实物形态，但能带来经济利益的资产。包括技术、商标、著作权、商誉、自然资源使用权和其他权益性无形资产。

技术，包括专利技术和非专利技术。

自然资源使用权，包括土地使用权、海域使用权、探矿权、采矿权、取水权和其他自然资源使用权。

其他权益性无形资产，包括基础设施资产经营权、公共事业特许权、配额、经营权(包括特许经营权、连锁经营权、其他经营权)、经销权、分销权、代理权、会员权、席位权、网络游戏虚拟道具、域名、名称权、肖像权、冠名权、转会费等。

【例 2-2 · 多选题】 下列无形资产中，属于自然资源使用权的有(　　)。

A. 土地使用权　　B. 取水权　　C. 探矿权　　D. 经营权

答案： ABC

解析： 根据《营业税改征增值税试点实施办法》及相关的规定，土地使用权、海域使用权和采矿权属于自然资源使用权；经营权属于其他权益性无形资产。

（五）销售不动产

销售不动产，是指转让不动产所有权的业务活动。不动产，是指不能移动或者移动后会引起性质、形状改变的财产，包括建筑物、构筑物等。

建筑物，包括住宅、商业营业用房、办公楼等可供居住、工作或者进行其他活动的建造物。

构筑物，包括道路、桥梁、隧道、水坝等建造物。

转让建筑物有限产权或者永久使用权的，转让在建的建筑物或者构筑物所有权的，以及在转让建筑物或者构筑物时一并转让其所占土地的使用权的，按照销售不动产缴纳增值税。

（六）进口货物

进口货物，是指申报进入中国海关境内的货物。根据《增值税暂行条例》的规定，只要是报关进口的应税货物，均属于增值税的征税范围，除享受免税政策外，在进口环节缴纳增值税。

（七）非经营活动的界定

销售服务、无形资产或者不动产，是指有偿提供服务、有偿转让无形资产或者不动产，但属于下列非经营活动的情形除外：

（1）行政单位收取的同时满足以下条件的政府性基金或者行政事业性收费。

① 由国务院或者财政部批准设立的政府性基金，由国务院或者省级人民政府及其财政、价格主管部门批准设立的行政事业性收费；

② 收取时开具省级以上(含省级)财政部门监(印)制的财政票据；

③ 所收款项全额上缴财政。

(2) 单位或者个体工商户聘用的员工为本单位或者雇主提供取得工资的服务。

(3) 单位或者个体工商户为聘用的员工提供服务。

(4) 财政部和国家税务总局规定的其他情形。

(八) 境内销售服务、无形资产或者不动产的界定

(1) 在境内销售服务、无形资产或者不动产，是指：

① 服务(租赁不动产除外)或者无形资产(自然资源使用权除外)的销售方或者购买方在境内；

② 所销售或者租赁的不动产在境内；

③ 所销售自然资源使用权的自然资源在境内；

④ 财政部和国家税务总局规定的其他情形。

(2) 下列情形不属于在境内销售服务或者无形资产：

① 境外单位或者个人向境内单位或者个人销售完全在境外发生的服务；

② 境外单位或者个人向境内单位或者个人销售完全在境外使用的无形资产；

③ 境外单位或者个人向境内单位或者个人出租完全在境外使用的有形动产；

④ 财政部和国家税务总局规定的其他情形。

(九) 视同销售行为

(1) 单位或者个体工商户的下列行为视同销售货物，征收增值税：

① 将货物交付其他单位或者个人代销；

② 销售代销货物；

③ 设有两个以上机构并实行统一核算的纳税人，将货物从一个机构移送至其他机构用于销售，但相关机构设在同一县(市)的除外；

④ 将自产、委托加工的货物用于非增值税应税项目；

⑤ 将自产、委托加工的货物用于集体福利或者个人消费；

⑥ 将自产、委托加工或者购进的货物作为投资，提供给其他单位或者个体工商户；

⑦ 将自产、委托加工或者购进的货物分配给股东或者投资者；

⑧ 将自产、委托加工或者购进的货物无偿赠送其他单位或者个人。

【例 2-3 · 多选题】 下列行为中，属于视同销售货物征收增值税的有(　　)。

A. 将外购货物分配给股东　　B. 将自产货物无偿赠送他人

C. 将外购货物用于个人消费　　D. 将自产货物用于集体福利

答案： ABD

解析： 根据增值税法律制度的规定，将外购货物用于个人消费，其购进货物的进项税额不允许抵扣即进项税额转出，不属于视同销售货物的情形，而选项A、选项B、选项D属于视同销售货物的情形。

（2）单位或者个人的下列情形视同销售服务、无形资产或者不动产，征收增值税：

① 单位或者个体工商户向其他单位或者个人无偿提供服务，但用于公益事业或者以社会公众为对象的除外；

② 单位或者个人向其他单位或者个人无偿转让无形资产或者不动产，但用于公益事业或者以社会公众为对象的除外；

③ 财政部和国家税务总局规定的其他情形。

（十）混合销售

一项销售行为如果既涉及货物又涉及服务，为混合销售。从事货物的生产、批发或者零售的单位和个体工商户的混合销售行为，按照销售货物缴纳增值税；其他单位和个体工商户的混合销售行为，按照销售服务缴纳增值税。

上述从事货物的生产、批发或者零售的单位和个体工商户，包括以从事货物的生产、批发或者零售为主，兼营销售服务的单位和个体工商户在内。

自2017年5月起，纳税人销售活动板房、机器设备、钢结构件等自产货物的同时提供建筑、安装服务，不属于混合销售，应分别核算货物和建筑服务的销售额，分别适用不同的税率或者征收率。

（十一）兼营

兼营，是指纳税人的经营中包括销售货物、劳务以及销售服务、无形资产和不动产的行为。

纳税人发生兼营行为，应当分别核算适用不同税率或征收率的销售额，未分别核算销售额的，按照以下办法适用税率或征收率：

（1）兼有不同税率的销售货物、劳务、服务、无形资产或者不动产，从高适用税率。

（2）兼有不同征收率的销售货物、劳务、服务、无形资产或者不动产，从高适用征收率。

（3）兼有不同税率和征收率的销售货物、劳务、服务、无形资产或者不动产，从高适用税率。

混合销售与兼营的区别。混合销售是纳税人的一项（次）销售行为，同时涉及货物和服务，销售货物和服务的价款同时从同一个客户收取，这两种款项难以分别合理作价。兼营是纳税人兼有销售货物、服务、无形资产和不动产业务，这些业务不发生在同一项（次）销售活动中，收取的各类业务价款来自不同的客户，这些款项可以分别核算。

【例2-4·多选题】 下列各项中，属于增值税混合销售行为的有（　　）。

A. 超市在销售商品的同时又提供送货服务

B. 餐饮公司提供餐饮服务的同时又销售卤制品

C. 建材商店在销售木质地板的同时提供安装服务

D. 南湖服装有限公司既销售服装，又提供设计服务

答案：ABC

解析：选项 A、选项 B、选项 C 均属于在一次销售中，既涉及货物又涉及服务的销售行为，属于混合销售行为；而选项 D 的销售货物和提供设计服务并非在同一次销售行为中发生，也不对应同一客户，属于兼营行为。

（十二）不征收增值税项目

（1）根据国家指令无偿提供的铁路运输服务、航空运输服务，属于《营业税改征增值税试点实施办法》规定的用于公益事业的服务。

（2）存款利息。

（3）被保险人获得的保险赔付。

（4）房地产主管部门或者其指定机构、公积金管理中心、开发企业以及物业管理单位代收的住宅专项维修资金。

（5）在资产重组过程中，通过合并、分立、出售、置换等方式，将全部或者部分实物资产以及与其相关联的债权、负债和劳动力一并转让给其他单位和个人，其中涉及的不动产、土地使用权转让行为。

（6）纳税人在资产重组过程中，通过合并、分立、出售、置换等方式，将全部或者部分实物资产以及与其相关联的债权、负债和劳动力一并转让给其他单位和个人，不属于增值税的征税范围，其中涉及的货物转让，不征收增值税。

（7）纳税人取得的财政补贴收入，与其销售货物、劳务、服务、无形资产、不动产的收入或者数量直接挂钩的，应按规定计算缴纳增值税。纳税人取得的其他情形的财政补贴收入，不属于增值税应税收入，不征收增值税。

三、增值税税率和征收率

（一）增值税税率

1. 适用 13%税率的项目

纳税人销售货物、劳务、有形动产租赁服务或者进口货物，除有特殊规定外，税率为 13%。

2. 适用 9%税率的项目

纳税人销售交通运输、邮政、基础电信、建筑、不动产租赁服务，销售不动产，转让土地使用权，销售或者进口下列货物，税率为 9%。

（1）粮食等农产品、食用植物油、食用盐；

（2）自来水、暖气、冷气、热水、煤气、石油液化气、天然气、二甲醚、沼气、居民用煤炭制品；

（3）图书、报纸、杂志、音像制品、电子出版物；

（4）饲料、化肥、农药、农机、农膜；

（5）国务院规定的其他货物。

3. 适用6%税率的项目

纳税人销售服务、无形资产，除另有规定外，税率为6%。

4. 适用零税率的项目

（1）纳税人出口货物，税率为零；但是，国务院另有规定的除外。

（2）境内单位和个人跨境销售国务院规定范围内的服务、无形资产，税率为零。包括：

① 国际运输服务。

② 航天运输服务。

③ 向境外单位提供的完全在境外消费的下列服务：研发服务、合同能源管理服务、设计服务、广播影视节目（作品）的制作和发行服务、软件服务、电路设计及测试服务、信息系统服务、业务流程管理服务、离岸服务外包业务、转让技术。

④ 国务院规定的其他服务。

（二）增值税征收率

1. 征收率的一般规定

小规模纳税人以及一般纳税人选择简易办法计税的，征收率为3%，另有规定的除外。具体为：

（1）一般纳税人销售自己使用过的属于《增值税暂行条例》第十条规定，不得抵扣且未抵扣进项税额的固定资产，可以按简易办法依照3%征收率减按2%征收增值税；也可以放弃减免，按照简易办法依照3%征收率缴纳增值税，并开具增值税专用发票。

（2）一般纳税人销售自己使用过的其他固定资产应区分不同情形征收增值税：

① 销售自己使用过的2009年1月1日以后购进或者自制的固定资产，按照适用税率征收增值税。

② 2008年12月31日以前未纳入扩大增值税抵扣范围试点的纳税人，销售自己使用过的2008年12月31日以前购进或者自制的固定资产，按照简易办法依照3%征收率减按2%征收增值税。

③ 2008年12月31日以前已纳入扩大增值税抵扣范围试点的纳税人，销售自己使用过的在本地区扩大增值税抵扣范围试点以前购进或者自制的固定资产，按照简易办法依照3%征收率减按2%征收增值税；销售自己使用过的在本地区扩大增值税抵扣范围试点以后购进或者自制的固定资产，按照适用税率征收增值税。

（3）一般纳税人销售自己使用过的除固定资产以外的物品，应当按照适用税率征收增值税。

（4）小规模纳税人（除其他个人外，下同）销售自己使用过的固定资产，可以减按2%征收率征收增值税；也可以放弃减免，依照3%征收率缴纳增值税，并可以开具增值税专用发票。

小规模纳税人销售自己使用过的除固定资产以外的物品，应按3%的征收率征收增值税。

（5）纳税人销售旧货，按照简易办法依照3%征收率减按2%征收增值税。

旧货，是指进入二次流通的具有部分使用价值的货物（含旧汽车、旧摩托车和旧游艇），但不包括自己使用过的物品。

自2020年5月1日至2027年12月31日，从事二手车经销业务的纳税人销售其收购的二手车，由原按照简易办法依3%征收率减按2%征收增值税，改为减按0.5%征收增值税。

（6）一般纳税人销售自产的下列货物，可选择按照简易办法依照3%征收率计算缴纳增值税，选择简易办法计算缴纳增值税后，36个月内不得变更，具体适用范围为：

① 县级及县级以下小型水力发电单位生产的电力。小型水力发电单位，是指各类投资主体建设的装机容量为5万千瓦以下（含5万千瓦）的小型水力发电单位。

② 建筑用和生产建筑材料用的砂、土、石料。

③ 以自己采掘的砂、土、石料或其他矿物连续生产的砖、瓦、石灰（不含黏土实心砖、瓦）。

④ 用微生物、微生物代谢产物、动物毒素、人或动物的血液或组织制成的生物制品。

⑤ 自来水（对属于一般纳税人的自来水公司销售自来水按简易办法依照3%征收率征收增值税，不得抵扣其购进自来水取得增值税扣税凭证上注明的增值税税款）。

⑥ 商品混凝土（仅限于以水泥为原料生产的水泥混凝土）。

（7）一般纳税人销售货物属于下列情形之一的，暂按简易办法依照3%的征收率计算缴纳增值税：

① 寄售商店代销寄售物品（包括居民个人寄售的物品在内）；

② 典当业销售死当物品。

（8）建筑企业一般纳税人提供建筑服务属于老项目的，可以选择简易办法依照3%的征收率征收增值税。

2. 征收率的特殊规定

（1）小规模纳税人转让其取得的不动产，按照5%的征收率征收增值税。

（2）一般纳税人转让其2016年4月30日前取得的不动产，选择简易计税方法计税的，按照5%的征收率征收增值税。

（3）小规模纳税人出租其取得的不动产（不含个人出租住房），按照5%的征收率征收增值税。

（4）一般纳税人出租其2016年4月30日前取得的不动产，选择简易计税方法计税的，按照5%的征收率征收增值税。

（5）房地产开发企业（一般纳税人）销售自行开发的房地产老项目，选择简易计税方法计税的，按照5%的征收率征收增值税。

（6）房地产开发企业（小规模纳税人）销售自行开发的房地产项目，按照5%的征收率征收增值税。

（7）一般纳税人提供劳务派遣服务，可以按照《财政部　国家税务总局关于全面推开营业税改征增值税试点的通知》（财税〔2016〕36号）的有关规定，以取得的全部价款和价外费用为销售额，按照一般计税方法计算缴纳增值税；也可以选择差额纳税，以取得的全部价款和价外费用，扣除代用工单位支付给劳务派遣员工的工资、福利和为其办理社会保险及住房公积金后的余额为销售额，按照简易计税方法按5%的征收率计算缴纳增值税。

（8）自2021年10月1日起，住房租赁企业中的增值税一般纳税人向个人出租住房取得的全部出租收入，可以选择适用简易计税方法，按照5%的征收率减按1.5%计算缴纳增值税，或适用一般计税方法计算缴纳增值税。住房租赁企业中的增值税小规模纳税人向个人出租住房，按照5%的征收率减按1.5%计算缴纳增值税。

【思维税图】

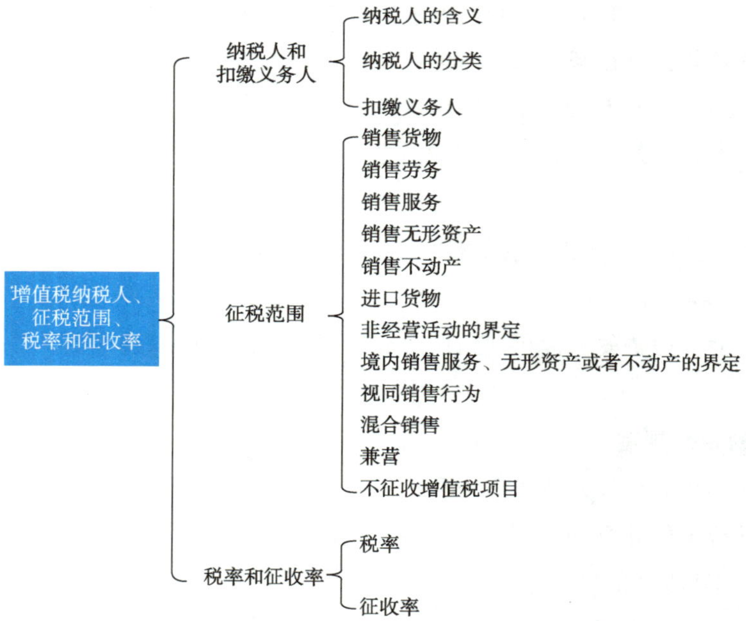

第二节　增值税应纳税额的计算

【税言税语】

南湖服装有限公司进行了一次促销活动，推出了折扣商品，小明不清楚如何计算这些折扣商品的销售额，于是，他向财务部的同事请教。同事告诉他，如果销售额和折扣额在同一张发票上分别注明，可以按折扣后的销售额征收增值税；如果将折扣额另开发票，则不得从销售额中减除折扣额。小明明白了，原来计算增值税的销售额需要根据具体的销售方式来确定。小明感叹于增值税的学习无止境。

【税的内容】

一、一般计税方法应纳税额的计算

（一）一般计税方法应纳税额的计算公式

一般纳税人销售货物、劳务、服务、无形资产、不动产（以下简称应税销售行为），采取一般计税方法计算应纳增值税额。其计算公式为：

应纳税额＝当期销项税额－当期进项税额

当期销项税额小于当期进项税额不足抵扣时，其不足部分可以结转下期继续抵扣。

（二）销项税额的计算公式

销项税额是指纳税人发生应税销售行为，按照销售额和适用税率计算并向购买方收取的增值税税款，其计算公式为：

销项税额＝销售额×适用税率

可见，一般计税方法计算增值税应纳税额时，主要有两个因素：一是销售额；二是进项税额。

（三）销售额的确定

1. 销售额的概念

销售额是指纳税人发生应税销售行为向购买方收取的全部价款和价外费用，但是不包括收取的销项税额。价外费用，包括价外向购买方收取的手续费、补贴、基金、集资费、返还利润、奖励费、违约金、滞纳金、延期付款利息、赔偿金、代收款项、代垫款项、包装费、包装物租金、储备费、优质费、运输装卸费以及其他各种性质的价外收费。上述价外费用无论其会计制度如何核算，均应并入销售额计算销项税额。但下列项目不包括在销售额内：

（1）受托加工应征消费税的消费品所代收代缴的消费税。

（2）同时符合以下条件代为收取的政府性基金或者行政事业性收费：由国务院或者财政部批准设立的政府性基金，由国务院或者省级人民政府及其财政、价格主管部门批准设立的行政事业性收费；收取时开具省级以上（含省级）财政部门监（印）制的财政票据；所收款项全额上缴财政。

（3）销售货物的同时因代办保险等而向购买方收取的保险费，以及向购买方收取的代购买方缴纳的车辆购置税、车辆牌照费。

（4）以委托方名义开具发票代委托方收取的款项。

2. 含税销售额的换算

增值税实行价外税，计算销项税额时，销售额中不应含有增值税款。如果销售额中包含了增值税款即销项税额，则应将含税销售额换算成不含税销售额。其计算公式为：

$$不含税销售额=含税销售额\div(1+增值税税率)$$

3. 视同销售的销售额的确定

《增值税暂行条例实施细则》规定了8种视同销售货物行为，这8种视同销售货物行为一般不以资金的形式反映出来，因而会出现无销售额的情况。在此情况下，税务机关有权按照下列顺序核定其销售额：

（1）按纳税人最近时期同类货物的平均销售价格确定。

（2）按其他纳税人最近时期同类货物的平均销售价格确定。

（3）按组成计税价格确定。其计算公式为：

$$组成计税价格=成本\times(1+成本利润率)$$

征收增值税的货物，同时又征收消费税的，其组成计税价格中应包含消费税税额。其计算公式为：

$$组成计税价格=成本\times(1+成本利润率)+消费税税额$$

或：

$$组成计税价格=成本\times(1+成本利润率)\div(1-消费税税率)$$

公式中的成本分两种情况：一是销售自产货物的为实际生产成本；二是销售外购货物的为实际采购成本。公式中的成本利润率为10%。但属于应从价定率征收消费税的货物，其组成计税价格公式中的成本利润率，为《消费税若干具体问题的规定》中规定的成本利润率（详见本书第三章消费税法律制度）。

纳税人销售服务、无形资产或者不动产价格明显偏低或者偏高且不具有合理商业目的的，或者发生无销售额的，税务机关有权按照下列顺序确定销售额：

第一，按照纳税人最近时期销售同类服务、无形资产或者不动产的平均价格确定。

第二，按照其他纳税人最近时期销售同类服务、无形资产或者不动产的平均价格确定。

第三，按照组成计税价格确定。组成计税价格的公式为：

$$组成计税价格=成本\times(1+成本利润率)$$

成本利润率由国家税务总局确定。

不具有合理商业目的，是指以谋取税收利益为主要目的，通过人为安排，减少、免除、推迟缴纳增值税税款，或者增加退还增值税税款。

4. 混合销售的销售额的确定

混合销售的销售额为货物的销售额与服务销售额的合计。

5. 兼营的销售额的确定

纳税人兼营不同税率的货物、劳务、服务、无形资产或者不动产，应当分别核算不同税率或者征收率的销售额；未分别核算销售额的，从高适用税率。

6. 特殊销售方式下销售额的确定

（1）折扣方式销售。折扣销售是指销货方在销售货物时，因购货方购货数量较大等而给予购货方的价格优惠。纳税人采取折扣方式销售货物，如果销售额和折扣额在同一张发票上分别注明，可以按折扣后的销售额征收增值税；如果将折扣额另开发票，不论其在财务上如何处理，均不得从销售额中减除折扣额。

（2）以旧换新方式销售。以旧换新销售是指纳税人在销售货物时，折价收回同类旧货物，并以折价款部分冲减新货物价款的一种销售方式。纳税人采取以旧换新方式销售货物的，应按新货物的同期销售价格确定销售额，不得扣减旧货物的收购价格。

但是对金银首饰以旧换新业务，可以按销售方实际收取的不含增值税的全部价款征收增值税。

（3）还本方式销售。还本销售是指纳税人在销售货物后，到一定期限一次或分次退还给购货方全部或部分价款的一种销售方式。这种方式实际上是一种筹资，是以货物换取资金的使用价值，到期还本不付息的方法。纳税人采取还本销售方式销售货物，其销售额就是货物的销售价格，不得从销售额中减除还本支出。

（4）以物易物方式销售。以物易物销售是指购销双方不是以货币结算，而是以同等价款的货物相互结算，实现货物购销的一种方式。以物易物双方都应作购销处理，以各自发出的货物核算销售额并计算销项税额，以各自收到的货物按规定核算购货额并计算进项税额。在以物易物活动中，应分别开具合法的票据，如收到的货物不能取得相应的增值税专用发票或其他合法票据的，不能抵扣进项税额。

（5）直销方式销售。直销企业先将货物销售给直销员，直销员再将货物销售给消费者的，直销企业的销售额为其向直销员收取的全部价款和价外费用。直销员将货物销售给消费者时，应按照现行规定缴纳增值税。

直销企业通过直销员向消费者销售货物，直接向消费者收取货款，直销企业的销售额为其向消费者收取的全部价款和价外费用。

7. 包装物押金

包装物是指纳税人包装本单位货物的各种物品。一般情况下，销货方向购货方收取包装物押金，购货方在规定时间内返还包装物，销货方再将收取的包装物押金返还。纳税人为销售货物而出租、出借包装物收取的押金，单独记账核算的，且时间在 1 年以内，又未过期的，不并入销售额征税；但对因逾期未收回包装物不再退还的押金，应按所包装货物的适用税率计算增值税款。实践中，应注意以下具体规定：

（1）逾期是指按合同约定实际逾期或以 1 年为期限，对收取 1 年以上的押金，无论是否退还均并入销售额征税。

（2）包装物押金是含税收入，在并入销售额征税时，需要先将该押金换算为不含税收入，再计算应纳增值税款。

（3）包装物押金不同于包装物租金，包装物租金属于价外费用，在销售货物时随同货款一并计算增值税款。

（4）自 1995 年 6 月 1 日起，对销售除啤酒、黄酒外的其他酒类产品而收取的包装物押金，无论是否返还以及会计上如何核算，均应并入当期销售额征收增值税。

8. “营改增”行业销售额的规定

（1）贷款服务，以提供贷款服务取得的全部利息及利息性质的收入为销售额。

（2）直接收费金融服务，以提供直接收费金融服务收取的手续费、佣金、酬金、管理费、服务费、经手费、开户费、过户费、结算费、转托管费等各类费用为销售额。

（3）金融商品转让，按照卖出价扣除买入价后的余额为销售额。

转让金融商品出现的正负差，以盈亏相抵后的余额为销售额。若相抵后出现负差，可结转下一纳税期与下期转让金融商品销售额相抵，但年末时仍出现负差的，不得转入下一个会计年度。

金融商品的买入价，可以选择按照加权平均法或者移动加权平均法进行核算，一经选择，36 个月内不得变更。

纳税人无偿转让股票时，转出方以该股票的买入价为卖出价，按照“金融商品转让”计算缴纳增值税；在转入方将上述股票再转让时，以原转出方的卖出价为买入价，按照“金融商品转让”计算缴纳增值税。

金融商品转让，不得开具增值税专用发票。

（4）经纪代理服务，以取得的全部价款和价外费用，扣除向委托方收取并代为支付的政府性基金或者行政事业性收费后的余额为销售额。向委托方收取的政府性基金或者行政事业性收费，不得开具增值税专用发票。

（5）航空运输企业的销售额，不包括代收的民航发展基金（原机场建设费）和代售其他航空运输企业客票而代收转付的价款。

（6）试点纳税人中的一般纳税人提供客运场站服务，以其取得的全部价款和价外费用，扣除支付给承运方运费后的余额为销售额。

（7）试点纳税人提供旅游服务，可以选择以取得的全部价款和价外费用，扣除向旅游服务购买方收取并支付给其他单位或者个人的住宿费、餐饮费、交通费、签证费、门票费和支付给其他接团旅游企业的旅游费用后的余额为销售额。

选择上述办法计算销售额的试点纳税人，向旅游服务购买方收取并支付的上述费用，不得开具增值税专用发票，只能开具普通发票。

（8）试点纳税人提供建筑服务适用简易计税方法的，以取得的全部价款和价外费用扣除支付的分包款后的余额为销售额。

（9）房地产开发企业中的一般纳税人销售其开发的房地产项目（选择简易计税方法的房地产老项目除外），以取得的全部价款和价外费用，扣除受让土地时向政府部门支付的土地价款后的余额为销售额。房地产老项目，是指《建筑工程施工许可证》注明的合同开工日期在 2016 年 4 月 30 日前的房地产项目。

9. 销售额确定的特殊规定

（1）纳税人兼营免税、减税项目的，应当分别核算免税、减税项目的销售额；未分别核算的，不得免税、减税。

（2）纳税人发生应税销售行为，开具增值税专用发票后，发生开票有误或者销售折让、中止、退回等情形的，应当按照国家税务总局的规定开具红字增值税专用发票；未按照规定开具红字增值税专用发票的，不得扣减销项税额或者销售额。

10. 外币销售额的折算

纳税人按人民币以外的货币结算销售额的，其销售额的人民币折合率可以选择销售额发生的当天或者当月 1 日的人民币外汇中间价。纳税人应在事先确定采用何种折合率，确定后在 1 年内不得变更。

【例 2-5 · 多选题】 根据增值税法律制度的规定，下列关于计税销售额的表述中，正确的有（　　）。

A. 金融企业转让金融商品，按照卖出价为销售额

B. 银行提供贷款服务，以提供贷款服务取得的全部利息及利息性质的收入为销售额

C. 建筑企业提供建筑服务适用简易计税方法的，以取得的全部价款和价外费用扣除支付的分包款后的余额为销售额

D. 房地产开发企业销售其开发的房地产项目适用一般计税方法的，以取得的全部价款和价外费用，扣除受让土地时向政府部门支付的土地价款后的余额为销售额

答案：BCD

解析：根据《营业税改征增值税试点实施办法》及相关规定，金融企业转让金融商品，以卖出价扣除买入价后的余额为销售额。

（四）进项税额的确定

进项税额，是指纳税人购进货物、劳务、服务、无形资产或者不动产，支付或者负担的增值税额。

1. 准予从销项税额中抵扣的进项税额

（1）从销售方取得的增值税专用发票（含税控机动车销售统一发票）上注明的增值税额。

（2）从海关取得的海关进口增值税专用缴款书上注明的增值税额。

（3）购进农产品，取得一般纳税人开具的增值税专用发票或者海关进口增值税专用缴款书的，以增值税专用发票或海关进口增值税专用缴款书上注明的增值税额为进项税额；按照简易计税方法依照3%征收率计算缴纳增值税的小规模纳税人取得增值税专用发票的，以增值税专用发票上注明的金额和9%的扣除率计算进项税额；取得（开具）农产品销售发票或收购发票的，以农产品收购发票或销售发票上注明的农产品买价和9%的扣除率计算进项税额；纳税人购进用于生产或者委托加工13%税率货物的农产品，按照10%的扣除率计算进项税额。进项税额计算公式为：

$$进项税额=买价\times扣除率$$

购进农产品，按照《农产品增值税进项税额核定扣除试点实施办法》抵扣进项税额的除外。

（4）纳税人购进国内旅客运输服务未取得增值税专用发票的，暂按照以下规定确定进项税额：

取得增值税电子普通发票的，为发票上注明的税额；

取得注明旅客身份信息的航空运输电子客票行程单的，按照下列公式计算进项税额：

$$航空旅客运输进项税额=(票价+燃油附加费)\div(1+9\%)\times9\%$$

取得注明旅客身份信息的铁路车票的，按照下列公式计算进项税额：

$$铁路旅客运输进项税额=票面金额\div(1+9\%)\times9\%$$

【例2-6·计算题】 南湖服装有限公司员工李萌因公出差，取得注明其身份信息的铁路客票1张，票面金额218元，含手续费5元，请计算该张车票允许抵扣的增值税进项税额。

答案：允许抵扣的进项税额=218÷（1+9%）×9%=18（元）。

解析：根据《财政部　税务总局　海关总署关于深化增值税改革有关政策的公告》（财

政部　税务总局　海关总署公告2019年第39号）文件的规定，取得注明旅客身份信息的铁路车票，允许按照票面金额计算抵扣进项税额，计算公式为：铁路旅客运输进项税额=票面金额÷(1+9%)×9%。因此，手续费不需要从票面金额中扣除。

取得注明旅客身份信息的公路、水路等其他客票的，按照下列公式计算进项税额：

公路、水路等其他旅客运输进项税额=票面金额÷(1+3%)×3%

(5) 自境外单位或者个人购进劳务、服务、无形资产或者境内的不动产，从税务机关、扣缴义务人取得的代扣代缴税款的完税凭证上注明的增值税额。

(6) 原增值税一般纳税人购进货物或者接受劳务，用于《销售服务、无形资产、不动产注释》所列项目的，不属于《增值税暂行条例》第十条规定不得抵扣进项税额的项目，其进项税额准予从销项税额中抵扣。

(7) 原增值税一般纳税人购进服务、无形资产或者不动产，取得的增值税专用发票上注明的增值税额为进项税额，准予从销项税额中抵扣。

(8) 原增值税一般纳税人自用的应征消费税的摩托车、汽车、游艇，其进项税额准予从销项税额中抵扣。

纳税人购进货物、劳务、服务、无形资产、不动产，取得的增值税扣税凭证不符合法律、行政法规或者国务院税务主管部门有关规定的，其进项税额不得从销项税额中抵扣。

增值税扣税凭证，是指增值税专用发票、海关进口增值税专用缴款书、农产品收购发票、农产品销售发票、完税凭证和符合规定的国内旅客运输发票。

纳税人凭完税凭证抵扣进项税额的，应当具备书面合同、付款证明和境外单位的对账单或者发票。资料不全的，其进项税额不得从销项税额中抵扣。

【例2-7·多选题】 南湖服装有限公司为增值税一般纳税人，2024年9月购进国内旅客运输服务，取得的下列票据中，可以作为进项税额抵扣依据的有(　　)。

A. 国内旅客运输服务增值税电子普通发票

B. 注明员工身份信息的航空运输电子客票行程单

C. 注明员工身份信息的铁路车票

D. 注明员工身份信息的公路、水路客票

答案： ABCD

解析： 为推进增值税实质性减税，自2019年4月1日起，增值税一般纳税人购进国内旅客运输服务，取得增值税专用发票、电子普通发票，注明旅客身份信息的航空运输电子客票行程单，铁路车票和公路、水路等其他客票，可以作为进项税额的抵扣依据。

2. 不得从销项税额中抵扣的进项税额

(1) 用于简易计税方法计税项目、免征增值税项目、集体福利或者个人消费的购进货物、劳务、服务、无形资产和不动产。其中涉及的固定资产、无形资产、不动产，仅指专用于上述项目的固定资产、无形资产(不包括其他权益性无形资产)、不动产。

如果是既用于上述不允许抵扣项目又用于抵扣项目的，该进项税额准予全部抵扣。自2018年1月1日起，纳税人租入固定资产、不动产，既用于一般计税方法计税项目，又用于简易计税方法计税项目、免征增值税项目、集体福利或者个人消费的，其进项税额准予从销项税额中全额抵扣。

纳税人的交际应酬消费属于个人消费。

(2) 非正常损失的购进货物，以及相关的劳务和交通运输服务。

(3) 非正常损失的在产品、产成品所耗用的购进货物(不包括固定资产)、劳务和交通运输服务。

(4) 非正常损失的不动产，以及该不动产所耗用的购进货物、设计服务和建筑服务。

(5) 非正常损失的不动产在建工程所耗用的购进货物、设计服务和建筑服务。

纳税人新建、改建、扩建、修缮、装饰不动产，均属于不动产在建工程。

(6) 购进的贷款服务、餐饮服务、居民日常服务和娱乐服务。

(7) 纳税人接受贷款服务，向贷款方支付的与该笔贷款直接相关的投融资顾问费、手续费、咨询费等费用，其进项税额不得从销项税额中抵扣。

(8) 财政部和国家税务总局规定的其他情形。

上述第(4)项、第(5)项所称货物，是指构成不动产实体的材料和设备，包括建筑装饰材料和给排水、采暖、卫生、通风、照明、通讯、煤气、消防、中央空调、电梯、电气、智能化楼宇设备及配套设施。

不动产、无形资产的具体范围，按照《销售服务、无形资产、不动产注释》执行。固定资产，是指使用期限超过12个月的机器、机械、运输工具以及其他与生产经营有关的设备、工具、器具等有形动产。

非正常损失，是指因管理不善造成货物被盗、丢失、霉烂变质，以及因违反法律法规造成货物或者不动产被依法没收、销毁、拆除的情形。

【例2-8·单选题】 根据增值税法律制度的规定，下列各项中，不得从销项税额中抵扣进项税额的是(　　)。

A. 购进生产用动力所支付的增值税款

B. 不合格产品耗用材料所支付的增值税款

C. 因管理不善被盗材料所支付的增值税款

D. 购进不动产耗用水泥所支付的增值税款

答案： C

解析： 根据增值税法律制度的规定，因管理不善造成被盗、丢失、霉烂变质的损失以及被执法部门依法没收或者强令自行销毁的货物的增值税款不允许从销项税额中抵扣。

3. 进项税额抵扣的特殊规定

(1) 适用一般计税方法的纳税人，兼营简易计税方法计税项目、免征增值税项目而无法划分不得抵扣的进项税额，按照下列公式计算不得抵扣的进项税额：

不得抵扣的进项税额=当期无法划分的全部进项税额×(当期简易计税方法计税项目销售额+免征增值税项目销售额)÷当期全部销售额

税务机关可以按照上述公式依据年度数据对不得抵扣的进项税额进行清算。

(2) 一般纳税人当期购进的货物或劳务用于生产经营，其进项税额在当期销项税额中予以抵扣。但已抵扣进项税额的购进货物或劳务如果事后改变用途，用于集体福利或者个人消费、购进货物发生非正常损失、在产品或产成品发生非正常损失等，应当将该项购进货物或者劳务的进项税额从当期的进项税额中扣减；无法确定该项进项税额的，按当期外购项目的实际成本计算应扣减的进项税额。

(3) 已抵扣进项税额的固定资产，发生不得从销项税额中抵扣情形的，应在当月按下列公式计算不得抵扣的进项税额：

不得抵扣的进项税额=固定资产净值×适用税率

固定资产净值，是指纳税人按照财务会计制度计提折旧后计算的固定资产净值。

(4) 已抵扣进项税额的购进服务，发生不得从销项税额中抵扣情形(简易计税方法计税项目、免征增值税项目除外)的，应当将该进项税额从当期进项税额中扣减；无法确定该进项税额的，按照当期实际成本计算应扣减的进项税额。

(5) 已抵扣进项税额的无形资产，发生不得从销项税额中抵扣情形的，按照下列公式计算不得抵扣的进项税额：

不得抵扣的进项税额=无形资产净值×适用税率

无形资产净值，是指纳税人根据财务会计制度摊销后的余额。

(6) 已抵扣进项税额的不动产，发生非正常损失，或者改变用途，专用于简易计税方法计税项目、免征增值税项目、集体福利或者个人消费的，按照下列公式计算不得抵扣的进项税额，并从当期进项税额中扣减：

不得抵扣的进项税额=已抵扣进项税额×不动产净值率

不动产净值率=(不动产净值÷不动产原值)×100%

(7) 纳税人适用一般计税方法计税的，因销售折让、中止或者退回而退还给购买方的增值税额，应当从当期的销项税额中扣减；因销售折让、中止或者退回而收回的增值税额，应当从当期的进项税额中扣减。

(8) 自 2019 年 4 月 1 日起，增值税一般纳税人取得不动产或者不动产在建工程的进项税额不再分 2 年抵扣。此前按照规定尚未抵扣完毕的待抵扣进项税额，可自 2019 年 4 月税款所属期起从销项税额中抵扣。包括以直接购买、接受捐赠、接受投资入股、自建以及抵债等各种形式取得的不动产。

（9）不得抵扣且未抵扣进项税额的固定资产、无形资产，发生用途改变，用于允许抵扣进项税额的应税项目，可在用途改变的次月按照下列公式计算可以抵扣的进项税额：

可以抵扣的进项税额=固定资产、无形资产净值÷(1+适用税率)×适用税率

上述可以抵扣的进项税额应取得合法有效的增值税扣税凭证。

（10）按照规定不得抵扣进项税额的不动产，发生改变用途，用于允许抵扣进项税额项目的，按照下列公式在改变用途的次月计算可抵扣进项税额：

可抵扣进项税额=增值税扣税凭证注明或计算的进项税额×不动产净值率

（五）特殊纳税人应纳税额的计算

有下列情形之一者，应当按照销售额和增值税税率计算应纳税额，不得抵扣进项税额，也不得使用增值税专用发票：

（1）一般纳税人会计核算不健全，或者不能够提供准确税务资料的；

（2）应当办理一般纳税人资格登记而未办理的。

【例 2-9 · 计算题】 南湖服装有限公司为增值税一般纳税人，2024 年 10 月发生经济业务如下：

（1）购进一批原材料棉纱，取得增值税专用发票注明的金额为 50 万元，增值税为 6.5 万元，支付运费，取得增值税普通发票注明的金额为 2 万元，增值税为 0.18 万元；

（2）接受其他企业投资转入染料一批，取得增值税专用发票注明的金额为 100 万元，增值税为 13 万元；

（3）购进周转箱，取得增值税专用发票注明的金额为 6 万元，增值税为 0.78 万元；

（4）销售服装一批，取得不含税销售额 300 万元，另外收取包装物租金 1.13 万元；

（5）采取以旧换新方式销售服装，新产品含税售价为 7.91 万元，旧产品作价 2 万元；

（6）因仓库管理不善，上月购进的一批工具被盗，该批工具的买价为 8 万元(购进工具的进项税额已抵扣)。

已知：该企业取得增值税专用发票均符合抵扣规定；购进和销售产品适用的增值税税率为 13%。计算该企业当月应纳增值税税额。

答案：（1）进项税额=6.5+13+0.78=20.28(万元)

（2）销项税额=300×13%+1.13÷(1+13%)×13%+7.91÷(1+13%)×13%=39+0.13+0.91=40.04(万元)

（3）进项税额转出=8×13%=1.04(万元)

（4）应纳增值税税额=40.04−20.28+1.04=20.8(万元)

解析：根据增值税法律制度的规定：(1)购进材料的进项税额允许抵扣，支付运费未取得增值税专用发票，进项税额不允许抵扣；(2)接受投资的材料的进项税额和购进低值易耗

品的进项税额均可以抵扣；(3)包装物租金属于价外费用，应当按照含税价换算为不含税价计算增值税销项税额；(4)以旧换新应当按照新产品的价格计算增值税销项税额；(5)购进工具因管理不善被盗，按照规定应将进项税额转出。

二、简易计税方法应纳税额的计算

(一) 小规模纳税人采用简易计税方法

小规模纳税人发生应税销售行为采用简易计税方法计税，应按照销售额和征收率计算应纳增值税税额，不得抵扣进项税额。其计算公式为：

应纳税额＝销售额×征收率

简易计税方法的销售额不包括其应纳税额，纳税人采用销售额和应纳税额合并定价方法的，按照下列公式计算销售额：

销售额＝含税销售额÷(1+征收率)

纳税人适用简易计税方法计税的，因销售折让、中止或者退回而退还给购买方的销售额，应当从当期销售额中扣减。扣减当期销售额后仍有余额造成多缴的税款，可以从以后的应纳税额中扣减。

(二) 特殊事项简易计税方法

(1) 纳税人销售旧货和使用过的固定资产，按照简易计税方法计税的，其计算公式为：

销售额＝含税销售额÷(1+3%)

应纳税额＝销售额×2%

(2) 从事二手车经销业务的纳税人，销售其收购的二手车，按照简易计税方法计税的，其计算公式为：

销售额＝含税销售额÷(1+0.5%)

应纳税额＝销售额×0.5%

【例 2-10·计算题】 某建筑企业 2014 年购入一台小汽车用于工程项目，未抵扣增值税进项税额，2024 年 1 月销售给某旧机动车交易市场，含税销售价格为 30900 元，不开具增值税专用发票。计算其应纳税额。

答案：(1)销售额＝30900÷(1+3%)＝30000(元)

(2) 应纳税额＝30000×2%＝600(元)

(三) 一般纳税人选择简易计税方法

一般纳税人选择适用简易计税方法计税，不允许抵扣进项税额。其计算公式为：

应纳税额＝销售额×征收率

纳税人采用销售额和应纳税额合并定价方法的，按照下列公式计算销售额：

销售额=含税销售额÷(1+征收率)

一般纳税人发生下列应税行为可以选择适用简易计税方法计税：

（1）公共交通运输服务，包括轮客渡、公交客运、地铁、城市轻轨、出租车、长途客运、班车。

（2）经认定的动漫企业为开发动漫产品提供的动漫脚本编撰、形象设计、背景设计、动画设计、分镜、动画制作、摄制、描线、上色、画面合成、配音、配乐、音效合成、剪辑、字幕制作、压缩转码(面向网络动漫、手机动漫格式适配)服务，以及在境内转让动漫版权(包括动漫品牌、形象或者内容的授权及再授权)。

（3）电影放映服务、仓储服务、装卸搬运服务、收派服务和文化体育服务。

（4）以纳入“营改增”试点之日前取得的有形动产为标的物提供的经营租赁服务。

（5）在纳入“营改增”试点之日前签订的尚未执行完毕的有形动产租赁合同。

一般纳税人发生财政部和国家税务总局规定的特定应税行为，可以选择适用简易计税方法计税，但一经选择，36 个月内不得变更。

【例 2-11 · 多选题】 根据增值税法律制度的规定，“营改增”试点一般纳税人发生的下列应税行为中，可以选择简易计税方法计税的有(　　)。

A. 公交客运服务　　B. 动画制作服务

C. 电影放映服务　　D. 装卸搬运服务

答案： ABCD

解析： 根据《营业税改征增值税试点实施办法》及相关规定，“营改增”试点一般纳税人提供公交客运服务、动画制作服务、电影放映服务和装卸搬运服务，可以选择适用简易计税方法计税。

【例 2-12 · 计算题】 某企业为增值税小规模纳税人，专门从事财税咨询服务。2024 年 10 月发生以下业务：

（1）15 日，向某一般纳税人企业提供财税咨询服务，取得含增值税销售额 60. 6 万元；

（2）20 日，向某小规模纳税人提供注册信息服务，取得含增值税销售额 2. 02 万元；

（3）25 日，购进办公用品，支付价款 3. 06 万元，并取得增值税普通发票。

已知：增值税征收率为 1%。计算该企业当月应纳增值税税额。

答案： (1)销售额=(60. 6+2. 02)÷(1+1%)= 62(万元)

（2）应纳增值税税额=62×1%=0. 62(万元)

解析： 小规模纳税人提供应税服务，采用简易计税方法计税，销售额中含有增值税款的，应换算为不含税销售额，计算应纳税额，购进货物支付的增值税款不允许抵扣。

【思维税图】

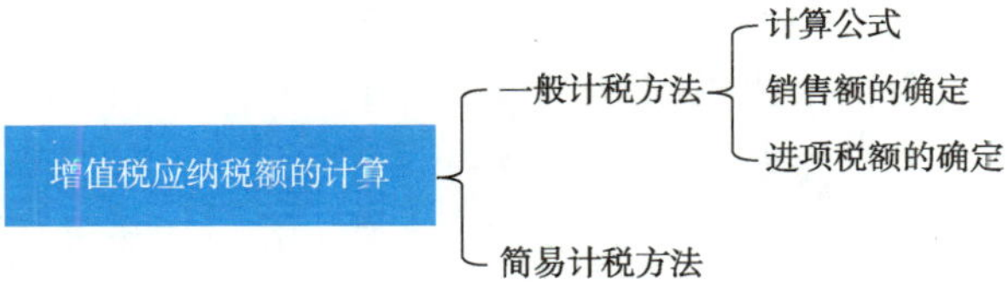

第三节　增值税税收优惠

【税言税语】

南湖服装有限公司最近新购进了一批生产设备，用于提高服装的生产效率。小明不清楚这笔购进设备的进项税额是否可以抵扣，于是，他向财务部的同事请教。同事告诉他，根据增值税法的规定，购进生产设备的进项税额可以抵扣。小明松了一口气。原来购进设备的进项税额是可以抵扣的，这样可以减轻公司的税负。

【税的内容】

一、增值税免税项目

（1）农业生产者销售的自产农产品。

（2）避孕药品和用具。

（3）古旧图书。古旧图书，是指向社会收购的古书和旧书。

（4）直接用于科学研究、科学试验和教学的进口仪器、设备。

（5）外国政府、国际组织无偿援助的进口物资和设备。

（6）由残疾人的组织直接进口供残疾人专用的物品。

（7）销售的自己使用过的物品。自己使用过的物品，是指其他个人自己使用过的物品。

二、“营改增”试点税收优惠

（一）免征增值税项目

（1）托儿所、幼儿园提供的保育和教育服务。

托儿所、幼儿园，是指经县级以上教育部门审批成立、取得办园许可证的实施 0~6 岁学前教育的机构，包括公办和民办的托儿所、幼儿园、学前班、幼儿班、保育院、幼儿院。

公办托儿所、幼儿园免征增值税的收入是指，在省级财政部门和价格主管部门审核报省级人民政府批准的收费标准以内收取的教育费、保育费。

民办托儿所、幼儿园免征增值税的收入是指，在报经当地有关部门备案并公示的收费标准范围内收取的教育费、保育费。

超过规定收费标准的收费，以开办实验班、特色班和兴趣班等为由另外收取的费用以及与幼儿入园挂钩的赞助费、支教费等超过规定范围的收入，不属于免征增值税的收入。

（2）养老机构提供的养老服务。

养老机构，是指依照民政部《养老机构设立许可办法》设立并依法办理登记的为老年人提供集中居住和照料服务的各类养老机构；养老服务，是指上述养老机构按照民政部《养老机构管理办法》的规定，为收住的老年人提供的生活照料、康复护理、精神慰藉、文化娱乐等服务。

（3）残疾人福利机构提供的育养服务。

（4）婚姻介绍服务。

（5）殡葬服务。

（6）残疾人员本人为社会提供的服务。

（7）医疗机构提供的医疗服务。

医疗机构，是指依据国务院《医疗机构管理条例》及卫生部《医疗机构管理条例实施细则》的规定，经登记取得《医疗机构执业许可证》的机构，以及军队、武警部队各级各类医疗机构。具体包括：各级各类医院、门诊部（所）、社区卫生服务中心（站）、急救中心（站）、城乡卫生院、护理院（所）、疗养院、临床检验中心，各级政府及有关部门举办的卫生防疫站（疾病控制中心）、各种专科疾病防治站（所），各级政府举办的妇幼保健所（站）、母婴保健机构、儿童保健机构，各级政府举办的血站（血液中心）等医疗机构。

本项所称的医疗服务，是指医疗机构按照不高于地（市）级以上价格主管部门会同同级卫生主管部门及其他相关部门制定的医疗服务指导价格（包括政府指导价和按照规定由供需双方协商确定的价格等）为就医者提供《全国医疗服务价格项目规范》所列的各项服务，以及医疗机构向社会提供卫生防疫、卫生检疫的服务。

（8）从事学历教育的学校提供的教育服务。

① 学历教育，是指受教育者经过国家教育考试或者国家规定的其他入学方式，进入国家有关部门批准的学校或者其他教育机构学习，获得国家承认的学历证书的教育形式。具体包括：

初等教育：普通小学、成人小学。

初级中等教育：普通初中、职业初中、成人初中。

高级中等教育：普通高中、成人高中和中等职业学校(包括普通中专、成人中专、职业高中、技工学校)。

高等教育：普通本专科、成人本专科、网络本专科、研究生(博士、硕士)、高等教育自学考试、高等教育学历文凭考试。

② 从事学历教育的学校，是指普通学校。

经地(市)级以上人民政府或者同级政府的教育行政部门批准成立、国家承认其学员学历的各类学校。

经省级及以上人力资源社会保障行政部门批准成立的技工学校、高级技工学校。

经省级人民政府批准成立的技师学院。

上述学校均包括符合规定的从事学历教育的民办学校，但不包括职业培训机构等国家不承认学历的教育机构。

③ 提供教育服务免征增值税的收入，是指对列入规定招生计划的在籍学生提供学历教育服务取得的收入，具体包括：经有关部门审核批准并按规定标准收取的学费、住宿费、课本费、作业本费、考试报名费，以及学校食堂提供餐饮服务取得的伙食费。除此之外的收入，包括学校以各种名义收取的赞助费、择校费等，不属于免征增值税的范围。

学校食堂是指依照《学校食堂与学生集体用餐卫生管理规定》管理的学校食堂。

(9) 学生勤工俭学提供的服务。

(10) 农业机耕、排灌、病虫害防治、植物保护、农牧保险以及相关技术培训业务，家禽、牲畜、水生动物的配种和疾病防治。

农业机耕，是指在农业、林业、牧业中使用农业机械进行耕作(包括耕耘、种植、收割、脱粒、植物保护等)的业务；排灌，是指对农田进行灌溉或者排涝的业务；病虫害防治，是指从事农业、林业、牧业、渔业的病虫害测报和防治的业务；农牧保险，是指为种植业、养殖业、牧业种植和饲养的动植物提供保险的业务；相关技术培训，是指与农业机耕、排灌、病虫害防治、植物保护业务相关以及为使农民获得农牧保险知识的技术培训业务；家禽、牲畜、水生动物的配种和疾病防治业务的免税范围，包括与该项服务有关的提供药品和医疗用具的业务。

(11) 纪念馆、博物馆、文化馆、文物保护单位管理机构、美术馆、展览馆、书画院、图书馆在自己的场所提供文化体育服务取得的第一道门票收入。

(12) 寺院、宫观、清真寺和教堂举办文化、宗教活动的门票收入。

(13) 行政单位之外的其他单位收取的符合《营业税改征增值税试点实施办法》第十条规定条件的政府性基金和行政事业性收费。

(14) 个人转让著作权。

（15）个人销售自建自用住房。

（16）台湾航运公司、航空公司从事海峡两岸海上直航、空中直航业务在大陆取得的运输收入。

（17）纳税人提供的直接或者间接国际货物运输代理服务。

（18）符合规定条件的贷款、债券利息收入。

（19）被撤销金融机构以货物、不动产、无形资产、有价证券、票据等财产清偿债务。

（20）保险公司开办的一年期以上人身保险产品取得的保费收入。

（21）符合规定条件的金融商品转让收入。

（22）金融同业往来利息收入。

（23）符合规定条件的担保机构从事中小企业信用担保或者再担保业务取得的收入(不含信用评级、咨询、培训等收入)3年内免征增值税。

（24）国家商品储备管理单位及其直属企业承担商品储备任务，从中央或者地方财政取得的利息补贴收入和价差补贴收入。

（25）纳税人提供技术转让、技术开发和与之相关的技术咨询、技术服务。

（26）符合规定条件的合同能源管理服务。

（27）政府举办的从事学历教育的高等、中等和初等学校(不含下属单位)，举办进修班、培训班取得的全部归该学校所有的收入。

（28）政府举办的职业学校设立的主要为在校学生提供实习场所，并由学校出资自办、由学校负责经营管理、经营收入归学校所有的企业，从事《销售服务、无形资产、不动产注释》中“现代服务”(不含融资租赁服务、广告服务和其他现代服务)、“生活服务”(不含文化体育服务、其他生活服务和桑拿、氧吧)业务活动取得的收入。

（29）家政服务企业由员工制家政服务员提供家政服务取得的收入。

（30）福利彩票、体育彩票的发行收入。

（31）为了配合国家住房制度改革，企业、行政事业单位按房改成本价、标准价出售住房取得的收入。

（32）将土地使用权转让给农业生产者用于农业生产。

（33）涉及家庭财产分割的个人无偿转让不动产、土地使用权。

（34）土地所有者出让土地使用权和土地使用者将土地使用权归还给土地所有者。

（35）县级以上地方人民政府或自然资源行政主管部门出让、转让或收回自然资源使用权(不含土地使用权)。

（36）随军家属就业。

（37）军队转业干部就业。

（38）提供社区养老、托育、家政等服务取得的收入。

（39）法律援助人员按照《法律援助法》规定获得的法律援助补贴。

（二）增值税即征即退

（1）一般纳税人提供管道运输服务，对其增值税实际税负超过3%的部分实行增值税即征即退政策。

（2）经人民银行、国家金融监督管理总局或者商务部批准从事融资租赁业务的试点纳税人中的一般纳税人，提供有形动产融资租赁服务和有形动产融资性售后回租服务，对其增值税实际税负超过3%的部分实行增值税即征即退政策。

（3）增值税实际税负，是指纳税人当期提供应税服务实际缴纳的增值税额占纳税人当期提供应税服务取得的全部价款和价外费用的比例。

（三）扣减增值税

1. 退役士兵创业就业

自主就业退役士兵从事个体经营的，自办理个体工商户登记当月起，在3年（36个月，下同）内按每户每年20000元为限额依次扣减其当年实际应缴纳的增值税、城市维护建设税、教育费附加、地方教育附加和个人所得税。限额标准最高可上浮20%，各省、自治区、直辖市人民政府可根据本地区实际情况在此幅度内确定具体限额标准。

城市维护建设税、教育费附加、地方教育附加的计税依据是享受本项税收优惠政策前的增值税应纳税额。

2. 重点群体创业就业

脱贫人口（含防止返贫监测对象）、持《就业创业证》（注明"自主创业税收政策"或"毕业年度内自主创业税收政策"）或《就业失业登记证》（注明"自主创业税收政策"）的人员，从事个体经营的，自办理个体工商户登记当月起，在3年内按每户每年20000元为限额依次扣减其当年实际应缴纳的增值税、城市维护建设税、教育费附加、地方教育附加和个人所得税。限额标准最高可上浮20%，各省、自治区、直辖市人民政府可根据本地区实际情况在此幅度内确定具体限额标准。

企业招用脱贫人口，以及在人力资源社会保障部门公共就业服务机构登记失业半年以上且持《就业创业证》或《就业失业登记证》（注明"企业吸纳税收政策"）的人员，与其签订1年以上期限劳动合同并依法缴纳社会保险费的，自签订劳动合同并缴纳社会保险当月起，在3年内按实际招用人数予以定额依次扣减增值税、城市维护建设税、教育费附加、地方教育附加和企业所得税优惠。定额标准为每人每年6000元，最高可上浮30%，各省、自治区、直辖市人民政府可根据本地区实际情况在此幅度内确定具体定额标准。城市维护建设税、教育费附加、地方教育附加的计税依据是享受本项税收优惠政策前的增值税应纳税额。

（四）金融企业发放贷款利息税收优惠

金融企业发放贷款后，自结息日起90日内发生的应收未收利息按现行规定缴纳增值税，自结息日起90日后发生的应收未收利息暂不缴纳增值税，待实际收到利息时按规定缴纳增值税。

（五）个人销售住房税收优惠

北京市、上海市、广州市和深圳市之外的地区，个人将购买不足2年的住房对外销售的，按照5%的征收率全额缴纳增值税；个人将购买2年以上(含2年)的住房对外销售的，免征增值税。

北京市、上海市、广州市和深圳市的个人将购买不足2年的住房对外销售的，按照5%的征收率全额缴纳增值税；个人将购买2年以上(含2年)的非普通住房对外销售的，以销售收入减去购买住房价款后的差额按照5%的征收率缴纳增值税；个人将购买2年以上(含2年)的普通住房对外销售的，免征增值税。

三、跨境行为免征增值税的政策规定

境内的单位和个人销售的下列服务和无形资产免征增值税，但财政部和国家税务总局规定适用增值税零税率的除外：

（1）下列服务：

① 工程项目在境外的建筑服务。

② 工程项目在境外的工程监理服务。

③ 工程、矿产资源在境外的工程勘察勘探服务。

④ 会议展览地点在境外的会议展览服务。

⑤ 存储地点在境外的仓储服务。

⑥ 标的物在境外使用的有形动产租赁服务。

⑦ 在境外提供的广播影视节目(作品)的播映服务。

⑧ 在境外提供的文化体育服务、教育医疗服务、旅游服务。

（2）为出口货物提供的邮政服务、收派服务、保险服务。

为出口货物提供的保险服务，包括出口货物保险和出口信用保险。

（3）向境外单位提供的完全在境外消费的下列服务和无形资产：

① 电信服务。

② 知识产权服务。

③ 物流辅助服务(仓储服务、收派服务除外)。

④ 鉴证咨询服务。

⑤ 专业技术服务。

⑥ 商务辅助服务。

⑦ 广告投放地在境外的广告服务。

⑧ 无形资产。

(4) 以无运输工具承运方式提供的国际运输服务。

(5) 为境外单位之间的货币资金融通及其他金融业务提供的直接收费金融服务，且该服务与境内的货物、无形资产和不动产无关。

(6) 财政部和国家税务总局规定的其他服务。

四、起征点

纳税人发生应税销售行为的销售额未达到增值税起征点的，免征增值税；达到起征点的，全额计算缴纳增值税。

增值税起征点的适用范围限于个人，且不适用于登记为一般纳税人的个体工商户。起征点的幅度规定如下：

(1) 按期纳税的，为月销售额5000~20000元(含)。

(2) 按次纳税的，为每次(日)销售额300~500元(含)。

起征点的调整由财政部和国家税务总局规定。省、自治区、直辖市财政厅(局)和税务局应当在规定的幅度内，根据实际情况确定本地区适用的起征点，并报财政部和国家税务总局备案。

五、小规模纳税人免税规定

自2023年1月1日至2027年12月31日，对月销售额10万元以下(含)的增值税小规模纳税人，免征增值税。增值税小规模纳税人适用3%征收率的应税销售收入，减按1%征收率征收增值税；适用3%预征率的预缴增值税项目，减按1%预征率预缴增值税。

六、增值税期末留抵退税

(一) 试行增值税期末留抵税额退税

自2019年4月1日起，试行增值税期末留抵税额退税制度。同时符合以下条件的纳税人，可以向主管税务机关申请退还增量留抵税额：

(1) 自2019年4月税款所属期起，连续6个月(按季纳税的，连续两个季度)增量留抵税额均大于零，且第6个月增量留抵税额不低于50万元；

(2) 纳税信用等级为A级或者B级；

(3) 申请退税前36个月未发生骗取留抵退税、出口退税或虚开增值税专用发票情形的；

(4) 申请退税前36个月未因偷税被税务机关处罚两次及以上的；

(5) 自2019年4月1日起未享受即征即退、先征后返(退)政策的。

增量留抵税额，是指与2019年3月底相比新增加的期末留抵税额。

纳税人当期允许退还的增量留抵税额，按照以下公式计算：

允许退还的增量留抵税额=增量留抵税额×进项构成比例×60%

进项构成比例，为2019年4月至申请退税前一税款所属期内已抵扣的增值税专用发票（含税控机动车销售统一发票）、海关进口增值税专用缴款书、解缴税款完税凭证注明的增值税占同期全部已抵扣进项税额的比重。

（二）先进制造业期末留抵退税

自2019年6月1日起，同时符合以下条件的部分先进制造业纳税人，可以自2019年7月及以后纳税申报期向主管税务机关申请退还增量留抵税额：

（1）增量留抵税额大于零；

（2）纳税信用等级为A级或者B级；

（3）申请退税前36个月未发生骗取留抵退税、出口退税或虚开增值税专用发票情形；

（4）申请退税前36个月未因偷税被税务机关处罚两次及以上；

（5）自2019年4月1日起未享受即征即退、先征后返（退）政策。

部分先进制造业纳税人，是指按照《国民经济行业分类》，生产并销售非金属矿物制品、通用设备、专用设备及计算机、通信和其他电子设备销售额占全部销售额的比重超过50%的纳税人。

销售额比重根据纳税人申请退税前连续12个月的销售额计算确定；申请退税前经营期不满12个月但满3个月的，按照实际经营期的销售额计算确定。

增量留抵税额，是指与2019年3月31日相比新增加的期末留抵税额。

部分先进制造业纳税人当期允许退还的增量留抵税额，按照以下公式计算：

允许退还的增量留抵税额=增量留抵税额×进项构成比例

进项构成比例，为2019年4月至申请退税前一税款所属期内已抵扣的增值税专用发票（含税控机动车销售统一发票）、海关进口增值税专用缴款书、解缴税款完税凭证注明的增值税额占同期全部已抵扣进项税额的比重。

自2021年4月1日起，将部分先进制造业纳税人退还增量留抵税额有关政策扩大至先进制造业，增加医药、化学纤维、铁路、船舶、航空航天和其他运输设备、电气机械和器材、仪器仪表销售额占全部销售额的比重超过50%的纳税人。

（三）小微企业和制造业等行业期末留抵退税

（1）自2021年4月1日起，加大小微企业增值税期末留抵退税政策力度，将先进制造业按月全额退还增值税增量留抵税额政策范围扩大至符合条件的小微企业（含个体工商户，下同），并一次性退还小微企业存量留抵税额。

（2）自2021年4月1日起，加大“制造业”“科学研究和技术服务业”“电力、热力、燃气及水生产和供应业”“软件和信息技术服务业”“生态保护和环境治理业”“交通运输、仓储和邮政业”（以下简称制造业等行业）增值税期末留抵退税政策力度，将先进制造业按月全额退还增值税增量留抵税额政策范围扩大至符合条件的制造业等行业企业（含个体工商户，下同），并一次性退还制造业等行业企业存量留抵税额。

（3）小微企业和制造业等行业纳税人办理期末留抵退税，需同时符合以下条件：

① 纳税信用等级为 A 级或者 B 级；

② 申请退税前 36 个月未发生骗取留抵退税、骗取出口退税或虚开增值税专用发票情形；

③ 申请退税前 36 个月未因偷税被税务机关处罚两次及以上；

④ 2019 年 4 月 1 日起未享受即征即退、先征后返（退）政策。

（4）增量留抵税额，区分以下情形确定：

纳税人获得一次性存量留抵退税前，增量留抵税额为当期期末留抵税额与 2019 年 3 月 31 日相比新增加的留抵税额。

纳税人获得一次性存量留抵退税后，增量留抵税额为当期期末留抵税额。

（5）存量留抵税额，区分以下情形确定：

纳税人获得一次性存量留抵退税前，当期期末留抵税额大于或等于 2019 年 3 月 31 日期末留抵税额的，存量留抵税额为 2019 年 3 月 31 日期末留抵税额；当期期末留抵税额小于 2019 年 3 月 31 日期末留抵税额的，存量留抵税额为当期期末留抵税额。

纳税人获得一次性存量留抵退税后，存量留抵税额为零。

（6）纳税人按照以下公式计算允许退还的留抵税额：

允许退还的增量留抵税额 = 增量留抵税额 × 进项构成比例 × 100%

允许退还的存量留抵税额 = 存量留抵税额 × 进项构成比例 × 100%

进项构成比例，为 2019 年 4 月至申请退税前一税款所属期已抵扣的增值税专用发票（含带有“增值税专用发票”字样数电票、税控机动车销售统一发票）、收费公路通行费增值税电子普通发票、海关进口增值税专用缴款书、解缴税款完税凭证注明的增值税额占同期全部已抵扣进项税额的比重。

（7）自 2022 年 7 月 1 日起，将制造业等行业按月全额退还增值税增量留抵税额、一次性退还存量留抵税额的政策范围，扩大至“批发和零售业”“农、林、牧、渔业”“住宿和餐饮业”“居民服务、修理和其他服务业”“教育”“卫生和社会工作”“文化、体育和娱乐业”。

七、其他减免税规定

（1）纳税人兼营免税、减税项目的，应当分别核算免税、减税项目的销售额；未分别核算销售额的，不得免税、减税。

（2）纳税人发生应税销售行为适用免税规定的，可以放弃免税，依照《增值税暂行条例》或者《营业税改征增值税试点实施办法》的规定缴纳增值税。放弃免税后，36 个月内不得再申请免税。

（3）纳税人发生应税销售行为同时适用免税和零税率规定的，纳税人可以选择适用免税或者零税率。

【思维税图】

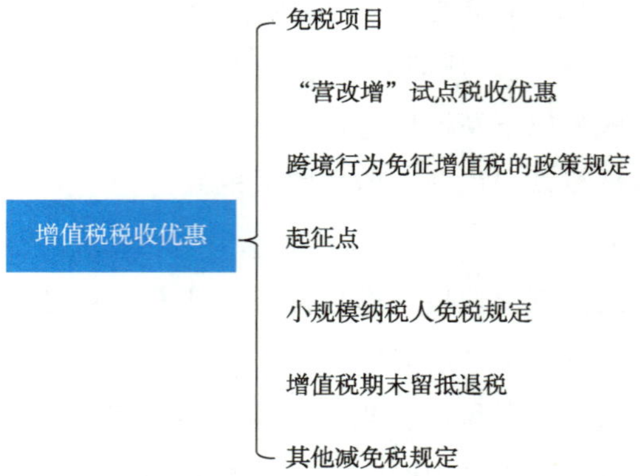

第四节　增值税征收管理

【税言税语】

南湖服装有限公司销售一批服装，收到了款项并开具了发票。小明需要确定公司销售服装的纳税义务发生时间。于是，他向财务部的同事请教。同事告诉他，如果公司采取直接收款方式销售服装，纳税义务发生时间为收到销售款项或者取得索取销售款项凭据的当天；如果先开具了发票，则纳税义务发生时间为开具发票的当天。小明明白了，原来纳税义务发生时间需要根据具体的销售方式来确定。

【税的内容】

一、纳税义务发生时间

（1）纳税人发生应税销售行为，为收讫销售款项或者取得索取销售款项凭据的当天；

先开具发票的，为开具发票的当天。具体为以下几种情况。

① 采取直接收款方式销售货物，不论货物是否发出，均为收到销售款或者取得索取销售款凭据的当天。

纳税人生产经营活动中采取直接收款方式销售货物，已将货物移送对方并暂估销售收入入账，但既未取得销售款或取得索取销售款凭据也未开具销售发票的，其纳税义务发生时间为取得销售款或取得索取销售款凭据的当天；先开具发票的，为开具发票的当天。

② 采取托收承付和委托银行收款方式销售货物，为发出货物并办妥托收手续的当天。

③ 采取赊销和分期收款方式销售货物，为书面合同约定的收款日期的当天，无书面合同的或者书面合同没有约定收款日期的，为货物发出的当天。

④ 采取预收货款方式销售货物，为货物发出的当天，但生产销售生产工期超过 12 个月的大型机械设备、船舶、飞机等货物，为收到预收款或者书面合同约定的收款日期的当天。

⑤ 委托其他纳税人代销货物，为收到代销单位的代销清单或者收到全部或部分货款的当天。未收到代销清单及货款的，为发出代销货物满 180 天的当天。

⑥ 纳税人提供租赁服务采取预收款方式的，其纳税义务发生时间为收到预收款的当天。

⑦ 纳税人从事金融商品转让的，为金融商品所有权转移的当天。

⑧ 纳税人发生相关视同销售货物行为，为货物移送的当天。

⑨ 纳税人发生视同销售劳务、服务、无形资产、不动产情形的，其纳税义务发生时间为劳务、服务、无形资产转让完成的当天或者不动产权属变更的当天。

（2）纳税人进口货物，其纳税义务发生时间为报关进口的当天。

（3）增值税扣缴义务发生时间为纳税人增值税纳税义务发生的当天。

二、纳税地点

（1）固定业户应当向其机构所在地的税务机关申报纳税。总机构和分支机构不在同一县(市)的，应当分别向各自所在地的税务机关申报纳税；经国务院财政、税务部门或者其授权的财政、税务机关批准，可以由总机构汇总向总机构所在地的税务机关申报纳税。

（2）固定业户到外县(市)销售货物或者劳务，应当向其机构所在地的税务机关报告外出经营事项，并向其机构所在地的税务机关申报纳税；未报告的，应当向销售地或者劳务发生地的税务机关申报纳税；未向销售地或者劳务发生地的税务机关申报纳税的，由其机构所在地的税务机关补征税款。

（3）非固定业户销售货物或者劳务，应当向销售地或者劳务发生地的税务机关申报纳税；未向销售地或者劳务发生地的税务机关申报纳税的，由其机构所在地或者居住地的税务机关补征税款。

（4）进口货物，应当向报关地海关申报纳税。

（5）其他个人提供建筑服务，销售或者租赁不动产，转让自然资源使用权，应向建筑服务发生地、不动产所在地、自然资源所在地税务机关申报纳税。

（6）扣缴义务人应当向其机构所在地或者居住地的税务机关申报缴纳其扣缴的税款。

三、纳税期限

增值税的纳税期限分别为1日、3日、5日、10日、15日、1个月或者1个季度。

纳税人的具体纳税期限，由税务机关根据纳税人应纳税额的大小分别核定；不能按照固定期限纳税的，可以按次纳税。以1个季度为纳税期限的规定适用于小规模纳税人、银行、财务公司、信托投资公司、信用社，以及财政部和国家税务总局规定的其他纳税人。

纳税人以1个月或者1个季度为1个纳税期的，自期满之日起15日内申报纳税；以1日、3日、5日、10日或者15日为1个纳税期的，自期满之日起5日内预缴税款，于次月1日起15日内申报纳税并结清上月应纳税款。

扣缴义务人解缴税款的期限，依照上述规定执行。

纳税人进口货物，应当自海关填发进口增值税专用缴款书之日起15日内缴纳税款。

【例2-13·多选题】 根据增值税法律制度的规定，下列关于增值税纳税义务发生时间的表述中，正确的有（　　）。

A. 纳税人发生视同销售货物行为，为货物移送的当天

B. 销售劳务为提供劳务同时收讫销售款或者取得索取销售款凭据的当天

C. 纳税人进口货物，为货物到岸的当天

D. 采取委托收款方式销售货物，为收到款项的当天

答案： AB

解析： 根据增值税法律制度的规定，纳税人进口货物，为报关进口的当天。采取委托收款方式销售货物，为发出货物并办妥托收手续的当天。

【例2-14·判断题】 某企业采取预收款方式销售不动产，其纳税义务发生时间为收到预收款的当天。（　　）

答案： ×

解析： 根据《营业税改征增值税试点实施办法》以及相关规定，纳税人提供租赁服务采取预收款方式的，其纳税义务发生时间为收到预收款的当天，不包括提供建筑服务和销售不动产。销售不动产，其纳税义务发生时间为不动产权属变更的当天。

四、纳税申报表

（一）增值税一般纳税人纳税申报表

自2021年8月1日起，增值税与城市维护建设税、教育费附加、地方教育附加申报表

整合，一般纳税人启用《增值税及附加税费申报表(一般纳税人适用)》。

纳税申报表附列资料包括：《增值税及附加税费申报表附列资料(一)》(本期销售情况明细)、《增值税及附加税费申报表附列资料(二)》(本期进项税额明细)、《增值税及附加税费申报表附列资料(三)》(服务、不动产和无形资产扣除项目明细)、《增值税及附加税费申报表附列资料(四)》(税额抵减情况表)、《增值税及附加税费申报表附列资料(五)》(附加税费情况表)、《增值税减免税申报明细表》。

(二) 增值税小规模纳税人纳税申报表

自 2021 年 8 月 1 日起，增值税与城市维护建设税、教育费附加、地方教育附加申报表整合，小规模纳税人启用《增值税及附加税费申报表(小规模纳税人适用)》。

纳税申报表附列资料包括：《增值税及附加税费申报表(小规模纳税人适用)附列资料(一)》(服务、不动产和无形资产扣除项目明细)、《增值税及附加税费申报表(小规模纳税人适用)附列资料(二)》(附加税费情况表)。

【思维税图】

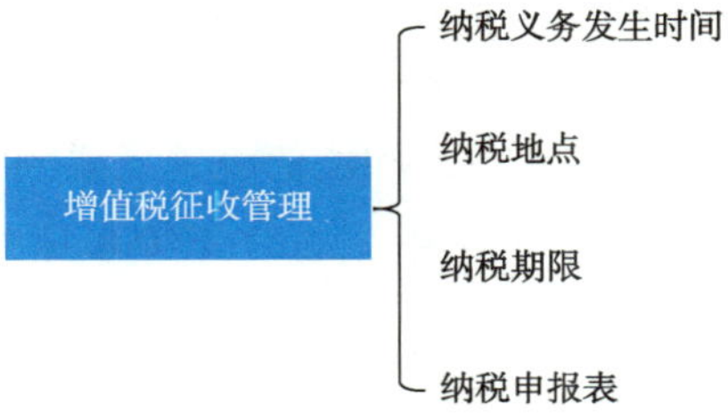

第五节 发票相关规定

【税言税语】

小明在实习时初次接触了一个新奇的事物——数电票。他向财务部的同事请教，同事告诉他，数电票是一种全新的电子发票，与传统纸质发票相比，它具有以下优势：一是无须税控设备，发票开具、领用、验真等操作全部通过数电票服务平台进行，无须使用税控专用设备；二是自动交付，税务机关自动将数电票推送给购买方，也可以通过电子邮件、二维码等方式自行交付；三是便捷查询，购买方可以通过数电票服务平台查询、下载、打印数电票，方便快捷；四是管理高效，数电票实现了发票管理的自动化、智能化，提高了发票管理的效率和安全性。小明对数电票产生了浓厚的兴趣，他决定进一步学习增值税相关知识，以便更好地协助公司进行增值税的申报工作。

【税的内容】

一、增值税专用发票使用规定

（一）专用发票的概念

增值税专用发票，是增值税一般纳税人发生应税销售行为开具的发票，是购买方支付增值税税额并可按照增值税有关规定据以抵扣增值税进项税额的凭证。

一般纳税人应通过增值税防伪税控系统使用专用发票。使用，包括领购、开具、缴销、认证纸质专用发票及其相应的数据电文。

（二）专用发票的联次及用途

专用发票由基本联次或者基本联次附加其他联次构成，基本联次为 3 联，分别为：

（1）发票联，作为购买方核算采购成本和增值税进项税额的记账凭证。

（2）抵扣联，作为购买方报送主管税务机关认证和留存备查的扣税凭证。

（3）记账联，作为销售方核算销售收入和增值税销项税额的记账凭证。

其他联次用途，由一般纳税人自行确定。自 2014 年 8 月 1 日起启用新版增值税纸质专用发票，如图 2-1 所示。

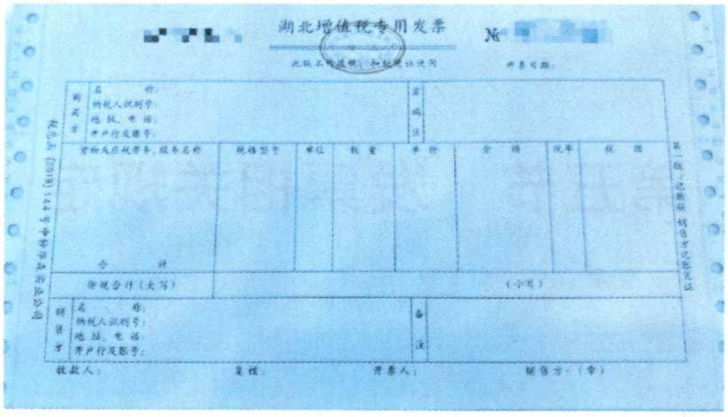

图 2-1　增值税纸质专用发票(票样)

（三）专用发票的领购

一般纳税人领购专用设备后，凭《增值税专用发票最高开票限额申请单》《发票领购簿》到税务机关办理初始发行。初始发行，是指税务机关将一般纳税人的企业名称、纳税人识别号、开票限额、购票限量、购票人员姓名、密码、开票机数量、国家税务总局规定的其他信息等载入空白金税盘和 IC 卡的行为。一般纳税人凭《发票领购簿》、金税盘(或 IC 卡)

和经办人身份证明领购专用发票。

一般纳税人有下列情形之一的，不得领购开具专用发票：

（1）会计核算不健全，不能向税务机关准确提供增值税销项税额、进项税额、应纳税额数据及其他有关增值税税务资料的。

（2）有《税收征管法》规定的税收违法行为，拒不接受税务机关处理的。

（3）有下列行为之一，经税务机关责令限期改正而仍未改正的。

① 虚开增值税专用发票；

② 私自印制专用发票；

③ 向税务机关以外的单位和个人买取专用发票；

④ 借用他人专用发票；

⑤ 未按规定开具专月发票；

⑥ 未按规定保管专用发票和专用设备；

⑦ 未按规定申请办理防伪税控系统变更发行；

⑧ 未按规定接受税务机关检查。

有上列情形的，如已领购专用发票，税务机关应暂扣其结存的专用发票和 IC 卡。

（四）专用发票的使用管理

1. 专用发票开票限额

专用发票实行最高开票限额管理。最高开票限额，是指单份专用发票开具的销售额合计数不得达到的上限额度。

最高开票限额由一般纳税人申请，区县税务机关依法审批。一般纳税人申请最高开票限额时，需填报《增值税专用发票最高开票限额申请单》。主管税务机关受理纳税人申请以后，根据需要进行实地查验，实地查验的范围和方法由各省税务机关确定。自 2014 年 5 月 1 日起，一般纳税人申请增值税专用发票最高开票限额不超过 10 万元的，主管税务机关不需要事前进行实地查验。

2. 专用发票开具范围

一般纳税人发生应税销售行为，应当向索取增值税专用发票的购买方开具专用发票。属于下列情形之一的，不得开具增值税专用发票：

（1）商业企业一般纳税人零售烟、酒、食品、服装、鞋帽（不包括劳保专用部分）、化妆品等消费品的；

（2）应税销售行为的购买方为消费者个人的；

（3）发生应税销售行为适用免税规定的。

3. 专用发票开具要求

专用发票应按下列要求开具：

（1）项目齐全，与实际交易相符；

（2）字迹清楚，不得压线、错格；

（3）发票联和抵扣联加盖财务专用章或者发票专用章；

（4）按照增值税纳税义务的发生时间开具。

【例 2-15·单选题】 下列业务中，一般纳税人允许开具增值税专用发票的为（　　）。

A. 向消费者个人提供餐饮服务　　B. 向某科技公司零售烟酒、食品

C. 向一般纳税人销售货物　　D. 向个人销售商品房

答案：C

解析：根据增值税法律制度的规定，选项 A、选项 B、选项 D 三种情形不允许开具增值税专用发票。

二、全面数字化电子发票

（1）截至 2023 年 12 月 1 日，各省（区、市）均已在部分纳税人中开展数电票试点，试点纳税人通过数电票服务平台开具发票的受票方范围为全国，并作为受票方接收全国其他数电票试点省（区、市）纳税人开具的数电票。

（2）数电票的法律效力、基本用途等与现有纸质发票相同。其中，带有“增值税专用发票”字样的数电票，其法律效力、基本用途与现有增值税专用发票相同；带有“普通发票”字样的数电票，其法律效力、基本用途与现有普通发票相同；带有“航空运输电子客票行程单”字样的数电票，其法律效力、基本用途与现有航空运输电子客票行程单相同；带有“铁路电子客票”字样的数电票，其法律效力、基本用途与现有铁路车票相同。

（3）数电票由各省（区、市）税务局监制。数电票无联次，基本内容包括：发票号码、开票日期、购买方信息、销售方信息、项目名称、规格型号、单位、数量、单价、金额、税率/征收率、税额、合计、价税合计（大写、小写）、备注、开票人等，如图 2-2 所示。

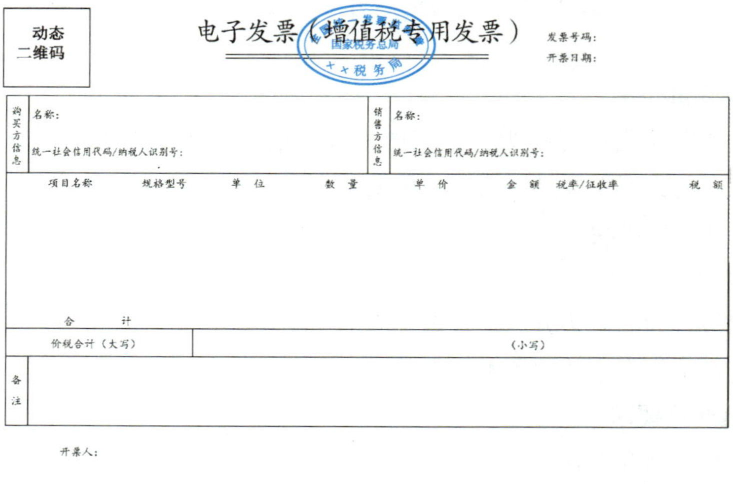
动态二维码
电子发票（增值税专用发票）
国家税务总局
××税务局
发票号码：
开票日期：
购买方信息 名称：
统一社会信用代码/纳税人识别号：
销售方信息 名称：
统一社会信用代码/纳税人识别号：
项目名称 规格型号 单位 数量 单价 金额 税率/征收率 税额
合计
价税合计（大写） （小写）
备注
开票人：

图 2-2　增值税数电票（票样）

(4) 数电票服务平台支持开具增值税纸质专用发票和增值税纸质普通发票(折叠票)。

(5) 试点纳税人通过实人认证等方式进行身份验证后，无须使用税控专用设备即可通过数电票服务平台开具发票，无须进行发票验旧操作。其中，数电票无须进行发票票种核定和发票领用。

(6) 税务机关对使用数电票服务平台开具发票的试点纳税人开票实行发票总额度管理。发票总额度，是指一个自然月内，试点纳税人发票开具总金额(不含增值税)的上限额度。

(7) 试点纳税人通过数电票服务平台税务数字账户自动交付数电票，也可通过电子邮件、二维码等方式自行交付数电票。

【例 2-16 · 多选题】 下列各项中，属于数电票基本内容的有(　　)。

A. 开票日期　　B. 购买方的开户银行

C. 收款人　　D. 开票人

答案： AD

解析： 根据全面数字化电子发票的规定，数电票的基本内容不包括收款人和购买方的开户银行。

【思维税图】

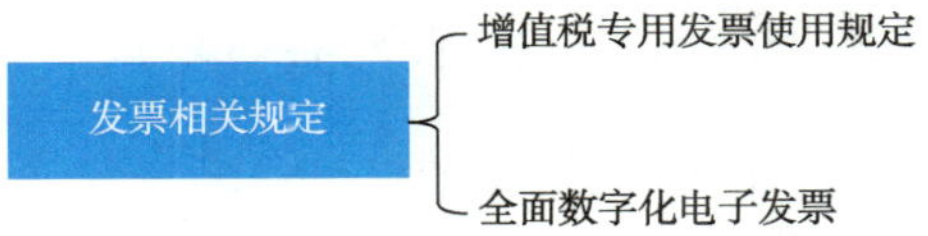

【本章小结】

本章详细介绍了增值税的基本概念、纳税人和扣缴义务人、征税范围、税率和征收率、应纳税额的计算方法、税收优惠政策和征收管理等重要内容。涵盖了增值税的各个方面，从基本原理到具体操作，提供了全面学习增值税的指南。

【思政启税】

增值税是我国税收体系的重要组成部分，它不仅是国家财政收入的重要来源，更是调节经济、促进社会公平的重要工具。我们学习增值税，不仅是为了掌握税收知识和技能，更是为了培养社会责任感和法治意识。我们要深刻理解增值税的意义，认识到依法纳税是每个公民应尽的义务，是维护国家利益和社会公平的重要体现。同时，我们要积极学习税收政策，诚信纳税，为构建和谐税收环境贡献力量。

【数字赋税】

发票管理机器人

发票管理机器人包括发票开具机器人、发票验真机器人和发票认证机器人。

一、发票开具机器人

开票相关的操作步骤包括：登录开票软件系统、读取开票申请文件、识别发票类型并模仿鼠标单击、模仿键盘输入客户并进行选择、判断开票行数是否>8 行、开具发票清单(>8 行)、增加开票行数(<8 行)、录入开票信息、模仿鼠标单击打印。重复上述步骤即可完成所有开票。发票开具机器人操作流程如图 2-3 所示。

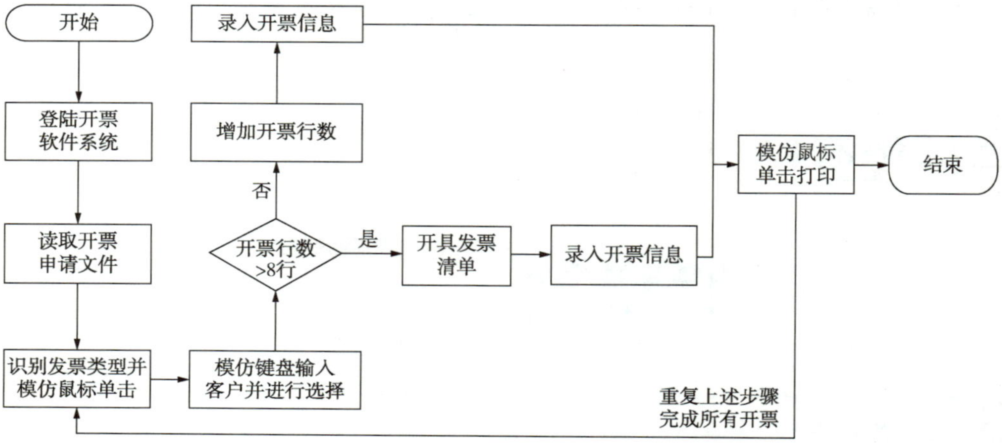

图 2-3　发票开具机器人操作流程图

二、发票验真机器人

发票验真的相关操作步骤：开始时，读取发票信息；然后登录查验平台录入发票信息；接下来判断信息是否正确，如果不正确，则将报错信息存入数据表；如果正确，则判断验证码是否正确，如果验证码不正确，需要重新输入；如果验证码正确，则进入查验平台。在查验平台上，首先检查是否超出查验次数，超出则将结果存入信息表，将异常信息存入数据表；如果不超出则检查是否为有效发票，如果无效，则将异常信息存入数据表；如果有效，则将查验结果存入数据表。最后，将数据表中的信息保存至 Excel。发票验真机器人操作流程如图 2-4 所示。

三、发票认证机器人

发票认证的相关操作步骤：打开发票抵扣明细表；访问增值税发票确认平台；点击发

票勾选；核对发票信息；在增值税发票确认平台上，对符合条件的发票进行勾选；在 Excel 表中的发票抵扣明细表，对符合条件的发票标记为“勾选成功”；在增值税发票确认平台上，完成勾选确认并点击确定。发票认证机器人操作流程如图 2-5 所示。

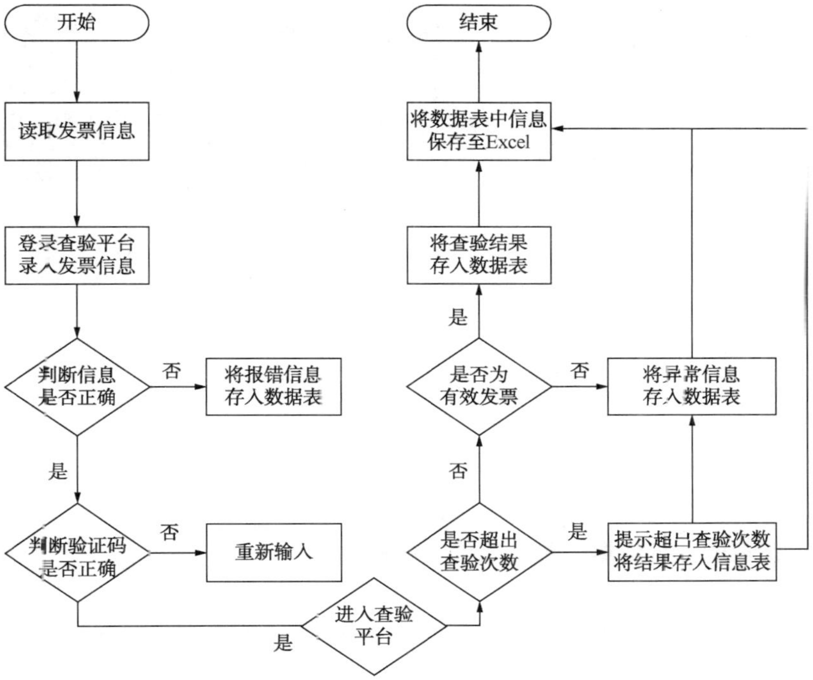

图 2-4　发票验真机器人操作流程图

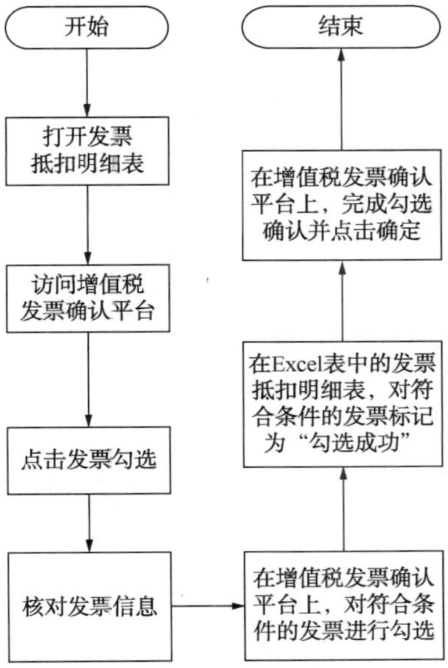

图 2-5　发票认证机器人操作流程图

第三章　消费税

【学税目标】

知识目标

- 掌握消费税的基本概念、作用和特点。
- 熟悉消费税的纳税人、征税范围、税目和税率。
- 理解消费税的计税依据，包括从价、从量和复合。
- 理解消费税应纳税额的计算方法。
- 了解消费税的征收管理，包括纳税义务发生时间、纳税地点和纳税期限。

技能目标

- 能够运用所学知识进行消费税的计算、申报和管理。

素质目标

- 培养严谨细致的工作态度，提高责任心和敬业精神。
- 培养良好的职业道德，诚实守信，依法纳税。
- 培养自主学习能力，不断更新知识，适应税收政策的变化。
- 培养团队合作精神，善于沟通协调，提高工作效率。

第一节　消费税概述

【税言税语】

小明月末在整理凭证时发现，公司收到和开出的发票多为增值税发票，发票上面会注明增值税的税率和税额，但是没有一张发票上显示消费税相关的信息，那么是不是这些商品都不用缴纳消费税呢？或者是缴纳了增值税的商品就不用再缴纳消费税了呢？

【税的内容】

一、消费税的概念

消费税，是对在我国境内从事生产销售、委托加工和进口应税消费品的单位和个人，就其应税销售金额或应税销售数量，在特定环节征收的一种流转税。

二、消费税的作用

消费税是以特定消费品为课税对象所征收的一种税，属于流转税的范畴。在对货物普遍征收增值税的基础上，选择部分消费品再征收一道消费税，目的是调节产品结构，引导消费方向，保证国家财政收入。

（1）体现消费政策，调整产业结构。如为了调节特殊消费，将摩托车、小汽车、贵重首饰及珠宝玉石列入征税范围；为了节约一次性能源，限制过量消费，将汽油、柴油等油品列入征税范围。

（2）正确引导消费，抑制超前消费。只对目前属于奢侈品或超前消费的物品以及其他非基本生活品征收消费税，增加购买者（消费者）的负担，适当抑制高水平或超前的消费。

（3）稳定财政收入，保持原有负担。通过征收消费税，把实行增值税后由于降低税负而可能减少的税收收入征收上来，基本保持原产品的税收负担，并随着应税消费品生产和消费的增长，财政收入也保持稳定增长。

（4）调节支付能力，缓解分配不公。开征消费税有利于配合个人所得税及其他有关税种进行调节，缓解目前存在的社会分配不公的矛盾。

三、消费税的特点

消费税具有以下几个特点：

（1）征收项目具有选择性。消费税以税法规定的特定产品为征税对象。即国家可以根据宏观产业政策和消费政策的要求，有目的、有重点地选择一些消费品征收消费税，以适当地限制某些特殊消费品的消费需求，故可称消费税税收调节具有特殊性。

（2）征收环节具有单一性。我国消费税的纳税环节主要确定在生产环节（金银首饰除外），具有较大的隐蔽性，容易被消费者接受，可减少消费税对社会的影响。同时，为了避免重复征税，在应税消费品脱离生产环节进入流通领域后，就不再征收，具有征收环节单一性的特点。

(3) 消费税是价内税，是价格的组成部分。即只在应税消费品的生产、委托加工和进口环节缴纳，在以后的批发、零售等环节，因为价款中已包含消费税，所以不用再缴纳消费税，税款最终由消费者承担。

(4) 征收方法具有灵活性。也就是说，可以根据每一课税对象的不同特点，选择不同的征收方法。既可以采取对消费品指定单位税额，依消费品的数量实行从量定额的征收方法；也可以采取对消费品或消费行为制定比例税率，依消费品或消费行为的价格从价定率的征收方法。

(5) 税率、税额具有差别性。可以根据消费品的不同种类、档次(豪华程度、结构性能)或者消费品中某一物质成分的含量，以及消费品的市场供求状况、价格水平、国家的产业政策和消费政策等情况，对消费品制定高低不同的税率、税额。

(6) 消费税税收负担转嫁性。也就是说，消费税无论是在哪个环节征收，也无论是实行价内征收，还是价外征收，消费品中所含的消费税最终都要转嫁到消费者身上。有些消费税直接由消费者负担，例如就消费行为征收的筵席税。

【例 3-1 · 判断题】 缴纳消费税的纳税人一般要缴纳增值税。(　　)

答案： √

【例 3-2 · 判断题】 消费税税收具有转嫁性，最终都转嫁到消费者身上，由消费者承担。(　　)

答案： √

课后思考：

1. 什么是消费税，哪些项目要征收消费税？
2. 简述消费税与增值税的区别与联系。

【思维税图】

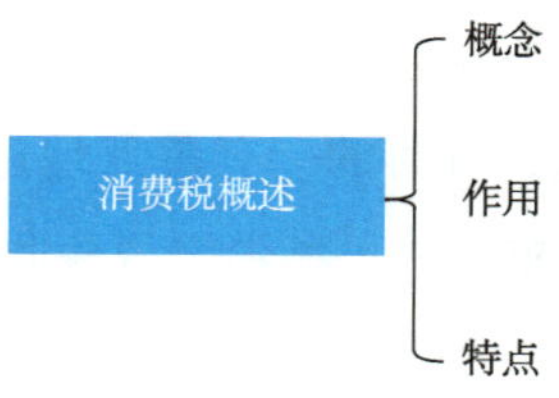

第二节 纳税义务人与税目、税率

【税言税语】

随着我国经济发展以及受其他各种因素的影响，我国居民收入水平的差距越来越大，大多数人已跨入小康型和富裕型收入阶层，只有少数人跨入特高型收入阶层。收入上的差距必然导致消费上的差距，除利用个人所得税对高收入者个人收入进行调节，还可以在他们进行高消费时通过征收消费税调节其收入。因此，开征消费税在一定程度上削弱了贫富悬殊，化解了社会不公的矛盾。通过消费税可正确引导消费方向，抵制超前消费，从而间接引导投资流向，并且起到了保证财政收入的作用。

消费税征收的目的是抑制消费，比如很多奢侈品或者不利于环保的商品，都是消费税重点"照顾"的对象。那么，还有哪些商品要缴纳消费税？应该缴多少呢？

【税的内容】

一、消费税纳税义务人和征税范围

（一）纳税义务人

纳税义务人指在中华人民共和国境内生产、委托加工和进口应税消费品的单位和个人以及国务院确定的销售应税消费品的其他单位和个人。

具体分为四种情况：

（1）委托加工的应税消费品由受托方提货时代收代缴；

（2）自产自用的应税消费品，由自产自用单位和个人在移送使用时缴纳消费税；

（3）进口的应税消费品由从事进口应税消费品的进口人或其代理人按照规定缴纳消费税；

（4）个人携带或者邮寄入境的应税消费品的消费税，连同关税一并计征，由携带入境者或者收件人缴纳消费税。

（二）征税范围

征税范围为在中华人民共和国境内生产、委托加工和进口《消费税暂行条例》规定的消费品。

具体分为五大类：

（1）有害品：危害人身健康、社会秩序、生态环境等。如烟、酒、鞭炮、焰火等。

（2）非生活必需品：如高档化妆品、贵重首饰及珠宝玉石等。
（3）高能耗及高档消费品：如摩托车、小汽车等。
（4）稀缺资源：如汽油、柴油等油品。
（5）税基宽广、消费普遍、征税后不影响居民基本生活并具有一定财政意义的消费品。

二、消费税的税目与税率

税目		税率
烟	生产环节：甲类卷烟[调拨价70元(不含增值税)/条以上(含70元)]	56%加0.003元/支
	生产环节：乙类卷烟[调拨价70元(不含增值税)/条以下]	36%加0.003元/支
	商业批发环节：甲类卷烟[调拨价70元(不含增值税)/条以上(含70元)]	11%加0.005元/支
	商业批发环节：乙类卷烟[调拨价70元(不含增值税)/条以下]	11%加0.005元/支
	雪茄	36%
	烟丝	30%
	生产(进口)：电子烟	36%
	商业批发：电子烟	11%
酒	白酒	20%加0.5元/500克(毫升)
	黄酒	240元/吨
	甲类啤酒	250元/吨
	乙类啤酒	220元/吨
	其他酒	10%
高档化妆品		15%
贵重首饰及珠宝玉石	金银首饰、铂金首饰和钻石及钻石饰品	5%
	其他贵重首饰和珠宝玉石	10%
鞭炮、焰火		15%
成品油	汽油	1.52元/升
	柴油	1.20元/升
	航空煤油	1.20元/升
	石脑油	1.52元/升
	溶剂油	1.52元/升
	润滑油	1.52元/升
	燃料油	1.20元/升
摩托车	气缸容量250毫升(含250毫升)以下的摩托车	3%
	气缸容量250毫升以上的摩托车	10%
小汽车	气缸容量在1.0升(含1.0升)以下的乘用车	1%
	气缸容量在1.0升以上至1.5升(含1.5升)的乘用车	3%
	气缸容量在1.5升以上至2.0升(含2.0升)的乘用车	5%
	气缸容量在2.0升以上至2.5升(含2.5升)的乘用车	9%
	气缸容量在2.5升以上至3.0升(含3.0升)的乘用车	12%
	气缸容量在3.0升以上至4.0升(含4.0升)的乘用车	25%
	气缸容量在4.0升以上的乘用车	40%
	中轻型商用客车	5%

续表

税　　目	税　　率
高尔夫球及球具	10%
高档手表	20%
游艇	10%
木制一次性筷子	5%
实木地板	5%
电池	4%
涂料	4%

【例 3-3 · 多选题】 根据消费税法律制度的规定，下列应税消费品中，实行从价定率与从量定额相结合的复合计税方法的有(　　)。

A. 烟丝　　B. 卷烟　　C. 白酒　　D. 药酒

答案： BC

解析： 根据《税收征收管理法》的规定，卷烟和白酒采用复合计税。

【例 3-4 · 多选题】 甲委托乙加工化妆品，则下列说法正确的是(　　)。

A. 甲是增值税的纳税义务人

B. 甲是消费税的纳税义务人

C. 乙是增值税的纳税义务人

D. 乙是消费税的纳税义务人

答案： BC

解析： 根据增值税法律制度的规定，加工修理修配劳务属于增值税征税范围，在中华人民共和国境内生产、委托加工和进口《消费税暂行条例》规定的消费品属于消费税的征税范围。

【思维税图】

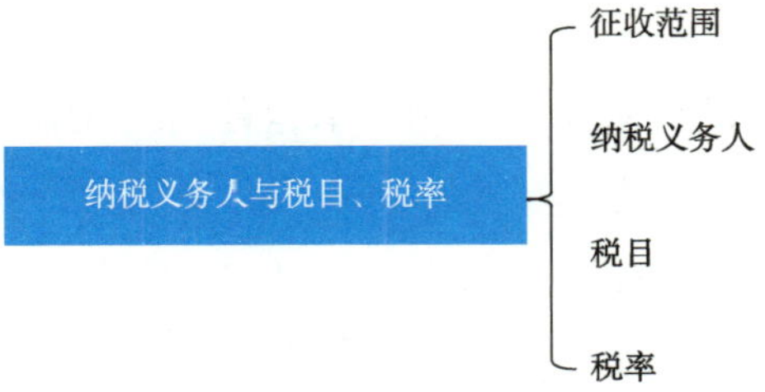

第三节　计 税 依 据

【税言税语】

小明学习了消费税的税目税率表，他发现高档手表的税率是20%，而汽油这种商品是1.52元每升，不同消费品的计税依据是不一样的，那么需要缴纳消费税的商品的计税依据到底分为哪几类呢？

【税的内容】

消费税的计税依据分别采用从价、从量和复合三种计税方法。实行从价定率办法征税时，通常以应税消费品的销售额为计税依据；实行从量定额办法计税时，通常以每单位应税消费品的重量、容积或数量为计税依据；实行复合计税办法征税时，通常以应税消费品的销售额和每单位应税消费品的重量、容积或数量一起作为计税依据。

一、实行从价定率的计税依据

应纳税额＝销售额×比例税率

1. 一般规定

销售额包括销售应税消费品从购买方收取的全部价款和价外费用，不包括向购买方收取的增值税税额。一般情形下，计算消费税的销售额与计算增值税的销售额方法是一致的。

销售额＝含增值税的销售额÷(1+税率或征收率)

但不包括下列项目：

(1) 同时符合两个条件的代垫运输费用：承运部门的运输费用发票开具给购买方的；纳税人将该项发票转交给购买方的。

(2) 同时符合三个条件(经批准、有票据、全上缴)代为收取的政府性基金或者行政事业性收费：由国务院或者财政部批准设立的政府性基金，由国务院或者省级人民政府及其财政、价格主管部门批准设立的行政事业性收费；收取时开具省级以上(含省级)财政部门监(印)制的财政票据；所收款项全额上缴财政。

2. 包装物的规定

具体情况	相关规定	
作价随同销售	并入销售额中征收消费税、增值税	
一般消费品包装物押金(非酒类)	未逾期且未超过一年	不征收消费税、增值税
	逾期未退还或一年以上	征收消费税、增值税
酒类产品包装物押金(啤酒、黄酒除外)	无论押金是否返还及会计上如何核算,均应并入酒类产品销售额中征收消费税、增值税	
啤酒、黄酒	未逾期且未超过一年	不征收消费税、增值税
	逾期未退还或一年以上	征收增值税,不征收消费税(从量定额计税,与价格无关)

【注意1】啤酒的包装物押金不计算消费税,但是它影响啤酒适用税率的判断。

【注意2】消费税从量定额计税时,无论包装物是否逾期,均不计征消费税!啤酒、黄酒、成品油,均是如此。

3. 关于白酒的规定

白酒生产企业向商业销售单位收取的"品牌使用费"属于应税白酒销售价款的组成部分,均应并入白酒的销售额中缴纳消费税。

4. 关于啤酒的规定

啤酒生产企业销售的啤酒,不得以向其关联企业的啤酒销售公司销售的价格作为确定消费税税额的标准,而应当以其关联企业的啤酒销售公司对外的销售价格(含包装物及包装物押金)作为确定消费税税额的标准,并依此确定该啤酒消费税单位税额。

二、实行从量定额的计税依据

从量定额计税(黄酒、啤酒、成品油):消费税=销售数量×单位税额销售数量

单位税额销售数量的确定:

销售应税消费品的:应税消费品的销售数量。

自产自用应税消费品的:应税消费品的移送使用数量。

委托加工应税消费品的:纳税人收回的应税消费品数量。

进口应税消费品的:海关核定的应税消费品进口征税数量。

三、实行复合计税的计税依据

复合计税:销售额(或组成计税价格)×比例税率+销售数量×单位税额

在现行的消费税征收范围中,只有卷烟和白酒采用复合计税。

四、计税依据的特殊规定

（一）卷烟最低计税价格的核定

1. 基本规定

核定范围	卷烟生产企业在生产环节销售的所有牌号、规格的卷烟
计税价格	国家税务总局按照卷烟批发环节销售价格扣除卷烟批发环节批发毛利核定并发布
核定公式	某牌号、规格卷烟计税价格=批发环节销售价格×(1-适用批发毛利率)
计税销售额	实际销售价格高于核定计税价格的卷烟，按照实际销售价格征收消费税；反之，按计税价格征税

2. 计税价格核定管理

（1）对于未按照规定报送信息资料的新牌号、新规格卷烟，卷烟生产企业消费税纳税人按照已核定计税价格计算缴纳消费税满 1 年后，可向主管税务机关提出调整卷烟计税价格的申请。

（2）对于因卷烟批发企业申报的销售价格信息错误，造成纳税人对税务总局核定的计税价格有异议的，纳税人可自计税价格执行之日起向主管税务机关提出调整计税价格的申请。

（3）对于纳税人套用其他牌号、规格卷烟计税价格，造成少缴消费税税款的，主管税务机关按照规定，调整纳税人应纳税收入时，应按照采集的该牌号、规格卷烟市场零售价格适用最低档批发毛利率确定计税价格，追缴纳税人少缴消费税税款。

（二）白酒消费税最低计税价格核定管理办法

（1）核定范围：白酒生产企业销售给销售单位的白酒，生产企业消费税计税价格低于销售单位对外销售价格(不含增值税)70%以下的，税务机关应核定消费税最低计税价格。

（2）白酒消费税最低计税价格由白酒生产企业自行申报，税务机关核定。

（3）国家税务总局选择核定消费税计税价格的白酒，核定比例统一确定为 60%。

（4）已核定最低计税价格的白酒，销售单位对外销售价格持续上涨或下降时间达到 3 个月以上、累计上涨或下降幅度在 20%(含)以上的，税务机关重新核定最低计税价格。

（三）自设非独立核算门市部计税的规定

纳税人通过自设非独立核算门市部销售的自产应税消费品，应按门市部对外销售额或者销售数量征收消费税。

（四）用于换取生产资料和消费资料、投资入股和抵偿债务等方面的规定

纳税人用于换取生产资料和消费资料、投资入股和抵偿债务等方面的应税消费品，应当以纳税人同类应税消费品的最高销售价格作为计税依据计算消费税。同时缴纳的增值税应按同类应税消费品的平均价格作为计税依据。

（五）不足抵扣的情况

当期投入生产的原材料可抵扣的已纳消费税大于当期应纳消费税不足抵扣的部分，可以在下期继续抵扣。

（六）计税价格的核定权限

卷烟、小汽车	国家税务总局核定、财政部备案
其他应税消费品	省、自治区、直辖市税务局核定
进口应税消费品	海关核定

【例 3-5 · 单选题】 纳税人用于换取生产资料和消费资料、投资入股或抵偿债务的应税消费品，均视同对外销售并以纳税人的同类应税消费品的（　　）作为计税依据。

A. 算数平均销售价格　　B. 最高销售价格

C. 加权平均销售价格　　D. 组成计税价格

答案： B

解析： 根据消费税法律制度的规定，纳税人用于换取生产资料和消费资料、投资入股或抵偿债务的应税消费品，均视同对外销售并以纳税人的同类应税消费品的最高销售价格作为计税依据。

【例 3-6 · 单选题】 实行从量定额办法计算应纳税额的应税消费品是（　　）。

A. 白酒　　B. 卷烟

C. 木制一次性筷子　　D. 啤酒

答案： D

解析： 根据消费税法律制度的规定，白酒和卷烟实行复合计税，木制一次性筷子实行从价定率。

【思维税图】

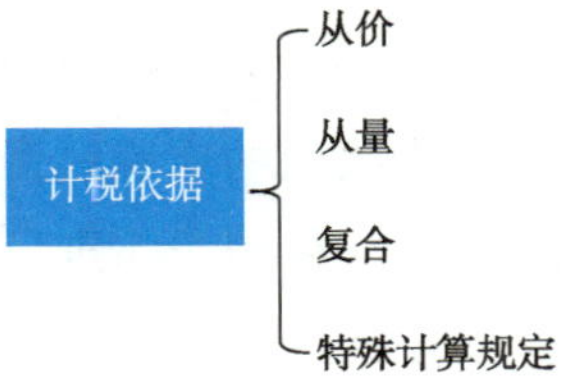

第四节　应纳税额的计算

【税言税语】

小明在鲜竹化妆品有限公司上班，最近中秋节快到了，公司决定将自产的化妆品套盒发给职工当作中秋节福利，那么这些用于职工福利的化妆品需要缴纳消费税吗？

【税的内容】

一、从价定率

应纳税额＝应税消费品的销售额×适用税率

（一）对外销售的应税消费品应纳税额的计算

销售额包括销售应税消费品从购买方收取的全部价款和价外费用，但不包括向购买方收取的增值税税额。

应税消费品的销售额＝含增值税的销售额÷(1+增值税税率或征收率)

（二）有包装物的应税销售品

连同包装销售的，无论包装是否单独计价，均应并入应税消费品的销售额。

收取押金时，押金不并入销售额；但因逾期不再退还的和一年以上的押金，应并入销售额。

对销售除啤酒、黄酒外的其他酒类产品收取的包装物押金，无论押金是否返还与会计上如何核算，均需并入酒类产品销售额中。

二、从量定额

应纳税额＝应税消费品的销售数量×单位税额

应税消费品的销售数量的确定：

（1）对外销售应税消费品的：应税消费品的销售数量。

（2）自产自用应税消费品的：应税消费品的移送数量。

（3）委托加工应税消费品的：纳税人收回的应税消费品数量。

（4）进口应税消费品的：海关核定的应税消费品进口征税数量。

三、复合计税

应纳税额＝应税销售数量×单位税额+应税销售额×比例税率

在现行的消费税征收范围中，只有卷烟和白酒采用复合计税。

四、特殊计算

（一）自产自用应税销售品

1. 有同类消费品的销售价格的

按照纳税人生产的同类消费品的销售价格计算纳税(加权平均售价)。

应纳税额=同类消费品销售单价×自产自用数量×适用税率

2. 没有同类消费品的销售价格的

按照组成计税价格计算纳税。

（1）实行从价定率办法计算纳税的组成计税价格计算公式：

组成计税价格=（成本+利润）÷（1-消费税比例税率）=［成本×（1+成本利润率）］÷（1-消费税比例税率）

应纳税额=组成计税价格×适用税率

（2）实行复合计税办法计算纳税的组成计税价格计算公式：

组成计税价格=（成本+利润+自产自用数量×定额税率）÷（1-比例税率）=［成本×（1+成本利润率）+自产自用数量×定额税率］÷（1-比例税率）

应纳税额=组成计税价格×比例税率+自产自用数量×定额税率

（二）委托加工应税消费品

1. 受托方有同类消费品销售价格的

按照受托方的同类消费品的销售价格计算纳税，如果当月同类消费品各期销售价格高低不同，应按销售数量加权平均计算。

应纳税额=同类消费品销售额×比例税率（从价定率）

应纳税额=同类消费品销售额×比例税率+委托加工数量×定额税率（复合计税）

2. 受托方没有同类消费品销售价格的

受托方没有同类消费品销售价格的，按组成计税价格计税。

（1）从价定率：组成计税价格=（材料成本+加工费）÷（1-消费税比例税率）

（2）复合计税：组成计税价格=（材料成本+加工费+委托加工数量×定额税率）÷（1-消费税比例税率）

"材料成本"是指委托方所提供加工材料的实际成本。如果委托方提供的原材料是免税农产品，材料成本=买价×（1-扣除率）。如果加工合同上未如实注明材料成本，受托方所在地主管税务机关有权核定其材料成本。

"加工费"是指受托方加工应税消费品向委托方所收取的全部费用（包括代垫辅助材料的实际成本），但不包括随加工费收取的销项税，这样组成的价格才是不含增值税但含消费税的价格。

（三）进口环节应纳消费税

1. 从价定率

应纳税额=组成计税价格×消费税税率

组成计税价格=（关税完税价格+关税）÷（1-消费税税率）

2. 从量定额

应纳税额=应税消费品数量×消费税单位税额

3. 复合计税

应纳税额=应税消费品×消费税单位税额+组成计税价格×消费税税率

组成计税价格=(关税完税价格+关税+进口数量×消费税定额税率)÷(1-比例税率)

(四)已纳消费税的扣除

已纳消费税扣除的计算指消费税纳税人在取得已税消费品或产生已税行为时，为避免出现重复征税情况按规定将纳税人已缴纳的消费税税费进行扣除，并对应扣除的金额进行计算的过程。其中已纳消费税扣除的计算主要包括外购应税消费品和委托加工收回的应税消费品已纳税款扣除两种情况，前者已纳税额的计算公式为：

当期准予扣除的外购应税消费品已纳税款=当期准予扣除的外购应税消费品买价×外购应税消费品使用税率

后者已纳税额的计算公式为：

当期准予扣除的委托加工应税消费品已纳税款=期初库存部分的已纳税款+当期收回部分的已纳税款-期末库存部分的已纳税款

【例 3-7 · 计算题】 某啤酒厂销售甲类啤酒 20 吨给副食品公司，开具专用发票收取价款 58000 元，销售乙类啤酒 10 吨给宾馆，开具普通发票收取价款 32760 元，该啤酒厂应缴纳的消费税是多少？

答案：应纳消费税=20×250+10×220=7200(元)

【例 3-8 · 计算题】 某公司将一批自产的化妆品用作职工福利，化妆品的成本 8500 元，该化妆品无同类产品市场销售价格，但已知其成本利润率为 5%，计算该批化妆品应纳的消费税。

答案：组成计税价格=(8500+8500×5%)÷(1-15%)= 10500(元)

应纳消费税=10500×15%=1575(元)

【思维税图】

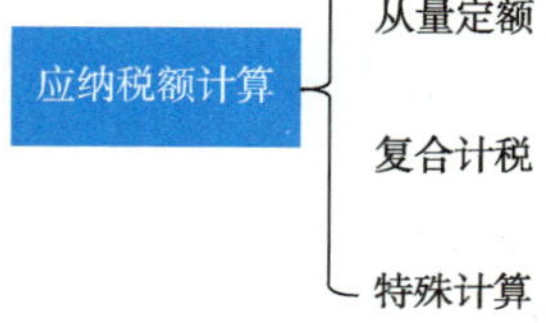

第五节　征收管理

【税言税语】

小明经常听公司的张会计说，“一头一尾加加征，特定环节才征税”，于是问张会计这句话是什么意思。张会计说，这句话说的是消费税的征收，“一头”指生产(并销售)、委托加工、进口环节，“一尾”指零售环节，“加征”指的是针对特定消费品的额外征税环节。

【税的内容】

一、纳税义务发生的时间

(1) 纳税人销售的应税消费品，其纳税义务的发生时间为：

① 纳税人采取赊销和分期收款结算方式的，其纳税义务的发生时间为销售合同规定的收款日期当天。

② 纳税人采取预收货款结算方式的，其纳税义务的发生时间为发出应税消费品的当天。

③ 纳税人采取托收承付和委托银行收款方式销售的应税消费品，其纳税义务的发生时间为发出应税消费品并办妥托收手续的当天。

④ 纳税人采取其他结算方式的，其纳税义务的发生时间为收讫销售款或者取得索取销售款凭据的当天。

(2) 纳税人自产自用应税消费品，其纳税义务的发生时间为移送使用的当天。

(3) 纳税人委托加工应税消费品的，其纳税义务的发生时间为纳税人提货的当天。

(4) 纳税人进口应税消费品的，其纳税义务的发生时间为报关进口的当天。

二、纳税期限

根据我国《消费税暂行条例》的规定，消费税的期限分别为 1 日、3 日、5 日、10 日、15 日或者 1 个月或者 1 个季度。纳税人的具体纳税期限由主管税务机关根据纳税人应纳税额的大小分别核定；不能按照固定期限纳税的，可以按次纳税。

纳税人以1个月或1个季度为一期纳税的，自期满之日起15日内申报纳税；以1日、3日、5日、10日或者15日为一期纳税的，自期满之日起5日内预缴税款，于次月1日起15日内申报纳税并结清上月应纳税款。

纳税人进口应税消费品，应当自海关填发海关进口消费税专用缴款书之日起15日内缴纳税款。

三、纳税环节

（一）生产环节

纳税人生产的应税消费品由生产者于销售时纳税。

（二）批发环节

由卷烟批发企业在卷烟批发环节纳税。

（三）进口环节

进口的应税消费品由进口报关者于报关进口时纳税。

（四）零售环节

金银首饰消费税由生产销售环节征收改为零售环节征收。

四、纳税地点

（1）纳税人销售应税消费品，以及自产自用的应税消费品，除国家另外有规定的外，应向纳税人机构所在地或者居住地的主管税务机关申报纳税。

（2）委托加工应税消费品的，除受托方是个体经营者外，均由受托方向机构所在地或者居住地主管税务机关代收代缴消费税税款。但是，纳税人委托个体经营者加工的应税消费品，一律由委托方收回之后在委托方所在地纳税。

（3）进口应税消费品的，由进口人或者其代理人向报关地海关申报纳税。

（4）纳税人到外县（市）销售或委托外县（市）代销自产应税消费品的，于应税消费品销售后，向机构所在地或者居住地主管税务机关缴纳消费税。

（5）纳税人的总机构与分支机构不在同一县（市）但在同一省（自治区、直辖市）范围内，经省（自治区、直辖市）财政厅（局）、国家税务局审批同意，可由总机构汇总向总机构所在地的主管税务机关申报缴纳消费税。

（6）纳税人销售的应税消费品，如因质量等原因由购买者退回时，经所在地主管税务机关审核批准后，可退还已征收的消费税税款，但不能自行直接抵减应纳税款。

【例3-9·判断题】 委托个人加工的应税消费品，由受托方向其机构所在地或者居住

地主管税务机关申报纳税。(　　)

答案：×

解析：委托个人加工的应税消费品，由委托方向其机构所在地或者居住地主管税务机关申报纳税。

【例 3-10 · 判断题】 A 市甲企业委托 B 市乙企业加工一批应税消费品，该批应税消费品应缴纳的消费税税款应由乙企业向 B 市税务机关解缴。(　　)

答案：√

解析：受托方为单位应该由受托方代收代缴消费税，由受托方在受托方机构所在地申报。

【思维税图】

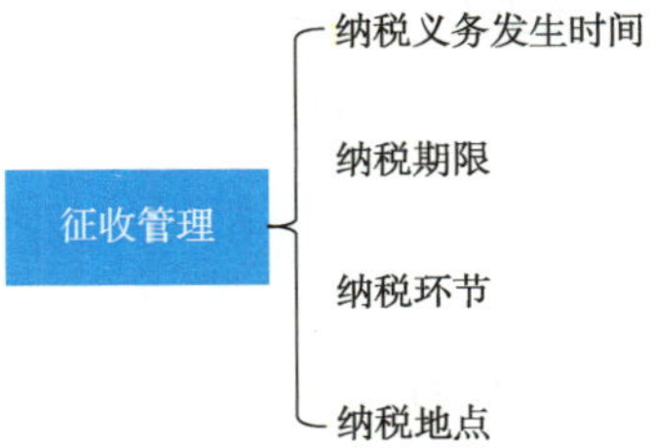

【本章小结】

本章全面解读了消费税的基本概念、纳税人、征税范围、税率、应纳税额的计算方法、税收优惠政策和征收管理等关键要素。内容涉及消费税的基本原理和实际操作，为读者提供了一个全面深入的学习框架，以便更好地理解和应用消费税相关法规。

【思政启税】

消费税作为一种特定的流转税，对于调节市场、引导消费、保护环境和促进社会公平具有重要作用。我们通过学习消费税，不仅能够掌握税收知识，更能培养对国家税收政策的理解和支持，增强社会责任感。认识到依法纳税的重要性是每个公民应尽的义务，也是维护国家利益和社会公平的重要体现。我们应该积极学习消费税政策，诚信纳税，为推动社会经济的可持续发展贡献力量。

【数字赋税】

智能税务分析系统

智能税务分析系统包括消费税自动计算模块、税务风险评估机器人和电子税务申报助手。

一、消费税自动计算模块

消费税自动计算模块通过输入商品或服务的详细信息，自动匹配适用的消费税税率，计算应纳税额。该模块的操作步骤包括：输入商品或服务信息、选择税目、自动税率匹配、计算税额、生成税务报告。该模块能够大幅提高税务计算的准确性和效率。

二、税务风险评估机器人

税务风险评估机器人通过分析企业的税务申报历史和当前的税务状况，评估潜在的税务风险，并提供风险缓解建议。该机器人的操作流程包括：数据采集、风险指标分析、风险评估报告生成、风险预防建议。

三、电子税务申报助手

电子税务申报助手协助纳税人完成消费税的电子申报，确保申报的准确性和及时性。该助手的操作流程包括：填写申报表格、审核申报数据、提交申报、跟踪申报状态、管理申报记录。

第四章　企业所得税

【学税目标】

知识目标

- 掌握企业所得税基本概念、纳税义务人、征收对象、税率。
- 理解企业所得税的应纳税所得额和应纳所得税额。
- 熟悉企业所得税的税收优惠政策。
- 了解企业所得税的征收管理。

技能目标

- 能够运用所学知识进行企业所得税的计算、申报和管理。
- 能够熟练操作企业所得税的计算、申报。

素质目标

- 培养严谨细致的工作态度，提高责任心和敬业精神。
- 培养良好的职业道德，诚实守信，依法纳税。
- 培养自主学习能力，不断更新知识，适应税收政策的变化。
- 培养团队合作精神，善于沟通协调，提高工作效率。

第一节　纳税义务人、征收对象与税率

【税言税语】

中职会计事务专业学生小明家开了一家蛋糕店，小明发现蛋糕店经营良好，每月都有

盈利但并未缴纳过企业所得税。小明不解，上网查找资料后了解到：个体工商户是一种经营方式，根据税收法律，个体工商户属于个人所得税纳税人，不属于企业所得税纳税人。因此，蛋糕店无须缴纳企业所得税。

【税的内容】

一、纳税义务人

在中华人民共和国境内，企业和其他取得收入的组织(以下统称企业)为企业所得税的纳税人，依照《企业所得税法》的规定缴纳企业所得税。企业所得税纳税人包括各类企事业单位、社会团体、民办非企业单位和从事经营活动的其他组织。依照中国法律、行政法规成立的个人独资企业、合伙企业，属于自然人性质企业，不具备法人资格，不属于企业所得税纳税人，不缴纳企业所得税。

企业所得税采取收入来源地管辖权和居民管辖权相结合的双重管辖权，把企业分为居民企业和非居民企业，分别确定不同的纳税义务。

(一) 居民企业

居民企业，是指依法在中国境内成立，或者依照外国(地区)法律成立但实际管理机构在中国境内的企业。

实际管理机构，是指对企业的生产经营、人员、账务、财产等实施实质性全面管理和控制的机构。

(二) 非居民企业

非居民企业，是指依照外国(地区)法律成立且实际管理机构不在中国境内，但在中国境内设立机构、场所的，或者在中国境内未设立机构、场所，但有来源于中国境内所得的企业。

非居民企业委托营业代理人在中国境内从事生产经营活动的，包括委托单位或者个人经常代其签订合同，或者储存、交付货物等，该营业代理人视为非居民企业在中国境内设立的机构、场所。

二、征税对象

(一) 居民企业的征税对象

居民企业应当就其来源于中国境内、境外的所得缴纳企业所得税，具体包括销售货物所得、提供劳务所得、转让财产所得、股息红利等权益性投资所得、利息所得、租金所得、特许权使用费所得、接受捐赠所得和其他所得。

（二）非居民企业的征税对象

非居民企业在中国境内设立机构、场所的，应当就其所设机构、场所取得的来源于中国境内的所得，以及发生在中国境外但与其所设机构、场所有实际联系的所得，缴纳企业所得税。

非居民企业在中国境内未设立机构、场所的，或者虽设立机构、场所但取得的所得与其所设机构、场所没有实际联系的，应当就其来源于中国境内的所得缴纳企业所得税。

实际联系，是指非居民企业在中国境内设立的机构、场所拥有据以取得所得的股权、债权，以及拥有、管理、控制据以取得所得的财产等。

来源于中国境内、境外的所得，按照以下原则确定：

（1）销售货物所得，按照交易活动发生地确定。

（2）提供劳务所得，按照劳务发生地确定。

（3）转让财产所得，不动产转让所得按照不动产所在地确定；动产转让所得按照转让动产的企业或者机构、场所所在地确定；权益性投资资产转让所得按照被投资企业所在地确定。

（4）股息、红利等权益性投资所得，按照分配所得的企业所在地确定。

（5）利息所得、租金所得、特许权使用费所得，按照负担、支付所得的企业或者机构、场所所在地确定，或者按照负担、支付所得的个人的住所地确定。

（6）其他所得，由国务院财政、税务主管部门确定。

三、税率

企业所得税实行比例税率。

居民企业以及在中国境内设立机构、场所且取得的所得与其所设机构、场所有实际联系的非居民企业，应当就其来源于中国境内、境外的所得缴纳企业所得税，适用税率为25%。

非居民企业在中国境内未设立机构、场所的，或者虽设立机构、场所但取得的所得与其所设机构、场所没有实际联系的，应当就其来源于中国境内的所得缴纳企业所得税，适用税率为20%。

【思维税图】

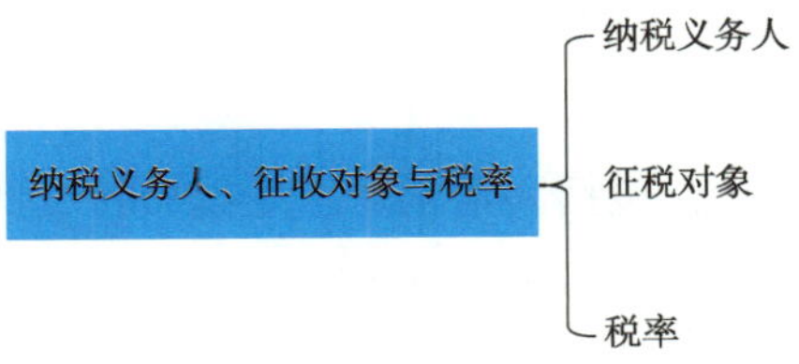

第二节　应纳税所得额的计算

【税言税语】

作为一名中职会计事务专业学生，小明来到了南湖服装有限公司实习。实习期间，他就被安排到了财务部。第一天，小明了解到公司季度实现销售商品收入 500 万元，设备租金收入 20 万元，投资分红收入 8 万元，面对这些收入，小明不确定是否都要征收所得税，于是，他向财务部的同事请教。同事告诉他这些收入都应交企业所得税。小明听完快速计算出本季度的应纳税所得额。

【税的内容】

一、企业所得税应纳税所得额的计算公式与原则

企业所得税的计税依据是应纳税所得额，即企业每一纳税年度的收入总额减除不征税收入、免税收入、各项扣除以及允许弥补的以前年度亏损后的余额。

应纳税所得额＝收入总额－不征税收入－免税收入－各项扣除－允许弥补的以前年度亏损

企业应纳税所得额的计算，以权责发生制为原则，属于当期的收入和费用，不论款项是否收付，均作为当期的收入和费用；不属于当期的收入和费用，即使款项已经在当期收付，也不作为当期的收入和费用。在计算应纳税所得额时，企业财务、会计处理办法与税收法律法规的规定不一致的，应当依照税收法律法规的规定。

二、收入总额

1. 收入总额的定义和形式

企业收入总额是指以货币形式和非货币形式从各种来源取得的收入。

企业取得收入的货币形式，包括现金、存款、应收账款、应收票据、准备持有至到期的债券投资以及债务的豁免等。

企业取得收入的非货币形式，包括固定资产、生物资产、无形资产、股权投资、存货、不准备持有至到期的债券投资、劳务以及有关权益等。非货币形式收入应当按照公允价值确定收入额。

企业取得的收入包括销售货物收入，提供劳务收入，转让财产收入，股息、红利等权益性投资收益，利息收入，租金收入，特许权使用费收入，接受捐赠收入，其他收入。

2. 销售货物收入

销售货物收入，是指企业销售商品、产品、原材料、包装物、低值易耗品以及其他存货取得的收入。

除法律法规另有规定外，企业销售货物收入的确认，必须遵循权责发生制原则和实质重于形式原则。

（1）符合收入确认条件，采取下列商品销售方式的，应按以下规定确认收入实现时间：

① 销售商品采用托收承付方式的，在办妥托收手续时确认收入；

② 销售商品采用预收款方式的，在发出商品时确认收入；

③ 销售商品需要安装和检验的，在购买方接受商品以及安装和检验完毕时确认收入，如果安装程序比较简单，可在发出商品时确认收入；

④ 销售商品采用支付手续费方式委托代销的，在收到代销清单时确认收入。

（2）采用售后回购方式销售商品的，销售商品按售价确认收入，回购商品作为购进商品处理。有证据表明不符合销售收入确认条件的，如以销售商品方式进行融资，收到的款项应确认为负债，回购价格大于原售价的，差额应在回购期间确认为利息费用。

（3）销售商品以旧换新的，销售商品应当按照销售商品收入确认条件确认收入，回收商品作为购进商品处理。

（4）企业为促进商品销售而在商品价格上给予的价格扣除属于商业折扣，商品销售涉及商业折扣的，应当按照扣除商业折扣后的金额确定销售商品收入金额。

债权人为鼓励债务人在规定的期限内付款而向债务人提供的债务扣除属于现金折扣，销售商品涉及现金折扣的，应当按扣除现金折扣前的金额确定销售商品收入金额，现金折扣在实际发生时作为财务费用扣除。

企业因售出商品的质量不合格等而在售价上给予的减让属于销售折让；企业因售出商品质量、品种不符合要求等而发生的退货属于销售退回。企业已经确认销售收入的售出商品发生销售折让和销售退回，应当在发生当期冲减当期销售商品收入。

3. 提供劳务收入

提供劳务收入，是指企业从事建筑安装、修理修配、交通运输、仓储租赁、金融保险、邮电通信、咨询经纪、文化体育、科学研究、技术服务、教育培训、餐饮住宿、中介代理、卫生保健、社区服务、旅游、娱乐、加工以及其他劳务服务活动取得的收入。

企业在各个纳税期末，提供劳务交易的结果能够可靠估计的，应采用完工进度（百分比）法确认提供劳务收入。

企业应按照从接受劳务方已收或应收的合同或协议价款确定劳务收入总额，根据纳税期末提供劳务收入总额乘以完工进度扣除以前纳税年度累计已确认提供劳务收入后的金额，确认为当期劳务收入；同时，按照提供劳务估计总成本乘以完工进度扣除以前纳税期间累计已确认劳务成本后的金额，结转为当期劳务成本。

4. 转让财产收入

转让财产收入，是指企业转让固定资产、生物资产、无形资产、股权、债权等财产取得的收入。转让财产收入应当按照从财产受让方已收或应收的合同或协议价款确认收入。

5. 股息、红利等权益性投资收益

股息、红利等权益性投资收益，是指企业因权益性投资从被投资方取得的收入。股息、红利等权益性投资收益，除国务院财政、税务主管部门另有规定外，按照被投资方作出利润分配决定的日期确认收入的实现。

6. 利息收入

利息收入，是指企业将资金提供给他人使用但不构成权益性投资，或者因他人占用本企业资金取得的收入，包括存款利息、贷款利息、债券利息、欠款利息等收入。利息收入，按照合同约定的债务人应付利息的日期确认收入的实现。

7. 租金收入

租金收入，是指企业提供固定资产、包装物或者其他有形资产的使用权取得的收入。租金收入，按照合同约定的承租人应付租金的日期确认收入的实现。如果交易合同或协议中规定租赁期限跨年度，且租金提前一次性支付的，出租人可对上述已确认的收入，在租赁期内，分期均匀计入相关年度收入。

8. 特许权使用费收入

特许权使用费收入，是指企业提供专利权、非专利技术、商标权、著作权以及其他特许权的使用权取得的收入。特许权使用费收入，按照合同约定的特许权使用人应付特许权使用费的日期确认收入的实现。

9. 接受捐赠收入

接受捐赠收入，是指企业接受的来自其他企业、组织或者个人无偿给予的货币性资产、非货币性资产。接受捐赠收入，按照实际收到捐赠资产的日期确认收入的实现。

10. 其他收入

其他收入，是指企业取得《企业所得税法》具体列举的收入外的其他收入，包括企业资产溢余收入、逾期未退包装物押金收入、确实无法偿付的应付款项、已作坏账损失处理后又收回的应收款项、债务重组收入、补贴收入、违约金收入、汇兑收益等。

11. 特殊收入的确认

（1）以分期收款方式销售货物的，按照合同约定的收款日期确认收入的实现；

（2）企业受托加工制造大型机械设备、船舶、飞机，以及从事建筑、安装、装配工程业务或者提供其他劳务等，持续时间超过12个月的，按照纳税年度内完工进度或者完成的工作量确认收入的实现；

（3）采取产品分成方式取得收入的，按照企业分得产品的日期确认收入的实现，其收入额按照产品的公允价值确定；

（4）企业发生非货币性资产交换，以及将货物、财产、劳务用于捐赠、偿债、赞助、集资、广告、样品、职工福利或者利润分配等用途的，应当视同销售货物、转让财产或者提供劳务，但国务院财政、税务主管部门另有规定的除外；

（5）企业以买一赠一等方式组合销售本企业商品的，不属于捐赠，应将总的销售金额按各项商品公允价值的比例分摊确认各项的销售收入。

三、不征税收入

1. 财政拨款

财政拨款，是指各级人民政府对纳入预算管理的事业单位、社会团体等组织拨付的财政资金，但国务院和国务院财政、税务主管部门另有规定的除外。

2. 依法收取并纳入财政管理的行政事业性收费、政府性基金

行政事业性收费，是指依照法律法规等有关规定，按照国务院规定程序批准，在实施社会公共管理，以及在向公民、法人或者其他组织提供特定公共服务过程中，向特定对象收取并纳入财政管理的费用。

政府性基金，是指企业依照法律、行政法规等有关规定，代政府收取的具有专项用途的财政资金。

3. 国务院规定的其他不征税收入

国务院规定的其他不征税收入，是指企业取得的，由国务院财政、税务主管部门规定专项用途并经国务院批准的财政性资金。

县级以上人民政府将国有资产无偿划入企业，凡指定专门用途并按规定进行管理的，企业可作为不征税收入进行企业所得税处理。其中，该项资产属于非货币性资产的，应按政府确定的接收价值计算不征税收入。

自2018年9月10日起，将全国社会保障基金取得的直接股权投资收益、股权投资基金收益，作为企业所得税不征税收入。

自2018年9月20日起，将全国社会保障基金理事会及基本养老保险基金投资管理机构在国务院批准的投资范围内，运用养老基金投资取得的归属于养老基金的投资收入，作为企业所得税不征税收入。

四、税前扣除项目

企业实际发生的与取得收入有关的、合理的支出，包括成本、费用、税金、损失和其他支出，准予在计算应纳税所得额时扣除。合理的支出，是指符合生产经营活动常规，应当计入当期损益或者有关资产成本的必要和正常的支出。除另有规定外，企业实际发生的成本、费用、税金、损失和其他支出，不得重复扣除。

企业发生的支出应当区分收益性支出和资本性支出。收益性支出在发生当期直接扣除；资本性支出应当分期扣除或者计入有关资产成本，不得在发生当期直接扣除。

企业的不征税收入用于支出所形成的费用或者财产，不得扣除或者计算对应的折旧、摊销扣除。

1. 成本

成本是指企业在生产经营活动中发生的销售成本、销货成本、业务支出以及其他耗费。即企业销售商品（产品、材料、下脚料、废料、废旧物资等），提供劳务，转让固定资产，无形资产的成本。

2. 费用

费用是指企业在生产经营活动中发生的销售费用、管理费用和财务费用。已经计入成本的有关费用除外。

（1）销售费用，是指应由企业负担的为销售商品而发生的费用。

（2）管理费用，是指企业的行政管理部门为管理组织经营活动提供各项支援性服务而发生的费用。

（3）财务费用，是指企业筹集经营性资金而发生的费用。

3. 税金

税金是指企业发生的除企业所得税和允许抵扣的增值税以外的各项税金及其附加。即纳税人按照规定缴纳的消费税、资源税、土地增值税、关税、城市维护建设税、教育费附加及房产税、车船税、城镇土地使用税、印花税等。企业缴纳的增值税属于价外税，不计入企业收入总额，故不在扣除之列。

4. 损失

损失是指企业在生产经营活动中发生的固定资产和存货的盘亏、毁损、报废损失，转让财产损失，呆账损失，坏账损失，自然灾害等不可抗力因素造成的损失以及其他损失。

企业发生的损失，减除责任人赔偿和保险赔款后的余额，依照国务院财政、税务主管部门的规定扣除。企业已经作为损失处理的资产，在以后纳税年度又全部收回或者部分收回时，应当计入当期收入。

5. 其他支出

其他支出是指除成本、费用、税金、损失外，企业在生产经营活动中发生的与生产经营活动有关的、合理的支出。

五、税前扣除标准

1. 工资、薪金支出

企业发生的合理的工资、薪金支出，准予扣除。工资、薪金，是指企业每一纳税年度支付给在本企业任职或者受雇职工的所有现金形式或者非现金形式的劳动报酬，包括基本工资、奖金、津贴、补贴、年终加薪、加班工资，以及与员工任职或者受雇有关的其他支出。

2. 职工福利费、工会经费、职工教育经费

企业发生的职工福利费、工会经费、职工教育经费按标准扣除。未超过标准的按实际发生数额扣除，超过扣除标准的只能按标准扣除。

（1）企业发生的职工福利费支出，不超过工资薪金总额14%的部分，准予扣除。列入企业员工工资薪金制度，固定与工资薪金一起发放的福利性补贴，符合国家税务总局相关规定的，可作为企业发生的工资薪金支出，按规定在税前扣除；不能同时符合相关规定条件的福利性补贴，应按规定计算限额税前扣除。

企业的职工福利费，包括以下内容：

① 尚未实行分离办社会职能的企业，其内设福利部门所发生的设备、设施和人员费用，包括职工食堂、职工浴室、理发室、医务所、托儿所、疗养院等集体福利部门的设备、设施及维修保养费用和福利部门工作人员的工资薪金、社会保险费、住房公积金、劳务费等。

② 为职工卫生保健、生活、住房、交通等所发放的各项补贴和非货币性福利，包括企业向职工发放的因公外地就医费用、未实行医疗统筹企业职工医疗费用、职工供养直系亲属医疗补贴、供暖费补贴、职工防暑降温费、职工困难补贴、救济费、职工食堂经费补贴、职工交通补贴等。

③ 按照其他规定发生的其他职工福利费，包括丧葬补助费、抚恤费、安家费、探亲假路费等。

企业发生的职工福利费，应该单独设置账册，进行准确核算。没有单独设置账册准确核算的，税务机关应责令企业在规定的期限内改正。逾期仍未改正的，税务机关可对企业发生的职工福利费进行合理的核定。

（2）企业拨缴的工会经费，不超过工资薪金总额2%的部分，准予扣除。

（3）企业发生的职工教育经费支出，不超过工资薪金总额8%的部分，准予在计算企业所得税应纳税所得额时扣除；超过部分，准予在以后纳税年度结转扣除。

3. 社会保险费

（1）企业依照国务院有关主管部门或者省级人民政府规定的范围和标准为职工缴纳的基本养老保险费、基本医疗保险费、失业保险费、工伤保险费等基本社会保险费和住房公积金，准予扣除。

（2）自 2008 年 1 月 1 日起，企业根据国家有关政策规定，为在本企业任职或者受雇的全体员工支付的补充养老保险费、补充医疗保险费，分别在不超过职工工资总额 5%标准内的部分，在计算应纳税所得额时准予扣除；超过部分，不予扣除。

4. 借款费用

（1）企业在生产经营活动中发生的合理的不需要资本化的借款费用，准予扣除。

（2）企业为购置、建造固定资产及无形资产和经过 12 个月以上的建造才能达到预定可销售状态的存货发生借款的，在有关资产购置、建造期间发生的合理的借款费用，应当作为资本性支出计入有关资产的成本，并依照《企业所得税法实施条例》的有关规定扣除。

5. 利息费用

企业在生产经营活动中发生的下列利息支出，准予扣除：

（1）非金融企业向金融企业借款的利息支出、金融企业的各项存款利息支出和同业拆借利息支出、企业经批准发行债券的利息支出可据实扣除。

（2）非金融企业向非金融企业借款的利息支出，不超过按照金融企业同期同类贷款利率计算数额的部分可据实扣除，超过部分不许扣除。

金融企业，是指各类银行、保险公司及经中国人民银行批准从事金融业务的非银行金融机构。

（3）凡企业投资者在规定期限内未缴足其应缴资本额的，该企业对外借款所发生的利息，相当于投资者实缴资本额与在规定期限内应缴资本额的差额应计付的利息，其不属于企业合理的支出，应由企业投资者负担，不得在计算企业应纳税所得额时扣除。

（4）企业向股东或其他与企业有关联关系的自然人借款的利息支出，应根据《企业所得税法》及《财政部　国家税务总局关于企业关联方利息支出税前扣除标准有关税收政策问题的通知》（财税〔2008〕121 号）规定的条件，计算企业所得税扣除额。

（5）企业向除股东或其他与企业有关联关系的自然人以外的内部职工或其他人员借款的利息支出，其借款情况同时符合以下条件的，其利息支出在不超过按照金融企业同期同类贷款利率计算数额的部分，准予扣除。

① 企业与个人之间的借贷是真实、合法、有效的，并且不具有非法集资目的或其他违反法律、法规的行为；

② 企业与个人之间签订了借款合同。

6. 汇兑损失

企业在货币交易中，以及纳税年度终了时将人民币以外的货币性资产、负债按照期末即期人民币汇率中间价折算时产生的汇兑损失，除已经计入有关资产成本以及与向所有者进行利润分配相关的部分外，准予扣除。

7. 公益性捐赠

公益性捐赠，是指企业通过公益性社会组织或者县级以上人民政府及其部门，用于符合法律规定的慈善活动、公益事业的捐赠。

企业当年发生以及以前年度结转的公益性捐赠支出，不超过年度利润总额12%的部分，在计算应纳税所得额时准予扣除；超过年度利润总额12%的部分，准予结转以后3年内在计算应纳税所得额时扣除。企业在对公益性捐赠支出计算扣除时，应先扣除以前年度结转的捐赠支出，再扣除当年发生的捐赠支出。

年度利润总额，是指企业依照国家统一会计制度的规定计算的年度会计利润。公益性捐赠具体范围包括：

（1）救助灾害、救济贫困、扶助残疾人等困难的社会群体和个人的活动；

（2）教育、科学、文化、卫生、体育事业；

（3）环境保护、社会公共设施建设；

（4）促进社会发展和进步的其他社会公共和福利事业。

自2021年1月1日起，企业或个人通过公益性群众团体用于符合法律规定的公益慈善事业捐赠支出，准予按税法规定在计算应纳税所得额时扣除。公益性群众团体，包括依照《社会团体登记管理条例》规定不需进行社团登记的人民团体以及经国务院批准免予登记的社会团体，且按规定条件和程序已经取得公益性捐赠税前扣除资格。

自2019年1月1日至2025年12月31日，企业通过公益性社会组织或者县级（含县级）以上人民政府及其组成部门和直属机构，用于目标脱贫地区的扶贫捐赠支出，准予在计算企业所得税应纳税所得额时据实扣除。在政策执行期限内，目标脱贫地区实现脱贫的，可继续适用上述政策。企业同时发生扶贫捐赠支出和其他公益性捐赠支出，在计算公益性捐赠支出年度扣除限额时，符合条件的扶贫捐赠支出不计算在内。

企业在非货币性资产捐赠过程中发生的运费、保险费、人工费用等相关支出，凡纳入国家机关、公益性社会组织开具的公益捐赠票据记载的数额中的，作为公益性捐赠支出按照规定在税前扣除；上述费用未纳入公益性捐赠票据记载的数额中的，作为企业相关费用按照规定在税前扣除。

8. 业务招待费

企业发生的与生产经营活动有关的业务招待费支出，按照发生额的60%扣除，但最高不得超过当年销售（营业）收入的5‰。

企业在筹建期间，发生的与筹办活动有关的业务招待费支出，可按实际发生额的60%计入企业筹办费，并按有关规定在税前扣除。

对从事股权投资业务的企业（包括集团公司总部、创业投资企业等），其从被投资企业所分配的股息、红利以及股权转让收入，可以按规定的比例计算业务招待费扣除限额。

9. 广告费和业务宣传费

企业发生的符合条件的广告费和业务宣传费支出，除国务院财政、税务主管部门另有规定外，不超过当年销售(营业)收入 15%的部分，准予扣除；超过部分，准予在以后纳税年度结转扣除。企业在筹建期间，发生的广告费和业务宣传费，可按实际发生额计入企业筹办费，并按有关规定在税前扣除。

自 2021 年 1 月 1 日至 2025 年 12 月 31 日，对化妆品制造或销售、医药制造和饮料制造(不含酒类制造)企业发生的广告费和业务宣传费支出，不超过当年销售(营业)收入 30%的部分，准予扣除；超过部分，准予在以后纳税年度结转扣除。

对签订广告费和业务宣传费分摊协议的关联企业，其中一方发生的不超过当年销售(营业)收入税前扣除限额比例内的广告费和业务宣传费支出可以在本企业扣除，也可以将其中的部分或全部按照分摊协议归集至另一方扣除。另一方在计算本企业广告费和业务宣传费支出企业所得税税前扣除限额时，可将按照上述办法归集至本企业的广告费和业务宣传费不计算在内。

烟草企业的烟草广告费和业务宣传费支出，一律不得在计算应纳税所得额时扣除。

10. 环境保护专项资金

企业依照法律、行政法规有关规定提取的用于环境保护、生态恢复等方面的专项资金，准予扣除。上述专项资金提取后改变用途的，不得扣除。

11. 保险费

(1) 企业参加财产保险，按照规定缴纳的保险费，准予扣除。

(2) 除企业依照国家有关规定为特殊工种职工支付的人身安全保险费和国务院财政、税务主管部门规定可以扣除的其他商业保险费外，企业为投资者或职工支付的商业保险费，不得扣除。

(3) 企业参加雇主责任险、公众责任险等责任保险，按照规定缴纳的保险费，准予在企业所得税税前扣除。

(4) 企业职工因公出差乘坐交通工具发生的人身意外保险费支出，准予企业在计算应纳税所得额时扣除。

12. 租赁费

企业根据生产经营活动的需要租入固定资产支付的租赁费，按照以下方法扣除：

(1) 以经营租赁方式租入固定资产发生的租赁费支出，按照租赁期限均匀扣除。经营性租赁是指所有权不转移的租赁。

(2) 以融资租赁方式租入固定资产发生的租赁费支出，按照规定构成融资租入固定资产价值的部分应当提取折旧费用分期扣除。融资租赁是指在实质上转移与一项资产所有权有关的全部风险和报酬的一种租赁方式。

13. 劳动保护支出

企业发生的合理的劳动保护支出，准予扣除。

14. 有关资产的费用

企业转让各类固定资产发生的费用，允许扣除。企业按规定计算的固定资产折旧费、无形资产和递延资产的摊销费，准予扣除。

15. 总机构分摊的费用

非居民企业在中国境内设立的机构、场所，就其中国境外总机构发生的与该机构、场所生产经营有关的费用，能够提供总机构出具的费用汇集范围、定额、分配依据和方法等证明文件，并合理分摊的，准予扣除。

16. 手续费及佣金支出

（1）自2019年1月1日起，保险企业发生与其经营活动有关的手续费及佣金支出，不超过当年全部保费收入扣除退保金等后余额的18%（含）的部分，在计算应纳税所得额时准予扣除；超过部分，允许结转以后年度扣除。

（2）其他企业按与具有合法经营资格的中介服务机构或个人（不含交易双方及其雇员、代理人和代表人等）所签订服务协议或合同确认的收入金额的5%计算限额。

（3）从事代理服务，主营业务收入为手续费、佣金的企业（如证券、期货、保险代理等企业），其为取得该类收入而实际发生的营业成本（包括手续费及佣金支出），准予在企业所得税前据实扣除。

企业应与具有合法经营资格的中介服务企业或个人签订代办协议或合同，并按规定支付手续费及佣金。除委托个人代理外，企业以现金等非转账方式支付的手续费及佣金不得在税前扣除。企业为发行权益性证券支付给有关证券承销机构的手续费及佣金不得在税前扣除。企业不得将手续费及佣金支出计入回扣、业务提成、返利、进场费等费用。企业已计入固定资产、无形资产等相关资产的手续费及佣金支出，应当通过折旧、摊销等方式分期扣除，不得在发生当期直接扣除。企业支付的手续费及佣金不得直接冲减服务协议或合同金额，并如实入账。保险企业应建立健全手续费及佣金的相关管理制度，并加强手续费及佣金结转扣除的台账管理。

17. 党组织工作经费

国有企业（包括国有独资、全资和国有资本绝对控股、相对控股企业）纳入管理费用的党组织工作经费，实际支出不超过职工年度工资薪金总额1%的部分，可以据实在企业所得税前扣除。

非公有制企业党组织工作经费纳入企业管理费列支，不超过职工年度工资薪金总额1%的部分，可以据实在企业所得税前扣除。

18. 其他支出项目

依照有关法律、行政法规和国家有关税法规定准予扣除的其他项目。如会员费、合理的会议费、差旅费、违约金、诉讼费用等。

六、不得税前扣除项目

在计算应纳税所得额时，下列支出不得扣除：

（1）向投资者支付的股息、红利等权益性投资收益款项。

（2）企业所得税税款。

（3）税收滞纳金，具体是指纳税人违反税收法规，被税务机关处以的滞纳金。

（4）罚金、罚款和被没收财物的损失，是指纳税人违反国家有关法律、法规规定，被有关部门处以的罚款，以及被司法机关处以的罚金和被没收的财物。

（5）超过规定标准的捐赠支出。

（6）赞助支出，具体是指企业发生的与生产经营活动无关的各种非广告性质支出。

（7）未经核定的准备金支出，具体是指不符合国务院财政、税务主管部门规定的各项资产减值准备、风险准备等准备金支出。

（8）企业之间支付的管理费、企业内营业机构之间支付的租金和特许权使用费，以及非银行企业内营业机构之间支付的利息。

（9）与取得收入无关的其他支出。

七、亏损弥补

亏损，是指企业将每一纳税年度的收入总额减除不征税收入、免税收入和各项扣除后小于零的数额。税法规定，企业某一纳税年度发生的亏损可以用下一年度的所得弥补，下一年度的所得不足以弥补的，可以逐年延续弥补，但最长不得超过 5 年。企业在汇总计算缴纳企业所得税时，其境外营业机构的亏损不得抵减境内营业机构的盈利。

自 2018 年 1 月 1 日起，当年具备高新技术企业或科技型中小企业资格的企业，其具备资格年度之前 5 个年度发生的尚未弥补完的亏损，准予结转以后年度弥补，最长结转年限由 5 年延长至 10 年。

八、非居民企业应纳税所得额的计算

在中国境内未设立机构、场所的，或者虽设立机构、场所但取得的所得与其所设机构、场所没有实际联系的非居民企业，其取得的来源于中国境内的所得，按照下列方法计算其应纳税所得额：

（1）股息、红利等权益性投资收益和利息、租金、特许权使用费所得，以收入全额为应纳税所得额。

（2）转让财产所得，以收入全额减除财产净值后的余额为应纳税所得额；财产净值，是指有关资产、财产的计税基础减除已经按照规定扣除的折旧、折耗、摊销、准备金等后的余额。

（3）其他所得，参照前两项规定的方法计算应纳税所得额。

【思维税图】

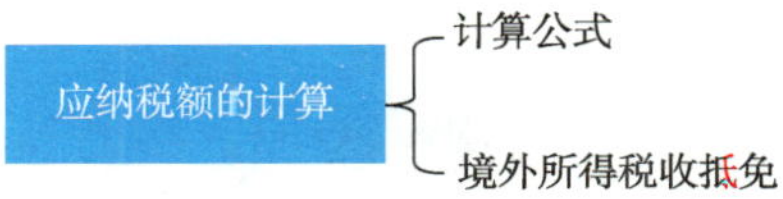

第三节　资产的税务处理

【税言税语】

南湖服装有限公司以经营租赁方式租入一辆大巴车、以融资租赁方式租入一套公寓，供职工出行居住。在计算企业所得税时小明不能确定这两项是否该计算折旧扣除，于是，他向财务部的同事请教。同事告诉他，以经营租赁方式租入的资产不得计算折旧扣除，以融资租赁方式租入的固定资产需要计算折旧扣除。

【税的内容】

一、资产的计税基础与净值

企业的各项资产，包括固定资产、生产性生物资产、无形资产、长期待摊费用、投资资产、存货等，以历史成本为计税基础。历史成本，是指企业取得该项资产时实际发生的支出。企业持有各项资产期间资产增值或者减值，除国务院财政、税务主管部门规定可以确认损益外，不得调整该资产的计税基础。

企业转让资产，该项资产的净值，准予在计算应纳税所得额时扣除。资产的净值，是指有关资产、财产的计税基础减除已经按照规定扣除的折旧、折耗、摊销、准备金等后的余额。除另有规定外，企业在重组过程中，应当在交易发生时确认有关资产的转让所得或者损失，相关资产应当按照交易价格重新确定计税基础。

二、固定资产

1. 固定资产的定义

固定资产，是指企业为生产产品、提供劳务、出租或者经营管理而持有的、使用时间超过 12 个月的非货币性资产，包括房屋、建筑物、机器、机械、运输工具以及其他与生产经营活动有关的设备、器具、工具等。

2. 不得计算折旧扣除的固定资产

在计算应纳税所得额时，企业按照规定计算的固定资产折旧，准予扣除。下列固定资产不得计算折旧扣除：

（1）房屋、建筑物以外未投入使用的固定资产；

（2）以经营租赁方式租入的固定资产；

（3）以融资租赁方式租出的固定资产；

（4）已足额提取折旧仍继续使用的固定资产；

（5）与经营活动无关的固定资产；

（6）单独估价作为固定资产入账的土地；

（7）其他不得计算折旧扣除的固定资产。

3. 固定资产计税基础的确定

固定资产按照以下方法确定计税基础：

（1）外购的固定资产，以购买价款和支付的相关税费以及直接归属于使该资产达到预定用途发生的其他支出为计税基础；

（2）自行建造的固定资产，以竣工结算前发生的支出为计税基础；

（3）融资租入的固定资产，以租赁合同约定的付款总额和承租人在签订租赁合同过程中发生的相关费用为计税基础，租赁合同未约定付款总额的，以该资产的公允价值和承租人在签订租赁合同过程中发生的相关费用为计税基础；

（4）盘盈的固定资产，以同类固定资产的重置完全价值为计税基础；

（5）通过捐赠、投资、非货币性资产交换、债务重组等方式取得的固定资产，以该资产的公允价值和支付的相关税费为计税基础；

（6）改建的固定资产，除法定的支出外，以改建过程中发生的改建支出增加计税基础。

4. 固定资产折旧的计算方法

固定资产按照直线法计算的折旧，准予扣除。企业应当自固定资产投入使用月份的次月起计算折旧；停止使用的固定资产，应当自停止使用月份的次月起停止计算折旧。企业应当根据固定资产的性质和使用情况，合理确定固定资产的预计净残值。固定资产的预计净残值一经确定，不得变更。

5. 固定资产计算折旧的最低年限

除国务院财政、税务主管部门另有规定外，固定资产计算折旧的最低年限如下：

（1）房屋、建筑物，为 20 年；

（2）飞机、火车、轮船、机器、机械和其他生产设备，为 10 年；

（3）与生产经营活动有关的器具、工具、家具等，为 5 年；

（4）飞机、火车、轮船以外的运输工具，为 4 年；

（5）电子设备，为3年。

三、生产性生物资产

1. 生产性生物资产的定义

生产性生物资产，是指企业为生产农产品、提供劳务或者出租等而持有的生物资产，包括经济林、薪炭林、产畜和役畜等。

2. 生产性生物资产计税基础的确定

生产性生物资产按照以下方法确定计税基础：

（1）外购的生产性生物资产，以购买价款和支付的相关税费为计税基础；

（2）通过捐赠、投资、非货币性资产交换、债务重组等方式取得的生产性生物资产，以该资产的公允价值和支付的相关税费为计税基础。

3. 生产性生物资产折旧的计算方法

生产性生物资产按照直线法计算的折旧，准予扣除。企业应当自生产性生物资产投入使用月份的次月起计算折旧；停止使用的生产性生物资产，应当自停止使用月份的次月起停止计算折旧，企业应当根据生产性生物资产的性质和使用情况，合理确定生产性生物资产的预计净残值。生产性生物资产的预计净残值一经确定，不得变更。

4. 生产性生物资产计算折旧的最低年限

生产性生物资产计算折旧的最低年限如下：

（1）林木类生产性生物资产，为10年；

（2）畜类生产性生物资产，为3年。

四、无形资产

1. 无形资产的定义

无形资产，是指企业为生产产品、提供劳务、出租或者经营管理而持有的、没有实物形态的非货币性长期资产，包括专利权、商标权、著作权、土地使用权、非专利技术、商誉等。

2. 不得计算摊销费用扣除的无形资产

在计算应纳税所得额时，企业按照规定计算的无形资产摊销费用，准予扣除。下列无形资产不得计算摊销费用扣除：

（1）自行开发的支出已在计算应纳税所得额时扣除的无形资产；

（2）自创商誉；

（3）与经营活动无关的无形资产；

（4）其他不得计算摊销费用扣除的无形资产。

3. 无形资产计税基础的确定

无形资产按照以下方法确定计税基础：

（1）外购的无形资产，以购买价款和支付的相关税费以及直接归属于使该资产达到预定用途发生的其他支出为计税基础；

（2）自行开发的无形资产，以开发过程中该资产符合资本化条件后至达到预定用途前发生的支出为计税基础；

（3）通过捐赠、投资、非货币性资产交换、债务重组等方式取得的无形资产，以该资产的公允价值和支付的相关税费为计税基础。

4. 无形资产摊销费用的计算方法

无形资产按照直线法计算的摊销费用，准予扣除。无形资产的摊销年限不得低于 10 年。作为投资或者受让的无形资产，有关法律规定或者合同约定了使用年限的，可以按照规定或者约定的使用年限分期摊销。外购商誉的支出，在企业整体转让或者清算时，准予扣除。

五、长期待摊费用

1. 长期待摊费用的定义

长期待摊费用，是指企业发生的应在 1 个年度以上进行摊销的费用。

2. 长期待摊费用的扣除

在计算应纳税所得额时，以企业发生的下列支出作为长期待摊费用，按照规定摊销的，准予扣除：

（1）已足额提取折旧的固定资产的改建支出按照固定资产预计尚可使用年限分期摊销。

（2）租入固定资产的改建支出，按照合同约定的剩余租赁期限分期摊销。固定资产的改建支出，是指改变房屋或者建筑物结构、延长使用年限等发生的支出。改建的固定资产延长使用年限的，除前述规定外，应当适当延长折旧年限。

（3）固定资产的大修理支出，按照固定资产还可使用年限分期摊销。固定资产的大修理支出，是指同时符合下列条件的支出：

① 修理支出达到取得固定资产时的计税基础 50%以上；

② 修理后固定资产的使用年限延长 2 年以上。

（4）其他应当作为长期待摊费用的支出，自支出发生月份的次月起，分期摊销，摊销年限不得低于 3 年。

六、投资资产

1. 投资资产的定义

投资资产，是指企业对外进行权益性投资和债权性投资形成的资产。

2. 投资资产成本的扣除

企业对外投资期间，投资资产的成本在计算应纳税所得额时不得扣除；企业在转让或者处置投资资产时，投资资产的成本准予扣除。

3. 投资资产成本的确定

投资资产按照以下方式确定成本：

（1）通过支付现金方式取得的投资资产，以购买价款为成本；

（2）通过支付现金以外的方式取得的投资资产，以该资产的公允价值和支付的相关税费为成本。

七、存货

1. 存货的定义

存货，是指企业持有以备出售的产品或者商品、处在生产过程中的在产品、在生产或者提供劳务过程中耗用的材料和物料等。

2. 存货成本的确定

存货按照以下方法确定成本：

（1）通过支付现金方式取得的存货，以购买价款和支付的相关税费为成本；

（2）通过支付现金以外的方式取得的存货，以该存货的公允价值和支付的相关税费为成本；

（3）生产性生物资产收获的农产品，以产出或者采收过程中发生的材料费、人工费和分摊的间接费用等必要支出为成本。

3. 存货成本的扣除及计算方法

企业使用或者销售存货，按照规定计算的存货成本，准予在计算应纳税所得额时扣除。

企业使用或者销售存货的成本计算方法，可以在先进先出法、加权平均法、个别计价法中选用一种。计算方法一经选用，不得随意变更。

八、资产损失

1. 资产损失的定义

资产损失，是指企业在生产经营活动中实际发生的、与取得应税收入有关的资产损失，包括现金损失，存款损失，坏账损失，贷款损失，股权投资损失，固定资产和存货的盘亏、毁损、报废、被盗损失，自然灾害等不可抗力因素造成的损失以及其他损失。

2. 资产损失的扣除

企业发生上述资产损失，应在按税法规定实际确认或者实际发生的当年申报扣除。

企业以前年度发生的资产损失未能在当年税前扣除的，可以按照规定，向税务机关说明并进行专项申报扣除。其中，属于实际资产损失的，准予追补至该项损失发生年度扣除，其追补确认期限一般不得超过 5 年。企业因以前年度实际资产损失未在税前扣除而多缴的企业所得税税款，可在追补确认年度企业所得税应纳税款中予以抵扣，不足抵扣的，向以后年度递延抵扣。

【思维税图】

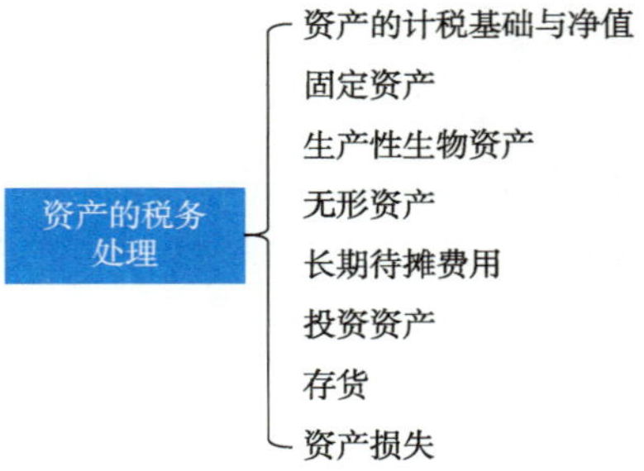

第四节　税收优惠

【税言税语】

小明在南湖服装有限公司实习期间发现企业客服部门的员工多为残疾人，且公司内办公生活区均配有伤残人员专用洗手间，小明对此大为赞赏，常常帮助这些同事。主管张会计告诉小明："公司这样做不仅帮助了残疾人群，尽到了社会责任，还能减免所得税呢。"

【税的内容】

我国企业所得税的税收优惠包括免税收入、所得减免、减低税率、民族自治地方的减免税、加计扣除、抵扣应纳税所得额、加速折旧、减计收入、税额抵免和其他专项优惠政策。企业同时从事适用不同企业所得税待遇项目的，其优惠项目应当单独计算所得，并合理分摊企业的期间费用；没有单独计算的，不得享受企业所得税优惠。

一、免税收入

1. 国债利息收入

国债利息收入，是指企业持有国务院财政部门发行的国债取得的利息收入。

2. 符合条件的居民企业之间的股息、红利等权益性投资收益

符合条件的居民企业之间的股息、红利等权益性投资收益，是指居民企业直接投资于其他居民企业取得的投资收益，不包括连续持有居民企业公开发行并上市流通的股票不足12个月取得的投资收益。

3. 在中国境内设立机场、场所的非居民企业从居民企业取得与该机构、场所有实际联系的股息、红利等权益性投资收益

在中国境内设立机构、场所的非居民企业从居民企业取得与该机构、场所有实际联系的股息、红利等权益性投资收益，不包括连续持有居民企业公开发行并上市流通的股票不足12个月取得的投资收益。

4. 符合条件的非营利组织的收入

符合条件的非营利组织的收入，不包括非营利组织从事营利性活动取得的收入，但国务院财政、税务主管部门另有规定的除外。对非营利组织从事非营利性活动取得的收入给予免税，但从事营利性活动取得的收入则要征税。

二、所得减免

1. 免征企业所得税的项目

企业从事下列项目的所得，免征企业所得税：

（1）蔬菜、谷物、薯类、油料、豆类、棉花、麻类、糖料、水果、坚果的种植；

（2）农作物新品种的选育；

（3）中药材的种植；

（4）林木的培育和种植；

（5）牲畜、家禽的饲养；

（6）林产品的采集；

（7）灌溉、农产品初加工、兽医、农技推广、农机作业和维修等农、林、牧、渔服务业项目；

（8）远洋捕捞。

2. 减半征收企业所得税的项目

企业从事下列项目的所得，减半征收企业所得税：

（1）花卉、茶以及其他饮料作物和香料作物的种植；

（2）海水养殖、内陆养殖。

3. 从事国家重点扶持的公共基础设施项目投资经营的所得

国家重点扶持的公共基础设施项目，是指《公共基础设施项目企业所得税优惠目录》规定的港口码头、机场、铁路、公路、城市公共交通、电力、水利等项目。

（1）企业从事上述国家重点扶持的公共基础设施项目的投资经营的所得，自项目取得第1笔生产经营收入所属纳税年度起，第1年至第3年免征企业所得税，第4年至第6年减半征收企业所得税；

（2）企业承包经营、承包建设和内部自建自用上述项目，不得享受上述企业所得税优惠。

4. 从事符合条件的环境保护、节能节水项目的所得

符合条件的环境保护、节能节水项目，包括公共污水处理、公共垃圾处理、沼气综合开发利用、节能减排技术改造、海水淡化等。项目的具体条件和范围由国务院财政、税务主管部门会商国务院有关部门制定，报国务院批准后公布施行。

企业从事上述规定的符合条件的环境保护、节能节水项目的所得，自项目取得第1笔生产经营收入所属纳税年度起，第1年至第3年免征企业所得税，第4年至第6年减半征收企业所得税。

5. 符合条件的技术转让所得

符合条件的技术转让所得免征、减征企业所得税，是指一个纳税年度内，居民企业技术转让所得不超过500万元的部分，免征企业所得税；超过500万元的部分，减半征收企业所得税。其计算公式为：

技术转让所得=技术转让收入-技术转让成本-相关税费

6. 非居民企业减免税所得

在中国境内未设立机构、场所的，或者虽设立机构、场所但取得的所得与其所设机构、场所没有实际联系的非居民企业，其取得的来源于中国境内的所得，减按10%的税率征收企业所得税。

下列所得可以免征企业所得税：

（1）外国政府向中国政府提供贷款取得的利息所得；

（2）国际金融组织向中国政府和居民企业提供优惠贷款取得的利息所得；

（3）经国务院批准的其他所得。

7. 境外机构投资者免税所得

自2014年11月17日起，对合格境外机构投资者（QFII）、人民币合格境外机构投资者

(RQFII)取得来源于中国境内的股票等权益性投资资产转让所得，暂免征收企业所得税。

8. 基础研究资金收入

自2022年1月1日起，对非营利性科研机构、高等学校接收企业、个人和其他组织机构基础研究资金收入，免征企业所得税。

三、减低税率与定期减免税

1. 小型微利企业

2023年1月1日至2027年12月31日，对小型微利企业年应纳税所得额不超过300万元的部分，减按25%计入应纳税所得额，按20%的税率缴纳企业所得税。

小型微利企业是指从事国家非限制和禁止行业，且同时符合年度应纳税所得额不超过300万元、从业人数不超过300人、资产总额不超过5000万元3个条件的企业。

从业人数，包括与企业建立劳动关系的职工人数和企业接受的劳务派遣用工人数。从业人数和资产总额指标，应按企业全年的季度平均值确定。具体计算公式如下：

季度平均值=(季初值+季末值)÷2

全年季度平均值=全年各季度平均值之和÷4

年度中间开业或者终止经营活动的，以其实际经营期作为1个纳税年度确定上述相关指标。

小型微利企业无论是按查账征收方式还是按核定征收方式缴纳企业所得税，均可享受优惠政策。

2. 高新技术企业

国家需要重点扶持的高新技术企业，减按15%的税率征收企业所得税。

3. 技术先进型服务企业

自2018年1月1日起，对经认定的技术先进型服务企业(服务贸易类)，减按15%的税率征收企业所得税。

4. 集成电路生产企业或项目

自2020年1月1日起，国家鼓励的集成电路线宽小于28纳米(含)，且经营期在15年以上的集成电路生产企业或项目，第1年至第10年免征企业所得税；国家鼓励的集成电路线宽小于65纳米(含)，且经营期在15年以上的集成电路生产企业或项目，第1年至第5年免征企业所得税，第6年至第10年按照25%的法定税率减半征收企业所得税；国家鼓励的集成电路线宽小于130纳米(含)，且经营期在10年以上的集成电路生产企业或项目，第1年至第2年免征企业所得税，第3年至第5年按照25%的法定税率减半征收企业所得税。

对于按照集成电路生产企业享受税收优惠政策的，优惠期自获利年度起计算；对于按照集成电路生产项目享受税收优惠政策的，优惠期自项目取得第 1 笔生产经营收入所属纳税年度起计算，集成电路生产项目需单独进行会计核算、计算所得，并合理分摊期间费用。

国家鼓励的线宽小于 130 纳米(含)的集成电路生产企业，属于国家鼓励的集成电路生产企业清单年度之前 5 个纳税年度发生的尚未弥补完的亏损，准予向以后年度结转，总结转年限不得超过 10 年。

5. 集成电路相关企业和软件企业

国家鼓励的集成电路设计、装备、材料、封装、测试企业和软件企业，自获利年度起，第 1 年至第 2 年免征企业所得税，第 3 年至第 5 年按照 25%的法定税率减半征收企业所得税。

国家鼓励的重点集成电路设计企业和软件企业，自获利年度起，第 1 年至第 5 年免征企业所得税，接续年度减按 10%的税率征收企业所得税。

6. 经营性文化事业单位转制为企业

经营性文化事业单位转制为企业，自转制注册之日起 5 年内免征企业所得税。经营性文化事业单位是指从事新闻出版、广播影视和文化艺术的事业单位。转制包括整体转制和剥离转制。该税收政策执行至 2027 年 12 月 31 日。企业截至 2027 年 12 月 31 日享受该税收政策不满 5 年的，可继续享受至 5 年期满为止。

7. 生产和装配伤残人员专门用品企业

自 2021 年 1 月 1 日至 2027 年 12 月 31 日，对符合条件的生产和装配伤残人员专门用品，且在民政部发布的《中国伤残人员专门用品目录》范围之内的居民企业，免征企业所得税。

8. 从事污染防治的第三方企业

自 2024 年 1 月 1 日起至 2027 年 12 月 31 日止，对符合条件的从事污染防治的第三方企业减按 15%的税率征收企业所得税。第三方防治企业，是指受排污企业或政府委托，负责环境污染治理设施运营维护的企业。

四、民族自治地方的减免税

民族自治地方的自治机关对本民族自治地方的企业应缴纳的企业所得税中属于地方分享的部分，可以决定减征或者免征。自治州、自治县决定减征或者免征的，须报省、自治区、直辖市人民政府批准。

对民族自治地方内国家限制和禁止行业的企业，不得减征或者免征企业所得税。

五、加计扣除

1. 研究开发费用

研究开发费用的加计扣除，是指企业为开发新技术、新产品、新工艺发生的研究开发费用，未形成无形资产计入当期损益的，在按照规定据实扣除的基础上，按照研究开发费用的50%加计扣除；形成无形资产的，按照无形资产成本的150%摊销。

企业开展研发活动中实际发生的研发费用，未形成无形资产计入当期损益的，在按规定据实扣除的基础上，自2023年1月1日起，按照实际发生额的100%在税前加计扣除；形成无形资产的，自2023年1月1日起，按照无形资产成本的200%在税前摊销。

符合条件的集成电路企业和工业母机企业开展研发活动中实际发生的研发费用，未形成无形资产计入当期损益的，在按规定据实扣除的基础上，在2023年1月1日至2027年12月31日期间，再按照实际发生额的120%在税前扣除；形成无形资产的，在上述期间按照无形资产成本的220%在税前摊销。

下列行业不适用税前加计扣除政策：烟草制造业；住宿和餐饮业；批发和零售业；房地产业；租赁和商务服务业；娱乐业；财政部和国家税务总局规定的其他行业。

2. 安置国家鼓励就业人员所支付的工资

企业安置残疾人员所支付的工资的加计扣除，是指企业安置残疾人员的，在按照支付给残疾职工工资据实扣除的基础上，按照支付给残疾职工工资的100%加计扣除。企业安置国家鼓励安置的其他就业人员所支付工资的加计扣除办法，由国务院另行规定。

3. 出资给非营利单位用于基础研究的支出

2022年1月1日起，对企业出资给非营利性科学技术研究开发机构、高等学校和政府性自然科学基金用于基础研究的支出，在计算应纳税所得额时可按实际发生额在税前扣除，并可按100%在税前加计扣除。

六、抵扣应纳税所得额

创业投资企业采取股权投资方式投资于未上市的中小高新技术企业2年以上的，可以按照其投资额的70%在股权持有满2年的当年抵扣该创业投资企业的应纳税所得额；当年不足抵扣的，可以在以后纳税年度结转抵扣。

公司制创业投资企业采取股权投资方式直接投资于种子期、初创期科技型企业满2年（24个月）的，可以按照投资额的70%在股权持有满2年的当年抵扣该公司制创业投资企业的应纳税所得额；当年不足抵扣的，可以在以后纳税年度结转抵扣。

有限合伙制创业投资企业采取股权投资方式直接投资于初创科技型企业满2年的，该合伙创投企业的法人合伙人可以按照对初创科技型企业投资额的70%抵扣法人合伙人从合伙创投企业分得的所得；当年不足抵扣的，可以在以后纳税年度结转抵扣。

有限合伙制创业投资企业采取股权投资方式投资于未上市的中小高新技术企业满2年(24个月)的，其法人合伙人可按照对未上市中小高新技术企业投资额的70%抵扣该法人合伙人从该有限合伙制创业投资企业分得的应纳税所得额，当年不足抵扣的，可以在以后纳税年度结转抵扣。

七、加速折旧

企业的固定资产由于技术进步等，确需加速折旧的，可以缩短折旧年限或者采取加速折旧的方法。可以采取缩短折旧年限或者采取加速折旧方法的固定资产，包括：

（1）由于技术进步，产品更新换代较快的固定资产；

（2）常年处于强震动、高腐蚀状态的固定资产。

采取缩短折旧年限方法的，最低折旧年限不得低于税法规定折旧年限的60%；采取加速折旧方法的，可以采取双倍余额递减法或者年数总和法。

对符合相关条件的生物药品制造业，专用设备制造业，铁路、船舶、航空航天和其他运输设备制造业，计算机、通信和其他电子设备制造业，仪器仪表制造业，信息传输、软件和信息技术服务业等行业企业，2014年1月1日后购进的固定资产(包括自行建造)，对符合相关条件的轻工、纺织、机械、汽车等四个领域重点行业的企业，2015年1月1日后新购进的固定资产，允许按不低于企业所得税法规定折旧年限的60%缩短折旧年限，或选择采取双倍余额递减法或年数总和法进行加速折旧。上述重点行业企业是指以上述行业业务为主营业务，其固定资产投入使用当年的主营业务收入占企业收入总额50%(不含)以上的企业。

自2019年1月1日起，适用固定资产加速折旧优惠相关规定的行业范围，扩大至全部制造业领域。

企业在2018年1月1日至2027年12月31日期间新购进(包括自行建造)的设备、器具，单位价值不超过500万元的，允许一次性计入当期成本费用，在计算应纳税所得额时扣除，不再分年度计算折旧。设备、器具，是指除房屋、建筑物以外的固定资产。

八、减计收入

（1）企业以《资源综合利用企业所得税优惠目录》规定的资源作为主要原材料，生产国家非限制和禁止并符合国家和行业相关标准的产品取得的收入，减按90%计入收入总额。原材料占生产产品材料的比例不得低于《资源综合利用企业所得税优惠目录》规定的标准。

(2) 自2019年6月1日至2025年12月31日，社区提供养老、托育、家政等服务的机构，提供社区养老、托育、家政服务取得的收入，在计算应纳税所得额时，减按90%计入收入总额。社区包括城市社区和农村社区。

(3) 2027年12月31日前，对金融机构农户小额贷款的利息收入，在计算应纳税所得额时，按90%计入收入总额。小额贷款，是指单笔且该农户贷款余额总额在10万元(含)以下的贷款。金融机构应对符合条件的农户小额贷款利息收入进行单独核算，不能单独核算的不得适用前述优惠政策。

(4) 2027年12月31日前，对保险公司为种植业、养殖业提供保险业务取得的保费收入，在计算应纳税所得额时，按90%计入收入总额。保费收入，是指原保险保费收入加上分保费收入减去分出保费后的余额。

(5) 2027年12月31日前，对经省级地方金融监督管理部门批准成立的小额贷款公司取得的农户小额贷款利息收入，在计算应纳税所得额时，按90%计入收入总额。小额贷款，是指单笔且该农户贷款余额总额在10万元(含)以下的贷款。

九、税额抵免

企业购置并实际使用《环境保护专用设备企业所得税优惠目录(2017年版)》《节能节水专用设备企业所得税优惠目录(2017年版)》《安全生产专用设备企业所得税优惠目录(2018年版)》规定的环境保护、节能节水、安全生产等专用设备的，该专用设备的投资额的10%可以从企业当年的应纳税额中抵免；当年不足抵免的，可以在以后5个纳税年度结转抵免。享受上述规定的企业所得税优惠的企业，应当实际购置并自身实际投入使用上述规定的专用设备；企业购置上述专用设备在5年内转让、出租的，应当停止享受企业所得税优惠，并补缴已经抵免的企业所得税税款。

购置并实际使用的环境保护、节能节水和安全生产专用设备，包括承租方企业以融资租赁方式租入的并在融资租赁合同中约定租赁期届满时租赁设备所有权转移给承租方企业，且符合规定条件的上述专用设备。凡融资租赁期届满后租赁设备所有权未转移至承租方企业的，承租方企业应停止享受抵免企业所得税优惠，并补缴已经抵免的企业所得税税款。

十、西部地区减免税

自2021年1月1日至2030年12月31日，对设在西部地区的鼓励类产业企业减按15%的税率征收企业所得税。鼓励类产业企业是指以《西部地区鼓励类产业目录》中规定的产业项目为主营业务，且其主营业务收入占企业收入总额60%以上的企业。

西部地区包括内蒙古自治区、广西壮族自治区、重庆市、四川省、贵州省、云南省、西藏自治区、陕西省、甘肃省、青海省、宁夏回族自治区、新疆维吾尔自治区和新疆生产建设兵团。湖南湘西土家族苗族自治州、湖北恩施土家族苗族自治州、吉林延边朝鲜族自治州和江西赣州市，可以比照执行。

十一、海南自由贸易港企业所得税优惠

自2020年1月1日至2024年12月31日，对海南自由贸易港实行以下企业所得税优惠政策。

对注册在海南自由贸易港并实质性运营的鼓励类产业企业，减按15%的税率征收企业所得税。鼓励类产业企业，是指以海南自由贸易港鼓励类产业目录中规定的产业项目为主营业务，且其主营业务收入占企业收入总额60%以上的企业。实质性运营，是指企业的实际管理机构设在海南自由贸易港，并对企业生产经营、人员、账务、财产等实施实质性全面管理和控制。不符合实质性运营的企业，不得享受优惠。对总机构设在海南自由贸易港的符合条件的企业，仅就其设在海南自由贸易港的总机构和分支机构的所得，适用15%税率；对总机构设在海南自由贸易港以外的企业，仅就其设在海南自由贸易港内的符合条件的分支机构的所得，适用15%税率。

对在海南自由贸易港设立的旅游业、现代服务业、高新技术产业企业新增境外直接投资取得的所得，免征企业所得税。新增境外直接投资所得应当符合以下条件：

（1）从境外新设分支机构取得的营业利润；或从持股比例超过20%（含）的境外子公司分回的、与新增境外直接投资相对应的股息所得。

（2）被投资国（地区）的企业所得税法定税率不低于5%。

对在海南自由贸易港设立的企业，新购置（含自建、自行开发）固定资产或无形资产，单位价值不超过500万元（含）的，允许一次性计入当期成本费用在计算应纳税所得额时扣除，不再分年度计算折旧和摊销；新购置（含自建、自行开发）固定资产或无形资产，单位价值超过500万元的，可以缩短折旧、摊销年限或采取加速折旧、摊销的方法。固定资产，是指除房屋、建筑物以外的固定资产。

十二、债券利息减免税

（1）对企业取得的2012年及以后年度发行的地方政府债券利息收入，免征企业所得税。

（2）自2021年11月7日至2025年12月31日，对境外机构投资境内债券市场取得的债券利息收入暂免征收企业所得税。暂免征收企业所得税的范围不包括境外机构在境内设立的机构、场所取得的与该机构、场所有实际联系的债券利息。

（3）对企业投资者持有 2019—2027 年发行的铁路债券取得的利息收入，减半征收企业所得税。铁路债券是指以国家铁路集团有限公司为发行和偿还主体的债券，包括中国铁路建设债券、中期票据、短期融资券等债务融资工具。

【思维税图】

- 税收优惠
  - 免税收入
  - 所得减免
  - 减低税率与定期减免税
  - 民族自治地方的减免税
  - 加计扣除
  - 抵扣应纳税所得额
  - 加速折旧
  - 减计收入
  - 税额抵免
  - 西部地区减免税
  - 海南自由贸易港企业所得税优惠
  - 债券利息减免税

第五节　应纳税额的计算

【税言税语】

小明虽然在学校学过一些所得税减征、免征和抵免的知识，但对这些规定并不熟悉。小明认为自己只需熟练掌握企业所得税应纳税额的计算公式即可，主管张会计告诉他，计算公式中减免税额和抵免税额，是依照税收优惠规定计算所得，不熟悉规定是无法计算应纳税额的。听了张会计的话，小明决心要扎扎实实学好税务知识。

【税的内容】

一、企业所得税应纳税额的计算公式

应纳税额＝应纳税所得额×适用税率－减免税额－抵免税额

其中的减免税额和抵免税额，是指依照《企业所得税法》和国务院的税收优惠规定减征、免征和抵免的应纳税额。

二、境外所得税收抵免

企业取得的下列所得已在境外缴纳的所得税税额，可以从其当期应纳税额中抵免，抵免限额为该项所得依照规定计算的应纳税额；超过抵免限额的部分，可以在以后 5 个年度内，用每年抵免限额抵免当年应抵税额后的余额进行抵补：

（1）居民企业来源于中国境外的应税所得；

（2）非居民企业在中国境内设立机构、场所，取得发生在中国境外但与该机构、场所有实际联系的应税所得。

已在境外缴纳的所得税税额，是指企业来源于中国境外的所得依照境外税收法律以及相关规定应当缴纳并已经实际缴纳的企业所得税性质的税款。

抵免限额，是指企业来源于中国境外的所得，依照规定计算的应纳税额。

5 个年度，是指从企业取得的来源于中国境外的所得，已经在中国境外缴纳的企业所得税性质的税额超过抵免限额的当年的次年起连续 5 个纳税年度。

自 2017 年 1 月 1 日起，企业可以选择按国（地区）别分别计算［即“分国（地区）不分项”］，或者不按国（地区）别汇总计算［即“不分国（地区）不分项”］，其来源于境外的应纳税所得额，按照规定的税率，分别计算其可抵免境外所得税税额和抵免限额。上述方式一经选择，5 年内不得改变。

居民企业从其直接或间接控制的外国企业分得的来源于中国境外的股息、红利等权益性投资收益，外国企业在境外实际缴纳的所得税税额中属于该项所得负担的部分，可以作为该居民企业的可抵免境外所得税税额，在规定的抵免限额内抵免。

直接控制是指居民企业直接持有外国企业 20%以上股份；间接控制是指居民企业以间接持股方式持有外国企业 20%以上股份。

企业按规定抵免企业所得税税额时，应当提供中国境外税务机关出具的税款所属年度的有关纳税凭证。

【思维税图】

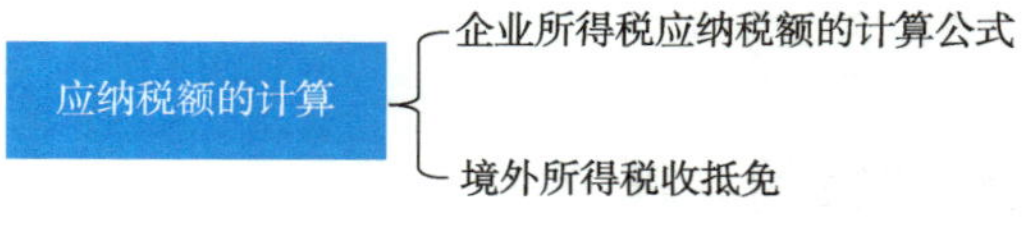

第六节　征收管理

【税言税语】

小明发现南湖服装有限公司每月都有缴纳企业所得税，而企业所得税是按年计征的，为什么月月都缴呢？于是，他向财务部的同事请教。同事告诉他，企业所得税按年计征，分月或者分季预缴，年终汇算清缴，多退少补。

【税的内容】

一、纳税地点

1. 居民企业的纳税地点

除税收法律、行政法规另有规定外，居民企业以企业登记注册地为纳税地点；但登记注册地在境外的，以实际管理机构所在地为纳税地点。

居民企业在中国境内设立不具有法人资格的营业机构的，应当汇总计算并缴纳企业所得税。除国务院另有规定外，企业之间不得合并缴纳企业所得税。

2. 非居民企业的纳税地点

非居民企业在中国境内设立机构、场所的，以机构、场所所在地为纳税地点。非居民企业在中国境内设立 2 个或者 2 个以上机构、场所的，符合国务院税务主管部门规定条件的，可以选择由其主要机构、场所汇总缴纳企业所得税。

在中国境内未设立机构、场所的，或者虽设立机构、场所但取得的所得与其所设机构、场所没有实际联系的非居民企业，以扣缴义务人所在地为纳税地点。

二、按年计征与分期预缴

企业所得税按年计征，分月或者分季预缴，年终汇算清缴，多退少补。纳税年度自公历 1 月 1 日起至 12 月 31 日止。

企业在一个纳税年度中间开业，或者终止经营活动，使该纳税年度的实际经营期不足 12 个月的，应当以其实际经营期为 1 个纳税年度。企业依法清算时，应当以清算期间作为 1 个纳税年度。

三、汇算清缴期限

企业应当自年度终了之日起 5 个月内，向税务机关报送年度企业所得税纳税申报表，并汇算清缴，结清应缴应退税款。

企业在年度中间终止经营活动的，应当自实际经营终止之日起 60 日内，向税务机关办理当期企业所得税汇算清缴。

四、纳税申报

按月或按季预缴的，应当自月份或者季度终了之日起 15 日内，向税务机关报送预缴企业所得税纳税申报表，预缴税款。

企业在报送企业所得税纳税申报表时，应当按照规定附送财务会计报告和其他有关资料。

企业应当在办理注销登记前，就其清算所得向税务机关申报并依法缴纳企业所得税。

企业分月或者分季预缴企业所得税时，应当按照月度或者季度的实际利润额预缴；按照月度或者季度的实际利润额预缴有困难的，可以按照上一纳税年度应纳税所得额的月度或者季度平均额预缴，或者按照经税务机关认可的其他方法预缴。预缴方法一经确定，该纳税年度内不得随意变更。

企业在纳税年度内无论盈利或者亏损，都应当依照规定期限，向税务机关报送预缴企业所得税纳税申报表、年度企业所得税纳税申报表、财务会计报告和税务机关规定应当报送的其他有关资料。

五、货币单位与外币折算

企业所得税以人民币计算。所得以人民币以外的货币计算的，应当折合成人民币计算并缴纳税款。

企业所得以人民币以外的货币计算的，预缴企业所得税时，应当按照月度或者季度最后一日的人民币汇率中间价，折合成人民币计算应纳税所得额。

年度终了汇算清缴时，对已经按照月度或者季度预缴税款的，不再重新折合计算，只就该纳税年度内未缴纳企业所得税的部分，按照纳税年度最后一日的人民币汇率中间价，折合成人民币计算应纳税所得额。

经税务机关检查确认，企业少计或者多计前述规定的所得的，应当按照检查确认补税或者退税时的上一个月最后一日的人民币汇率中间价，将少计或者多计的所得折合成人民币计算应纳税所得额，再计算应补缴或者应退的税款。

【思维税图】

征收管理
- 纳税地点
- 按年计征，分期预缴
- 汇算清缴期限
- 纳税申报
- 货币单位与外币折算

【本章小结】

本章详细介绍了纳税义务人、征收对象、税率、应纳税所得额、应纳所得税额、税收优惠政策和企业所得税征收管理等重要内容。它涵盖了企业所得税的各个方面，从基本原理到具体操作，提供了全面学习增值税的指南。

【思政启税】

某农业有限公司负责人表示，其所在公司 2022 年享受企业所得税研发费用加计扣除 16.54 万元、“六税两费”0.63 万元，公司用这些资金引进了多个新品种农产品，邀请业内专家开展种植培训，将种植面积扩大至 1050 亩，预计可带动劳动力 500 人次，农户人均可增收 2500 元。税收优惠政策切实帮扶到了小微企业。

【数字赋税】

国家电子税务局

国家电子税务局，是国家税务总局主办的全国统一规范电子税务局移动端，旨在为纳税人提供最方便快捷的涉税业务办理服务。该 App 支持纳税申报、税款缴纳、证明开具、信息报告、发票代开及开具等核心功能，确保用户能够轻松完成各种税务事宜。

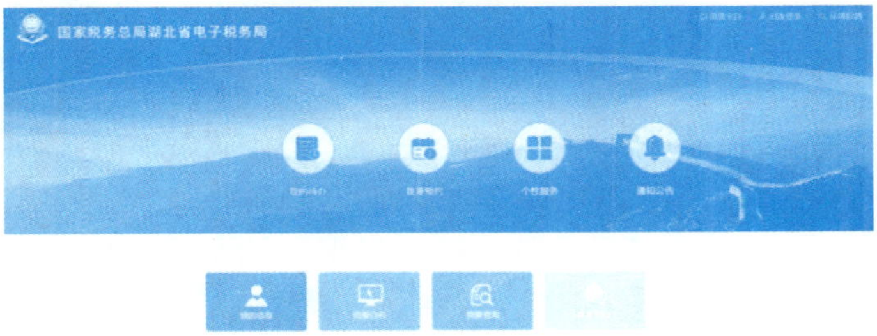

企业所得税年度纳税网上申报主要操作流程图：

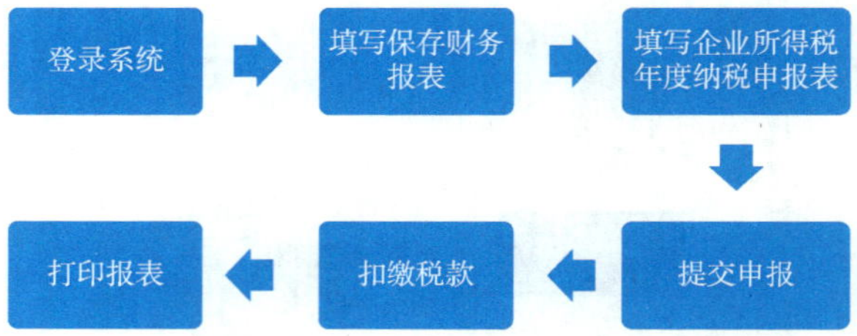

第五章　个人所得税

【学税目标】

知识目标

- 了解个人所得税的概念。
- 掌握个人所得税征收范围。
- 熟悉个人所得税税率。

技能目标

- 能够准确计算应纳税所得额。
- 能够熟练辨别税收优惠。
- 能够准确计算应纳税额。

素质目标

- 培养诚实守信、依法纳税的职业素养。
- 培养自主学习、不断更新的学习素养。

第一节　个人所得税概述

【税言税语】

公司新职工小张，收到了这个月的工资，工资条上显示代扣代缴个人所得税××元，小张到财务部询问个人所得税是什么，你能帮忙解答一下吗？

【税的内容】

一、个人所得税的概念

个人所得税是以自然人取得的各类应税所得为征税对象而征收的一种所得税，是政府利用税收对个人收入进行调节的一种手段。

个人所得税的纳税人不仅包括自然人个人，还包括具有自然人性质的企业，如个人独资企业和合伙企业。

二、个人所得税的纳税人

个人所得税的纳税人，是指在我国境内有住所，或者无住所而在一个纳税年度内在我国境内累计满 183 天的从中国境内和境外取得所得的纳税人，以及在我国境内无住所又不居住或无住所而一个纳税年度内在中国境内居住累计不满 183 天的从中国境内取得所得的纳税人。包括中华人民共和国公民、个体工商户、个人独资企业、合伙企业投资者、在我国有所得的外籍人员(包括无国籍人员，下同)和中国香港、中国澳门、中国台湾同胞。

纳税人按照住所和居住时间两个标准不同可区分为居民个人和非居民个人，分别承担不同的纳税义务。

(一) 居民个人

居民个人，是指在我国境内有住所，或者无住所而在一个纳税年度内在中国境内居住累计满 183 天的个人。居民个人负有无限纳税义务，其所取得的应纳税所得，无论是来源于我国境内还是我国境外任何地方，都要在我国缴纳个人所得税。

(二) 非居民个人

非居民个人，是指不符合居民个人判定标准(条件)的纳税义务人，非居民个人承担有限纳税义务，就其来源于我国境内的所得，向我国缴纳个人所得税。

【例 5-1 · 多选题】 根据个人所得税法律制度的规定，下列各项中，属于个人所得税纳税人的有(　　)。

A. 合伙企业自然人合伙人　　B. 一人有限责任公司

C. 个体工商户　　D. 个人独资企业投资人

答案： ACD

解析： 选项 B 缴纳企业所得税。

【例 5-2 · 单选题】 根据个人所得税法律制度的规定，在中国境内无住所的下列外籍个人中，属于2023年度非居民个人的是(　　)。

A. 玛丽2023年6月7日入境，2023年12月20日离境，期间回国5天

B. 温蒂2022年10月11日入境，2023年7月20日离境

C. 汤姆2023年7月1日入境，2023年12月1日离境

D. 朱莉2023年3月1日入境，2024年5月10日离境

答案：C

解析：选项A、B、D属于2023年度居民个人。

【思维税图】

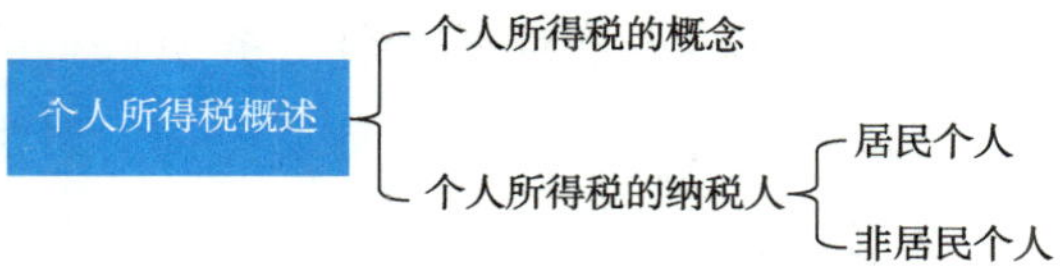

第二节　征收范围和税率

【税言税语】

通过你的帮助，小张知道他需要缴纳个人所得税，但是他不清楚哪些所得需要征税，税率是多少，你能帮忙解答一下吗？

【税的内容】

一、个人所得税的征收范围

（一）工资、薪金所得

工资、薪金所得，是指个人因任职或者受雇取得的工资、薪金、奖金、年终加薪、劳动分红、津贴、补贴以及与任职或者受雇有关的其他所得。

对于一些不属于工资、薪金性质的补贴、津贴或者不属于纳税人本人工资、薪金所得项目的收入，不予征税。这些项目包括：

（1）独生子女补贴。

（2）执行公务员工资制度未纳入基本工资总额的补贴、津贴差额和家属成员的副食品补贴。

（3）托儿补助费。

（4）差旅费津贴、午餐补助。其中，午餐补助是指按照财政部规定，个人因公在城区、郊区工作，不能在工作单位或返回就餐的，根据实际午餐顿数，按规定的标准领取的午餐费。单位以午餐补助名义发给职工的补助、津贴不能包括在内。

（5）外国来华留学生，领取的生活津贴费、奖学金，不属于工资、薪酬范畴，不征收个人所得税。

（二）劳务报酬所得

劳务报酬所得，是指个人独立从事非雇佣的各种劳务所取得的所得。包括从事设计、装潢、安装、制图、化验、测试、医疗、法律、会计、咨询、讲学、翻译、审稿、书画、雕刻、影视、录音、录像、演出、表演、广告、展览、技术服务、介绍服务、经纪服务、代办服务以及其他劳务取得的所得。

对于工资、薪金所得和劳务报酬所得的划分，关键看个人是属于独立从事某项活动还是任职受雇于某个单位。例如，个人担任公司董事的同时在公司任职、受雇，其因任职受雇而取得的报酬属于工资、薪金所得性质，应将董事费与个人工资收入合并，统一按“工资、薪金所得”项目缴纳个人所得税。而个人不在公司任职、受雇的董事，其取得的董事费收入，属于劳务报酬所得性质，按照“劳务报酬所得”项目缴纳个人所得税。

（三）稿酬所得

稿酬所得，是指个人因其作品以图书、报刊形式出版、发表而取得的所得。因稿酬所得的特殊性，应当与一般劳务报酬中的翻译、审稿、书画等区别开来，并给予适当优惠照顾。作者去世后，对取得遗作稿酬的个人，按“稿酬所得”项目缴纳个人所得税。

（四）特许权使用费所得

特许权使用费所得，是指个人提供专利权、商标权、著作权、非专利技术以及其他特许权的使用权取得的所得。提供著作权的使用权取得的所得，不包括稿酬所得。

（五）经营所得

经营所得，是指个体工商户业主、个人独资企业投资者、合伙企业个人合伙人、承包承租经营者个人以及其他从事生产、经营活动的个人取得的所得，具体包括以下情形：

（1）个人通过在我国境内注册登记的个体工商户、个人独资企业、合伙企业从事生产、经营活动取得的所得。

（2）个人依法取得执照，从事办学、医疗、咨询以及其他有偿服务活动取得的所得。

(3) 个人对企事业单位承包经营、承租经营以及转包、转租取得的所得。

如果承包、承租人对企业经营成果不拥有所有权，仅是按合同(协议)规定取得一定所得的，其所得按"工资、薪金所得"项目纳税。只有向发包方、出租方缴纳一定费用后，企业经营成果归其所有的，其所得方按"经营所得"项目缴纳个人所得税。

(4) 个人从事其他生产、经营活动取得的所得。

(六) 财产租赁所得

财产租赁所得，是指个人出租不动产、机器设备、车船以及其他财产而取得的所得。

个人取得的财产转租收入，属于财产租赁所得的征税范围，由财产转租人缴纳个人所得税。

(七) 财产转让所得

财产转让所得，是指个人转让有价证券、股权、合伙企业中的财产份额、不动产、机器设备、车船以及其他财产取得的所得。

(八) 利息、股息、红利所得

利息、股息、红利所得，是指个人拥有债权、股权等而取得的利息、股息、红利性质的所得。利息是指个人拥有债权而取得的利息，包括存款利息、贷款利息和购买各种债券的利息。按照规定，个人取得的除国债利息和国家发行的金融债券利息外的利息，应当依法缴纳个人所得税。股息、红利，是指个人拥有股权取得的股息、红利。按照一定的比率派发的每股息金称为股息；根据公司(企业)应分配的超过股息部分的利润，按股份份额分配的称为红利。股息、红利所得，除另有规定外，都应缴纳个人所得税。

(九) 偶然所得

偶然所得，是指个人得奖、中奖、中彩以及其他偶然性质的所得。偶然所得应缴纳的个人所得税税款，一律由发奖单位或机构代扣代缴。

个人取得的所得，难以界定应纳税所得项目的，由主管税务机关确定。

二、个人所得税税率

(一) 综合所得适用税率

居民个人取得的工资、薪金所得，劳务报酬所得，稿酬所得，特许权使用费所得，合称为综合所得。

居民个人的综合所得按纳税年度合并计算个人所得税。

综合所得适用 7 级超额累进税率，税率为 3%～45%，如表 5-1 所示。

表 5-1　综合所得个人所得税税率表

级数	全年应纳税所得额	税率/%	速算扣除数/元
1	不超过 36000 元的部分	3	0
2	超过 36000 元至 144000 元的部分	10	2520
3	超过 144000 元至 300000 元的部分	20	16920
4	超过 300000 元至 420000 元的部分	25	31920
5	超过 420000 元至 660000 元的部分	30	52920
6	超过 660000 元至 960000 元的部分	35	85920
7	超过 960000 元的部分	45	181920

注：(1)本表所称应纳税所得额是指依照税法的规定，居民个人取得综合所得以每年收入额减除费用 60000 元以及专项扣除、专项附加扣除和依法确定的其他扣除后的余额。

(2)非居民个人取得的工资、薪金所得，劳务报酬所得，稿酬所得和特许权使用费所得，依照本表按月换算后，按月或者按次分项计算应纳税额。

(二) 经营所得适用税率

经营所得适用 5 级超额累进税率，税率为 5%～35%，如表 5-2 所示。

表 5-2　经营所得个人所得税税率表

级数	全年应纳税所得额	税率/%	速算扣除数/元
1	不超过 30000 元的部分	5	0
2	超过 30000 元至 90000 元的部分	10	1500
3	超过 90000 元至 300000 元的部分	20	10500
4	超过 300000 元至 500000 元的部分	30	40500
5	超过 500000 元的部分	35	65500

注：本表所称全年应纳税所得额是指以每一纳税年度的收入总额减除成本、费用以及损失后的余额。

(三) 财产租赁所得，财产转让所得，利息、股息、红利所得和偶然所得适用税率

财产租赁所得，财产转让所得，利息、股息、红利所得和偶然所得适用比例税率，税率为 20%。

【例 5-3 · 多选题】 下列各项中，按照工资、薪金所得征收个人所得税的有(　　)。

A. 中职老师在本校任职取得的课酬

B. 大学生勤工俭学兼职取得的收入

C. 演员从任职单位取得的演出费

D. 剧本作者从电影、电视剧的制作单位取得的剧本使用费

答案： AC

解析： 选项 B，按照“劳务报酬所得”项目征收个人所得税；选项 D，按照“特许权使用费所得”项目征收个人所得税。

【例 5-4 · 判断题】 个人所得税税率都是采用超额累进税率。（　　）

答案： ×

解析： 综合所得、经营所得适用超额累进税率；财产租赁所得，财产转让所得，利息、股息、红利所得和偶然所得适用比例税率。

【思维税图】

- 征收范围和税率
  - 个人所得税的征收范围
    - 工资、薪金所得
    - 劳务报酬所得
    - 稿酬所得
    - 特许权使用费所得
    - 经营所得
    - 财产租赁所得
    - 财产转让所得
    - 利息、股息、红利所得
    - 偶然所得
  - 个人所得税税率
    - 综合所得适用税率
    - 经营所得适用税率
    - 财产租赁所得，财产转让所得，利息、股息、红利所得和偶然所得适用税率

第三节　应纳税所得额的确定

【税言税语】

合理确定应纳税所得额有利于维护公平和社会公正，纳税人应根据税法规定，按照实际情况准确申报确定应纳税所得额。

【税的内容】

个人所得税的计税依据为个人取得的各项应纳税的所得减去按规定标准扣除费用后的余额。个人所得税的应税项目不同，并且取得某项所得所扣除费用也不相同，因此，计算个人应纳税所得额，需按不同应税项目分项计算。

个人所得的形式，包括现金、实物、有价证券和其他形式的经济利益。所得为实物的，

应当按照取得的凭证上所注明的价格计算应纳税所得额，无凭证的实物或者凭证上所注明的价格明显偏低的，参照市场价格核定应纳税所得额；所得为有价证券的，根据票面价格和市场价格核定应纳税所得额；所得为其他形式的经济利益的，参照市场价格核定应纳税所得额。

一、居民个人综合所得的确定

居民个人的综合所得，以每一纳税年度的收入额减除费用60000元以及专项扣除、专项附加扣除和依法确定的其他扣除后的余额，为应纳税所得额。

(1) 综合所得，包括工资、薪金所得，劳务报酬所得，稿酬所得，特许权使用费所得4项。劳务报酬所得、稿酬所得、特许权使用费所得以收入减除20%的费用后的余额为收入额。稿酬所得的收入额减按70%计算。

(2) 专项扣除，包括居民个人按照国家规定的范围和标准缴纳的基本养老保险、基本医疗保险、失业保险等社会保险费和住房公积金等。

(3) 专项附加扣除，包括规定的子女教育、继续教育、大病医疗、住房贷款利息或者住房租金、赡养老人、婴幼儿照护等7项专项附加扣除。

(4) 依法确定的其他扣除，包括个人缴付符合国家规定的企业年金、职业年金，个人购买符合国家规定的商业健康保险、税收递延型商业养老保险的支出，以及国务院规定可以扣除的其他项目。

专项扣除、专项附加扣除和依法确定的其他扣除，以居民个人一个纳税年度的应纳税所得额为限额；一个纳税年度扣除不完的，不结转以后年度扣除。

二、非居民个人工资、薪金所得，劳务报酬所得，稿酬所得，特许权使用费所得的确定

非居民个人的工资、薪金所得，以每月收入额减除费用5000元后的余额为应纳税所得额；劳务报酬所得、稿酬所得、特许权使用费所得，以每次收入额为应纳税所得额。劳务报酬所得、稿酬所得、特许权使用费所得以收入减除20%的费用后的余额为收入额；其中，稿酬所得的收入额减按70%计算。

三、经营所得的确定

经营所得，以每一纳税年度的收入总额减除成本、费用以及损失后的余额，为应纳税所得额。

四、财产租赁所得应纳税所得额的确定

财产租赁所得，每次收入不超过4000元的，减除费用800元；4000元以上的，减除

20%的费用，其余额为应纳税所得额。以一个月内取得的收入为一次。

五、财产转让所得应纳税所得额的确定

财产转让所得，以一次转让财产的收入额减除财产原值和合理费用后的余额，为应纳税所得额。

六、利息、股息、红利所得应纳税所得额的确定

利息、股息、红利所得，以支付利息、股息、红利时取得的收入额为应纳税所得额，以每次取得的收入为一次。

七、偶然所得应纳税所得额的确定

偶然所得，以一次取得该项收入额为应纳税所得额，以每次收入为一次。

【例 5-5 · 单选题】 根据个人所得税法律制度的规定，下列各项中，属于专项扣除的是(　　)。

A. 按照规定缴纳的住房公积金　　B. 子女教育支出

C. 住房贷款利息支出　　D. 大病医疗支出

答案： A

解析： 选项 B、C、D 属于专项附加扣除。

【例 5-6 · 判断题】 专项扣除、专项附加扣除和依法确定的其他扣除，以居民个人一个纳税年度的应纳税所得额为限额；一个纳税年度扣除不完的，不结转以后年度扣除。(　　)

答案： √

【思维税图】

应纳税所得额的确定
- 居民个人综合所得的确定
- 非居民个人工资、薪金所得，劳务报酬所得，稿酬所得，特许权使用费所得的确定
- 经营所得的确定
- 财产租赁所得应纳税所得额的确定
- 财产转让所得应纳税所得额的确定
- 利息、股息、红利所得应纳税所得额的确定
- 偶然所得应纳税所得额的确定

第四节　税收优惠

【税言税语】

有没有可以免税或者减税的项目呢？我们一起来学习一下个人所得税税收优惠吧！

【税的内容】

一、免税项目

根据规定，下列各项所得，免征个人所得税：

（1）省级人民政府、国务院部委和中国人民解放军军以上单位，以及外国组织、国际组织颁发的科学、教育、技术、文化、卫生、体育、环境保护等方面的奖金（奖学金）。

（2）国债和国家发行的金融债券利息。国债利息，是指个人持有中华人民共和国财政部发行的债券而取得的利息；国家发行的金融债券利息，是指个人持有经国务院批准发行的金融债券而取得的利息。

（3）按照国家统一规定发给的补贴、津贴。按照国家统一规定发给的补贴、津贴，是指按照国务院规定发给的政府特殊津贴、院士津贴，以及国务院规定免予缴纳个人所得税的其他补贴、津贴。

（4）福利费、抚恤金、救济金。福利费，是指根据国家有关规定，从企事业单位、国家机关、社会组织提留的福利费或者工会经费中支付给个人的生活补助费；救济金，是指各级人民政府民政部门支付给个人的生活困难补助费。

（5）保险赔款。

（6）军人的转业费、复员费、退役金。

（7）按照国家统一规定发给干部、职工的安家费、退职费、基本养老金或者退休费、离休费、离休生活补助费。

（8）依照有关法律规定应予免税的各国驻华使馆、领事馆的外交代表、领事官员和其他人员的所得。该所得是指依照《中华人民共和国外交特权与豁免条例》和《中华人民共和国领事特权与豁免条例》规定免税的所得。

（9）中国政府参加的国际公约、签订的协议中规定免税的所得。

(10) 国务院规定的其他免税所得。该项免税规定，由国务院报全国人大常委会备案。

二、减税项目

(1) 残疾、孤老人员和烈属的所得。

(2) 因自然灾害造成重大损失的。

上述减税项目的减征幅度和期限，由省、自治区、直辖市人民政府规定，并报同级人大常委会备案。

【例 5-7 · 单选题】 根据个人所得税法律制度的规定，下列各项中，应当征收个人所得税的是(　　)。

A. 市级民政部门支付给个人的生活困难补助费

B. 按照国务院规定发给的政府特殊津贴

C. 省级人民政府颁发给个人的科学方面的奖金

D. 公司发放给员工的科研奖金

答案： D

解析： 选项 A、B、C 免征个人所得税。

【例 5-8 · 判断题】 军人的转业费、复员费、退役金应全额征收个人所得税。(　　)

答案： ×

解析： 军人的转业费、复员费、退役金免征个人所得税。

【思维税图】

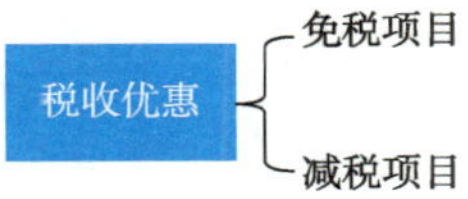

第五节　应纳税额的计算

【税言税语】

为进一步减轻家庭生育养育和赡养老人的支出负担，国务院日前发布《关于提高个人所得税有关专项附加扣除标准的通知》，提高 3 岁以下婴幼儿照护、子女教育、赡养老人专项附加扣除标准。让广大"上有老、下有小"的群体及时享受政策红利。个人所得税事关每个人的"钱袋子"。同学们，你们知道现在专项附加扣除标准是多少吗？

【税的内容】

一、居民个人综合所得应纳税额的计算

（一）居民个人综合所得的预扣预缴

1. 居民个人工资、薪金所得应预扣预缴税额的计算

扣缴义务人向居民个人支付工资、薪金所得时，应当按照累计预扣法计算个人所得税的预扣税款。

累计预扣法，是指扣缴义务人在一个纳税年度内预扣预缴税款时，以纳税人在本单位截至当前月份工资、薪金所得累计收入减除累计免税收入、累计减除费用、累计专项扣除、累计专项附加扣除和累计依法确定的其他扣除后的余额为累计预扣预缴应纳税所得额，适用个人所得税预扣率表（如表 5-3 所示），计算累计应预扣预缴税额，再减除累计减免税额和累计已预扣预缴税额，其余额为本期应预扣预缴税额。余额为负值时，暂不退税。纳税年度终了后余额仍为负值时，由纳税人通过办理综合所得年度汇算清缴，税款多退少补。

表 5-3　个人所得税预扣率表（居民个人工资、薪金所得预扣预缴适用）

级数	累计预扣预缴应纳税所得额	预扣率/%	速算扣除数/元
1	不超过 36000 元的部分	3	0
2	超过 36000 元至 144000 元的部分	10	2520
3	超过 144000 元至 300000 元的部分	20	16920
4	超过 300000 元至 420000 元的部分	25	31920
5	超过 420000 元至 660000 元的部分	30	52920
6	超过 660000 元至 960000 元的部分	35	85920
7	超过 960000 元的部分	45	181920

具体计算公式如下：

本期应预扣预缴税额 =（累计预扣预缴应纳税所得额×预扣率－速算扣除数）－累计减免税额－累计已预扣预缴税额

累计预扣预缴应纳税所得额 = 累计收入－累计免税收入－累计减除费用－累计专项扣除－累计专项附加扣除－累计依法确定的其他扣除

其中：

（1）累计减除费用，按照 5000 元/月乘以纳税人当年截至本月在本单位的任职受雇月

份数计算。

对上一完整纳税年度内每月均在同一单位预扣预缴工资、薪金所得个人所得税且全年工资、薪金收入不超过60000元的居民个人，扣缴义务人在预扣预缴本年度工资、薪金所得个人所得税时，累计减除费用自1月份起直接按照全年60000元计算扣除。即在纳税人累计收入不超过60000元的月份，暂不预扣预缴个人所得税；在其累计收入超过60000元的当月及年内后续月份，再预扣预缴个人所得税。

（2）累计专项扣除，根据纳税人的每月实际专项扣除情况累计计算。

（3）累计专项附加扣除，除大病医疗扣除按年按标准扣除外，其他专项附加扣除均可以根据纳税人的每月实际专项附加扣除标准累计计算。具体扣除标准为：

① 子女教育扣除，纳税人的子女接受全日制学历教育的相关支出，按照每个子女每月2000元的标准定额扣除。

② 继续教育扣除，纳税人在我国境内接受学历(学位)继续教育的支出，在学历(学位)教育期间按照每月400元定额扣除。同一学历(学位)继续教育的扣除期限不能超过48个月。

纳税人接受技能人员职业资格继续教育、专业技术人员职业资格继续教育的支出，在取得相关证书的当年，按照3600元定额扣除。

③ 大病医疗扣除，在一个纳税年度内，纳税人发生的与基本医保相关的医药费用支出，扣除医保报销后个人负担(指医保目录范围内的自付部分)累计超过15000元的部分，由纳税人在办理年度汇算清缴时，在80000元限额内据实扣除。

④ 住房贷款利息扣除，纳税人本人或者配偶单独或者共同使用商业银行或者住房公积金个人住房贷款为本人或者配偶购买我国境内住房，发生的首套住房贷款利息支出，在实际发生贷款利息的年度，按照每月1000元的标准定额扣除，扣除期限最长不超过240个月。纳税人只能享受一次首套住房贷款的利息扣除。

⑤ 住房租金扣除，纳税人在主要工作城市没有自有住房而发生的住房租金支出，可以按照以下标准定额扣除：直辖市、省会(首府)城市、计划单列市以及国务院确定的其他城市，扣除标准为每月1500元；除以上所列城市外，市辖区户籍人口超过100万的城市，扣除标准为每月1100元；市辖区户籍人口不超过100万的城市，扣除标准为每月800元。

⑥ 赡养老人扣除，纳税人赡养一位及以上被赡养人(年满60周岁及以上)的赡养支出，统一按照以下标准定额扣除：纳税人为独生子女的，按照每月3000元的标准定额扣除；纳税人为非独生子女的，由其与兄弟姐妹分摊每月3000元的扣除额度，每人分摊的额度不能超过每月1500元。可以由赡养人均摊或者约定分摊，也可以由被赡养人指定分摊。约定或者指定分摊的须签订书面分摊协议，指定分摊优先于约定分摊。具体分摊方式和额度在一个纳税年度内不能变更。

⑦ 婴幼儿照护扣除，纳税人照护 3 岁以下婴幼儿子女的相关支出，在计算缴纳个人所得税前按照每个婴幼儿每月 2000 元的标准定额扣除。父母可以选择由其中一方按扣除标准的 100%扣除，也可以选择由双方分别按扣除标准的 50%扣除，具体扣除方式在一个纳税年度内不能变更。

【例 5-9 · 计算题】 某居民王某 2023 年每月应发工资为 20000 元，没有免税收入和其他收入，每月专项扣除为 3000 元，每月专项附加扣除为 2000 元，无其他扣除和减免税额。

计算该纳税人 1 月份和 2 月份个人所得税应预扣预缴税额。

答案：(1) 1 月份的预扣预缴应纳税所得额 = 20000－5000－3000－2000 = 10000(元)

对应个人所得税预扣率表(表 5-3)，适用预扣率为 3%，速算扣除数为 0，1 月份应预扣预缴税额 = 10000×3%－0 = 300(元)

(2) 2 月份的预扣预缴应纳税所得 = 40000－10000－6000－4000 = 20000(元)

对应个人所得税预扣率表(表 5-3)，适用预扣率为 3%，速算扣除数为 0，2 月份应预扣预缴税额 = 20000×3%－0－300 = 300(元)

居民个人取得的全年一次性奖金，2027 年 12 月 31 日前，可以选择单独计税，也可以选择并入当年综合所得计算纳税。

单独计税的扣缴方法是：将居民个人取得的全年一次性奖金除以 12 个月，按其商数依照按月换算后的综合所得税率表确定适用税率和速算扣除数。按月换算后的综合所得税率表如表 5-4 所示。

表 5-4 按月换算后的综合所得税率表

级数	月应纳税所得额	税率/%	速算扣除数/元
1	不超过 3000 元的部分	3	0
2	超过 3000 元至 12000 元的部分	10	210
3	超过 12000 元至 25000 元的部分	20	1410
4	超过 25000 元至 35000 元的部分	25	2660
5	超过 35000 元至 55000 元的部分	30	4410
6	超过 55000 元至 80000 元的部分	35	7160
7	超过 80000 元的部分	45	15160

全年一次性奖金应纳税额的计算公式为：

全年一次性奖金应纳税额 = 全年一次性奖金收入×适用的税率－预算扣除数

在一个纳税年度内，对每一位纳税人，单独计税的办法只允许使用一次。

居民个人取得全年一次性奖金以外的其他各种名目的奖金，如半年奖、季度奖、加班奖、先进奖、考勤奖等，一律并入当月工资、薪金收入中，按规定缴纳个人所得税。

2. 居民个人劳务报酬所得、稿酬所得和特许权使用费所得应预扣预缴税额的计算

扣缴义务人向居民个人支付劳务报酬所得、稿酬所得、特许权使用费所得时，应当按照以下方法按次或者按月预扣预缴税款。

劳务报酬所得、稿酬所得、特许权使用费所得以收入减除费用后的余额为收入额；其中，稿酬所得的收入额减按70%计算。

减除费用规定如下：预扣预缴税款时，劳务报酬所得、稿酬所得、特许权使用费所得每次收入不超过4000元的，减除费用按800元计算；每次收入4000元以上的，减除费用按收入的20%计算。

应纳税所得额规定如下：劳务报酬所得、稿酬所得、特许权使用费所得，以每次收入额为预扣预缴应纳税所得额，计算应预扣预缴税额。劳务报酬所得适用个人所得税预扣率表(如表5-5所示)，稿酬所得、特许权使用费所得适用20%的比例预扣率。

表5-5　个人所得税预扣率表(居民个人劳务报酬所得预扣预缴适用)

级数	预扣预缴应纳税所得额	预扣率/%	速算扣除数/元
1	不超过20000元的部分	20	0
2	超过20000元至50000元的部分	30	2000
3	超过50000元的部分	40	7000

(1) 居民个人的劳务报酬所得，应预扣预缴税额的计算公式如下：

应预扣预缴税额=(收入-减除费用)×预扣率-速算扣除数

【例5-10·计算题】 居民个人刘老师到某校进行培训授课，一次性取得劳务报酬3000元，计算刘老师该笔收入个人所得税应预扣预缴税额。

答案： 预扣预缴应纳税所得额=3000-800=2200(元)

应预扣预缴税额=2200×20%-0=440(元)

(2) 居民个人的稿酬所得，应预扣预缴税额的计算公式如下：

应预扣预缴税额=(收入-减除费用)×70%×20%

【例5-11·计算题】 居民个人陈某编写教材，从出版社一次性取得稿酬收入30000元，计算陈某该笔稿酬收入个人所得税应预扣预缴税额。

答案：

预扣预缴应纳税所得额=30000×(1-20%)×70%=16800(元)

应预扣预缴税额=16800×20%=3360(元)

(3) 居民个人特许权使用费所得，应预扣预缴税额的计算公式如下：

应预扣预缴税额=(收入-减除费用)×20%

(二) 居民个人年度综合所得应纳税额的汇算清缴

居民个人办理年度综合所得汇算清缴时，应当依法计算工资、薪金所得，劳务报酬所得，稿酬所得，特许权使用费所得的收入额，并入年度综合所得计算应纳税额，税款多退少补。其计算过程为：

（1）确定综合所得的收入额。年度结束后，工资、薪金所得全额计入收入额；劳务报酬所得、特许权使用费所得的收入额按扣除20%的余额为收入额；稿酬所得在扣除20%的基础上，再减按70%计算。然后把这四项所得的收入额汇总起来，确定综合所得的收入额。

（2）确定综合所得的应纳税所得额。就是以每一纳税年度的收入额减除费用60000元以及专项扣除、专项附加扣除和依法确定的其他扣除后的余额为应纳税所得额。计算公式为：

全年应纳税所得额＝全年收入额－减除费用－专项扣除－专项附加扣除－依法确定的其他扣除

（3）计算综合所得应纳税额。根据综合所得的应纳税所得额和综合所得年度税率表，确定其适用税率和速算扣除数，计算综合所得应纳税额。计算公式为：

综合所得应纳税额＝全年应纳税所得额×适用税率－速算扣除数

（4）计算综合所得应补（退）税额。根据综合所得的应纳税额和已预扣预缴个人所得税额，确定其应补（退）税额，多退少补。计算公式为：

综合所得应补（退）税额＝应纳税额－已预扣预缴税额

二、非居民个人工资、薪金所得，劳务报酬所得，稿酬所得和特许权使用费所得应纳税额的计算

扣缴义务人向非居民个人支付工资、薪金所得，劳务报酬所得，稿酬所得和特许权使用费所得时，应当按照以下方法按月或者按次代扣代缴税款。

非居民个人的工资、薪金所得，以每月收入额减除费用5000元后的余额为应纳税所得额；劳务报酬所得、稿酬所得、特许权使用费所得，以每次收入额为应纳税所得额，适用个人所得税税率表（如表5-6所示）计算应纳税额。劳务报酬所得、稿酬所得、特许权使用费所得以收入减除20%的费用后的余额为收入额；其中，稿酬所得的收入额减按70%计算。

表5-6　个人所得税税率表

（非居民个人工资、薪金所得，劳务报酬所得，稿酬所得，特许权使用费所得适用）

级数	应纳税所得额	税率/%	速算扣除数/元
1	不超过3000元的部分	3	0
2	超过3000元至12000元的部分	10	210
3	超过12000元至25000元的部分	20	1410
4	超过25000元至35000元的部分	25	2660
5	超过35000元至55000元的部分	30	4410
6	超过55000元至80000元的部分	35	7160
7	超过80000元的部分	45	15160

三、分类所得应纳税额的计算

分类所得包括经营所得，财产租赁所得，财产转让所得，利息、股息、红利所得以及偶然所得。

（一）经营所得应纳税额的计算

纳税人取得经营所得，按年计算个人所得税，由纳税人在月度或者季度终了后 15 日内向税务机关报送纳税申报表，并预缴税款；在取得所得的次年 3 月 31 日前在经营管理所在地办理汇算清缴，税款多退少补。

经营所得适用 5 级超额累进税率，按其应纳税所得额和适用税率计算应纳税额。其计算公式为：

应纳税额＝应纳税所得额×适用税率－速算扣除数

（二）财产租赁所得应纳税额的计算

财产租赁所得适用 20%的税率。个人按市场价出租居民住房的，适用税率为 10%。

财产租赁所得应纳税额的计算公式为：

（1）每次（月）收入不足 4000 元的：

应纳税额＝[每次（月）收入额－准予扣除项目－修缮费用－800]×20%（或 10%）

（2）每次（月）收入在 4000 元以上的：

应纳税额＝[每次（月）收入额－准予扣除项目－修缮费用]×（1－20%）×20%（或 10%）

（三）财产转让所得应纳税额的计算

财产转让所得应纳个人所得税税额的计算公式为：

应纳税额＝（收入总额－财产原值－合理费用）×20%

（四）利息、股息、红利所得以及偶然所得应纳税额的计算

利息、股息、红利和偶然所得以每次取得的收入额为应纳税所得额，不得从收入中扣除任何费用。其个人所得税税额的计算公式为：

应纳税额＝应纳税所得额×适用税率＝每次收入额×20%

【例 5-12 · 计算题】 公司小李，2024 年每月取得工资、薪金收入 14000 元，专项扣除 3800 元，专项附加扣除 2000 元，每月减除费用为 5000 元，前 9 个月小李预缴的个人所得税为 864 元，请计算小李 10 月应预缴的个人所得税税额。

答案： 累计应纳税所得额＝14000×10－5000×10－3800×10－2000×10＝32000（元），不超过 36000 元，适用预扣率为 3%。

累计应预扣预缴税额＝32000×3%＝960（元）

本期应预扣预缴税额＝960－864＝96（元）

【例 5-13 · 计算题】 我国居民刘某在本月取得劳务报酬 3000 元，请计算应缴纳的个人所得税税额。

答案： 应纳税所得额 = 3000−800 = 2200（元）

应纳税额 = 2200×20% = 440（元）

【思维税图】

- 应纳税额的计算
  - 居民个人综合所得应纳税额的计算
    - 居民个人综合所得的预扣预缴
    - 居民个人年度综合所得应纳税额的汇算清缴
  - 非居民个人工资、薪金所得，劳务报酬所得、稿酬所得和特许权使用费所得应纳税额的计算
  - 分类所得应纳税额的计算
    - 经营所得应纳税额的计算
    - 财产租赁所得应纳税额的计算
    - 财产转让所得应纳税额的计算
    - 利息、股息、红利所得以及偶然所得应纳税额的计算

第六节　征 收 管 理

【税言税语】

遵守税法并按时申报个人所得税，可以提升个人的社会责任感和诚信形象。

【税的内容】

一、纳税申报

个人所得税以所得人为纳税人，以支付所得的单位或者个人为扣缴义务人。

二、纳税期限

（一）居民个人的纳税期限

（1）居民个人取得综合所得，按年计算个人所得税；有扣缴义务人的，由扣缴义务人按月或者按次预扣预缴税款；需要办理汇算清缴的，应当在取得所得的次年 3 月 1 日至 6

月 30 日内办理。

（2）居民个人从中国境外取得所得的，应当在取得所得的次年 3 月 1 日至 6 月 30 日内申报纳税。

（二）非居民个人的纳税期限

（1）非居民个人取得工资、薪金所得，劳务报酬所得，稿酬所得和特许权使用费所得，有扣缴义务人的，由扣缴义务人按月或者按次代扣代缴税款，不办理汇算清缴。

（2）非居民个人在中国境内从两处以上取得工资、薪金所得的，应当在取得所得的次月 15 日内申报纳税。

（三）扣缴义务人的纳税期限

扣缴义务人每月或者每次预扣、代扣的税款，应当在次月 15 日内缴入国库，并向税务机关报送扣缴个人所得税申报表。

【例 5-14 · 单选题】 根据个人所得税法律制度的规定，居民个人取得综合所得需要办理汇算清缴的，应当在取得所得的次年一定期间内办理汇算清缴。该期间为（　　）。

A. 1 月 1 日至 1 月 31 日　　B. 1 月 1 日至 3 月 31 日

C. 3 月 1 日至 6 月 30 日　　D. 2 月 1 日至 5 月 31 日

答案： C

【思维税图】

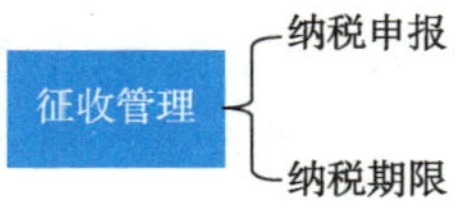

【本章小结】

本章全面介绍了个人所得税的基本概念、纳税人、征收对象、税率、应纳税所得额的计算方法、税收优惠政策以及征收管理等关键内容。它详细阐述了个人所得税的各个方面，从基础理论到实际操作，为读者提供了一个全面了解个人所得税的框架。

【思政启税】

个人所得税是调节收入分配、实现社会公平的重要税种。学习个人所得税，不仅是为了掌握税收知识和技能，更是为了培养我们的社会责任感和法治意识。我们要深刻理解个人所得税的意义，认识到依法纳税是每个公民应尽的义务，是维护社会公平和促进经济发展的重要手段。同时，我们应当积极学习税收政策，诚信纳税，为构建和谐税收环境贡献自己的力量。

【数字赋税】

智能税务系统的发展：中国税务系统正在从税务大数据走向税务大算法，利用大数据、云计算、人工智能等现代信息技术，推进税务执法、服务、监管制度创新和业务变革。自然人电子税务局(个税 App)的建立，使得个人所得税主要的涉税业务 97%可全程在网上办理，极大减轻了办税负担。

个税优惠政策：国家税务总局发布了关于进一步落实支持个体工商户发展个人所得税优惠政策的公告，对个体工商户年应纳税所得额不超过 200 万元的部分，减半征收个人所得税，政策执行至 2027 年底。

个人所得税年度汇算：个人所得税年度汇算可以通过手机 App 进行，包括简易申报和标准申报两种场景。纳税人可以根据个人情况选择相应的申报方式，进行年度汇算清缴。

数字化解决方案：德勤中国提供了个人所得税数字化管理平台——勤税通，帮助企业和纳税人应对新税制下的合规挑战，实现高效智能的管理。

智能赋税的未来展望：未来税收大数据将自动算税，企业和个人无须自行计算税款和申报纳税。“金四”系统和智慧税务平台将能够根据纳税人的信息自动算税，这将大大提高税收征纳活动的效率。

个人所得税优惠政策延续：财政部、国家税务总局公布延续一批个人所得税优惠政策至 2027 年底，包括全年一次性奖金单独计税政策、免予补税政策等，进一步减轻了纳税人负担。

第六章 其他税种

【学税目标】

知识目标

- 掌握资源税等其他税种的基本概念、特点。
- 熟悉资源税等其他税种的纳税人、征税范围、税率和征收率。
- 理解资源税等其他税种的计税依据。
- 理解资源税等其他税种应纳税额的计算方法。
- 掌握资源税等其他税种的税收优惠政策，包括免税、减税等。
- 了解资源税等其他税种的征收管理，包括纳税义务发生时间、纳税地点、纳税期限和纳税申报表。

技能目标

- 能够运用所学知识进行资源税等其他税种的计算、申报和管理。

素质目标

- 培养依法纳税的意识。
- 培养发现问题、分析问题、解决问题的能力。
- 培养团队合作的精神。
- 培养学生严谨、诚信的职业品质和良好的职业道德。

第一节 资源税和环境保护税类

资源税类是对开发、利用和占有国有自然资源获取收入的单位和个人征收的一类税。

资源税和环境保护税类包括资源税、环境保护税、城镇土地使用税和土地增值税。

资源税有助于合理开发和利用自然资源，促进资源节约和保护；环境保护税可以激励企业减少污染物排放，推动绿色生产和可持续发展；城镇土地使用税能够调节土地资源的使用，促进土地资源的合理配置和高效利用；土地增值税则有助于抑制房地产市场的投机行为，促进房地产市场的健康发展。

一、资源税

【税言税语】

中职会计事务专业的小明在看新闻联播的时候听到将自 2024 年 12 月 1 日起全面实施水资源费改税试点，很惊讶："水竟然需要交税！"不禁引发思考：平时自己喝的自来水是不是属于水资源税的征收范围呢？如果需要纳税是不是由个人来缴纳呢？于是小明带着这些疑问向专业老师进行了请教。

询问了老师之后，小明了解到了水资源税是由"费"改"税"的，最早水资源费是由水利部门进行征收的，为了合理调节用水需求、提高用水效率、促进水资源节约集约循环利用和生态环境保护、充分发挥税收杠杆作用，才进行了水资源费改税试点，由税收部门进行征收。

小明深深感受到了国家的良苦用心，决定以后一定要提高自己的节水意识，保护水资源，从自己做起。

【税的内容】

（一）资源税的概念和特点

资源税是指以部分自然资源为征税对象，对在我国境内开采应税矿产品及生产盐的单位和个人，以其应税产品销售额或销售数量为计税依据而征收的一种税。资源税具有以下特点。

1. 只对特定资源征税

我国现行资源税只对矿产品、盐等部分资源征税，并非对所有具有商品属性的资源征税。在主要的矿产资源中，根据矿产品价格和采掘业的实际状况选择品目，分批分步实施征收资源税的办法。

2. 具有受益税的性质

在我国，国家既是自然资源的所有者，又是政治权利的行使者。资源税的征收是国家政治权力和所有权的统一。它一方面体现了国有自然资源有偿占用性，另一方面体现了税收的强制性、固定性等特点。单位或个人开发经营国有自然资源，既应当为拥有开发权而付出一定的“代价”，又因享有国有自然资源而有义务支付一定的“费用”。

3. 具有级差收入税的特点

自然资源客观上存在着好坏、贫富、储存量状况、开采条件和地理位置等差异，一些占用和开发优质资源的企业和经营者，因资源条件的优越可以获得平均利润以上的级差收入；而开发和占用劣质资源的企业和经营者，则不能获得级差收入。我国资源税按照“普遍征收、级别调节”的原则，对同一资源实行高低不同的差别税率，从而使条件优越者税负较高，反之则税负较低。

（二）资源税的主要内容

1. 纳税人与扣缴义务人

资源税的纳税人是指在我国领域及管辖海域开采应税资源的矿产品或者生产盐的单位和个人。

对那些税源小、零散、不定期开采、易漏税等税务机关不易控管、没有缴税的矿产品，以收购未税矿产品的单位为资源税的扣缴义务人，在收购时代扣代缴未税矿产品资源税。

扣缴义务人具体包括：独立矿山、联合企业及其他单位。

2. 征税范围

我国现行资源税的征收范围，包括能源矿产、金属矿产、非金属矿产、水气矿产和盐五大类，共164个税目，涵盖了所有已经发现的矿种和盐。

（1）能源矿产包括原油；天然气、页岩气、天然气水合物；煤；煤成（层）气；铀、钍；油页岩、油砂、天然沥青、石煤；地热。

（2）金属矿产包括黑色金属类和有色金属类。

（3）非金属矿产包括矿物类、岩石类和宝玉石类。

（4）水气矿产包括二氧化碳气、硫化氢气、氦气、氡气；矿泉水。

（5）盐包括钠盐、钾盐、镁盐、锂盐；天然卤水；海盐。

资源税具体适用的征收对象，主要包括三类，即按原矿征税、按选矿征税、按原矿或者选矿征税。原矿是指经过采矿过程采出后未进行选矿或者加工的矿产；选矿是指以自采原矿通过破碎、切割、洗选、筛分、磨矿、分级、提纯、脱水、干燥等过程加工形成的矿产。

3. 税率

资源税按原矿、选矿分别设定税率。其税率主要有三种表现形式，分别为：

（1）固定比例税率。包括原油、天然气、页岩气、天然气水合物、铀、钍、钼、钨、中重稀土，由《中华人民共和国资源税法》（以下简称《资源税法》）直接确定。

（2）从价幅度税率。除固定比例税率外的其他税目。

（3）从价幅度税率或从量幅度税额。部分税目可以选择从价幅度税率，也可以选择从量幅度税额，如地热、石灰岩、其他黏土、砂石、矿泉水和天然卤水。

对实行从价幅度税率和从量幅度税额的税目，由省、自治区、直辖市人民政府在规定的税率幅度内提出具体适用税率，报同级人民代表大会常务委员会决定，并报全国人民代表大会常务委员会和国务院备案。资源税税目税率表如表 6-1 所示。

表 6-1 资源税税目税率表

序号	税目			征税对象	税率/%
1	能源矿产		原油	原矿	6
2			天然气、页岩气、天然气水合物	原矿	6
3			煤	原矿或选矿	2~10
4			煤成(层)气	原矿	1~2
5			铀、钍	原矿	4
6			油页岩、油砂、天然沥青、石煤	原矿或选矿	1~4
7			地热	原矿	1~20 或者每立方米 1~30 元
8	金属矿产	黑色金属	铁、锰、铬、钒、钛	原矿或选矿	1~9
9		有色金属	铜、铅、锌、锡、镍、锑、镁、钴、铋、汞	原矿或选矿	2~10
10			铝土矿	原矿或选矿	2~9
11			钨	选矿	6. 5
12			钼	选矿	8
13			金、银	原矿或选矿	2~6
14			铂、钯、钌、锇、铱、铑	原矿或选矿	5~10
15			轻稀土	选矿	7~12
16			中重稀土	选矿	20
17			铍、锂、锆、锶、铷、铯、铌、钽、锗、镓、铟、铊、铪、铼、镉、硒、碲	原矿或选矿	2~10
18	非金属矿产	矿物类	高岭土	原矿或选矿	1~6
19			石灰岩	原矿或选矿	1~6 或者每吨(或者每立方米)1~10 元
20			磷	原矿或选矿	3~8
21			石墨	原矿或选矿	3~12
22			萤石、硫铁矿、自然硫	原矿或选矿	1~8
23			天然石英砂、脉石英、粉石英、水晶、工业用金刚石、冰洲石、蓝晶石、硅线石(矽线石)、长石、滑石、刚玉、菱镁矿、颜料矿物、天然碱、芒硝、钠硝石、明矾石、砷、硼、碘、溴、膨润土、硅藻土、陶瓷土、耐火黏土、铁矾土、凹凸棒石黏土、海泡石黏土、伊利石黏土、累托石黏土	原矿或选矿	1~12

续表

序号	税目			征税对象	税率/%
24	非金属矿产	岩石类	叶腊石、硅灰石、透辉石、珍珠岩、云母、沸石、重晶石、毒重石、方解石、蛭石、透闪石、工业用电气石、白垩、石棉、蓝石棉、红柱石、石榴子石、石膏	原矿或选矿	2~12
25	非金属矿产	岩石类	其他黏土（铸型用黏土、砖瓦用黏土、陶粒用黏土、水泥配料用黏土、水泥配料用红土、水泥配料用黄土、水泥配料用泥岩、保温材料用黏土）	原矿或选矿	1~5或者每吨（或者每立方米）0.1~5元
26	非金属矿产	岩石类	大理岩、花岗岩、白云岩、石英岩、砂岩、辉绿岩、安山岩、闪长岩、板岩、玄武岩、片麻岩、角闪岩、页岩、浮石、凝灰岩、黑曜岩、霞石正长岩、蛇纹岩、麦饭石、泥灰岩、含钾岩石、含钾砂页岩、天然油石、橄榄岩、松脂岩、粗面岩、辉长岩、辉石岩、正长岩、火山灰、火山渣、泥炭	原矿或选矿	1~10
27	非金属矿产	岩石类	砂石（天然砂、卵砂、机制砂石）	原矿或选矿	1~5或者每吨（或者每立方米）0.1~5元
28	非金属矿产	宝玉石类	宝石、王石、宝石级金刚石、玛瑙、黄玉、碧玺	原矿或选矿	4~20
29	水气矿产	二氧化碳气、硫化氢气、氦气、氡气		原矿	2~5
30	水气矿产	矿泉水		原矿	1~20或者每立方米1~30元
31	盐	钠盐、钾盐、镁盐、锂盐		选矿	3~15
32	盐	天然卤水		原矿	3~15或者每吨（或者每立方米）1~10元
33	盐	海盐			2~5

纳税人开采或者生产不同税目应税产品，或者同一税目下适用不同税率应税产品的，应当分别核算；未分别核算或者不能准确提供不同税目产品或者不同税率的应税产品的销售额或者销售数量，从高适用税率。

4. 计税依据

资源税的计税依据为应税产品的销售额或销售数量，各税目的征收对象按照资源税税目税率表相关规定执行。

（1）从价定率销售额的确定。

销售额是指纳税人销售应税产品向购买方收取的全部价款和价外费用，不包括增值税销项税额和运杂费用。

计入销售额中的相关运杂费用，凡取得增值税专用发票或者其他有效凭据的，准予从销售额中扣除。

纳税人申报的应税销售额明显偏低且无正当理由的，或者有自用应税产品行为而无销售额的，主管税务机关应按下列顺序确定其应税产品销售额：

① 按纳税人最近时期同类产品的平均销售价格确定。

② 按其他纳税人最近时期同类产品的平均销售价格确定。

③ 按后续加工非应税产品销售价格，减去后续加工环节的成本利润后确定。

④ 按应税产品组成计税价格确定。组成计税价格的计算公式如下：

$$组成计税价格=\frac{成本\times(1+成本利润率)}{1-资源税税率}$$

公式中的成本利润率由省、自治区、直辖市税务机关确定。

⑤ 按其他合理方法确定。

（2）几种外购应税产品准予从销售额（数量）中扣减的情形。

① 纳税人外购应税产品与自采应税产品混合销售或者混合加工为应税产品销售的，在计算应税产品销售额或者销售数量时，准予扣减外购应税产品的购进金额或者购进数量；当期不足扣减的，可结转下期扣减。纳税人应当准确核算外购应税产品的购进金额或者购进数量，未准确核算的，一并计算缴纳资源税。

② 纳税人以外购原矿与自采原矿混合为原矿销售，或者以外购选矿产品与自产选矿产品混合为选矿产品销售的，在计算应税产品销售额或者销售数量时，直接扣减外购原矿或者外购选矿产品的购进金额或者购进数量。

③ 纳税人以外购原矿与自采原矿混合洗选加工为选矿产品出售的，在计算应税产品销售额或者销售数量时，按照以下公式计算扣减：

$$\begin{matrix}准予扣减的\\外购应税产品\\购进金额(数量)\end{matrix}=外购原矿购进金额(数量)\times\frac{本地区原矿适用税率}{本地区选矿产品适用税率}$$

5. 应纳税额

资源税的应纳税额，按照从价定率或者从量定额计征的办法，分别以应税产品的销售额乘以纳税人具体适用的比例税率，或者以应税产品的销售数量乘以纳税人适用的单位税额计算。

（1）按从价定率方式计算资源税。根据应税产品的销售额和规定的适用税率计算资源税应纳税额，计算公式为：

$$资源税应纳税额=应税销售额\times适用税率$$

（2）按从量定额方式计算资源税。实行从量定额方式征收资源税的，根据应税产品的课税数量和规定的单位税额计算资源税应纳税额，计算公式为：

$$资源税应纳税额=课税数量\times单位税额$$

6. 减免税

有下列情形之一的，减征或者免征资源税：

（1）开采原油以及油田范围内运输原油过程中用于加热的原油、天然气，免征资源税。

（2）煤炭开采企业因安全生产需要抽采的煤成(层)气，免征资源税。

（3）从低丰度油气田开采的原油、天然气减征 20%资源税。

（4）高含量天然气、三次采油和从深水油气田开采的原油、天然气，减征 30%资源税。

（5）稠油、高凝油减征 40%资源税。

（6）从衰竭期矿山开采的矿产品，减征 30%资源税。

（7）对青藏铁路公司及其所属单位运营期间自采自用的砂、石等材料，免征资源税。

（8）由省、自治区、直辖市人民政府决定的免征或减征资源税。

① 纳税人开采或者生产应税产品过程中，因意外事故或者自然灾害等遭受重大损失。

② 纳税人开采共伴生矿、低品位矿、尾矿。

7. 纳税义务发生时间

纳税人销售应税产品，其资源税的纳税义务发生时间为收讫销售款或者取得索取销售款凭据的当天；自产自用应税产品的，为移送应税产品的当天。

8. 纳税期限

资源税按月或者按季申报缴纳；不能按固定期限计算纳税的，可以按次计算申报缴纳。

纳税人按月或者按季为一期纳税的，应当自月度或者季度终了之日起 15 日内，向税务机关办理纳税申报并缴纳税款。

9. 纳税地点

纳税人应当在矿产品的开采地或者海盐的生产地缴纳资源税。

二、环境保护税

TAX【税言税语】

6 月 5 日是“世界环境日”，小明作为班级代表参加了学校组织的“绿色环保从我做起”专题讲座，会后要求提交以“绿水青山就是金山银山”为题的观后感。小明作为一名中职会计事务专业的学生，决定从自己的专业角度出发来写这篇观后感，查阅了相关资料，了解到了针对环境保护还有专门的法律——《中华人民共和国环境保护税法》。

2016 年 12 月 25 日，第十二届全国人大常委会第二十五次会议通过了《中华人民共和国环境保护税法》。同日国家主席习近平签署了第 61 号主席令予以公布，自 2018 年 1 月 1 日起施行。作为绿色税种，环境保护税自开征以来有效发挥了“多排多缴、少排少缴、不排不缴”的反向约束和正向激励作用，促进了绿色发展。

了解之后小明恍然大悟，原来环境保护税的作用这么大，决定认真学习，并且争取为保护环境贡献自己的一份力量。

【税的内容】

环境保护税是指对在我国领域和管辖的其他海域，直接向环境排放应税污染物的企事业单位和其他生产经营者征收的一种税。征收环境保护税的目的是保护和改善环境，减少污染物排放，推进生态文明建设。

（一）纳税人与征收范围

在我国领域和管辖的其他海域，直接向环境排放应税污染物的企事业单位和其他生产经营者为环境保护税的纳税人。

环境保护税的征收范围是应税污染物。即《中华人民共和国环境保护税法》(以下简称《环境保护税法》)所附《环境保护税税目税额表》《应税污染物和当量值表》规定的大气污染物、水污染物、固体废物和噪声。

依法设立的城乡污水集中处理、生活垃圾集中处理场所超过国家和地方规定的排放标准向环境排放应税污染物的，应当缴纳环境保护税。

企事业单位和其他生产经营者贮存或者处置固体废物不符合国家和地方环境保护标准的，应当缴纳环境保护税。

达到省级人民政府确定的规模标准并且有污染物排放口的畜禽养殖场，应当依法缴纳环境保护税。

有下列情形之一的，不属于直接向环境排放污染物，不缴纳相应污染物的环境保护税：

（1）企事业单位和其他生产经营者向依法设立的污水集中处理、生活垃圾集中处理场所排放应税污染物的。

（2）企事业单位和其他生产经营者在符合国家和地方环境保护标准的设施、场所储存或者处置固体废物的。

（3）依法对畜禽养殖废弃物进行综合利用和无害化处理的。

（二）税目与税率

环境保护税税目包括大气污染物、水污染物、固体废物和噪声四大类。

环境保护税实行定额税率，具体的税目税额表如表 6-2 所示。

表 6-2　环境保护税税目税额表

税目		计税单位	税额/元
大气污染物		每污染当量	1.2~12
水污染物		每污染当量	1.4~14
固体废物	煤矸石	每吨	5
	尾矿	每吨	15
	危险废物	每吨	1000
	冶炼渣、粉煤灰、炉渣、其他固体废物(含半固态、液态废物)	每吨	25
噪声	工业噪声	超标 1~3 分贝	每月 350
		超标 4~6 分贝	每月 700
		超标 7~9 分贝	每月 1400
		超标 10~12 分贝	每月 2800
		超标 13~15 分贝	每月 5600
		超标 16 分贝以上	每月 11200

(三) 计税依据

应税污染物的计税依据，按照下列方法确定：

(1) 应税大气污染物按照污染物排放量折合的污染当量数确定。

(2) 应税水污染物按照污染物排放量折合的污染当量数确定。

(3) 应税固体废物按照固体废物的排放量确定。

(4) 应税噪声按照超过国家规定标准的分贝数确定。

(四) 应纳税额

环境保护税实行从量定额计算应纳税额。

(1) 大气污染物、水污染物和固体废物应纳税额的计算公式为：

$$环境保护税应纳税额=应税数量\times 单位税额$$

(2) 噪声按以下方式计算应纳税额：

① 一个单位边界上有多处噪声超标，根据最高一处超标声级计算应纳税额；当沿边界长度超过 100 米，有两处以上噪声超标，按照两个单位计算应纳税额。

② 一个单位有不同地点作业场所的，应当分别计算应纳税额，合并计征。

③ 昼、夜均超标的环境噪声，昼、夜分别计算应纳税额，累计计征。

④ 声源一个月内不足 15 天的，减半计算应纳税额。

⑤ 夜间频繁突发和夜间偶然突发厂界超标噪声，按等效声级和峰值噪声两种指标中超标分贝值高的一项计算应纳税额。

（五）减免税

（1）免税情形。下列情形，暂予免征环境保护税：

① 农业生产（不包括规模化养殖）排放应税污染物的。

② 机动车、铁路机车、非道路移动机械、船舶和航空器等流动污染源排放应税污染物的。

③ 依法设立的城乡污水集中处理、生活垃圾集中处理场所排放相应应税污染物，不超过国家和地方规定的排放标准的。

④ 纳税人综合利用的固体废物，符合国家和地方环境保护标准的。

⑤ 国务院批准免税的其他情形。

（2）减税情形。纳税人排放应税大气污染物或者水污染物的浓度值低于国家和地方规定的污染物排放标准 30% 的，减按 75% 征收环境保护税。纳税人排放应税大气污染物或者水污染物的浓度值低于国家和地方规定的污染物排放标准 50% 的，减按 50% 征收环境保护税。

（六）征收管理

环境保护税由税务机关依法征收。

环境保护主管部门依照《环境保护税法》和有关环境保护法律法规的规定负责对污染物的监测管理。

环境保护税的纳税义务发生时间为纳税人排放应税污染物的当日。

纳税人应当向应税污染物排放地的税务机关申报缴纳环境保护税。

环境保护税按月计算，按季申报缴纳；不能按固定期限计算缴纳的，可以按次申报缴纳。

纳税人按季申报缴纳的，应当自季度终了之日起 15 日内，向税务机关办理纳税申报并缴纳税款；纳税人按次申报缴纳的，应当自纳税义务发生之日起 15 日内，向税务机关办理纳税申报并缴纳税款。

三、城镇土地使用税

TAX【税言税语】

又到了周五，实习生小明所在的财务部开始热闹起来，大家今天的讨论话题是公司厂区外新种的那片月季花。王经理说："唉，你看到了吗小李，咱公司厂区外种的那片月季开得真不错！"小李回答道："可不是嘛，经过的时候一阵花香，我还拍了不少照片发朋友圈呢。"

“哈哈，那你知道吗？那片月季园可是享受免税政策的。”王经理说道。“竟然有优惠政策，难怪我觉得那片花格外好看。”小李说道。

在一旁的小明思考到：这片月季园还要征税啊，并且还是免税，那到底享受的是什么税收优惠呢？

【税的内容】

（一）城镇土地使用税的概念与特点

城镇土地使用税是以国有土地或集体土地为征税对象，对拥有土地使用权的单位和个人，以其实际占用的土地面积为计税依据，按规定的税额计算征收的一种税。征收土地使用税是为了合理利用城镇土地、调节土地级差收入、提高土地使用效益、加强土地管理。

城镇土地使用税具有以下特点：

1. 征税对象是国有土地或集体土地

在我国，城镇土地的所有权归国家，单位和个人对占用的土地只有使用权而无所有权。因此，国家既可以凭借财产权力对土地使用人获取的收益进行分配，又可以凭借政治权力对土地使用者进行征税。开征城镇土地使用税，实质上是运用国家政治权力，将纳税人获取的本应属于国家的土地收益集中到国家手中。

2. 征税范围广

我国现行城镇土地使用税征税范围为在城市、县城、建制镇、二矿区范围内的国家所有和集体所有的土地，纳税人为拥有国有土地或集体土地使用权的单位和个人。其中，单位包括国有企业、集体企业、私营企业、股份制企业、外商投资企业、外国企业以及其他企业和事业单位、社会团体、国家机关、军队以及其他单位；个人包括个体二商户以及其他个人。城镇土地使用税征税范围较广。

3. 实行差别幅度税额

开征城镇土地使用税的主要目的之一是调节土地的级差收入。而级差收入的产生主要取决于土地的地理位置。占有地理位置优越土地的纳税人，可以节约运输成本、降低流通费用、扩大销售和经营规模、取得更大的经济收益。征收城镇土地使用税，并按城镇土地的不同位置设置有幅度的差别税额，对不同城镇适用不同税额，对同一城镇的不同地段，根据市政建设状况和经济繁荣程度来确定高低不等的税额。幅度税额可以调节不同地区、不同地段之间的土地级差收益，尽可能地平衡税负。

（二）城镇土地使用税的主要内容

1. 纳税人

在城市、县城、建制镇、工矿区范围内使用土地的单位和个人，为城镇土地使用税的纳税人。

城镇土地使用税的纳税人通常包括以下几类。

(1) 拥有土地使用权的单位和个人，其拥有人为纳税人。

(2) 拥有土地使用权的单位和个人不在土地所在地的，其土地的实际使用人和代管人为纳税人。

(3) 土地使用权未确定或权属纠纷未解决的，其实际使用人为纳税人。

(4) 土地使用权共有的，共有各方都是纳税人，由共有各方分别纳税。

(5) 在城镇土地使用税征收范围内，承租集体所有建设用地的，由直接从集体经济组织承租土地的单位和个人，缴纳城镇土地使用税。

几个人或几个单位共同拥有一块土地的使用权，该块土地的城镇土地使用税的纳税人是拥有该块土地使用权的每一个人或每一个单位。以其实际使用的土地面积占总面积的比例，分别计算缴纳城镇土地使用税。

2. 征税范围

在城市、县城、建制镇、工矿区内的国家所有和集体所有的土地为城镇土地使用税的征税范围，如表 6-3 所示。

表 6-3 城市、县城、建制镇和工矿区确认标准及征税范围表

项　目	确 认 标 准	征 税 范 围
城市	经国务院批准设立的市，包括市区和郊区	市区和郊区的土地
县城	县人民政府所在地	县人民政府所在地的城镇土地
建制镇	经省、自治区、直辖市人民政府批准设立的建制镇	镇人民政府所在地的城镇土地
工矿区	工商业比较发达，人口比较集中，符合国务院规定的建制镇标准，但尚未设立建制镇的大中型工矿企业所在地	工矿企业所在地的土地

3. 税率

城镇土地使用税采用定额幅度税率，按大、中、小城市和县城、建制镇、工矿区分别规定每平方米土地使用税年应纳税额，城镇土地使用税税率表如表 6-4 所示。

表 6-4 城镇土地使用税税率表

级别	人口/万人	每平方米年税额/元
大城市	50 以上	1. 5~30
中等城市	20~50	1. 2~24
小城市	20 以下	0. 9~18
县城、建制镇、工矿区	—	0. 6~12

各省、自治区、直辖市人民政府可根据市政建设状况和经济繁荣程度在规定税额幅度内，确定所辖地区的适用税额幅度。经济落后地区，城镇土地使用税的适用税额标准可适当降低，但降低额不得超过上述规定最低税额的30%。经济发达地区的适用税额标准可以适当提高，但须报财政部门批准。

4. 计税依据

城镇土地使用税以纳税人实际占用的土地面积为计税依据，依照规定税额计算征收，计量标准为平方米。

5. 应纳税额

城镇土地使用税的应纳税额应根据纳税人实际占用的土地面积乘以该土地所在地段的适用税额计算，其计算公式为：

城镇土地使用税全年应纳税额=实际占用应税土地面积(平方米)×适用税额

6. 减免税

(1) 法定免税项目。城镇土地使用税的法定免税项目有：

① 国家机关、人民团体、军队自用的土地。

② 由国家财政部门拨付事业经费的单位自用的土地。

③ 宗教寺庙、公园、名胜古迹自用的土地。但其生产、经营用地和其他用地，不属于免税范围，如公园、名胜古迹中附设的影剧院、饮食部、照相馆等营业单位使用的土地。

④ 市政街道、广场、绿化地带等公共用地。但非社会性公共用地不能免税，如企业内的广场、道路、绿化等占用的土地。

⑤ 直接用于农、林、牧、渔业的生产用地。不包括农副产品加工场地和从事农、林、牧、渔业生产单位的生活、办公用地。

⑥ 经批准开山填海整治的土地和改造的废弃土地，从使用的月份起免缴土地使用税5~10年。

⑦ 非营利医疗机构、疾病控制机构和妇幼保健机构等卫生机构和非营利性科研机构自用的土地。

⑧ 国家拨付事业经费和企业办的各类学校、托儿所、幼儿园自用的房产、土地。

⑨ 免税单位无偿使用纳税单位的土地。

⑩ 改造安置住房建设用地。

⑪ 由财政部另行规定免税的能源、交通、水利设施用地和其他用地。

(2) 省、自治区、直辖市税务局确定的减免税。省、自治区、直辖市税务局确定的减免税主要有：

① 个人所有的居住房屋及院落用地。

② 房产管理部门在房租调整改革前经租的居民住房用地。

③ 免税单位职工家属的宿舍用地。

④ 集体和个人办的各类学校、医院、托儿所、幼儿园用地。

7. 纳税义务发生时间

城镇土地使用税的纳税义务发生时间如表 6–5 所示。

表 6–5　城镇土地使用税纳税义务发生时间表

应税情形	纳税义务发生时间
购置新建商品房	自房屋交付使用之次月起
购置存量房	自办理房屋权属转移、变更登记手续，房地产权属登记机关签发房屋权属证书之次月起
出租、出借房产	自交付出租、出借房产之次月起
以出让或转让方式有偿取得土地使用权的	应由受让方从合同约定交付土地时间的次月起（合同未约定交付时间的，由受让方从合同签订的次月起，缴纳城镇土地使用税）
新征用的耕地	自批准征收之日起满 1 年时开始
新征用的非耕地	自批准征收次月起

纳税人因土地的权利发生变化而依法终止城镇土地使用税纳税义务的，其应纳税款的计算应截止到土地权利发生变化的当月末。

8. 纳税期限

城镇土地使用税按年计算、分期缴纳。缴纳期限由省、自治区、直辖市人民政府确定。

9. 纳税地点

城镇土地使用税的纳税地点为土地所在地。

四、土地增值税

TAX【税言税语】

小明所在的重庆碧玺房地产公司（以下简称碧玺公司）因现金流紧张，拟转让其位于重庆市的白果山在建项目（开发进度超 30%）以换取足够资金盘活公司，该在建项目土地成本 56000 万元，开发成本 15000 万元，已取得预售收入 5000 万元。最终重庆市嘟乐投资公司（以下简称嘟乐公司）支付碧玺公司 80000 万元购入白果山在建项目，碧玺公司不退还嘟乐公司预售收入。

嘟乐公司购入该在建项目后，重新规划设计，将原在建项目拆除重新修建。整个过程发生拆除成本 3000 万元，开发成本 40000 万元。

碧玺公司财务总监将白果山在建项目的土地增值税处理交给了小明，这可让小明犯难了，不知道从何入手，小明决定先好好学习下土地增值税的内容。

【税的内容】

（一）土地增值税的概念与特点

土地增值税是对有偿转让国有土地使用权及地上建筑物和其他附着物产权，取得增值收入的单位和个人征收的一种税。土地增值税具有以下特点。

1. 以转让房地产取得的增值额为计税依据

我国的土地增值税属于“土地转移增值”的类型，将土地、房屋的转让收入合并征收。作为计税依据的增值额，是纳税人转让房地产所取得的收入减除国家规定的各项扣除项目金额后的余额。

2. 征税面比较广

凡在我国境内转让房地产并取得收入的单位和个人，除《中华人民共和国土地增值税暂行条例》(以下简称《土地增值税暂行条例》)规定免税的外，均应依照规定缴纳土地增值税。换言之，凡发生应税行为的单位和个人，无论法人、自然人，不分经济性质和部门，也不分内、外资企业或中、外籍人员，只要是有偿转让房地产，都是土地增值税的纳税人。

3. 采用扣除法和评估法计算增值额

土地增值税在计算方法上考虑我国实际情况，以纳税人转让房地产所取得的收入，减除法定扣除项目金额后的余额作为计税依据。对旧房及建筑物的转让，以及纳税人隐瞒、虚报房地产成交价格，提供扣除金额不实，成交价格偏低又无正当理由的，则采用评估价格法确定增值额计征土地增值税。

4. 实行超率累进税率

土地增值税的税率是以转让房地产的增值率高低为依据，按照累进原则设计的，实行四级超率累进税率。增值率越高，适用税率越高，相应缴纳的税额就越多；反之，则少纳税额。税收负担较为合理，便于体现国家政策。

5. 实行按次征收和按期征收相结合

土地增值税在房地产发生转让的环节，实行按次征收，每发生一次转让行为，就应根据每次取得的增值额征一次税。对于经常发生房地产转让而难以在每次转让后申报的，可按期汇总征收。

（二）土地增值税的主要内容

1. 纳税人

有偿转让国有土地使用权、地上建筑物及其附着物并取得收入的单位和个人，为土地增值税的纳税人。其中，单位包括各类企事业单位、国家机关、社会团体及其他组织；个人包括个体经营者。

概括而言，不论是法人还是自然人、不论企业的经济性质如何、不论是内资还是外资、不论是中国公民还是外籍个人、不论是行业还是部门，只要有偿转让房地产，都是土地增值税的纳税人。

2. 征税范围

土地增值税是对转让国有土地使用权、地上建筑物及其附着物的行为征税，不包括国有土地使用权出让所取得的收入。

下列行为不属于土地增值税的征税范围：房地产的继承、赠与、出租，房地产的代建行为，以及房地产的重新评估。

3. 计税依据

土地增值税的计税依据是纳税人转让房地产所取得的增值额。增值额是指纳税人转让房地产所取得的收入减去《土地增值税暂行条例》规定的扣除项目金额后的余额。

土地增值额的计算公式为：

土地增值额=转让房地产所取得的应税收入-扣除项目金额

（1）转让房地产取得的收入。

纳税人转让房地产取得的应税收入，是指转让房地产的全部价款及有关的经济利益，包括货币收入、实物收入和其他收入。

（2）扣除项目的确定。《土地增值税暂行条例》准予纳税人从转让收入额中减除的扣除项目包括以下几项：

① 取得土地使用权所支付的金额，包括取得土地使用权所支付的地价款和按国家统一规定缴纳的有关费用。其中，支付的地价款是指纳税人为取得土地使用权所支付的土地出让金或实际支付的地价款。缴纳的有关费用是指纳税人在取得土地使用权过程中为办理有关手续，按规定缴纳的有关登记、过户手续费。

② 房地产开发成本，包括土地的征用及拆迁补偿费、前期工程费、建筑安装工程费、基础设施费、公共配套设施费、开发间接费用等。

③ 房地产开发费用，是指与房地产开发项目有关的销售费用、管理费用和财务费用。

④ 与转让房地产有关的税金，是指在转让房地产时缴纳的城市维护建设税、印花税、教育费附加等。需要明确的是，房地产开发企业在转让房地产时缴纳的印花税因列入管理费用中，故在此不允许再单独扣除。其他纳税人缴纳的印花税允许扣除。

⑤ 其他扣除项目。

（3）在确定增值额时，纳税人有下列情形之一的，增值额应按照房地产评估价格计算：

① 隐瞒、虚报房地产成交价格的。

② 提供扣除项目金额不实的。

③ 转让房地产的成交价格低于房地产评估价格，又无正当理由的。

4. 税率

土地增值税实行 4 级超率累进税率，如表 6-6 所示。

表 6-6　土地增值税 4 级超率累进税率表

级数	增值额与扣除项目金额的比率	税率/%	速算扣除系数/%
1	不超过 50%的部分	30	0
2	超过 50%～100%的部分	40	5
3	超过 100%～200%的部分	50	15
4	超过 200%的部分	60	35

5. 应纳税额

土地增值税是以纳税人转让房地产的增值额为计税依据，依据超率累进税率计算应纳税税额。土地增值税应纳税额的计算公式为：

土地增值税应纳税额 = ∑（每级距的土地增值额×适用税率）

但在实际工作中，分步计算比较烦琐，一般可以采用速算扣除法计算。具体方法如下：

土地增值税应纳税额 = 土地增值额×适用税率－扣除项目金额×速算扣除系数

6. 减免税

（1）纳税人建造普通标准住宅出售，增值额未超过扣除项目金额 20%的，免征土地增值税。超过扣除项目金额 20%的，应就其全部增值额按规定计税。高级公寓、别墅、度假村等不属于普通标准住宅。普通标准住宅应同时满足以下条件：

① 住宅小区建筑容积率在 1.0 以上；

② 单套建筑面积在 120 平方米以下；

③ 实际成交价格低于同级别土地上住房平均价格 1.2 倍以下。

（2）因国家建设需要依法征用、收回的房地产，免征土地增值税。

（3）因城市规划、国家建设需要而搬迁由纳税人自行转让原房地产的，免征土地增值税。

（4）对企事业单位、社会团体以及其他组织转让旧房作为公共租赁住房房源的，且增值额未超过扣除项目金额 20%的，免征土地增值税。

（5）对个人销售住房暂免征收土地增值税。

7. 纳税期限

纳税人应在转让房地产合同签订后的 7 日内，到房地产所在地主管税务机关办理纳税申报，并向税务机关提交房屋及建筑物产权、土地使用权证书，土地转让、房产买卖合同，房地产评估报告及其他与转让房地产有关的资料。

纳税人因经常发生房地产转让而难以在每次转让后申报的，经税务机关审核同意后，可以定期进行纳税申报，具体期限由税务机关视情况确定。

8. 纳税地点

土地增值税的纳税人应向房地产所在地主管税务机关办理纳税申报，并在税务机关核定的期限内缴纳土地增值税。纳税人转让房地产坐落在两个或两个以上地区的，应按房地产所在地分别申报纳税。在实际工作中，土地增值税纳税地点的确定分两种情况，如表 6-7 所示。

表 6-7　土地增值税纳税地点的确定

纳税人是法人	当纳税人转让的房地产坐落地与其机构所在地或经营地一致时，则在办理税务登记的原管辖税务机关申报纳税；如果转让的房地产坐落地与其机构所在地或经营地不一致时，则应在房地产坐落地所管辖的税务机关申报纳税
纳税人是自然人	当纳税人转让的房地产坐落地与其居住地一致时，则在住所所在地税务机关申报纳税；如果转让的房地产坐落地与其居住地不一致时，则在办理过户手续所在地的税务机关申报纳税

【例 6-1 · 单选题】 根据资源税法律制度的规定，下列情形中，应缴纳资源税的是(　　)。

A. 火电厂使用煤炭发电　　B. 石材厂购进大理岩加工瓷砖

C. 油田销售所开采的原油　　D. 钢铁厂进口铁矿石

答案：C

解析：在我国领域和管辖的其他海域开发应税资源的单位和个人，为资源税的纳税人。选项 A、选项 B、选项 D 不属于开发。

【例 6-2 · 判断题】 企业直接向环境排放应税污染物，应当向其机构所在地的税务机关申报缴纳环境保护税。(　　)

答案：×

解析：纳税人应当向应税污染物排放地的税务机关申报缴纳环境保护税。

【例 6-3 · 单选题】 根据城镇土地使用税法律制度的规定，下列各项中，免征城镇土地使用税的是(　　)。

A. 公园内的索道公司经营用地　　B. 直接用于农业的生产用地

C. 企业内的广场用地　　D. 纳税单位无偿使用免税单位的土地

答案：B

解析：选项 A、选项 C、选项 D，按规定征收。

【例 6-4 · 判断题】 因城市规划、国家建设需要而搬迁由纳税人自行转让原房地产的，免征土地增值税。(　　)

答案：√

【思维税图】

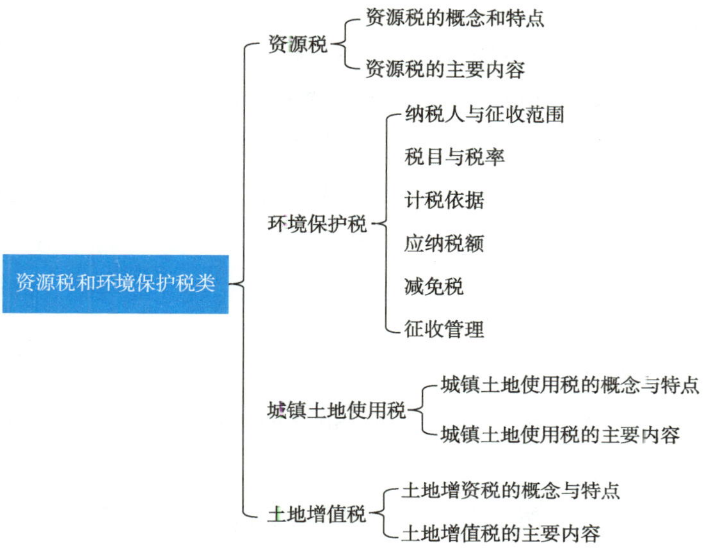

第二节　财产和行为税类

财产和行为税是以纳税人拥有的财产数量或者财产价值为征税对象，或是为了实现某种特定的目的，以纳税人的某些特定行为为征税对象的税种，包括印花税、契税、车船税、房产税等。

财产和行为税一般具有以下特点：①具有明显的政策目的性。开征这些税，不仅是为了开辟财源、增加财政收入，更主要的是为了配合贯彻国家的经济政策，发挥税收的特殊调节作用。②一般具有因时制宜和因地制宜的特点。随着经济条件的改变，国家宏观政策的变化，可能会废止及开征一些新税种。③具有调节财产、确定产权关系的特点。

一、房产税

【税言税语】

小明在会计师事务所实习时，遇到了一件房产税的趣事。那天，老师带领他协助处理一位客户的房产税申报工作。

客户是一位老先生，他对房产税的政策不太了解，老师耐心地解释：“房产税是按房产评估值计算的，您只需提供相关资料，我会帮您计算应缴税额。”

老先生疑惑地问：“那我是不是得交很多税？”小明微笑着回答：“不一定，如果您的房产符合减免条件，可能会减少税额。”

过程中，老师跟小明发现老先生的房产正好符合一项减免政策。他兴奋地对老先生说：“恭喜您，您的房产可以享受减免优惠，只需缴纳很少的税。”老先生听后喜出望外，连声感谢他们。小明协助老师帮助老先生完成了房产税的申报。

事后，老先生想了解下什么是房产税，为什么会符合减免条件，是有什么特殊的地方吗？

【税的内容】

房产税是以房屋为征税对象，按房屋的计税余值或租金收入为计税依据，向产权所有人征收的一种财产税。

房产税具有以下特点：①属于财产税中的个别财产税；②限于征税范围内的经营性房屋；③区别房屋的经营使用方式规定不同的计税依据。

（一）纳税人与征税范围

1. 房产税纳税人

房产税纳税人指在我国城市、县城、建制镇和工矿区内拥有房屋产权的单位和个人，具体包括产权所有人、经营管理单位、承典人、房产代管人或者使用人。具体规定如下：

（1）产权属于集体和个人的，集体单位和个人为纳税人。

（2）产权属于国家所有的，其经营管理的单位为纳税人；产权属于集体和个人所有的，集体单位和个人为纳税人。

（3）产权出典的，承典人为纳税人。产权承典，是指产权所有人为了某种需要，将自己的房屋等的产权，在一定的期限内转让（典当）给他人使用而取得出典价款的一种融资行为。产权所有人（房主）称为房屋出典人，支付现金或实物取得房屋支配权的人称为房屋承典人。

因为在房屋出典期间，产权所有人已无权支配房屋，所以税法规定对房屋具有支配权的承典人为纳税人。

（4）产权所有人、承典人均不在房产所在地的，房产代管人或者使用人为纳税人。

（5）产权未确定以及租典纠纷未解决的房产代管人或者使用人为纳税人。租典纠纷，是指产权所有人在房产出典和租赁关系中，与承典人、租赁人发生各种争议和纠葛，特别是有关权利和义务的争议。此外、还有一些产权归属不清的问题，也都属于租典纠纷。

2. 征税范围

（1）房产税的征税范围为城市、县城、建制镇和工矿区的房产，不包括农村。

城市是指国务院批准设立的市，其征税范围为市区、郊区和市辖县城，不包括农村；县城是指未设立建制镇的县人民政府所在地的地区；建制镇是指经省、自治区、直辖市人民政府批准设立的镇；工矿区是指工商业比较发达、人口比较集中、符合国务院规定的建制镇的标准，但尚未设立建制镇的大中型工矿企业所在地。在工矿区开征房产税必须经省、自治区、直辖市人民政府批准。

（2）征税对象是房产，指有屋面和围护结构（有墙或两边有柱），能够遮风避雨，可供人们在其中生产、学习、工作、娱乐、居住或储藏物资的场所。

独立于房屋之外的建筑物，如围墙、烟囱、水塔、变电塔、油池油柜、酒窖菜窖、酒精池、室外游泳池、玻璃暖房、砖瓦石灰窑以及各种油气罐等，不属于房产。

（3）房地产开发企业建造的商品房，在出售前，不征收房产税；但对出售前已使用或出租、出借的商品房，应按规定征税。

（二）房产税税率

我国现行房产税采用比例税率。有两种计征方法：从价计征和从租计征，从价计征和从租计征实行不同标准的比例税率。一般情况：适用从价计征的，房产税税率为1.2%；适用从租计征的，房产税税率为12%。

（三）计税依据

1. 从价计征房产税的计税依据

按照房产余值征税的，称为从价计征。房产税依照房产原值一次减除10%~30%后的余值计算缴纳。扣除比例由省、自治区、直辖市人民政府在税法规定的减除幅度内自行确定。这样规定，既有利于各地区根据本地情况，因地制宜地确定计税余值，又有利于平衡各地税收负担，简化计算手续，提高征管效率。

房产原值包含房屋原价、地价款及各种附属设备的价值等。关于房产原值的具体规定如下：

（1）房屋原价：指按照会计制度规定，在“固定资产”科目中记载的房屋原价。如果纳税人未按会计制度规定记载原价，应按规定调整房产原价；对房产原价明显不合理的，应重新予以评估；对没有房产原价的，应由房屋所在地的税务机关参考同类房屋的价值核定。

（2）地价款：包括为取得土地使用权支付的价款、开发土地发生的成本费用等。宗地容积率低于0.5的，按房产建筑面积的2倍计算土地面积并据此确定计入房产原值的地价，即计入房产原值的地价款=房产建筑面积的2倍×（总地价款÷总用地面积）。

提示：宗地容积率=房产建筑面积÷总用地面积

（3）附属设备：

① 房产原值应包括与房屋不可分割的各种附属设备或一般不单独计算价值的配套设施。

② 对于更换房屋附属设备和配套设施的，在将其价值计入房产原值时，可扣减原来相应设备和设施的价值。

③ 对附属设施中易损坏、需要经常更换的零配件，更新后不再计入房产原值，原零配件的原值也不扣除。

（4）改扩建支出：改扩建支出，相应增加房产的原值。

2. 从租计征房产税的计税依据

房产出租的，以房屋出租取得的租金收入作为计税依据，计征房产税。计征房产税的租金收入不含增值税。免征增值税的，确定计税依据时，租金收入不扣减增值税额。

房产的租金收入，是指房屋产权所有人出租房产使用权所取得的报酬，包括货币收入和非货币形式收入。对以劳务或其他形式为报酬抵付房租收入的，应根据当地同类房屋的租金水平，确定一个标准租金金额从租计征。

3. 特殊用途和形式房产的计税依据的具体规定

（1）具备房屋功能的地下建筑。

与地上房屋相连或者独立的地下建筑采用出租的经营方式按照出租地上建筑物规定从租计征；采用自用的经营方式的地下建筑有以下几种情况：与地上房屋相连的，将地下部分与地上房屋视为一个整体，按照地上房屋建筑的有关规定从价计征房产税；独立地下建筑，用于工业的，以房屋原价的50%~60%作为应税房产原值；商业和其他用途的独立地下建筑以房屋原价的70%~80%作为应税房产原值。

（2）合同约定免租期。

免收租金期间由产权所有人按房产原值按从价计征方式缴纳房产税。

（3）融资租赁的房产。

融资租赁的房产，由承租人自融资租赁合同约定开始日的次月起依照房产余值缴纳房产税。合同未约定开始日的，由承租人自合同签订的次月起依照房产余值缴纳房产税。

（4）投资联营的房产。

① 对以房产投资联营、投资者参与投资利润分红、共担风险的，按房产余值作为计税依据计缴房产税。

② 对以房产投资收取固定收入、不承担经营风险的，实际上是以联营名义取得房屋租金，应以出租方取得的租金收入为计税依据计缴房产税。

（5）居民住宅区内业主共有的经营性房产。

居民住宅区内业主共有的经营性房产，由实际经营（包括自营和出租）的代管人或使用人缴纳房产税。其中自营的，从价计征房产税；出租的，从租计征房产税。没有房产原值或不能将业主共有房产与其他房产的原值准确划分开的，由房产所在地税务机关参照同类房产核定房产原值。

（四）应纳税额

1. 从价计征房产税应纳税额的计算

从价计征房产税应纳税额计算公式为：

$$应纳税额=应税房产原值\times(1-扣除比例)\times1.2\%$$

公式中，扣除比例幅度为10%～30%，具体减除幅度由省、自治区、直辖市人民政府规定。

2. 从租计征房产税应纳税额的计算

从租计征房产税应纳税额计算公式为：

$$应纳税额=租金收入\times12\%$$

（五）税收优惠

1."非经营自用"免税

（1）国家机关、人民团体、军队自用的房产。

人民团体，指经国务院授权的政府部门批准设立或登记备案的各种社会团体。如从事广泛群众性社会活动的团体，从事文学艺术、美术、音乐、戏剧的文艺工作团体，从事某种专门学术研究团体，从事社会公益事业的社会公益团体等。

（2）国家财政部门拨付事业经费单位自用的房产。

上述单位是指实行全额或差额预算管理的事业单位，如学校、医疗卫生单位、托儿所、幼儿园、敬老院、文化馆、体育馆、艺术馆等，这些单位本身业务范围内自用的房产免征房产税。

（3）宗教寺庙、公园、名胜古迹自用的房产。

宗教寺庙自用的房产，指举行宗教仪式等的房屋和宗教人员使用的生活用房屋。公园、名胜古迹自用的房产，指供公共参观游览的房屋及其管理单位的办公用房屋。

（4）个人拥有的非营业用房产（主要指居民住房）。

2."军教医疗相关"免税

（1）企业办的各类学校、医院、托儿所、幼儿园自用的房产。

（2）按照国家规定的收费标准收取住宿费的高校学生公寓。

3.“停用房”“临时房”“公租房”

（1）纳税人因房屋大修连续停用半年以上的，在房屋大修期间免征房产税。

（2）经有关部门鉴定，对毁损不堪居住的房屋和危险房屋，在停止使用后，可免征房产税。

（3）在基建工地为基建工地服务的各种工棚、材料棚、休息棚、办公室、食堂、茶炉房、汽车房等临时性房屋，在施工期间，一律免征房产税。但是，在工程结束后，将这种临时性房屋交还或者估价转让给基建单位的，应当从接收的次月起，依照规定缴纳房产税。

（4）公租房的免税政策。

① 按政府规定价格出租的公有住房，包括企业和自收自支事业单位向职工出租的单位自有住房；房管部门向居民出租的公有住房；落实私房政策中带户发还产权并以政府规定租金标准向居民出租的私有住房等，免征房产税。

② 经营公租房的租金收入，免征房产税。(需单独核算)

4. 持有抵债不动产

（1）各地可根据实际，对银行业金融机构、金融资产管理公司持有的抵债不动产减免房产税。

（2）对被撤销金融机构清算期间自有的或从债务方接收的房地产，免征房产税。

5. 鼓励行业或特定用途类

（1）农贸市场：农产品批发市场、农贸市场(包括自有和承租，下同)用于专门经营农产品的房产，免征房产税。注：只有专用于经营农产品的房产，才可以免税。同时经营其他产品的房产，应按照交易场地面积比例确定征免房产税。

（2）农村饮水安全：饮水工程运营管理单位自用的生产、办公用房产，免征房产税。

（3）老年服务：老年服务机构自用的房产，免征房产税。

（4）社区家政：为社区提供养老、托育、家政等服务的机构自用或其通过承租、无偿使用等方式取得并用于提供社区养老、托育、家政服务的房产，免征房产税。

（5）居民供热：向居民供热收取采暖费的“三北”地区供热企业，为居民供热所使用的厂房，免征房产税；对供热企业其他厂房，应当按照规定征收房产税。注：对专业供热企业，按照向居民供热取得的采暖费收入占全部采暖费收入的比例计算免征金额。

（6）大型飞机研制：

① 对纳税人及其全资子公司从事大型民用客机发动机、中大功率民用涡轴涡桨发动机研制项目自用的科研、生产、办公房产，免征房产税。

② 对纳税人及其全资子公司从事空载重量大于45吨的民用客机研制项目自用的科研、生产、办公房产，免征房产税。

（7）铁路运输：铁道部所属铁路运输企业自用的房产，免征房产税。

(8) 科技用房：对国家级、省级科技企业孵化器、大学科技园和国家备案众创空间自用以及无偿或通过出租等方式提供给在孵对象使用的房产、土地，免征房产税。

(9) 商品储备：商品储备管理公司及直属库自用的承担商品储备业务的房产，免征房产税。

(10) 文化单位转制：为推进国有经营性文化事业单位转企改制，对由财政部门拨付事业经费的文化事业单位转制为企业的，自转制注册之日起 5 年内对其自用房产，免征房产税。

6. 暂时性优惠

自 2023 年 1 月 1 日至 2027 年 12 月 31 日，对增值税小规模纳税人、小型微利企业和个体工商户，减半征收房产税。

（六）房产税征收管理

1. 纳税义务发生时间

(1) 房地产开发企业自用、出租、出借本企业建造的商品房，自房屋使用或交付之次月起，缴纳房产税。

(2) 纳税人自行新建房屋用于生产经营，从建成之次月起，缴纳房产税。

(3) 纳税人委托施工企业建设的房屋，从办理验收手续之次月起，缴纳房产税。

(4) 纳税人购置新建商品房，自房屋交付使用之次月起，缴纳房产税。

(5) 纳税人购置存量房，自办理房屋权属转移、变更登记手续，自房地产权属登记机关签发房屋权属证书之次月起，缴纳房产税。

(6) 纳税人出租、出借房产，自交付出租、出借房产之次月起，缴纳房产税。

2. 纳税地点

房产税在房产所在地缴纳。房产不在同一地方的纳税人，应按房产的坐落地点分别向房产所在地的税务机关申报纳税。

3. 纳税期限

房产税实行按年计算、分期缴纳的征收方法，具体纳税期限由省、自治区、直辖市人民政府确定。

【例 6-5 · 多选题】 下列关于房产投资的房产税的说法，正确的有（　　）。

A. 以房产投资成立有限公司，投资方以房产余值为计税依据缴纳房产税

B. 以房产投资联营，不承担经营风险，只收取固定收入，投资方的固定收入为租金收入，以租金收入为计税依据缴纳房产税

C. 以房产投资联营，共担经营风险的，被投资方以房产余值为计税依据缴纳房产税

D. 以房产投资联营，共担经营风险的，投资方不再缴纳房产税

答案：BCD

解析：以房产投资联营的，房产税计税依据应区别对待：以房产投资联营，共担经营风险的，按房产余值为计税依据计征房产税；对于成立有限公司的，房产应当过户到新公司的名下，故投资方不再缴纳房产税；以房产投资联营，不承担经营风险，只收取固定收入的，实际是以联营名义取得房产租金，因此应由投资方按租金收入缴纳房产税。

【例 6-6 · 单选题】 下列关于房产原值的有关规定，不正确的是(　　)。

A. 与房屋不可分割的各种附属设备或一般不单独计算价值的配套设施要计入房产原值

B. 纳税人对原有房屋进行改建、扩建的，要相应增加房屋的原值

C. 中央空调不计入房产原值

D. 对附属设备和配套设施中易损坏、需要经常更换的零配件，更新后不再计入房产原值

答案：C

解析：凡以房屋为载体，不可随意移动的附属设备和配套设施，如给排水、采暖、消防、中央空调、电气及智能化楼宇设备等，无论在会计核算中是否单独记账与核算，都应计入房产原值，计征房产税；对于附属设备和配套设施中易损坏、需要经常更换的零配件，更新后不再计入房产原值。

二、车船税

【税言税语】

中职会计事务专业学生王明的姐姐买了一辆车，她从网上了解到买车需要车船税，于是产生了有车族的疑惑，前来询问事务所的姐妹：

【税的内容】

车船税是对在中华人民共和国境内属于《中华人民共和国车船税法》所附《车船税税目税额表》规定的车辆、船舶(以下简称车船)的所有人或者管理人征收的一种税。车辆、船舶包含:

(1) 依法应当在车船管理部门登记的机动车辆和船舶。

(2) 依法不需要在车船管理部门登记、在单位内部场所行驶或者作业的机动车辆和船舶。

(一) 纳税人与征税范围

1. 车船税纳税人

在我国境内,应税车船的所有人或者管理人,为车船税的纳税人。

(1) 境内单位和个人租入外国籍车船的,不征收车船税。境内单位和个人将车船出租到境外的,应依法征收车船税。

(2) 经批准临时入境的外国车船和香港特别行政区、澳门特别行政区、台湾地区的车船,不征收车船税。

2. 征税范围

车船税的征税范围包括乘用车、客车、货车、挂车、专用作业车、轮式专用机械车、摩托车、船舶。

专用作业车,指在设计和技术特性上用于特殊工作,并装置有专用设备或器具的汽车,如汽车起重机等。以载运人员或货物为主要目的的专用汽车,如救护车,不属于专用作业车,要根据救护车的车型来确定其适用税目。

(二) 税目、税率

1. 税目

车船税的税目分为六大类,包括乘用车、商用车、挂车、其他车辆、摩托车和船舶。

(1) 乘用车。

乘用车,是指在设计和技术特性上主要用于载运乘客及随身行李,核定载客人数包括驾驶员在内不超过 9 人的汽车。

(2) 商用车。

商用车,是指除乘用车外,在设计和技术特性上用于载运乘客、货物的汽车,分为客车和货车。客车是指核定载客人数 9 人以上的汽车,包括电车。

货车包括半挂牵引车、三轮汽车和低速载货汽车。半挂牵引车，是指装备有特殊装置用于牵引半挂车的商用车；三轮汽车，是指最高设计车速不超过每小时50公里，具有3个车轮的货车；低速载货汽车，是指以柴油机为动力，最高设计车速不超过每小时70公里，具有4个车轮的货车。

（3）挂车。

挂车，是指就其设计和技术特性需由汽车或者拖拉机牵引，才能正常使用的一种无动力的道路车辆。

（4）其他车辆。

其他车辆，是指专用作业车和轮式专用机械车。

专用作业车，是指在其设计和技术特性上用于特殊工作的车辆。

轮式专用机械车，是指具有特殊结构和专门功能，装有橡胶车轮可以自行行驶，最高设计车速大于每小时20公里的轮式工程机械车。

（5）摩托车。

摩托车，是指无论采用何种驱动方式，最高设计车速大于每小时50公里，或者使用内燃机，其排气大于50毫升的两轮或者三轮车辆。

（6）船舶。

船舶，是指各类机动、非机动船舶以及其他水上移动装置，但是船舶上装备的救生艇筏和长度小于5米的艇筏除外。

其中，机动船舶是指用机器推进的船舶；拖船是指专门用于拖（推）动运输船舶的专业作业船舶；非机动驳船，是指在船舶登记管理部门登记为驳船的非机动船舶；游艇是指具备内置机械推进动力装置，长度在90米以下，主要用于游览观光、休闲娱乐、水上体育运动等活动，并应当具有船舶检验证书和适航证书的船舶。

2. 税率

车船税实行定额幅度税率。

税额确定总的原则：排气量低的车辆的税负低于排气量高的车辆，小吨位船舶的税负低于大吨位船舶。其中：

（1）车辆的具体适用税额由省、自治区、直辖市人民政府依照规定的税额幅度和国务院的规定确定。

（2）船舶的具体适用税额由国务院在规定的税额幅度内确定。“车船税税目税额表”见表6–8。

表 6-8　车船税税目税额表

税目		计税单位	年税额/元	备注
乘用车[按发动机气缸容量(排气量)分档]	1.0升(含)以下的	每辆	60	核定载客人数9人(含)以下
	1.0~1.6升(含)的		300	
	1.6~2.0升(含)的		390	
	2.0~2.5升(含)的		780	
	2.5~3.0升(含)的		1800	
	3.0~4.0升(含)的		3000	
	4.0升以上的		4500	
商用车	客车	每辆	480	核定载客人数10~19人
			540	核定载客人数20人(含)以上，包括电车
	货车	整备质量每吨	60	包括半挂牵引车、三轮汽车和低速载货汽车等
挂车		整备质量每吨	30	按照货车税额的50%计算
其他车辆	专用作业车	整备质量每吨	60	不包括拖拉机
	轮式专用机械车		60	
摩托车		每辆	36	
船舶	净吨位不超过200吨的	净吨位每吨	3	拖船、非机动驳船分别按照机动船舶税额的50%计算
	净吨位超过200吨但不超过2000吨的		4	
	净吨位超过2000吨但不超10000吨的		5	
	净吨位超过10000吨的		6	
游艇	长度不超过10米的	艇身长度每米	600	
	长度超过10米但不超过18米的		900	
	长度超过18米但不超过30米的		1300	
	长度超过30米的		2000	

(三) 计税依据

车船税以车船的计税单位数量为计税依据。《车船税法》按车船的种类和性能，分别确定每辆、整备质量每吨、净吨位每吨和艇身长度每米为计税单位。

1. 辆数

乘用车、商用客车和摩托车，以辆数为计税依据。

2. 整备质量吨位数

商用货车、挂车、专用作业车和轮式专用机械车，以整备质量吨位数为计税依据。

3. 净吨位数

机动船舶，以净吨位数为计税依据。

4. 艇身长度

游艇以艇身长度为计税依据。

（四）应纳税额

应纳税额=(年应纳税额÷12)×应纳税月份数

（1）车船税税目税额表中的税额为全年税额，需要结合纳税义务发生时间进行年月换算。

（2）应纳税的月份数自发生纳税义务的当月起计算，以购买车船的发票或者其他证明文件所载日期的当月为准。

（3）车船税各税目年应纳税额的计算公式为：

乘用车、客车和摩托车的应纳税额=辆数×适用年基准税额

货车、挂车、专用作业车和轮式专用机械车的应纳税额=整备质量吨位数×适用年基准税额

机动船舶的应纳税额=净吨位数×适用年基准税额

拖船和非机动驳船的应纳税额=净吨位数×适用年基准税额×50%

游艇的应纳税额=艇身长度×适用年基准税额

（五）退税

（1）在一个纳税年度内，已完税的车船被盗抢、报废、灭失的，纳税人可以申请退还自被盗抢、报废、灭失月份起至该纳税年度终了期间的税款。

（2）已经缴纳车船税的车船，因质量原因被退回生产企业或者经销商的，纳税人可以申请退还自退货月份起至该纳税年度终了期间的税款。退货月份以退货发票所载日期的当月为准。

（3）已办理退税的被盗抢车船，失而复得的，纳税人应当从公安机关出具相关证明的当月起计算缴纳车船税。

（4）已缴纳车船税的车船在同一纳税年度内办理转让过户的，不另纳税，也不退税。

（六）税收优惠

1. 法定减免

（1）法定免税：①捕捞、养殖渔船。②军队、武装警察部队专用的车船、警用车船。警用车船，是指公安机关、国家安全机关、监狱、劳动教养管理机关和人民法院、人民检察院领取警用牌照的车辆和执行警务的专用船舶。③悬挂应急救援专用号牌的国家综合性消防救援车辆和国家综合性消防救援专用船舶。④外国驻华使领馆、国际组织驻华代表机构及其有关人员的车船。

（2）国务院决定减免税：节约能源、使用新能源的车船。

（3）省、自治区、直辖市人民政府决定减免税：①受严重自然灾害影响纳税困难以及有其他特殊原因确需减税、免税的。②公共交通车船。农村居民拥有并主要在农村地区使用的摩托车、三轮汽车和低速载货汽车。

2. 节能、新能源车辆减免

（1）节能汽车(减半征收)：节能汽车，包括允许在中国境内销售的综合工况燃料消耗量符合标准的以下车辆。

① 排量为1.6升以下(含)的燃用汽油、柴油的乘用车(含非插电式混合动力、双燃料和两用燃料乘用车)。

② 燃用天然气、汽油、柴油的轻型和重型商用车(含非插电式混合动力、双燃料和两用燃料轻型和重型商用车)。

（2）新能源车船(免征)：新能源车船，包括允许在中国境内销售的以下车船。

① 符合新能源汽车标准、产品技术标准等的纯电动商用车、插电式(含增程式)混合动力汽车、燃料电池商用车。纯电动乘用车和燃料电池乘用车不属于车船税的征税范围。

② 主推进动力装置为纯天然气发动机的新能源船舶。

（七）征收管理

1. 纳税期限、纳税地点及纳税申报

（1）纳税期限。

车船税纳税义务发生时间为取得车船所有权或者管理权的当月。以购买车船的发票或其他证明文件所载日期的当月为准。

（2）纳税地点。

车船税的纳税地点为车船的登记地或者车船税扣缴义务人所在地。

扣缴义务人代收代缴车船税的，纳税地点为扣缴义务人所在地。

纳税人自行申报缴纳车船税的，纳税地点为车船登记地的主管税务机关所在地。

依法不需要办理登记的车船，其车船税的纳税地点为车船的所有人或者管理人所在地。

（3）纳税申报。

车船税按年申报，分月计算，一次性缴纳。纳税年度为公历1月1日至12月31日。具体申报纳税期限由省、自治区、直辖市人民政府规定。

2. 保险机构代收代缴

从事机动车第三者责任强制保险业务的保险机构为机动车车船税的扣缴义务人，应当在收取保险费时依法代收车船税，并出具代收税款凭证。

纳税人没有按照规定期限缴纳车船税的，扣缴义务人在代收代缴税款时，可以一并代收代缴欠缴税的滞纳金。

3. 海事管理机构代征车船税

在交通运输部直属海事管理机构(以下简称海事管理机构)登记的应税船舶，其车船税由船籍港所在地的税务机关委托当地海事管理机构代征。

海事管理机构受税务机关委托，在办理船舶登记手续或受理年度船舶登记信息报告时代征船舶车船税，并向纳税人开具税务机关提供的完税凭证。

对于以前年度未按规定缴纳船舶车船税的，海事管理机构应代征欠缴税款，并按规定代加收滞纳金。

【例 6-7 · 单选题】 某机械制造厂 2020 年拥有货车 3 辆，每辆货车的整备质量均为 1.499 吨；挂车 1 部，其整备质量为 1.2 吨；小汽车 2 辆。已知货车车船税税率为整备质量每吨年基准税额 16 元，小汽车车船税税率为每辆年基准税额 360 元。该厂 2020 年度应纳车船税为(　　)。

A. 441.6 元　　B. 792 元　　C. 801.55 元　　D. 811.2 元

答案： C

解析： 挂车按照货车税额的 50%计算应纳税额。整备质量、净吨位等计税单位，有尾数的一律按照含尾数的计税单位据实计算应纳税额。2020 年应纳的车船税 $=1.499\times3\times16+1.2\times16\times50\%+2\times360=801.552$(元)。

【例 6-8 · 计算题】 宜城运输公司拥有商用货车 10 辆(整备质量 20 吨)，商用客车 20 辆，乘用车 5 辆，2020 年 5 月份购入一艘净吨位为 10000 吨的机动船舶。假设该公司适用的车船税税率为：商用货车每吨 60 元、商用客车每辆 1000 元、乘用车每辆 500 元、机动船舶每吨 6 元，请计算宜城运输公司当年应缴纳的车船税。

答案： 宜城运输公司应缴纳的车船税为：

(1) 商用货车应纳税额 $=10\times20\times60=12000$(元)

(2) 商用客车应纳税额 $=20\times1000=20000$(元)

(3) 乘用车应纳税额 $=5\times500=2500$(元)

(4) 机动船舶应纳税额 $=10000\times6\times8/12=40000$(元)

(5) 全年应纳税额 $=12000+20000+2500+40000=74500$(元)

三、契税

TAX【税言税语】

小明同学在翻阅书籍时，了解到关于契税的历史：

遥远的古代，契税的概念尚未形成，人们以物易物、互通有无，随着时代的变迁、商业的繁荣，土地、房产的买卖逐渐兴起，契税的概念也应运而生。

最初的契税，或许只是买卖双方的一种口头协议，但随着时间的推移，这种协议逐渐得到了政府的认可，成为了一种合法的税收，而在这个过程中，契税所扮演的角色也越发重要，它不仅是政府财政收入的重要来源，更是社会经济发展的重要保障。

在漫长的历史长河中，契税经历了多次变革与发展，有时，它因战乱而中断，有时又因繁荣而兴盛。无论经历怎样的变迁，契税始终保持着它的本质，那就是为政府提供财政收入、为社会经济发展提供保障。

在这个过程中，契税所经历的故事也是丰富多彩的，有人因缴纳契税而一夜暴富，有人因逃避契税而锒铛入狱，这些故事不仅反映了契税的重要性，更反映了人们对契税的敬畏与尊重。

回顾历史，我们可以看到契税的变迁与发展，从最初的口头协议到如今的法律制度，契税经历了漫长的历程，它在我们的生活中继续发挥着重要的作用。

小明发现原来一个小小的契税在发展的过程中起到了这么大的作用，对发明契税的人感到无比佩服。于是对契税进行了学习了解，我们就跟着小明一起来学习吧。

【税的内容】

契税是以权属发生转移的不动产为征税对象，向产权承受人征收的一种财产税。

契税具有如下特点：

（1）属于财产转移税，不在土地、房屋的保有环节征收。

（2）由财产承受人缴纳，是一种直接税，税负较难转移。

（一）纳税人与征税范围

1. 纳税人

在我国境内转移土地、房屋权属，承受的单位和个人为契税的纳税人。

2. 征税范围

征税范围包括：国有土地使用权出让；土地使用权转让，包括出售、赠与和交换；房屋买卖、赠与、互换。具体规定如下：

（1）国有土地使用权出让。土地使用者向国家交付土地使用权出让费用，国家将土地使用权在一定年限内让给土地使用者的行为。出让费用包括出让金等。

（2）土地使用权转让。①包括：土地使用权的出售、赠与、互换；以作价投资（入股）、偿还债务、划转、奖励等方式转移土地、房屋权属的，应当依照规定征收契税。②不包括：土地承包经营权和土地经营权的转移。

（3）房屋买卖。以下情形应缴纳契税：房产抵债、实物交换房屋、房产投资、入股。单位、个人以房屋、土地以外的资产增资，相应扩大其在被投资公司的股权持有比例，无论被投资公司是否变更工商登记，其房屋、土地权属不发生转移，不征收契税。

（4）房屋赠与。以获奖方式取得房屋产权，实质是接受赠与财产，缴纳契税。

（5）房屋互换。包括房屋所有者之间相互交换房屋的行为。

（6）其他情形。下列情形发生土地、房屋权属转移的，承受方应当依法缴纳契税：①共有不动产份额变化的。②共有人增加或者减少的。③因人民法院、仲裁委员会的生效法律文书或者监察机关出具的监察文书等，发生土地、房屋权属转移的。

（二）税率

契税实行3%～5%的幅度比例税率。

契税的具体适用税率，由省、自治区、直辖市人民政府在规定的税率幅度内提出，报同级人民代表大会常务委员会决定，并报全国人民代表大会常务委员会和国务院备案。

（三）计税依据

1. 一般规定

按照土地、房屋权属转移的形式不同，契税计税依据的规定也有所不同。

（1）以成交价格为计税依据：

① 土地使用权出让。包括土地出让金、土地补偿费、安置补助费、地上附着物和青苗补偿费、征收补偿费、城市基础设施配套费、实物配建房屋等应交付的货币以及实物、其他经济利益对应的价款。不得因减免土地出让金而减免契税。

② 以土地使用权出售、房屋买卖和作价投资（入股）、偿还债务等应交付经济利益的方式转移土地、房屋权属的。具体规定：1）成交价格为土地、房屋权属转移合同确定的价格，包括应付的货币、实物、无形资产或其他经济利益对应的价款。2）作价投资（入股）、抵债、以实物交换等情形，计税依据为土地、房屋权属转移合同确定的成交价格，即应交付的货币、实物、无形资产或者其他经济利益。3）土地使用权及所附建筑物、构筑物转让的，为承受方应交付的总价款。4）承受已装修房屋的，装修费用应计入总价款。

（2）以核定价格为计税依据：适用土地使用权赠与、房屋赠与和划转、奖励等没有价格的方式转移土地、房屋权属。核定价格由税务机关参照市场价格，采用房地产价格评估等方法合理确定。申报价格明显偏低且无正当理由，也应当核定价格。

（3）以互换价格差额为计税依据：适用土地使用权互换、房屋互换。具体规定：

① 互换价格相等的，计税依据为零。

② 互换价格不相等的，以差额为计税依据，由支付差额的一方缴纳契税。房屋互换的主体不仅可以是公民，还可以是房地产管理机关、企事业单位、机关团体。

2. 划拨土地使用权的计税规定

（1）以划拨方式取得的土地使用权，经批准改为出让方式重新取得该土地使用权的情形：由土地使用权人缴纳，以补缴的土地出让价款为计税依据。

（2）先以划拨方式取得土地使用权，后经批准转让房地产：①划拨土地性质改为出让的，以补缴的土地出让价款+合同确定的成交价格为计税依据；②划拨土地性质未发生改变的，以合同确定的成交价格为计税依据

3. 房屋附属设施的计税规定

（1）与房屋为同一不动产单元的情形，以承受方应交付的总价款，适用房屋的税率，即房屋附属设施和房屋统一计价，均适用房屋的税率为计税依据。

（2）与房屋为不同不动产单元的情形，以转移合同确定的成交价格，单独计税。

（四）应纳税额

应纳税额=计税依据×税率

（五）税收优惠

1. 特定主体、特定用途类

（1）国家机关、事业单位、社会团体、军事单位承受土地、房屋权属用于办公、教学、医疗、科研、军事设施。享受契税免税优惠的土地、房屋用途具体如下：

① 用于办公的，限于办公室（楼）以及其他直接用于办公的土地、房屋；②用于教学的，限于教室（教学楼）以及其他直接用于教学的土地、房屋；③用于医疗的，限于门诊部以及其他直接用于医疗的土地、房屋；④用于科研的，限于科学试验的场所以及其他直接用于科研的土地、房屋；⑤用于军事设施的，限于直接用于《中华人民共和国军事设施保护法》规定的军事设施的土地、房屋。

（2）承受土地、房屋权属用于办公、教学、医疗、科研、养老、救助已享受契税免税优惠的非营利性的学校、医疗机构、社会福利机构，限于上述三类单位中依法登记为事业单位、社会团体、基金会、社会服务机构等的非营利法人和非营利组织免征契税，其中：

① 学校的具体范围为经县级以上人民政府或者教育行政部门批准成立的大学、中学、小学、幼儿园，实施学历教育的职业教育学校、特殊教育学校、专门学校，以及经省级人民政府或者人力资源社会保障行政部门批准成立的技术院校；②医疗机构的具体范围为经县级以上人民政府卫生健康行政部门批准或者备案设立的医疗机构；③社会福利机构的具体范围为依法登记的养老服务机构、残疾人服务机构、儿童福利机构、救助管理机构、未成年人救助保护机构。

（3）为社区提供养老、托育、家政等服务的机构，承受房屋、土地用于提供社区养老、托育、家政服务的，免征契税。

（4）农村饮水工程运营管理单位为建设饮水工程而承受土地使用权，免征契税。

（5）承受荒山、荒地、荒滩土地使用权用于农、林、牧、渔业生产，免征契税。

（6）依照规定应予以免税的外国驻华使馆、领事馆和国际组织驻华代表机构承受土地、房屋权属，免征契税。

（7）售后回租：①对金融租赁公司开展售后回租业务，承受承租人房屋、土地权属的，照章征税。②对售后回租合同期满，承租人回购原房屋、土地权属的，免征契税。

2. 住房类

（1）特定主体取得特殊性质住房。①公租房：经营管理单位购买住房作为公租房的，免征契税；②棚户区改造：经营管理单位回购已分配的改造安置住房继续作为改造安置房源的，免征契税；③保障性住房：经营管理单位回购保障性住房继续作为保障性住房房源的，免征契税；④银行业金融机构：对银行业金融机构、金融资产管理公司接收抵债资产的，免征契税。

（2）个人取得住房。①因家庭关系取得：1）婚姻关系存续期间夫妻之间变更土地、房屋权属，免征契税。提示：夫妻因离婚分割共同财产发生土地、房屋权属变更的，免征契税。2）法定继承人通过继承承受土地、房屋权属的，免征契税。提示：非法定继承（例如以遗嘱的形式赠与给非法定继承人），应缴纳契税。②购买普通住房：1）家庭唯一住房：90平方米以下（含）契税税率为1%，大于90平方米的契税税率为1.5%；家庭第二套住房（北、上、广、深除外），90平方米以下同为1%，大于90平方米的税率为2%。③购买保障性住房：个人购买保障性住房，减按1%征收契税。④购买改造安置住房：1）首次购买90平方米以下的，按1%计征契税；超过90平方米，按法定税率减半征收契税。2）异地扶贫搬迁贫困人口按规定取得的安置住房，免征契税。⑤购买经济适用房：个人购买经济适用住房，按法定税率减半征收契税。⑥购买公有住房：城镇职工按规定第一次购买公有住房的，免征契税；已购公有住房经补缴土地出让价款成为完全产权住房的，免征契税。

（3）以下房产投资入股行为，免征契税：

① 以自有房产作股投入本人独资经营的企业（个人独资企业）。

② 个体工商户的经营者将其个人名下的房屋、土地权属转移至个体工商户名下，或个体工商户将其名下的房屋、土地权属转回原经营者个人名下。

③ 合伙企业的合伙人将其名下的房屋、土地权属转移至合伙企业名下，或合伙企业将其名下的房屋、土地权属转回原合伙人名下。

（4）省、自治区、直辖市可以决定免征或减征契税的情形：

① 土地、房屋被县级以上人民政府征收、征用，重新承受土地、房屋权属的。

② 因不可抗力灭失住房，重新承受住房权属的。

（5）改制重组征免政策。

① 企业改制。

企业按照《公司法》有关规定整体改制，包括非公司制企业改制为有限责任公司或股份有限公司，有限责任公司变更为股份有限公司，股份有限公司变更为有限责任公司，原企业投资主体存续并在改制（变更）后的公司中所持股权（股份）比例超过75%，且改制（变更）后公司承继原企业权利、义务的，对改制（变更）后公司承受原企业土地、房屋权属，免征契税。

② 事业单位改制。

事业单位按照国家有关规定改制为企业，原投资主体存续并在改制后企业中出资（股权、股份）比例超过50%的，对改制后企业承受原事业单位土地、房屋权属，免征契税。

③ 公司合并。

两个或两个以上的公司，依照法律规定、合同约定，合并为一个公司，且原投资主体存续的，对合并后公司承受原合并各方土地、房屋权属，免征契税。

④ 公司分立。

公司依照法律规定、合同约定分立为两个或两个以上与原公司投资主体相同的公司，对分立后公司承受原公司土地、房屋权属，免征契税。

⑤ 企业破产。

企业依照有关法律法规规定实施破产，对债权人（包括破产企业职工）承受破产企业抵偿债务的土地、房屋权属，免征契税。对非债权人承受破产企业土地、房屋权属，凡按照《中华人民共和国劳动法》等国家有关法律法规政策妥善安置原企业全部职工规定，与原企业全部职工签订服务年限不少于3年的劳动用工合同的，对其承受所购企业土地、房屋权属，免征契税；与原企业超过30%的职工签订服务年限不少于3年的劳动用工合同的，减半征收契税。

⑥ 资产划转。

对承受县级以上人民政府或国有资产管理部门按规定进行行政性调整、划转国有土地、房屋权属的单位，免征契税。对同一投资主体内部所属企业之间土地、房屋权属的划转，包括母公司与其全资子公司之间，同一公司所属全资子公司之间，同一自然人与其设立的个人独资企业、一人有限公司之间土地、房屋权属的划转，免征契税。母公司以土地、房屋权属向其全资子公司增资，视同划转，免征契税。

⑦ 债权转股权。

经国务院批准实施债权转股权的企业，对债权转股权后新设立的公司承受原企业的土地、房屋权属，免征契税。

（六）征收管理

1. 纳税义务发生时间

契税的纳税义务发生时间是纳税人签订土地、房屋权属转移合同的当日，或者纳税人取得其他具有土地、房屋权属转移合同性质凭证的当日。具有土地、房屋权属转移合同性质的凭证包括契约、协议、合约、单据、确认书以及其他凭证。

纳税人应当在依法办理土地、房屋权属登记手续前申报缴纳契税。契税申报以不动产单元为基本单位。

因人民法院、仲裁委员会的生效法律文书或者监察机关出具的监察文书等发生土地、房屋权属转移的，纳税义务发生时间为法律文书等生效当日。

因改变土地、房屋用途等情形应当缴纳已经减征、免征契税的，纳税义务发生时间为改变有关土地、房屋用途等情形的当日。

因改变土地性质、容积率等土地使用条件须补缴土地出让价款，应当缴纳契税的，纳税义务发生时间为改变土地使用条件当日。

发生上述情形，按规定不再需要办理土地、房屋权属登记的，纳税人应自纳税义务发生之日起 90 日内申报缴纳契税。

2. 纳税地点

契税实行属地征收管理。纳税人发生契税纳税义务时，应向土地、房屋所在地的税务机关申报纳税。

3. 征收管理

（1）完税凭证的开具和权属登记的办理。

① 纳税人办理纳税事宜后，税务机关应当开具契税完税凭证。

② 纳税人办理土地、房屋权属登记，不动产登记机构应当查验契税完税、减免税凭证或者有关信息。未按照规定缴纳契税的，不动产登记机构不予办理土地、房屋权属登记。

（2）退税。

在依法办理土地、房屋权属登记前，权属转移合同或权属转移合同性质凭证不生效、无效、被撤销或者被解除的，纳税人可以向税务机关申请退还已缴纳的税款，税务机关应当依法办理。纳税人缴纳契税后发生下列情形，可依照有关法律法规申请退税。

① 因人民法院判决或者仲裁委员会裁决导致土地、房屋权属转移行为无效、被撤销或者被解除，且土地、房屋权属变更至原权利人的；

② 在出让土地使用权交付时，因容积率调整或实际交付面积小于合同约定面积须退还土地出让价款的；

③ 在新建商品房交付时，因实际交付面积小于合同约定面积须返还房价款的。

（3）信息共享与保密。

税务机关应当与相关部门建立契税涉税信息共享和工作配合机制。自然资源、住房城乡建设、民政、公安等相关部门应当及时向税务机关提供与转移土地、房屋权属有关的信息，协助税务机关加强契税征收管理。

税务机关及其工作人员对税收征收管理过程中知悉的纳税人的个人信息，应当依法予以保密，不得泄露或者非法向他人提供。

【例 6-9 · 多选题】 下列关于契税计税依据的表述中，正确的有(　　)。

A. 购买的房屋以成交价格作为计税依据

B. 接受赠与的房屋参照市场价格核定计税依据

C. 采取分期付款方式购买的房屋参照市场价格核定计税依据

D. 转让以划拨方式取得的土地使用权以补缴的土地使用权出让金作为计税依据

答案：ABD

解析：选项 C，采取分期付款方式购买房屋附属设施土地使用权、房屋所有权的，应按合同规定的总价款计征契税。

【例 6-10 · 单选题】 甲企业 2020 年 1 月因无力偿还乙企业已到期的债务 3000 万元，经双方协商甲企业同意以自有房产偿还债务，该房产的原值 5000 万元，净值 2000 万元，评估现值 9000 万元，乙企业支付差价款 6000 万元，双方办理了产权过户手续，则乙企业缴纳契税的计税依据是(　　)万元。

A. 5000　　B. 6000　　C. 9000　　D. 2000

答案：C

解析：以房产抵偿债务，按照房屋的折价款作为计税依据缴纳契税，本题中的折价款为 9000 万元。

【例 6-11 · 单选题】 居民甲某有四套住房，将一套价值 120 万元的别墅折价给乙某抵偿了 100 万元的债务；用市场价值 70 万元的第二、三套两室住房与丙某交换一套四室住房，另取得丙某赠送价值 12 万元的小轿车一辆；将第四套市场价值 50 万元的公寓房折成股份投入本人独资经营的企业。当地确定的契税税率为 3%，甲、乙、丙纳税契税的情况是(　　)。

A. 甲不缴纳，乙 30000 元，丙 3600 元

B. 甲 3600 元，乙 30000 元，丙不缴纳

C. 甲不缴纳，乙 36000 元，丙 21000 元

D. 甲 15000 元，乙 36000 元，丙不缴纳

答案：A

解析：以房产抵债，由产权承受人按房屋折价款缴纳契税，乙缴纳契税 = 100×3%×10000 = 30000（元）；房屋交换，由多支付差价的一方缴纳契税，丙缴纳契税 = 12×3%×10000 = 3600（元）；以自有房产作股投入本人独资经营的企业，免征契税。

四、耕地占用税

【税言税语】

会计师事务所的小明时常学习关于税的历史知识来增加自己对税的了解，而今天他发现耕地占用税和农业税、农业特产税属于不同的税种，耕地占用税自 1987 年开征至今一直在执行。耕地占用税以耕地为征收对象，纳税人为占用耕地建房或者从事其他非农业建设的单位和个人，征税范围包括国家所有和集体所有的耕地。

耕地是指种植农作物的土地（包括菜地、园地、前三年内曾用于种植农作物的土地、人为抛荒的耕地）。占用鱼塘、藕塘、打谷场、晒场及其他农用土地建房或从事其他非农业建设，也视同占用耕地，必须依法征收耕地占用税。占用园地和其他农用土地，应按章征税。

1987 年 4 月 1 日以前建房的农村居民，原则上免征耕地占用税。如果没有土地证证明是 4 月 1 日以前所建，当地财政所应调查取证，实事求是地处理。农村居民建房的耕地占用税由所属乡镇财政所负责征收。

自 2005 年 1 月 1 日起其他部门不能委托代征耕地占用税，在此之前部分乡镇土地管理部门代征了一部分耕地占用税。耕地占用税是否缴纳以完税证为依据，农民缴纳耕地占用税后，会拿到财政部门开具的《中华人民共和国耕地占用税完税证》。由土地部门代征的也要开具完税证。

【税的内容】

耕地占用税是对在中华人民共和国境内占用耕地建设建筑物、构筑物或者从事非农业建设的单位和个人，以其实际占用的耕地面积为计税依据征收的一种税。特点有：

（1）兼具资源税与特定行为税的性质。

（2）采用地区差别税率。

（3）在占用耕地环节一次性课征。

（一）纳税人与征税范围

1. 纳税人

在我国境内占用耕地建设建筑物、构筑物或者从事非农业建设的单位和个人。包括企事业单位、社会团体、国家机关、部队以及其他单位；个人包括个体工商户、农村承包经营户以及其他个人。

经申请批准占用耕地的，纳税人为农用地转用审批文件中标明的建设用地人；农用地转用审批文件中未标明建设用地人的，纳税人为用地申请人，其中用地申请人为各级人民政府的，由同级土地储备中心、自然资源主管部门或政府委托的其他部门、单位履行耕地占用税申报纳税义务。未经批准占用耕地的，纳税人为实际用地人。

2. 征税范围

（1）征收耕地占用税的征税行为：

① 占用耕地（含园地、林地、草地、农田水利用地、养殖水面、渔业水域滩涂用地）建设建筑物、构筑物或者从事非农业建设的。

② 以下临时占用耕地及损毁耕地的情形：1）纳税人因建设项目施工或者地质勘查临时占用耕地。临时占用耕地，指经自然资源主管部门批准，在一般不超过 2 年内临时使用耕地并且没有修建永久性建筑物的行为。2）纳税人因挖损、采矿塌陷、压占、污染等损毁耕地。

（2）不征收耕地占用税的占地行为：

① 建设农田水利设施占用耕地的。

② 建设直接为农业生产服务的生产设施占用园地、林地、草地、农田水利用地、养殖水面、渔业水域滩涂以及其他农用地的。

（二）税率

（1）采用地区差别定额税率。

人均耕地面积越少的地区，单位税额越高。各地区具体的适用税额，由省、自治区、直辖市人民政府在规定的税额幅度内提出，报同级人民代表大会常务委员会决定，并报全国人民代表大会常务委员会和国务院备案。

（2）人均耕地低于 0.5 亩的地区，省、自治区、直辖市政府可以适当提高适用税额，但提高的部分不得超过当地规定税额标准的 50%。

（3）占用园地、林地、草地、农田水利用地、养殖水面、渔业水域滩涂以及其他农用地建设建筑物、构筑物或者从事非农业建设的，适用税额可以适当降低，但降低的部分不得超过 50%。

（三）计税依据

以实际占用的应税土地面积为计税依据。应税土地面积，包括经批准占用面积和未经批准占用面积。

（四）应纳税额

耕地占用税应纳税额的计算公式为：

应纳税额=实际占用耕地面积(平方米)×适用税额

其中占用基本农田，加按150%征收，其公式为：

应纳税额=应税土地面积(平方米)×适用税额×150%

（五）税收优惠

（1）军事设施、学校、幼儿园、社会福利机构、医疗机构占用耕地，免征耕地占用税。

① 免税的军事设施，具体范围为《中华人民共和国军事设施保护法》规定的军事设施。

② 免税的学校，具体范围包括县级以上人民政府教育行政部门批准成立的大学、中学、小学、学历性职业教育学校及特殊教育学校，以及经省级人民政府或人力资源社会保障行政部门批准成立的技术院校。学校内经营性场所和教职工住房占用耕地的，按照当地适用税额缴纳耕地占用税。

③ 免税的幼儿园，具体范围限于县级以上人民政府教育行政部门批准成立的幼儿园内专门用于幼儿保育、教育的场所。

④ 免税的社会福利机构，具体范围限于依法登记的养老服务机构、残疾人服务机构、儿童福利机构、救助管理机构、未成年人救助保护机构内专门为老年人、残疾人、未成年人、生活无着落的流浪乞讨人员提供养护、康复、托管等服务的场所。

⑤ 免税的医疗机构，具体范围限于县级以上人民政府卫生健康行政部门批准设立的医疗机构内专门从事疾病诊断、治疗活动的场所及其配套设施。医疗机构内职工住房占用耕地的，按照当地适用税额缴纳耕地占用税。

（2）农村居民在规定用地标准以内占用耕地新建自用住宅，按照当地适用税额减半征收耕地占用税。其中，农村居民经批准搬迁，新建自用住宅占用耕地不超过原宅基地面积的部分，免征耕地占用税。

（3）农村烈士遗属、因公牺牲军人遗属、残疾军人以及符合农村最低生活保障条件的农村居民，在规定用地标准以内新建自用住宅，免征耕地占用税。

（4）铁路线路、公路线路、飞机场跑道、停机坪、港口、航道、水利工程占用耕地，减按每平方米2元的税额征收耕地占用税。

① 减税的铁路线路，具体范围限于铁路路基、桥梁、涵洞、隧道及其按照规定两侧留地、

防火隔离带。专用铁路和铁路专用线占用耕地的，按照当地适用税额缴纳耕地占用税。

② 减税的公路线路，具体范围限于经批准建设的国道、省道、县道、乡道和属于农村公路的村道的主体工程以及两侧边沟或者截水沟。专用公路和城区内机动车道占用耕地的，按照当地适用税额缴纳耕地占用税。

③ 减税的飞机场跑道、停机坪，具体范围限于经批准建设的民用机场专门用于民用航空器起降、滑行、停放的场所。

④ 减税的港口，具体范围限于经批准建设的港口内供船舶进出、停靠以及旅客上下、货物装卸的场所。

⑤ 减税的航道，具体范围限于在江、河、湖泊、港湾等水域内供船舶安全航行的通道。

⑥ 减税的水利工程，具体范围限于经县级以上人民政府水行政主管部门批准建设的防洪、排涝、灌溉、引(供)水、滩涂治理、水土保持、水资源保护等各类工程及其配套和附属工程建(构)筑物占压地和经批准的管理范围用地。

(5) 其他事项。

① 免征或者减征耕地占用税后，纳税人改变原占地用途，不再属于免征或者减征情形的，应自改变用途之日起 30 日内申报补缴税款。补缴税款按改变用途时当地适用税额计算。

② 减免优惠实行“自行判别、申报享受、有关资料留存备查”办理方式。

(六) 征收管理

1. 纳税期限及纳税义务发生时间

耕地占用税的纳税义务发生时间为纳税人收到自然资源主管部门办理占用耕地手续的书面通知的当日。纳税人应当自纳税义务发生之日起 30 日内申报缴纳耕地占用税。

经批准改变用途的，耕地占用税纳税义务发生时间为收到批准文件的当日。

未经批准占用耕地的，耕地占用税纳税义务发生时间为自然资源主管部门认定的纳税人实际占用耕地的当日。

未经批准改变用途的，耕地占用税纳税义务发生时间为自然资源主管部门认定的改变原占地用途的当日。

因挖损、采矿塌陷、压占、污染等损毁耕地的纳税义务发生时间为自然资源、农业农村等相关部门认定损毁耕地的当日。

纳税人占地类型、占地面积和占地时间等纳税申报数据材料以自然资源等相关部门提供的相关材料为准；未提供相关材料或者材料信息不完整的，经主管税务机关提出申请，由自然资源等相关部门自收到申请之日起 30 日内出具认定意见。

2. 纳税地点

纳税人占用耕地，应当在耕地所在地申报纳税，耕地占用税由税务机关征收。

3. 退税管理

（1）复垦退税：①因建设项目施工或者地质勘查临时占用耕地，占用时依法纳税。在批准临时占用耕地期满之日起 1 年内依法复垦的，可申请退税。②纳税人因挖损、采矿塌陷、压占、污染等损毁耕地，占用时依法纳税。自相关部门认定损毁耕地之日起 3 年内依法复垦或修复，恢复种植条件的，可申请退税。

（2）免税退税：在供地环节，建设用地人使用耕地用途符合免税情形的，由用地申请人和建设用地人共同申请，退还用地申请人已经缴纳的耕地占用税。

【例 6-12 · 多选题】 根据耕地占用税有关规定，下列各项土地中属于耕地的有(　　)。

A. 果园　　B. 花圃　　C. 茶园　　D. 菜地

答案： ABCD

解析： 耕地是指种植农业作物的土地，包括菜地、园地。其中，园地包括花圃、苗圃、茶园、果园、桑园和其他种植经济林木的土地。

【例 6-13 · 单选题】 下列耕地占用的情形中，属于免征耕地占用税的是(　　)。

A. 医院占用耕地　　B. 建厂房占用鱼塘

C. 高尔夫球场占用耕地　　D. 商品房建设占用林地

答案： A

解析： 选项 B、选项 C、选项 D：属于占用耕地从事非农业建设，需要缴纳耕地占用税。

【例 6-14 · 多选题】 下列各项中，应征收耕地占用税的有(　　)。

A. 铁路线路占用耕地　　B. 学校占用耕地

C. 公路线路占用耕地　　D. 军事设施占用耕地

答案： AC

解析： 学校和军事设施占用的耕地免征耕地占用税。

五、印花税

【税言税语】

“印花税是什么？印花税的印花是包装上打印的花纹吗？”小明同学不解地问同行的同学。

一个同学自信说道：“印花税？这个我知道，世界上税种那么多，能够在国际上通行的又有几个，而印花税却在短时间内在全世界普遍应用，极具传奇色彩。”于是，该同学娓娓道来：“印花税最早出现在公元 1624 年，当时的荷兰政府出现财政危机，为了度过这一危机，统治者们想到了增税却又怕人民反对，为了想出两全其美的方法可谓绞尽脑汁。于是机智的统治者们想到了问计于民，重赏之下从千万新税中选出了印花税，因为印花税“取微用宏”、简便易行，短时间内就成为世界上普遍应用的一种税。”

闲暇之余，小明查到我们常说的“印花税”，这个名称来自中国，1889 年，总理海军事务大臣奕劻奏请清政府，开办用某种图案表示完税的税收制度，翻译原因，就将这种制度称为“印花税”了。

印花税相较于其他税种，利用了人们认为凭证上有政府盖印更值得信赖的心理，让人们对印花税更乐于接受。也正因为此，印花税被经济学家们誉为税负轻微、税源畅旺、手续简便、成本低廉的“良税”，也就是英国的哥尔柏(Kolebe)所说的“税收这种技术，就是拔最多的鹅毛，听最少的鹅叫”。

不得不说，印花税就是具有“听最少的鹅叫”特点的税种了。

小明也给大家整理了关于印花税的学习内容，让我们一起学习吧。

【税的内容】

印花税是对各种经济活动和经济交往中的书立、领受、使用的应税经济凭证征收的一种税。因纳税人主要是通过在应税凭证上粘贴印花税票来完成纳税义务，所以形象地叫作“印花税”。

(一) 纳税人与征税范围

印花税采取正列举形式，只对《印花税法》中列举的凭证征收，没有列举的凭证不征税。

列举的凭证分为四类，包括合同类、产权转移书据类、营业账簿类和证券交易类。

1. 合同

印花税在税目税率表中列举了 11 大类合同。

(1) 买卖合同，包括供应、预购、采购、购销结合及协作、调剂、补偿、易货等合同；还包括各出版单位与发行单位(不包括订阅单位和个人)之间订立的图书、报刊、音像征订凭证。

对于工业、商业、物资、外贸等部门经销和调拨商品、物资供应的调拨单(或其他名称的单、卡、书、表等)，应当区分其性质和用途，即视其是作为部门内执行计划使用的，还是代替合同使用的，以确定是否贴花。凡属于明确双方供需关系，据以供货和结算，具有合同性质的凭证，应按规定缴纳印花税。

对纳税人以电子形式签订的各类应税凭证按规定征收印花税。

发电厂与电网之间、电网与电网之间书立的购售电合同，应当按买卖合同税目缴纳印花税。

企业之间书立的确定买卖关系、明确买卖双方权利义务的订单、要货单等单据，且未另外书立买卖合同的，应当按规定缴纳印花税。

（2）借款合同，包括银行及其他金融组织和借款人[不包括银行同业拆借、企业与非金融机构(如企业与企业之间)的借款合同]所签订的借款合同以及只填开借据并作为合同使用的借据。

（3）融资租赁合同。

（4）租赁合同，包括租赁房屋、船舶、飞机、机动车辆、机械、器具、设备等合同；还包括企业、个人出租门店、柜台等所签订的合同，但不包括企业与主管部门签订的租赁承包合同。

（5）承揽合同，包括加工、定做、修缮、修理、印刷、广告、测绘、测试等合同。

（6）建设工程合同，包括勘察、设计、建筑、安装工程合同的总包合同、分包合同和转包合同。

（7）运输合同，包括民用航空运输、铁路运输、海上运输、内河运输、公路运输和联运合同。

（8）技术合同，包括技术开发、转让、咨询、服务等合同。

技术转让合同包括专利申请转让、非专利技术转让所书立的合同，但不包括专利权转让、专利实施许可所书立的合同，后者适用于“产权转移书据”。

技术咨询合同是合同当事人就有关项目的分析、论证、评价、预测和调查订立的技术合同，而一般的法律、会计、审计等方面的咨询不属于技术咨询，其所立合同不贴印花。

技术服务合同的征税范围包括技术服务合同、技术培训合同和技术中介合同。

（9）保管合同，包括保管合同或作为合同使用的仓单、货单(入库单)。对某些使用不规范的凭证不便计税的，可就其结算单据作为计税贴花的凭证。

（10）仓储合同。

（11）财产保险合同，包括财产、责任、保证、信用等保险合同。

2. 产权转移书据

（1）土地使用权出让书据，土地使用权、房屋等建筑物和构筑物所有权转让书据，股权转让书据(不包括应缴纳证券交易印花税的书据)。

（2）商标专用权、著作权、专利权、专有技术使用权的转让书据。“转让”包括买卖(出售)、继承、赠与、互换、分割。不包括土地承包经营权和土地经营权转移。

3. 营业账簿

营业账簿是指反映生产经营活动的账册，分为记载资金的账簿和其他营业账簿。仅对资金账簿征税，即反映生产经营单位“实收资本”和“资本公积”金额增减变化的账簿征收。对其他营业账簿不征收。

4. 证券交易

证券交易一般分为两种形式：一种形式是上市交易，是指证券在证券交易所集中交易挂牌买卖；另一种形式是上柜交易，是指公开发行但未达上市标准的证券在证券柜台交易。

5. 不属于印花税征收范围的情形

（1）人民法院的生效法律文书，仲裁机构的仲裁文书，监察机关的监察文书。

（2）县级以上人民政府及其所属部门按照行政管理权限征收、收回或者补偿安置房地产书立的合同、协议或者行政类文书。

（3）总公司与分公司、分公司与分公司之间书立的作为执行计划使用的凭证。

6. 纳税人

在中华人民共和国境内书立应税凭证、进行证券交易的单位和个人，为印花税的纳税人，应当依照《印花税法》的规定缴纳印花税。在中华人民共和国境外书立在境内使用的应税凭证的单位和个人，应当依照《印花税法》规定缴纳印花税。

应税凭证，是指《印花税法》所附《印花税税目税率表》列明的合同、产权转移书据和营业账簿。

单位，是指企业、行政单位、事业单位、军事单位、社会团体及其他单位；个人，是指个体工商户和其他个人。

如果一份合同或应税凭证由两方或两方以上当事人共同签订，签订合同或应税凭证的各方都是纳税人，应各就其所持合同或应税凭证的计税金额履行纳税义务。

书立应税凭证的纳税人为对应税凭证有间接权利义务关系的单位和个人。采用委托贷款方式书立的借款合同纳税人为受托人和借款人，不包括委托人。按买卖合同或者产权转移书据税目缴纳印花税的拍卖成交确认书纳税人为拍卖标的的产权人和买受人，不包括拍卖人。

在中华人民共和国境外书立在境内使用的应税凭证，应当按规定缴纳印花税，包括以下几种情形：

（1）应税凭证的标的为不动产的，该不动产在境内；

（2）应税凭证的标的为股权的，该股权为中国居民企业的股权；

（3）应税凭证的标的为动产或者商标专用权、著作权、专利权、专有技术使用权的，其销售方或者购买方在境内，但不包括境外单位或者个人向境内单位或者个人销售完全在境外使用的动产或者商标专用权、著作权、专利权、专有技术使用权；

（4）应税凭证的标的为服务的，其提供方或者接受方在境内，但不包括境外单位或者个人向境内单位或者个人提供完全在境外发生的服务。

7. 印花税纳税人的具体规定

根据书立、使用应税凭证的不同，纳税人可分为立合同人、立账簿人、立据人和使用人等。

（1）立合同人，是指合同的当事人，即对凭证有直接权利义务关系的单位和个人，但不包括合同的担保人、证人、鉴定人。所谓合同，是指根据《民法典》的规定订立的各类合同，包括买卖、借款、融资租赁、租赁、承揽、建设工程、运输、技术、保管、仓储、财产保险共 11 类。当事人的代理人有代理纳税义务。

（2）立账簿人，是指开立并使用营业账簿的单位和个人，如某企业因生产需要，设立若干行业账簿，该企业即为印花税的纳税人。

（3）立据人，是指书立产权转移书据的单位和个人。

（4）使用人，是指在国外书立、领受，但在国内使用应税凭证的单位和个人。

同一应税凭证由两方以上当事人书立的，按照各自涉及的金额分别计算应纳税额。

（二）税率

印花税实行比例税率。按照凭证所标明的确定的金额按比例计算应纳税额，既能保证财政收入，亦能体现合理负担的原则。

（1）借款合同、融资租赁合同，适用税率为万分之零点五。

（2）营业账簿，适用税率为万分之二点五。

（3）买卖合同，承揽合同，建设工程合同，运输合同，技术合同，商标专用权、著作权、专利权、专有技术使用权转让书据，适用税率为万分之三。

（4）土地使用权出让书据，土地使用权、房屋等建筑物和构筑物所有权转让书据（不包括土地承包经营权和土地经营权转移），股权转让书据（不包括应缴纳证券交易印花税的），适用税率为万分之五。

（5）租赁合同、保管合同、仓储合同、财产保险合同、证券交易，适用税率为千分之一。印花税的税目、税率，依照《印花税法》所附《印花税税目税率表》（见表 6-9）执行。

表 6-9　印花税税目税率表

<table>
<tr><th colspan="2">税　　目</th><th>税　　率</th><th>备　　注</th></tr>
<tr><td rowspan="11">合同（指书面合同）</td><td>借款合同</td><td>借款金额的万分之零点五</td><td>指银行业金融机构、经国务院银行业监督管理机构批准设立的其他金融机构与借款人（不包括同业拆借）的借款合同</td></tr>
<tr><td>融资租赁合同</td><td>租金的万分之零点五</td><td></td></tr>
<tr><td>买卖合同</td><td>价款的万分之三</td><td>指动产买卖合同（不包括个人书立的动产买卖合同）</td></tr>
<tr><td>承揽合同</td><td>报酬的万分之三</td><td></td></tr>
<tr><td>建设工程合同</td><td>价款的万分之三</td><td></td></tr>
<tr><td>运输合同</td><td>运输费用的万分之三</td><td>指货运合同和多式联运合同（不包括管道运输合同）</td></tr>
<tr><td>技术合同</td><td>价款、报酬或者使用费的万分之三</td><td>不包括专利权、专有技术使用权转让书据</td></tr>
<tr><td>租赁合同</td><td>租金的千分之一</td><td></td></tr>
<tr><td>保管合同</td><td>保管费的千分之一</td><td></td></tr>
<tr><td>仓储合同</td><td>仓储费的千分之一</td><td></td></tr>
<tr><td>财产保险合同</td><td>保险费的千分之一</td><td>不包括再保险合同</td></tr>
<tr><td rowspan="4">产权转移书据</td><td>土地使用权出让书据</td><td>价款的万分之五</td><td rowspan="4">转让包括买卖（出售）、继承、赠与、互换、分割</td></tr>
<tr><td>土地使用权、房屋等建筑物和构筑物所有权转让书据（不包括土地承包经营权和土地经营权转移）</td><td>价款的万分之五</td></tr>
<tr><td>股权转让书据（不包括应缴纳证券交易印花税的）</td><td>价款的万分之五</td></tr>
<tr><td>商标专用权、著作权、专利权、专有技术使用权转让书据</td><td>价款的万分之三</td></tr>
<tr><td colspan="2">营业账簿</td><td>实收资本（股本）、资本公积合计金额的万分之二点五</td><td></td></tr>
<tr><td colspan="2">证券交易</td><td>成交金额的千分之一</td><td></td></tr>
</table>

注：根据《印花税法》第四条，印花税的税目、税率，依照本法所附《印花税税目税率表》执行。

（三）计税依据

1. 应税合同的计税依据

应税合同的计税依据，为合同所列的金额，不包括列明的增值税税款；合同中价款或者报酬与增值税税款未分开列明的，按照合计金额确定。具体包括买卖合同和建设工程合同中的支付价款、承揽合同中的支付报酬、租赁合同和融资租赁合同中的租金、运输合同中的运输费用、保管合同中的保管费、仓储合同中的仓储费、借款合同中的借款金额、财产保险合同中的保险费以及技术合同中的支付价款、报酬或者使用费等。

2. 应税产权转移书据的计税依据

应税产权转移书据的计税依据，为产权转移书据所列的金额，不包括列明的增值税税款；产权转移书据中价款与增值税税款未分开列明的，按照合计金额确定。

应税合同、产权转移书据未列明价款或者报酬的，按照下列方法确定计税依据：

(1) 按照订立合同、产权转移书据时的市场价格确定；依法应当执行政府定价的，按照其规定确定。

(2) 不能按照上述规定的方法确定的，按照实际结算的价款或者报酬确定同一应税合同、应税产权转移书据中涉及两方以上纳税人，且未列明纳税人各自涉及金额的，以纳税人平均分摊的应税凭证所列金额(不包括列明的增值税税款)确定计税依据。

应税合同、应税产权转移书据所列的金额与实际结算金额不一致，不变更应税凭证所列金额的，以所列金额为计税依据；变更应税凭证所列金额的，以变更后的所列金额为计税依据。已缴纳印花税的应税凭证，变更后所列金额增加的，纳税人应当就增加部分的金额补缴印花税；变更后所列金额减少的，纳税人可以就减少部分的金额向税务机关申请退还或者抵缴印花税。

纳税人因应税凭证列明的增值税税款计算错误导致应税凭证的计税依据减少或者增加的，纳税人应当按规定调整应税凭证列明的增值税税款，重新确定应税凭证计税依据。已缴纳印花税的应税凭证，调整后计税依据增加的，纳税人应当就增加部分的金额补缴印花税；调整后计税依据减少的，纳税人可以就减少部分的金额向税务机关申请退还或者抵缴印花税。

纳税人转让股权的印花税计税依据，按照产权转移书据所列的金额(不包括列明的认缴后尚未实际出资权益部分)确定。

应税凭证金额为人民币以外的货币的，应当按照凭证书立当日的人民币汇率中间价折合人民币确定计税依据。

境内的货物多式联运，采用在起运地统一结算全程运费的，以全程运费作为运输合同的计税依据，由起运地运费结算双方缴纳印花税；采用分程结算运费的，以分程的运费作为计税依据，分别由办理运费结算的各方缴纳印花税。未履行的应税合同、产权转移书据，已缴纳的印花税不予退还及抵缴税款。纳税人多贴的印花税票，不予退税及抵缴税款。

3. 应税营业账簿的计税依据

应税营业账簿的计税依据，为账簿记载的实收资本(股本)、资本公积合计金额。

4. 证券交易的计税依据

证券交易的计税依据为成交金额。以非集中交易方式转让证券时无转让价格的，按照办理过户登记手续前一个交易日收盘价计算确定计税依据；办理过户登记手续前一个交易日无收盘价的，按照证券面值计算确定计税依据。

5. 未列明金额的计税依据

应税合同、产权转移书据未列明金额的，印花税的计税依据按照实际结算的金额确定。计税依据按照上述规定仍不能确定的，按照书立合同、产权转移书据时的市场价格确定；依法应当执行政府定价或者政府指导价的，按照国家有关规定确定。

6. 核定印花税计税依据

纳税人有以下情形的，税务机关可以核定纳税人印花税计税依据：

（1）未按规定建立印花税应税凭证登记簿，或未如实登记和完整保存应税凭证的。

（2）拒不提供应税凭证或不如实提供应税凭证致使计税依据明显偏低的。

（3）采用按期汇总缴纳办法的，未按税务机关规定的期限报送汇总缴纳印花税情况报告，经税务机关责令限期报告，逾期仍不报告的，或者税务机关在检查中发现纳税人有未按规定汇总缴纳印花税情况的。

（四）应纳税额

$$应纳税额=计税金额\times适用税率$$

（五）税收优惠

对应税凭证适用印花税减免优惠的，书立该应税凭证的纳税人均可享受印花税减免政策，明确特定纳税人适用印花税减免优惠的除外。

1. 基本免税优惠

（1）应税凭证的副本或者抄本。

（2）农民、家庭农场、农民专业合作社、农村集体经济组织、村民委员会购买农业生产资料或者销售农产品书立的买卖合同和农业保险合同。

（3）无息或者贴息借款合同、国际金融组织向中国提供优惠贷款书立的借款合同。

（4）财产所有权人将财产赠与政府、学校、社会福利机构、慈善组织书立的产权转移书据。

（5）非营利性医疗卫生机构采购药品或者卫生材料书立的买卖合同。

（6）个人与电子商务经营者订立的电子订单。

（7）依照法律规定应当予以免税的外国驻华使馆、领事馆和国际组织驻华代表机构为获得馆舍书立的应税凭证。

（8）中国人民解放军、中国人民武装警察部队书立的应税凭证。

2. 其他减免税优惠

（1）物资运输：军事货物运输、抢险救灾物资运输，免税。

（2）农牧业：农牧业保险合同，免税。

（3）农村饮水安全工程运营管理单位为建设饮水工程签订的产权转移书据，以及与施工单位签订的建设工程承包合同，免税。

（4）个人销售/购买住房、出租/承租住房签订的合同，免税。

（5）保障性住房：①对公共租赁住房经营管理单位免征建设、管理公租房涉及的印花税；购买住房作为公租房，免税。②对廉租房、经济适用房经营管理单位签订的与之相关的凭证涉及的印花税，免税。③对改造安置住房经营管理单位、开发商与改造安置住房有关的印花税以及购买安置住房的个人涉及的印花税，免税。④对保障性住房经营管理单位与保障性住房相关的印花税，以及保障性住房购买人涉及的印花税，免税。在商品住房等开发项目中配套建造保障性住房的，按保障性住房建筑面积占总建筑面积的比例免征印花税。⑤与异地扶贫搬迁安置住房相关的印花税，免税。⑥与高校学生签订的高校学生公寓租赁合同，免税。

（6）金融机构与小型、微型企业签订的借款合同，免税。

（7）自 2023 年 1 月 1 日至 2027 年 12 月 31 日，对增值税小规模纳税人、小型微利企业和个体工商户减半征收印花税(不含证券交易印花税)。对于小规模纳税人等，减半征收的税种还有资源税(不含水资源税)、城市维护建设税、房产税、城镇土地使用税、耕地占用税和教育费附加、地方教育附加。

（8）自 2023 年 8 月 28 日起，证券交易印花税减半征收。

（9）在上海证券交易所、深圳证券交易所转让创新企业 CDR，按照实际成交金额，由出让方按千分之一的税率纳税。

（10）在融资性售后回租业务中，对承租人、出租人因出售租赁资产及购回租赁资产所签订的合同，不征收印花税。

（11）社保基金、基本养老保险基金：

① 对社保理事会委托社保基金投资管理人运用社保基金买卖证券应缴纳的印花税，实行先征后返。

② 社保基金会及养老基金投资管理机构运用养老基金买卖证券应缴纳的印花税，实行先征后返。

③ 对社保基金持有的证券，在社保基金证券账户之间的划拨过户，不属于印花税的征税范围，不征收印花税。

④ 养老基金持有的证券，在养老基金证券账户之间的划拨过户，不属于印花税的征收范围，不征收印花税。

⑤ 对社保基金会及养老基金投资管理机构管理的养老基金转让非上市公司股权，免征社保基金会及养老基金投资管理机构应缴纳的印花税。

（12）证券保护基金公司：

① 保护基金公司新设立的资金账簿，免税。

② 保护基金公司与中国人民银行签订的再贷款合同、与证券公司行政清算机构签订的

借款合同，免税。

③ 保护基金公司接收被处置证券公司财产签订的产权转移书据，免税。

④ 对保护基金公司以保护基金自有财产和接收的受偿资产与保险公司签订的财产保险合同，免税。

（13）保险保障基金公司：

① 保险保障基金公司新设立的资金账簿，免税。

② 在对保险公司进行风险处置和破产救助过程中签订的产权转移书据，免税。

③ 在对保险公司进行风险处置过程中与中国人民银行签订的再贷款合同，免税。

④ 以保险保障基金自有财产和接收的受偿资产与保险公司签订的财产保险合同，免税。对与保险保障基金公司签订上述产权转移书据或应税合同的其他当事人照常征收印花税。

（14）银行业金融机构、金融资产管理公司接收、处置抵债资产过程中涉及的合同、产权转移书据和营业账簿，免征印花税。对合同或产权转移书据其他各方当事人照常征税。

（15）粮食储备、企业改制：

① 对商品储备管理公司及其直属库资金账簿免税；对其承担商品储备业务过程中书立的购销合同免税，对合同其他各方当事人应缴纳的印花税照常征收。提示：商品储备管理公司及其直属库，是指接受县级以上人民政府有关部门委托，承担粮（含大豆）、食用油、棉、糖、肉5种商品储备任务，取得财政储备经费或者补贴的商品储备企业。

② 经县级以上人民政府及企业主管部门批准改制的企业因改制签订的产权转移书据，免税。

（六）征收管理

1. 纳税义务发生时间

印花税的纳税义务发生时间为纳税人书立应税凭证或者完成证券交易的当日。证券交易印花税扣缴义务发生时间为证券交易完成的当日。

2. 纳税地点

纳税人为单位的，应当向其机构所在地的主管税务机关申报缴纳印花税；纳税人为个人的，应当向应税凭证书立地或者纳税人居住地的主管税务机关申报缴纳印花税。

不动产产权发生转移的，纳税人应当向不动产所在地的主管税务机关申报缴纳印花税。纳税人为境外单位或者个人，在境内有代理人的，以其境内代理人为扣缴义务人；在境内没有代理人的，由纳税人自行申报缴纳印花税，具体办法由国务院税务主管部门规定。

证券登记结算机构为证券交易印花税的扣缴义务人，应当向其机构所在地的主管税务机关申报解缴税款以及银行结算的利息。

3. 纳税期限

印花税按季、按年或者按次计征。实行按季、按年计征的，纳税人应当自季度、年度终了之日起 15 日内申报缴纳税款；实行按次计征的，纳税人应当自纳税义务发生之日起 15 日内申报缴纳税款。

证券交易印花税按周解缴。证券交易印花税扣缴义务人应当自每周终了之日起 5 日内申报解缴税款以及银行结算的利息。

4. 缴纳方式

印花税可以采用粘贴印花税票或者由税务机关依法开具其他完税凭证的方式缴纳。印花税票粘贴在应税凭证上的，由纳税人在每枚税票的骑缝处盖戳注销或者画销。印花税票由国务院税务主管部门监制。

【例 6-15 · 多选题】 下列选项中，应按照“产权转移书据”征收印花税的有（　　）。

A. 专利申请转让合同　　B. 专利权转让合同

C. 专利实施许可合同　　D. 非专利技术转让合同

E. 未经动产注册登记的设备转让合同

答案： BC

解析： 本题考查印花税应税合同的适用税目。

选项 A、选项 D 不当选，均属于技术转让合同。

选项 E 不当选，属于买卖合同。

【例 6-16 · 多选题】 下列合同或凭证，应缴纳印花税的有（　　）。

A. 养老服务机构采购卫生材料书立的买卖合同

B. 国际金融组织向中国提供优惠贷款书立的借款合同

C. 保险公司与农业生产者签订的农业保险合同

D. 人寿保险合同

E. 个人出租门店订立的合同

答案： AE

解析： 本题考查印花税的征税范围及税收优惠。

选项 A 当选，非营利性医疗卫生机构采购药品或者卫生材料书立的买卖合同，免税；但养老机构采购卫生材料书立的合同应征税。

选项 E 当选，个人出租住房订立的合同，免税；但出租门店订立的合同，应征税。

选项 B 不当选，国际金融组织向中国提供优惠贷款书立的借款合同，免税。

选项 C 不当选，农牧业保险合同，免税。

选项 D 不当选，“财产保险合同”包括财产、责任、保证、信用保险合同，不包括人寿保险合同。

【例 6-17 · 计算题】 某企业 2023 年 8 月与其他企业订立专有技术使用权转让合同一份，所载金额 200 万元。订立商品销售合同一份，合同约定含增值税金额为 452 万元。订立融资租赁合同一份，所载金额为 400 万元。此外，该企业的营业账簿中，“实收资本”6

月末金额为 5000 万元，本月新增金额 1000 万元。

要求：计算该企业 2023 年 8 月应纳印花税额。

答案：本题综合考查印花税税目、税率和应纳税额的计算。

(1) 专有技术使用权转让按照“产权转移书据”缴纳印花税。

应纳税额 = 200×10000×0.3‰ = 600(元)

(2) 商品销售按照“买卖合同”缴纳印花税。

应纳税额 = 452×10000×0.3‰ = 1356(元)

(3) 融资租赁合同按照“融资租赁合同”缴纳印花税。

应纳税额 = 400×10000×0.05‰ = 200(元)

(4) 企业营业账簿中“实收资本”所载资金应纳印花税 = 1000×10000×0.25‰ = 2500(元)。

综上，该企业 8 月应纳印花税税额 = 600+1356+200+2500 = 4656(元)。

【提示】

① 如果合同价款或产权转移书据未以不含增值税价格或“价税分离”形式列明，仅列示了“含增值税金额”，则需按照“含增值税金额”计算缴纳印花税。

② 已缴纳印花税的营业账簿，以后年度实收资本(股本)、资本公积合计金额增加的，仅就增加部分纳税。

六、烟叶税

【税言税语】

小明是会计专业的一名学生，对税收有着浓厚的兴趣。一天，他决定深入研究烟叶税的相关知识。

他首先查阅了《中华人民共和国烟草专卖法》和《中华人民共和国烟叶税暂行条例》，了解了烟叶税的纳税人、征税对象、税率和征收管理等基本规定。他明白了烟叶税是针对烟草制品生产、批发和零售环节征收的税种，目的是调节烟草市场，保障国家财政收入。

为了更深入地理解烟叶税的实际应用，小明还研究了具体的案例分析。他发现，烟叶税的计算和征收涉及许多细节，如烟叶的收购价格、税率等，都需要精确计算。

通过学习，小明不仅掌握了烟叶税的理论知识，还了解了它在实际工作中的应用。这次学习经历让他对税收有了更深的理解，也激发了他继续探索的热情，并及时做好笔记巩固。

【税的内容】

烟叶税是以纳税人收购烟叶的价款总额为计税依据征收的一种税。

(一) 纳税人与征税范围

1. 纳税人

烟叶税的纳税人为在中华人民共和国境内收购烟叶的单位。我国实行烟草专卖制度，因此烟叶税的纳税人具有特定性，一般是有权收购烟叶的烟草公司或者受其委托收购烟叶的单位。

2. 征税范围

晾晒烟叶、烤烟叶。

(二) 税率

全国统一的比例税率为20%。

(三) 计税依据

纳税人收购烟叶实际支付的价款总额。实际支付的价款总额包括纳税人支付给烟叶生产销售单位和个人的烟叶收购价款和价外补贴。其中，价外补贴统一按烟叶收购价款的10%计算。公式为：

$$实际支付的价款=收购价款\times(1+10\%)$$

(四) 应纳税额

$$应纳税额=实际支付价款\times税率=收购价款\times(1+10\%)\times20\%$$

(五) 征税管理

烟叶税的纳税义务发生时间为纳税人收购烟叶的当日。烟叶税在烟叶收购环节征收。纳税人收购烟叶即发生纳税义务。收购烟叶的当日是指纳税人向烟叶销售者付讫收购烟叶款项或者开具收购烟叶凭据的当日。

烟叶税按月计征，纳税人应当于纳税义务发生月终了之日起15日内申报并缴纳税款。纳税人收购烟叶，应当向烟叶收购地的主管税务机关申报纳税。

【例6-18·多选题】 下列关于烟叶税的说法中，正确的有(　　)。

A. 烟叶税是以纳税人收购烟叶的实际支付价款为计税依据征收的一种税

B. 烟叶税税率的调整由国家税务总局决定

C. 烟叶税的纳税人是种植烟叶的单位和个人

D. 烟叶税应当自收购烟叶之日起15日内向收购地的地方税务机关申报缴纳

答案：AD

解析：选项B，烟叶税税率的调整由国务院决定；

选项C，烟叶税的纳税人是收购烟叶的单位。

【例6-19·多选题】 根据烟叶税的有关规定，下列说法不正确的有(　　)。

A. 收购烟叶的单位和个人为烟叶税的纳税人

B. 烟叶税的征税对象是指生烟叶和熟烟叶

C. 烟叶税实行比例税率，税率为10%

D. 烟叶税应当于纳税义务发生月终了之日起15日内申报缴纳

答案： ABC

解析： 选项A：烟叶税的纳税人仅限于收购烟叶的“单位”；

选项B：烟叶税的征税对象是指烤烟叶和晾晒烟叶；

选项C：烟叶税实行比例税率，税率为20%。

七、车辆购置税

【税言税语】

小明在事务所学习期间，他的好友小刚在暑期拿到了驾照，迫不及待地想买一辆属于自己的车。他在车展上转了一圈，看中了一款新能源汽车，不仅环保，而且还能享受车辆购置税减免政策。于是，小刚兴高采烈地去办理购车手续。

然而，在办理车辆购置税减免时，小刚遇到了一个小麻烦。原来，他看中的这款车因为某些原因，没有纳入减免税范围。这让小刚感到有些失望，但是他并没有放弃，他想到了懂点税知识的小明。

于是他联系了小明，两人在周末上网查阅了大量资料，发现这款车在其他城市竟然可以享受减免税政策。于是，小刚决定驱车前往那个城市购车。

经过一番周折，小刚终于提到了梦寐以求的车，还成功地办理了车辆购置税减免。当他开着新车回家时，亲朋好友都为他点赞，称赞他聪明、能干。

这个小故事告诉我们，车辆购置税政策并非一成不变，各地可能会有所差异。购车前，一定要详细了解相关政策，以免错过优惠。同时，也要学会主动出击，争取自己的权益。只有这样，我们才能在享受汽车带来便利的同时，减轻经济负担。

【税的内容】

车辆购置税是以在中国境内购置的汽车、有轨电车、汽车挂车、排气量超过150毫升的摩托车(以下或简称“应税车辆”)为课税对象，在特定的环节向车辆购置者征收的一种税。

(一) 纳税人与征税范围

1. 纳税人

车辆购置税的纳税人是指在我国境内购置应税车辆的单位和个人。其中，购置是指以购买、进口、自产、受赠、获奖或者其他方式(如拍卖、抵债、走私、罚没等方式)取得并自用应税车辆的行为，即以各种渠道取得并自用。

2. 征税范围

车辆购置税以列举的车辆为征税对象，未列举的车辆不征税。其征税范围包括汽车、有轨电车、汽车挂车、排气量超过150毫升的摩托车。

地铁、轻轨等城市轨道交通车辆，装载机、平地机、挖掘机、推土机等轮式专用机械车，以及起重机(吊车)、叉车、电动摩托车，不属于应税车辆。

(二) 税率

车辆购置税实行统一比例税率，税率为10%。

(三) 计税依据

1. 购买自用应税车辆

纳税人购买自用应税车辆的计税价格，为纳税人实际支付给销售者的全部价款，不包括增值税税款。公式为：

计税价格=全部价款÷(1+增值税税率或征收率)

2. 进口自用应税车辆

纳税人进口自用应税车辆的计税价格为组成计税价格，计算公式为：

组成计税价格=关税完税价格+关税+消费税

纳税人进口自用的应税车辆应纳税额的计算公式为：

车辆购置税应纳税额=(关税完税价格+关税+消费税)×税率

3. 自产自用应税车辆

纳税人自产自用应税车辆的计税价格，按照纳税人生产的同类应税车辆(车辆配置序列号相同的车辆)的销售价格确定，不包括增值税税款。

没有同类应税车辆销售价格的，按照组成计税价格确定，公式如下：

组成计税价格=成本×(1+成本利润率)

属于应征消费税的应税车辆，其组成计税价格中应加计消费税税额，计算公式为：

组成计税价格=成本×(1+成本利润率)÷(1-消费税税率)

4. 受赠、获奖或其他方式取得并自用应税车辆

纳税人以受赠、获奖或者其他方式取得自用应税车辆的计税价格，按照购置应税车辆时相关凭证载明的价格确定，不包括增值税税款。

购置应税车辆时相关凭证，是指原车辆所有人购置或者以其他方式取得应税车辆时载明价格的凭证。无法提供相关凭证的，参照同类应税车辆市场平均交易价格确定其计税价格。原车辆所有人为车辆生产或者销售企业，未开具机动车销售统一发票的，按照车辆生产或者销售同类应税车辆的销售价格确定计税价格；无同类应税车辆销售价格的，按照组成计税价格确定计税价格(同自产自用的组成计税价格公式)。

此外，纳税人申报的应税车辆计税价格明显偏低，又无正当理由的，由税务机关依照《中华人民共和国税收征收管理法》的规定核定其应纳税额。

（四）应纳税额

应纳税额=计税依据×税率

计税依据为应税车辆的计税价格，在不同情形下，计税依据的确定方式和应纳税额的计算有所区别。

（五）税收优惠

1. 法定减免税规定

（1）依照法律规定应当予以免税的外国驻华使馆、领事馆和国际组织驻华机构及其外交人员自用车辆，免税。

（2）中国人民解放军和中国人民武装警察部队列入军队武器装备订货计划的车辆，免税。

（3）悬挂应急救援专用号牌的国家综合性消防救援车辆，免税。

（4）设有固定装置的非运输专用作业车辆，免税。

（5）城市公交企业购置的公共汽电车辆，免税。

2. 其他减免税规定

（1）回国服务的在外留学人员用现汇购买 1 辆个人自用国产小汽车，免税。

（2）长期来华定居专家进口 1 辆自用小汽车，免税。

（3）防汛部门和森林消防部门用于指挥、检查、调度、报汛（警）、联络的由指定厂家生产的设有固定装置的指定型号的车辆，免税。

（4）对购置日期在 2024 年 1 月 1 日至 2025 年 12 月 31 日期间的新能源汽车免征车辆购置税，其中，每辆新能源乘用车免税额不超过 3 万元；对购置日期在 2026 年 1 月 1 日至 2027 年 12 月 31 日期间的新能源汽车减半征收车辆购置税，其中，每辆新能源乘用车减税额不超过 1.5 万元。对购置日期在 2014 年 9 月 1 日至 2023 年 12 月 31 日期间内的新能源汽车免税。

（5）自 2018 年 7 月 1 日至 2027 年 12 月 31 日，对购置挂车减半征收车辆购置税。

（6）中国妇女发展基金会“母亲健康快车”项目的流动医疗车，免税。

（7）原公安现役部队和原武警黄金、森林、水电部队改制后换发地方机动车牌证的车辆（公安消防、武警森林部队执行灭火救援任务的车辆除外），一次性免税。

根据国民经济和社会发展的需要，国务院可以规定减征或者其他免征车辆购置税的情形，报全国人民代表大会常务委员会备案。

（六）征收管理

1. 纳税期限

（1）车辆购置税的纳税义务发生时间为纳税人购置应税车辆的当日。

（2）纳税人应当自纳税义务发生时间起60日内申报纳税。

2. 纳税地点

需办理车辆登记注册手续的纳税人，向车辆登记地的主管税务机关办理纳税申报。

不需要办理车辆登记注册手续的纳税人，单位纳税人向其机构所在地的主管税务机关办理纳税申报。个人纳税人向其户籍所在地或者经常居住地的主管税务机关办理纳税申报。

3. 纳税环节及一次征收制

车辆购置税是对应税车辆的购置行为课征，征税环节选择在车辆的最终消费环节。纳税人应当在向公安机关交通管理部门办理车辆登记注册手续前，缴纳车辆购置税。

公安机关交通管理部门办理车辆注册登记，应当根据税务机关提供的应税车辆完税或者免税电子信息对纳税人申请登记的车辆信息进行核对，核对无误后依法办理车辆注册登记。

车辆购置税实行“一车一申报”制度，车辆购置税一次性征收，购置已征车辆购置税的车辆，不再征收车辆购置税。

4. 减免税的纳税申报

纳税人在办理车辆购置税免税、减税时，除如实填报《车辆购置税纳税申报表》，提供车辆合格证明和车辆相关价格凭证，还应当根据不同的免税、减税情形，分别提供相关资料的原件、复印件。

（1）外国驻华使馆、领事馆和国际组织驻华机构及其有关人员自用车辆，提供机构证明和外交部门出具的身份证明。

（2）城市公交企业购置的公共汽电车辆，提供所在地县级以上（含县级）交通运输主管部门出具的《公共汽电车辆认定表》。

（3）悬挂应急救援专用号牌的国家综合性消防救援车辆，提供中华人民共和国应急管理部批准的相关文件。

（4）回国服务的在外留学人员购买的自用国产小汽车，提供海关核发的《回国人员购买国产汽车准购单》。

（5）长期来华定居专家进口自用小汽车，提供国家外国专家局或者其授权单位核发的专家证或者A类、B类《外国人工作许可证》。

5. 车辆购置税退税的程序

已经缴纳车辆购置税的，纳税人向原征收机关申请退税时，应当如实填报《车辆购置税退税申请表》，提供纳税人身份证明，并区别不同情形提供相关资料。

（1）纳税人身份证明。单位纳税人身份证明是指《统一社会信用代码证书》，或者营业执照，或者其他有效机构证明；个人纳税人身份证明是指居民身份证，或者居民户口簿，或者入境的身份证件。

（2）车辆退回生产企业或者销售企业的，提供生产企业或者销售企业开具的退车证明和退车发票。

（3）其他依据法律法规规定应当退税的，根据具体情形提供相关资料。

6. 完税或者免税电子信息更正

纳税人名称、车辆厂牌型号、发动机号、车辆识别代号（车架号）、证件号码等应税车辆完税或者免税电子信息与原申报资料不一致的，纳税人可以到税务机关办理完税或者免税电子信息更正，但是不包括以下情形：

（1）车辆识别代号（车架号）和发动机号同时与原申报资料不一致。

（2）完税或者免税信息更正影响到车辆购置税税款。

（3）纳税人名称和证件号码同时与原申报资料不一致。税务机关核实后，办理更正手续，重新生成应税车辆完税或者免税电子信息，并且及时传送给公安机关交通管理部门。

【例 6-20 · 多选题】 下列选项中，符合车辆购置税计税依据相关规定的有（　　）。

A. 购买自用应税车辆时，支付的车辆装饰费并入计税依据中计税

B. 购买自用应税车辆时，支付的控购费不应并入计税依据计税

C. 汽车销售公司代收的保险费并入计税依据计征车辆购置税

D. 非贸易渠道进口车辆的最低计税价格，为同类型新车最低计税价格

答案： ABD

解析： 选项 C 代收款项应区别征税，凡使用代收单位（受托方）票据收取的款项，应视作代收单位的价外费用，并入计税依据一并纳税；凡使用委托方票据收取，受托方只履行代收义务，不作为价外费用并入计税依据计算缴纳车辆购置税。

【例 6-21 · 多选题】 自 2018 年 7 月 1 日至 2021 年 6 月 30 日，对购置挂车（　　）征税。

A. 免予　　B. 减半

C. 第一年免税，以后年度加倍　　D. 加倍

答案： B

解析： 自 2018 年 7 月 1 日至 2021 年 6 月 30 日，对购置挂车减半征税。

【例 6-22 · 多选题】 下列车辆中，属于车辆购置税征税范围的有（　　）。

A. 三轮摩托车　　B. 无轨电车

C. 半挂车　　D. 三轮农用运输车

答案： ABCD

解析： 车辆购置税的应税车辆包括汽车、摩托车、电车、挂车、农用运输车。

八、城市维护建设税

TAX【税言税语】

会计师事务所的老师安排小明自学关于城市维护建设税的税目内容，于是小明通过查

阅书籍等资料了解到了相关内容：

城市建设维护费简称“城建税”，是指用于城市建设的税收。

详细解释：城建税是中国的一种地方税收，主要用于城市基础设施建设、城市环境保护和城市公共服务的发展。这项税收通常由政府依法收取，用于改善城市的基础设施，如道路、桥梁、公园等，并提供更好的公共服务，如教育、医疗等。城建税的征收标准和税率根据不同地区的情况而有所不同。

使用场景：城建税一般适用于城市居民和企业，用于改善城市的基础设施和提供公共服务。这项税收的征收和使用对于城市的发展和居民生活质量有着重要的影响。

故事起源：城建税作为一项地方税收，其起源可以追溯到中国的税收制度改革。随着城市化进程的加快，城市的基础设施建设和公共服务需求也日益增长，因此城建税作为一种专门用于城市建设的税收被引入。

除了以上方面，还有一些更细节的知识跟小明一块来学习吧。

【税的内容】

城市维护建设税属于一种附加税，没有独立的征税对象，而是以纳税人实际缴纳的增值税、消费税(以下或简称“两税”)税额为计税依据，随“两税”同时征收。

（一）纳税义务人与征税范围

1. 纳税义务人

缴纳增值税、消费税的单位和个人，为城市维护建设税的纳税人。

2. 征税范围

城市维护建设税的扣缴义务人为负有增值税、消费税扣缴义务的单位和个人，在扣缴增值税、消费税的同时扣缴城市维护建设税。

对进口货物或者境外单位向境内销售劳务、服务、无形资产缴纳的增值税和消费税税额，不征收城市维护建设税。

（二）税率

1. 三档税率

城市维护建设税按照纳税人所在地的税率执行。按照纳税人所在地的不同，设置了三档，分别为：纳税人所在地在市区，为7%；纳税人所在地在县城、镇，为5%；纳税人所在地在其他地点，为1%。

2. 适用税率的确定

（1）一般规定：根据纳税人所在地确定适用税率。

纳税人所在地，是指纳税人住所地或者与纳税人生产经营活动相关的其他地点，具体地点由省、自治区、直辖市确定。

（2）异地预缴适用税率的确定。

纳税人跨地区提供建筑服务、销售和出租不动产，计税依据及适用税率规定如下：

① 预缴时：以预缴增值税税额为计税依据，并按预缴增值税所在地的城市维护建设税适用税率，就地计算缴纳城市维护建设税

② 申报缴纳时：以其实际缴纳的增值税税额为计税依据，并按机构所在地的城市维护建设税适用税率计算缴纳城市维护建设税

（3）委托加工由受托方代收、代扣“两税”时，按缴纳“两税”所在地的规定税率就地缴纳城市维护建设税（按受托方代收代缴地）。

（4）流动经营等无固定纳税地点的单位和个人，可按纳税人缴纳“两税”所在地的规定税率就地缴纳城市维护建设税。

（三）计税依据

（1）城市维护建设税的计税依据，是指纳税人依法实际缴纳的增值税、消费税税额。不包括加收的滞纳金和罚金。

（2）对实行增值税期末留抵退税的纳税人，其退还的增值税期末留抵税额应在计税依据中扣除。

纳税人自收到留抵退税额之日起，应当在下一纳税申报期从城建税计税依据中扣除。当期未扣除完的余额，可以在以后申报期按规定继续扣除。

（3）对于增值税小规模纳税人更正、查补此前按照一般计税方法确定的城市维护建设税计税依据，允许扣除尚未扣除完的留抵退税额。

2020 年 12 月 31 号之前，一般纳税人有一次转登记为小规模纳税人的机会，目前政策已失效，但是会存在一部分小规模纳税人之前是一般纳税人的情形，因此有了该规定。

（4）生产企业出口货物实行免、抵、退税办法后，当期免抵的增值税税额应纳入城市维护建设税的计征范围，分别按规定的税（费）率征收城市维护建设税和教育费附加。

（5）对由于减免“两税”而发生的退税，同时退还已缴纳的城市维护建设税。但对出口产品退还“两税”的，不退还已缴纳的城市维护建设税。

（6）对“两税”实行先征后返、先征后退、即征即退办法的，除另有规定外，对随“两税”附征的城市维护建设税，一律不予退（返）还。

（四）应纳税额

应纳税额 =（实际缴纳的增值税 + 实际缴纳的消费税税额）× 适用税率

（五）税收优惠

城市维护建设税原则上不单独规定减免税。但是，针对一些特殊情况，财政部和国家

税务总局作出了一些特别税收优惠规定：

（1）自2023年1月1日至2027年12月31日，对增值税小规模纳税人、小型微利企业和个体工商户减半征收城市维护建设税。

（2）黄金交易和期货交易：

① 对黄金交易所会员单位通过黄金交易所销售且发生实物交割的标准黄金，免征城市维护建设税。

② 对上海期货交易所会员和客户通过上海期货交易所销售且发生实物交割并已出库的标准黄金，免征城市维护建设税。

（3）创业就业：退役士兵创业就业及重点群体创业就业按照相关规定减免城市维护建设税。

（4）金融相关：经中国人民银行依法决定撤销的金融机构及其分设于各地的分支机构（包括被依法撤销的商业银行、信托投资公司、财务公司、金融租赁公司、城市信用社和农村信用社），用其财产清偿债务时，免征被撤销金融机构转让货物、不动产、无形资产、有价证券、票据等应缴纳的城市维护建设税。

（六）征收管理

城市维护建设税的纳税义务发生时间、纳税地点、纳税期限比照增值税、消费税的相应规定，城市维护建设税分别与增值税、消费税同时缴纳。

对增值税免抵税额征收的城市维护建设税，纳税人应在税务机关核准免抵税额的下一个纳税申报期内向主管税务机关申报缴纳。

【例6-23·单选题】 下列项目中，应作为城市维护建设税计税依据的是（ ）。

A. 纳税人补缴消费税时缴纳的滞纳金

B. 纳税人因欠缴增值税被处以的罚款

C. 纳税人被税务机关查补的消费税税款

D. 根据有关税法规定予以免征的增值税

答案：C

解析：选项A、选项B：城市维护建设税以“两税”实际缴纳税额为计税依据，不包括加收的滞纳金和罚款；选项D：税法规定对纳税人减免“两税”时，相应地也减免城市维护建设税。

【例6-24·单选题】 甲生产企业地处市区，2016年6月缴纳增值税30万元，当月委托位于县城的乙企业加工应税消费品，乙企业代收代缴消费税12万元。甲企业当月应缴纳（含被代收）城建税（ ）万元。

A. 2.94　　B. 2.1　　C. 0.42　　D. 2.7

答案：D

解析：应缴纳的城建税＝30×7%＋12×5%＝2.7（万元）。

【例 6-25·单选题】 某县城一生产企业为增值税一般纳税人。本期进口原材料一批，向海关缴纳进口环节增值税 10 万元；本期实际缴纳增值税 22 万元、消费税 50 万元，由于缴纳消费税时超过纳税期限，被加征滞纳金 1 万元；本期出口产品一批，按规定计算的免抵增值税税额 8 万元。该企业本期应缴纳城市维护建设税（　　）万元。

A. 4.55　　B. 4　　C. 4.25　　D. 5.6

答案：B

解析：海关代征进口环节增值税不随之代征城建税；出口退还增值税但不退还城建税，免抵的增值税应计算城建税。纳税人违反“两税”有关税法规定而加收的滞纳金，不作为城建税的计税依据，该企业应缴纳城建税＝（22＋8＋50）×5%＝4（万元）。

【思维税图】

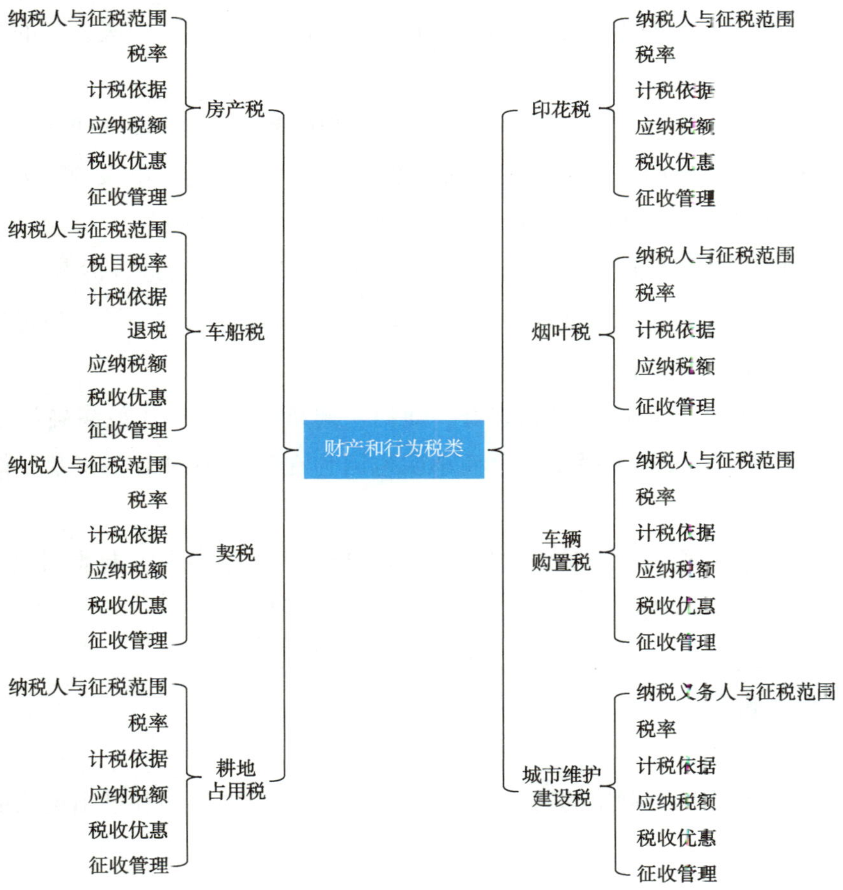

第三节　关税及船舶吨税

关税和船舶吨税是由海关负责征收和管理的税种。关税和船舶吨税由海关负责征收管理的原因在于关税是对进出口货物征收的税，而船舶吨税是对进出中国港口的国际航行船舶按照其净吨位征收的一种税。这些税种的征收涉及国际贸易和港口管理，因此由海关负责征收管理是合理的选择。

一、关税

【税言税语】

小明在事务所学习过程的认真态度让他对税务工作充满热情。一天，他的老师交给他一项特殊的任务：协助处理一家外贸公司的关税事宜。

在审查公司的进口记录时，小明发现了一个有趣的问题。公司进口的一批机械零件，是按照标准关税税率计算的，但小明注意到这批零件的实际用途与申报的不太一样。经过一番调查，他发现这些零件实际上是用于组装一种新型的环保设备。

小明意识到，这种环保设备可能享受更低的关税税率。他兴奋地告诉老师自己的发现，并开始查阅相关法规。在繁杂的文件中，小明找到了支持他想法的条款。他迅速整理了一份报告，向海关提出了重新计算关税的申请。

相关人员对小明提出的申请感到好奇，他们一起核实了资料，最终确认了小明的发现。公司因此节省了一大笔关税支出，而小明也因为在工作中的细心和专业得到了大家的赞赏。

这次经历不仅更加增强了小明对税务工作的兴趣，也让他明白了专业知识在实际工作中的应用价值。接下来就跟小明一起进一步学习关税的知识吧。

【税的内容】

关税是由海关根据国家制定的有关法律，以准许进出口的货物和进出境物品为征税对象而征收的一种税。

（一）纳税人与征税范围

1. 纳税人

（1）进口货物纳税人为收货人。

（2）出口货物纳税人为发货人。

（3）进出境物品纳税人为所有人，包括该物品的所有人和推定为所有人的人。一般情况下：

① 对于携带进境的物品，推定其携带人为所有人。

② 对分离运输的行李，推定相应的进出境旅客为所有人。

③ 对以邮寄方式进境的物品，推定其收件人为所有人。

④ 对以邮递或其他运输方式出境的物品，推定其寄件人或托运人为所有人

2. 征税范围

征收的对象是进出境的货物和物品。

（1）货物，是指贸易性商品。

（2）物品，是指入境旅客随身携带的行李物品、个人邮递物品、各种运输工具上的服务人员携带进口的自用物品、馈赠物品以及其他方式进境的个人物品。

（3）“进出境”的“境”是指关境，又称“海关境域”或“关税领域”，是《中华人民共和国海关法》（以下简称《海关法》）全面实施的领域。

（二）税率

1. 进口关税税率

根据《中华人民共和国进出口关税条例》（以下简称《关税条例》），我国进口关税设有最惠国税率、协定税率、特惠税率、普通税率、关税配额税率等税率形式，对进口货物在一定期限内可以实行暂定税率。

适用最惠国税率、协定税率、特惠税率的国家或者地区名单，由国务院关税税则委员会决定。

进境物品的关税以及进口环节海关代征税合并为进口税。

海关总署规定数额以内的个人自用进境物品，免征进口税。超过海关总署规定数额但仍在合理数量以内的个人自用进境物品，由进境物品的纳税义务人在进境物品放行前按照规定缴纳进口税。超过合理、自用数量的进境物品应当按照进口货物依法办理相关手续。国务院关税税则委员会规定按货物征税的进境物品，按照进口货物相关规定征收关税。

（1）税率13%：书报、刊物、教育影视资料；计算机、视频摄录一体机、数字照相机等信息技术产品；食品、饮料；金银；家具；玩具，游戏品、节日或其他娱乐用品；药品。

（2）税率20%：运动用品（不含高尔夫球及球具）、钓鱼用品；纺织品及其制成品；电视摄像机及其他电器用品；自行车；税目1、3中未包含的其他商品。

（3）税率 50%：烟、酒；贵重首饰及珠宝玉石；高尔夫球及球具；高档手表；高档化妆品。

2. 出口关税税率

我国出口关税税则为一栏比例税率，即出口税率。自 2024 年 1 月 1 日起，继续对铬、铁等 107 项商品征收出口关税，对其中 68 项商品实施出口暂定税率。

（三）关税完税价格

依据《海关法》，进出口货物的完税价格，由海关以该货物的成交价格为基础审查确定（以下简称"成交价格估价方法"）。成交价格不能确定时，完税价格由海关依法估定（以下简称"进口货物海关估价方法"）。

完税价格按照一般进口货物、特殊进口货物、出口货物及进境物品等情形分别确定。

1. 一般进口货物的完税价格

（1）完税价格确定的基本原则。

依据《关税条例》，进口货物的完税价格由海关以符合相关规定所列条件的成交价格以及该货物运抵中华人民共和国境内输入地点起卸前的运输及其相关费用、保险费为基础审查确定。

简而言之，进口货物的完税价格包括货物的货价、货物运抵我国境内输入地点起卸前的运输及其相关费用、保险费三大部分。

其中：

① 运输及其相关费用，应当按照由买方实际支付或者应当支付的费用计算。

1）如果进口货物的运输及其相关费用无法确定的，海关应当按照该货物进口同期的正常运输成本审查确定。

2）进口运输工具（运输工具本身是进口货物），其利用自身动力进境的，审查确定完税价格时，不再另行计入运费。

② 保险费应当按照实际支付的费用计算。如果进口货物的保险费无法确定或者未实际发生，海关应当按照"货价"和"运费"两者总额的千分之三计算保险费。

（2）成交价格应符合的条件。

进口货物的成交价格，是指卖方向中华人民共和国境内销售该货物时，买方为进口该货物向卖方实付、应付的，并按照规定调整后的价款总额，包括直接支付的价款和间接支付的价款。

应符合以下条件：

① 卖方对买方处置或使用进口货物不予限制。有下列情形之一的，应当视为对买方处置或者使用进口货物进行了限制：

1）进口货物只能用于展示或者免费赠送的。

2）进口货物只能销售给指定第三方的。

3）进口货物加工为成品后只能销售给卖方或者指定第三方的。

② 货价不得受到使该货成交价格无法确定的条件或者因素的影响。有下列情形之一的，应当视为进口货物的价格受到了无法确定的条件或者因素的影响：

1）进口货物的价格是以买方向卖方购买一定数量的其他货物为条件而确定的。

2）进口货物的价格是以买方向卖方销售其他货物为条件而确定的。

③ 卖方不得直接或间接获得因买方销售、处置或者使用进口货物而产生的任何收益。或者虽有收益，但是能够按照规定进行调整。

④ 符合独立交易原则，买卖双方之间没有特殊关系，或虽然有特殊关系，但是按照规定未对成交价格产生影响。

有下列情形之一的，应当认为买卖双方存在特殊关系：

1）买卖双方为同一家族成员的。

2）买卖双方互为商业上的高级职员或者董事的。

3）一方直接或者间接地受另一方控制的。

4）买卖双方都直接或者间接地受第三方控制的。

5）买卖双方共同直接或者间接地控制第三方的。

6）一方直接或者间接地拥有、控制或者持有对方5%以上（含5%）公开发行的有表决权的股票或者股份的。

7）一方是另一方的雇员、高级职员或者董事的。

8）买卖双方是同一合伙的成员的。

买卖双方在经营上相互有联系，一方是另一方的独家代理、独家经销或者独家受让人，如果符合上述规定，也应当视为存在特殊关系。

（3）进口货物完税价格确定的其他方法——海关估价方法。

进口货物的成交价格不符合规定条件或成交价格不能确定的，海关经了解有关情况，并且与纳税义务人进行价格磋商后，依次以下列方法审查确定该货物的完税价格（略）。

2. 特殊进口货物的完税价格

（1）运往境外修理的货物：出境时已向海关报明，并在规定期限内复运进境的，以境外修理费和物料费为基础审查确定完税价格。

（2）运往境外加工的货物：出境时已向海关报明，并在规定期限内复运进境的，以境外加工费、料件费、复运进境的运输及相关费用、保险费为基础审查确定完税价格。

（3）暂时进境的货物：按照一般进口货物完税价格确定的有关规定，审查确定完税价格。

（4）租赁方式进口的货物：①以租金方式对外支付的租赁货物，在租赁期间以海关审定的租金作为完税价格，利息应当予以计入。②留购的租赁货物，以海关审定的留购价格作为完税价格。③承租人申请一次性缴纳税款的，可按照“进口货物海关估价方法”确定完税价格，或者按照海关审查确定的租金总额作为完税价格。

（5）留购的进口货样：以海关审定的留购价格作为完税价格。

（6）予以补税的减免税货物：

① 特定地区、特定企业或者特定用途的特定减免税进口货物，应当接受海关监管。进口减免税货物的监管年限：船舶、飞机为 8 年；机动车辆为 6 年；其他货物为 3 年。

② 监管年限内由于转让等原因需要补税的，以海关审定的该货物原进口时的价格，扣除折旧部分价值作为完税价格。公式为：

补税的完税价格 = 减免税货物原进口时的完税价格×［1−减免税货物已进口时间÷(监管年限×12)］

上述公式中，减免税货物已进口时间自货物放行之日起按月计算，不足一个月但超过 15 日的，按照一个月计算。不超过 15 日的，不予计算。

③ 减免税申请人将减免税货物移作他用，需要补缴税款的：

补税的完税价格 = 减免税货物原进口时的完税价格×［需要补缴税款的时间÷(监管年限×365)］

上述公式中，需要补缴税款的时间为减免税货物移作他用的实际时间，按日计算，每日实际使用不满 8 小时的或者超过 8 小时的均按 1 日计算。

（7）不存在成交价格的进口货物：易货贸易、寄售、捐赠、赠送等不存在成交价格的进口货物，由海关与纳税人进行价格磋商后，按照“进口货物海关估价方法”估定完税价格。

（8）进口软件介质：进口载有专供数据处理设备用软件的介质，具有下列情形之一的，应当以介质本身的价值或者成本为基础审查确定完税价格：

① 介质本身的价值或者成本与所载软件的价值分列。

② 介质本身的价值或者成本与所载软件的价值虽未分列，但是纳税人能够提供介质本身的价值或者成本的证明文件，或者能提供所载软件价值的证明文件。

含有美术、摄影、声音、图像、影视、游戏、电子出版物的介质不适用上述规定。

3. 公式定价进口货物完税价格确定

公式定价，是指在向中华人民共和国境内销售货物所签订的合同中，买卖双方未以具体明确的数值约定货物价格，而是以约定的定价公式确定货物结算价格的定价方式。结算价格是指买方为购买该货物实付、应付的价款总额。对同时符合下列条件的进口货物，以合同约定定价公式所确定的结算价格为基础确定完税价格：

（1）在货物运抵中华人民共和国境内前或保税货物内销前，买卖双方已书面约定定价公式。

（2）结算价格取决于买卖双方均无法控制的客观条件和因素。

（3）自货物申报进口之日起6个月内，能够根据合同约定的定价公式确定结算价格。

（4）结算价格符合《中华人民共和国海关审定进出口货物完税价格办法》中成交价格的有关规定。

公式定价货物进口时结算价格不能确定，以暂定价格申报的，纳税义务人应当向海关办理税款担保。

4. 出口货物的完税价格

（1）以成交价格为基础的完税价格。

出口货物的完税价格由海关以该货物的成交价格为基础审查确定，并应当包括货物运至中华人民共和国境内输出地点装载前的运输及其相关费用、保险费。

下列不应计入出口货物的完税价格：

① 出口关税。

② 在货物价款中单独列明的货物运至中华人民共和国境内输出地点装载后的运输及其相关费用、保险费。

（2）出口货物海关估价方法。

出口货物的成交价格不能确定时，海关与纳税义务人进行价格磋商后，依次以下列价格审查确定该货物的完税价格：

① 同时或大约同时向同一国家或地区出口的相同货物的成交价格。

② 同时或大约同时向同一国家或地区出口的类似货物的成交价格。

③ 根据境内生产相同或类似货物的成本、利润和一般费用（包括直接费用和间接费用）、境内发生的运输及其相关费用、保险费计算所得的价格。

④ 按照合理方法估定的价格。

（四）应纳税额

1. 从价税

以货物的价格作为计税方式而征收的税，税率为货物价格的百分比。以完税价格乘以关税税则中规定的税率，就可得出应纳税额。

目前我国海关计征关税标准主要是从价税。

$$关税税额=应税进(出)口货物数量\times单位完税价格\times税率$$

2. 从量税

按货物的计量单位（重量、长度、面积、容积、数量等）作为计税方式，以每一计量单位应纳的关税金额作为税率。

$$关税税额=应税进(出)口货物数量\times单位货物税额$$

3. 复合税

复合税又称混合税。征税时既采用从量又采用从价两种税率计征税款。复合税有较好的相互补偿作用，特别是在物价波动时既可以减少对财政收入的影响，又能起到一定的保护作用。

关税税额=应税进(出)口货物数量×单位货物税额+应税进(出)口货物数量×单位完税价格×税率

4. 滑准税

滑准税又称滑动税，是在税则中预先按产品的价格高低分档制定若干不同的税率，然后根据进出口商品价格的变动而增减进出口税率的一种关税。商品价格上涨，采用较低税率，商品价格下跌则采用较高税率，其目的是使该种商品的国内市场价格保持稳定，免受或少受国际市场价格波动的影响。滑准税的优点在于它能平衡物价，保护国内产业发展。其基本计算方法与从价税大致相同。公式如下：

关税税额=应税进(出)口货物数量×单位完税价格×滑准税税率

(五) 税收优惠

1. 法定减免税

符合税法规定可予减免税的下列进出口货物，纳税义务人无须提出申请，海关可按规定直接予以减免税。海关对法定减免税货物一般不进行后续管理。

下列进出口货物予以减征或免征关税：

(1) 关税税额在人民币50元以下的一票货物，可免征关税。

(2) 无商业价值的广告品和货样，可免征关税。

(3) 外国政府、国际组织无偿赠送的物资，可免征关税。

(4) 进出境运输工具装载的途中必需的燃料、物料和饮食用品，可免征关税。

(5) 在海关放行前损失的货物，可免征关税。

(6) 在海关放行前遭受损坏的货物，可以根据海关认定的受损程度减征关税。

(7) 中华人民共和国缔结或者参加的国际条约规定减征、免征关税的货物、物品，按照规定予以减免关税。

(8) 规定数额以内的物品，可免征关税。

(9) 法律规定减征、免征关税的其他货物、物品。

2. 暂时免税

暂时进境或者暂时出境的下列货物，在进境或者出境时纳税义务人向海关缴纳相当于应纳税款的保证金或者提供其他担保的，可以暂不缴纳关税，并应当自进境或者出境之日起6个月内复运进境或者复运出境。需要延长期限的，纳税义务人应按规定向海关办理延期手续。

(1) 在展览会、交易会、会议及类似活动中展示或者使用的货物。

(2) 文化、体育交流活动中使用的表演、比赛用品。

（3）进行新闻报道或者摄制电影、电视节目使用的仪器、设备及用品。

（4）开展科研、教学、医疗活动使用的仪器、设备及用品。

（5）在上述第（1）项至第（4）项所列活动中使用的交通工具及特种车辆。

（6）货样。

（7）供安装、调试、检测设备时使用的仪器、工具。

（8）盛装货物的容器。

（9）其他用于非商业目的的货物。

上述暂时进境货物在规定的期限内未复运出境的，或者暂时出境货物在规定的期限内未复运进境的，海关应当依法征收关税。

3. 特定减免税

特定减免税也称政策性减免税，是在法定减免税之外，按照国际通行规则和我国实际情况制定发布的有关进出口货物减免关税的政策。特定减免税货物一般有地区、企业和用途的限制，海关需要进行后续管理，也需要进行减免税统计。

（1）科教用品。

对科学研究机构、技术开发机构、学校、党校（行政学院）、图书馆进口国内不能生产或性能不能满足需求的科学研究、科技开发和教学用品，免征进口关税和进口环节增值税、消费税。

（2）残疾人专用品。

对残疾人专用品、有关单位进口国内不能生产的特定残疾人专用品，免征进口关税和进口环节增值税、消费税。

（3）慈善捐赠物资。

对我国关境外自然人、法人或者其他组织等境外捐赠人，无偿向经民政部或省级民政部门登记注册且被评定为5A级的、以人道救助和发展慈善事业为宗旨的社会团体或基金会、中国红十字会总会等七家全国性慈善或福利组织，以及国务院有关部门和各省、自治区、直辖市人民政府捐赠的，直接用于慈善事业的物资，免征进口关税和进口环节增值税。

（4）重大技术装备。

对符合条件的企业及核电项目业主为生产国家支持发展的重大技术装备或产品而确有必要进口的部分关键零部件及原材料，免征关税和进口环节增值税。国家各部门每年对新申请享受进口税收政策的企业及核电项目业主进行认定，每3年对已享受进口税收政策的企业及核电项目业主进行复核。取得免税资格的企业及核电项目业主可向主管海关提出申请，选择放弃免征进口环节增值税，只免征进口关税。企业及核电项目业主主动放弃免征进口环节增值税后，36个月内不得再次申请免征进口环节增值税。

(5) 集成电路和软件产业。

国家鼓励的重点集成电路设计企业和软件企业，以及集成电路生产企业和先进封装测试企业进口自用设备，及按照合同随设备进口的技术(含软件)及配套件、备件，免征进口关税。

(6) 科普用品。

① 对公众开放的科技馆、自然博物馆、天文馆(站、台)、气象台(站)、地震台(站)，以及高校和科研机构所属对外开放的科普基地，进口以下商品免征进口关税和进口环节增值税：

1) 为从境外购买自用科普影视作品播映权而进口的拷贝、工作带、硬盘，以及以其他形式进口自用的承载科普影视作品的拷贝、工作带、硬盘。

2) 国内不能生产或性能不能满足需求的自用科普仪器设备、科普展品、科普专用软件等科普用品。

② 进口下列科普用品免征进口关税和进口环节增值税：

1) 科普仪器设备。

2) 科普展品。

3) 科普专用软件。

(7) 国家综合性消防救援队伍进口消防救援设备。

① 自 2023 年 1 月 1 日至 2025 年 12 月 31 日，对国家综合性消防救援队伍进口国内不能生产或性能不能满足需求的消防救援装备，免征关税和进口环节增值税、消费税。

② 自 2023 年 1 月 1 日至 2023 年 10 月 23 日，国家综合性消防救援队伍已进口的装备所缴纳的进口税款，符合本政策规定的，依申请准予退还。

4. 临时减免税

由国务院对某个单位、某类商品、某个项目或某批进出口货物的特殊情况，给予特别照顾，一案一批，专文下达的减免税。一般有单位、品种、期限、金额或数量等限制，不能比照执行。

(六) 征收管理

1. 关税申报

进出口货物应向货物的进出境地海关申报。申报期限要求如下：

(1) 进口货物的纳税义务人应当自运输工具申报进境之日起 14 日内申报。

(2) 出口货物的纳税义务人除海关特准外，应当在货物运抵海关监管区后、装货的 24 小时以前申报。

2. 缴纳期限

海关计征税款并填发税款缴款书。

纳税义务人应当自海关填发税款缴款书之日起 15 日内，向指定银行缴纳关税税款。

纳税义务人因不可抗力或者国家税收政策调整不能按期缴纳税款的，依法提供税款担保后，可以直接向海关办理延期缴纳税款手续，延期纳税最长不超过 6 个月。

3. 关税的强制执行

关税的强制执行主要包括征收滞纳金、保全措施及强制措施。

（1）征收滞纳金。

滞纳金自关税缴纳期限届满滞纳之日起，至纳税义务人缴纳关税之日止，按滞纳税款万分之五的比例按日征收。（休息日或法定节假日不予扣除）

$$关税滞纳金金额=滞纳关税税额\times滞纳金征收比率\times滞纳天数$$

滞纳金的起征点为 50 元。

（2）保全措施。

出口货物的纳税义务人在规定的纳税期限内有明显的转移、藏匿其应税货物以及其他财产迹象的，海关可以责令纳税义务人提供担保。纳税义务人不能提供担保的，海关可以采取以下税收保全措施：

① 书面通知纳税义务人开户银行或者其他金融机构暂停支付纳税义务人相当于应纳税款的存款。

② 扣留纳税义务人价值相当于应纳税款的货物或者其他财产。

（3）强制措施。

纳税义务人自缴纳税款期限届满之日起 3 个月仍未缴纳税款，经直属海关关长或者其授权的隶属海关关长批准，海关可以采取强制扣缴、变价抵缴等强制措施：

① 书面通知纳税义务人开户银行或者其他金融机构从其存款中扣缴税款。

② 将纳税义务人的应税货物依法变卖，或者扣留并依法变卖其价值相当于应纳税款的货物或者其他财产，以变卖所得抵缴税款。

4. 关税退还

有下列情形之一的，纳税义务人自缴纳税款之日起 1 年内，可以申请退还关税，并应当以书面形式向海关说明理由，提供原缴款凭证及相关资料：

（1）已征进口关税的货物，因品质或者规格，原状退货复运出境的，可申请退还进口环节的关税，同时免征出口环节的关税。

（2）已征出口关税的货物，因品质或者规格，原状退货复运进境，并已重新缴纳因出口而退还的国内环节有关税收的，可申请退还出口环节的关税，同时免征进口环节的关税。

（3）已征出口关税的货物，因故未装运出口，申报退关的，可申请退还出口环节的关税。

（4）因残损、短少、品质不良或者规格不符，由进出口货物的发货人、承运人或者保险公司免费补偿或者更换的相同货物，进出口时不征收关税。被免费更换的原进口货物不退运出境或者原出口货物不退运进境的，海关应当对原进出口货物重新按照规定征收关税。

【例 6-26 · 计算题】 某市大型商贸公司为增值税一般纳税人，某年 12 月进口一批化妆品，支付国外买价 220 万元、国外的采购代理人佣金 6 万元、国外的经纪费 4 万元；支付运抵我国海关地前的运输费用 20 万元、装卸费用和保险费 11 万元；支付海关地再运往商贸公司的运输费 8 万元、装卸费用和保险费 3 万元。

计算该公司化妆品进口环节应缴纳的关税。(关税税率为 20%，化妆品消费税税率为 30%)

答案：关税税额 = 关税完税价格×关税税率

关税完税价格 = 220+4+20+11 = 255(万元)

应纳关税税额 = 255×20% = 51(万元)

【例 6-27 · 单选题】 某公司进口美国产某品牌啤酒 600 箱，每箱 24 瓶，每瓶容积 500 毫升，CIF 价格为 3000 美元。已知征税日美元与人民币的外汇中间价为 100 美元 = 719. 94 元人民币，适用优惠税率为 3 元人民币/升。根据题目意思应纳关税税额为(　　)。

A. 2160　　B. 5400　　C. 21600　　D. 22000

答案：C

解析：本题考查关税的从量计价方法，

应纳关税税额 = 600×24×500÷1000×3 = 21600(元人民币)

【例 6-28 · 单选题】 某公司进口两台日本产电视摄像机，CIF 价格为 13000 美元。已知征税日美元与人民币的外汇中间价为 100 美元 = 719. 94 元人民币，适用优惠税率为：每台完税价格高于 5000 美元的，从量税为每台 13280 元人民币，再征从价税，税率为 3%。根据题目意思应纳关税税额为(　　)。

A. 29367. 77　　B. 2936. 78　　C. 2656　　D. 26560

答案：A

解析：本题考查关税的复合计征方法

应纳关税税额 = 2×13280+13000÷100×719. 94×3% = 29367. 77(元人民币)

二、船舶吨税

TAX【税言税语】

学生小明在事务所的学习过程中，对不常接触的船舶吨税甚是喜爱，他也很认真地学习。

船舶吨税亦称“吨税”，是指海关对外国籍船舶航行进出本国港口时，按船舶净吨位征收的税。其原因主要是外国船舶在本国港口行驶，使用了港口设施和助航设备，如灯塔、航标等，故应支付一定的费用。有的国家也称吨税为“灯塔税”。

外商租用的中国籍船舶、中外合营企业等使用的中国籍船舶和我国租用航行国外兼营沿海贸易的外国籍船舶，都应按照规定缴纳船舶吨税。对应纳吨税船舶经特准行驶于我国未设海关港口的，则由当地税务局代征。

TAX【税的内容】

船舶吨税是海关对自境外港口进入境内港口的船舶所征收的一种税。船舶吨税作为一国船舶使用了另一国家的助航设施而向该国缴纳的一种税费，专项用于港口建设维护及海上干线公用航标的建设维护。

（一）征税范围

自中华人民共和国境外港口进入境内港口的船舶(以下称应税船舶)，应当缴纳船舶吨税。应税船舶负责人为纳税人。

（二）税率

（1）船舶吨税的税目、税率按船舶净吨位划分不同档位，根据执照期限确定税额，每一档位又分别规定了普通税率及优惠税率(见表6-10)。

表6-10 船舶吨税税目、税率表

税目（按船舶净吨位划分）	税率(元/净吨)						备注
	普通税率（按执照期限划分）			优惠税率（按执照期限划分）			
	1年	90日	30日	1年	90日	30日	
不超过2000净吨	12.6	4.2	2.1	9.0	3.0	1.5	拖船按照发动机功率每千瓦折合净吨位0.67吨。 拖船和非机动驳船分别按相同净吨位船舶税率的50%计征税款。 无法提供净吨位证明文件的游艇，按照发动机功率每千瓦折合净吨位0 05吨
超过2000净吨，但不超过10000净吨	24.0	8.0	4.0	17.4	5.8	2.9	
超过10000净吨，但不超过50000净吨	27.6	9.2	4.6	19.8	6.6	3.3	
超过50000净吨	31.8	10.6	5.3	22.8	7.6	3.8	

（2）船舶吨税设置优惠税率和普通税率。具体适用范围如下：

① 优惠税率：1）中华人民共和国国籍的应税船舶。2）船籍国（地区）与中华人民共和国签订含有相互给予船舶税费最惠国待遇条款的条约或协定的应税船舶。

② 普通税率：其他应税船舶。

（三）计税依据

吨税以船舶净吨位为计税依据。

（四）应纳税额

应纳税额＝船舶净吨位×定额税率

其中：船舶净吨位，指由船籍国（地区）政府授权签发的船舶吨位证明书上标明的净吨位。定额税率，根据船舶净吨位和执照期限，适用不同的税率。

（五）税收优惠

1. 直接优惠

下列船舶免征吨税：

（1）应纳税额在人民币 50 元以下的船舶。

（2）自境外以购买、受赠、继承等方式取得船舶所有权的初次进口到港的空载船舶。

（3）吨税执照期满后 24 小时内不上下客货的船舶。

（4）非机动船舶（不包括非机动驳船）。非机动船舶免征船舶吨税，而非机动驳船按照相同净吨位船舶税率的 50%计征税款。

（5）捕捞、养殖渔船。

（6）避难、防疫隔离、修理、改造、终止运营或者拆解，并不上下客货的船舶。

（7）军队、武装警察部队专用或者征用的船舶。

（8）警用船舶。

（9）依照法律规定应当予以免税的外国驻华使领馆、国际组织驻华代表机构及其有关人员的船舶。

（10）国务院规定的其他船舶。

2. 延期优惠

在吨税执照期限内，应税船舶发生下列情形之一的，海关按照实际发生的天数批注延长吨税执照期限：

（1）避难、防疫隔离、修理、改造，并不上下客货。

（2）军队、武装警察部队征用。

（六）征收管理

1. 纳税义务发生时间

吨税纳税义务发生时间为应税船舶进入境内港口的当日，应税船舶在吨税执照期满后尚未离开港口的，应当申领新的吨税执照，自上一执照期满的次日起续缴吨税。

应税船舶在进入港口办理入境手续时，应当向海关申报纳税，领取吨税执照，或者交验吨税执照（或者申请核验吨税执照电子信息）；应税船舶在离开港口办理出境手续时，应当交验吨税执照（或者申请核验吨税执照电子信息）。

2. 纳税期限

应税船舶负责人应当自海关填发吨税缴款凭证之日起 15 日内缴清税款。未按期缴清税款的，自滞纳税款之日起至缴清税款之日止，按日加收滞纳税款万分之五的税款滞纳金。

应税船舶到达港口前，经海关核准先行申报并办结出入境手续的，应税船舶负责人应当向海关提供与其依法履行吨税缴纳义务相适应的担保；应税船舶到达港口后，按规定向海关申报纳税。

人民币、可自由兑换货币，汇票、本票、支票、债券、存单，银行、非银行金融机构的保函和海关依法认可的其他财产、权利，可以用于担保。

3. 其他相关规定

船舶吨税由海关负责征收。海关征收吨税应当制发缴款凭证。

海关发现少征或者漏征税款的，应当自应税船舶应当缴纳税款之日起 1 年内，补征税款，但因应税船舶违反规定造成的，海关可以自应当缴纳税款之日起 3 年内追征税款，并自应当缴纳税款之日起按日加征少征或者漏征税款万分之五的税款滞纳金。

海关发现多征税款的，应当在 24 小时内通知应税船舶办理退还手续，并加算银行同期活期存款利息。

应税船舶发现多缴税款的，可以自缴纳税款之日起 3 年内以书面形式要求海关退还多缴的税款并加算银行同期活期存款利息；海关应当自受理退税申请之日起 30 日内查实并通知应税船舶办理退还手续。

应税船舶有下列行为之一的，由海关责令限期改正，处 2000 元以上 30000 元以下的罚款；不缴或者少缴应纳税款的，处不缴或者少缴税款 50%以上 5 倍以下的罚款，但罚款不得低于 2000 元：

（1）未按照规定申报纳税、领取吨税执照。

（2）未按照规定交验吨税执照（或者申请核验吨税执照电子信息）以及提供其他证明文件。

【例 6-29 · 多选题】 下列船舶中，免征船舶吨税的有（　　）。

A. 养殖渔船　　　　B. 非机动驳船

C. 军队征用的船舶　　　　D. 应纳税额为 100 元人民币的船舶

答案： AC

解析： 选项 B，非机动驳船按相同净吨位船舶税率的 50%计征船舶吨税；选项 D，应纳税额为 50 元人民币以下的船舶，免征船舶吨税。

【例 6-30 · 单选题】 2022 年 3 月 20 日，B 国某运输公司一艘货轮驶入我国某港口，该货轮净吨位为 30000 吨，货轮负责人已向我国该海关领取了吨税执照，在港口停留期为 30 天，B 国已与我国签订有相互给予船舶税费最惠国待遇条款。该货轮负责人应向我国海关缴纳的船舶吨税为（　　）。

A. 99000　　　　B. 24750　　　　C. 30000　　　　D. 90000

答案： A

解析： 根据船舶吨税的相关规定，该货轮应享受优惠税率，每净吨位为 3.3 元。

应缴纳的船舶吨税 = 30000×3.3 = 99000（元）

【思维税图】

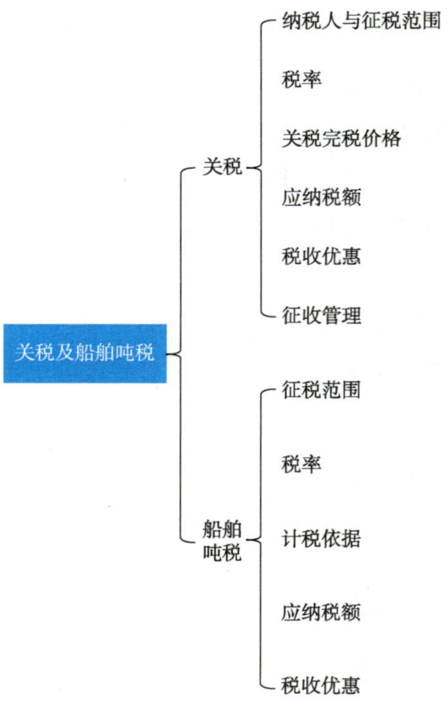

【本章小结】

本章主要介绍了资源税、环境保护税、城镇土地使用税、土地增值税、房产税等税种，内容包括纳税人与征税范围、税目与税率、计税依据、应纳税额、税收优惠以及征收管理等，内容涵盖了我国目前现有的小税种的各个方面，从理论到实践提供了必要的知识和操作指引。通过学习这些内容，读者可以深入了解其他税种税法的规定以及其中相关的税收优惠政策，提高税务合规性，合理运用税收优惠政策，从而实现更好的税收管理和经济效益。

【思政启税】

资源税和环境保护税在调节资源利用、保护环境和促进可持续发展方面发挥着重要作用。通过学习资源税和环境保护税，我们可以了解资源利用和环境保护的重要性，深入了解相关政策和法规，增强对可持续发展的认识和支持。我们应当积极支持和遵守资源税和环境保护税的征收规定，合理规划资源利用和生产活动，减少资源浪费和环境污染。同时，我们也可以通过倡导节约资源、保护环境的行为，积极参与环保公益活动，为推动绿色发展和可持续发展贡献自己的力量。

财产和行为税在实现财产和行为的公平分配，促进经济的发展和维护社会稳定与公共利益等方面发挥着重要作用。通过学习财产和行为税，我们可以了解财产管理和行为规范的重要性，深入了解相关政策和法规，增强对财富分配和社会公平的认识与支持。我们应当积极遵守财产和行为税的征收规定，合理规划财产和行为，遵守税法，为国家财政健康发展作出贡献。同时，我们也可以通过理性消费、合理投资和遵守行为规范，积极参与社会公益事业，为推动经济发展和社会进步贡献自己的力量。

【数字赋税】

数字财产征税的技术创新

当下，随着区块链等数字技术的出现，税收征管进入了以区块链等为关注重点的数字技术阶段。税法目的的实现得益于数字技术的革新。数字经济时代，有必要将数字技术应用于税收监管领域。

1. 数字化改进税收监管平台

数字经济时代，新兴的数字技术已经成为税收监管平台数字化升级改造的新动能。坚持数字驱动方向，深化数字业务功能，持续拓展数字化税收监管平台的应用场景。

首先，参照已有的数据交易中心，利用区块链、人工智能等技术，建立综合性的数字财产交易税收征管场所，全方位关注数字财产的持有、交易、赠与等行为，有效监管纳税人的身份信息，有效保障税源的安全性。其次，按照建设数字政府的要求，打通税收征管部门之间的物理壁垒，建设跨部门的协同管理机制和平台，实现税收征管部门的数字化转型这一目标。最后，面向数字财产消费者、数字企业等数字财产交易主体，建立信息共享平台，及时向社会公众公开重要数字财产交易信息及政策信息，减少信息不对称。总之，数字经济时代，税收监管能力的改进，需要数字技术的应用。

2. 穿透式监测数字财产交易

区块链技术具有分布账、防篡改、透明度等特点，在数字税收治理中具有显著的优势和良好的应用前景，有利于构造真实、安全、效率的税收征管框架，规制数字经济条件下的税收征管行为。

首先，回应“以票管税”向“以数治税”监管转变的要求，建立数字财产税源管控体系。如税务机关可借助区块链技术不可篡改的特性，改进税收稽查手段，防止法定纳税人的虚开发票、偷税漏税等行为。其次，建立针对数字财产交易主体的税务信用评估机制。数字财产交易具有偶然性、隐蔽性，难以确定纳税主体的信用等级。可以利用区块链技术掌握纳税主体的涉税信息，对纳税主体进行缴税行为评估与公示，对纳税失信行为予以记录与公开。最后，转变被动进行税收征管的地位。在市场主体越发多元化、涉税信息越加隐秘的现状下，税务主管部门在税收征管过程中越发处于被动地位。可以在区块链理念的指导下，建立数字财产税源管控机制，在税源实际流失之前，有效识别数字财产纳税人的恶意行为，降低数字经济时代税务部门的监管成本。

第七章　税收征收管理

【学税目标】

- 正确理解征税主体的权利和义务。
- 正确理解纳税人的权利和义务。
- 充分了解纳税服务平台。
- 明确税务登记、账簿和凭证管理、发票管理、纳税申报、税款征收、税务检查等环节的内容。
- 正确分析违反税收的法律法规应承担的法律责任，以及受到侵害可以采取的法律救济。

【税言税语】

2021 年 7 月，国税局稽查部门在对某公司涉税情况进行检查中发现，该公司承接某宾馆工程项目存在少申报纳税的情况。税务机关依法追征税款、滞纳金和罚款共计 7.3 万元，并及时发出行政处罚告知书，该公司没有要求听证。税务机关于 2021 年 9 月下发了税务处理决定书和行政处罚决定书。

2022 年 2 月，该公司以“无相关工程安装资质”为由请求某人民法院将相关合同确认无效，终止履行。又于 2022 年 4 月 23 日，以税务机关不应该以无效的合同为确认收入基础为由，向人民法院递交行政起诉状，请求法院判令返还税款、滞纳金及罚款 7.3 万元。

一审法院以其超过诉讼时效为由驳回原告起诉，但该公司认为税务机关没有口头告知其享有行政复议和诉讼的权利，且公司财务负责人盲目签收，没有超出诉讼时效，向市中级人民法院提起上诉。在二审过程中，上诉人通过法庭辩论和调解，表示服从原审裁定，申请撤回上诉。案件虽已过去，但通过本案起诉、应诉，再起诉、再应诉，给税务机关、税务人员以及纳税人都带来许多反思。

第一节　税收征纳主体的权利和义务

【税的内容】

一、征税人的权利

征税主体又叫征税人，是指在税收法律关系中行使税收征管权，依法进行税款征收行为的一方当事人。判断和认定某一主体是否为征税主体，主要应看其行使的权利和实施的行为的性质。税收是以国家为主体的特殊分配形式，所以征税主体只能是国家，而不是其他主体。在我国，征税主体的具体部门有：税务部门，财政部门和海关。由海关负责征收的税种主要有：关税、船舶吨税；由海关代征的税种主要有：进口环节的增值税、消费税。税务机关征收：其他所有税种。征税主体作为国家税收征收管理的职能部门，享有税务行政管理权。征税主体的权利直接体现为税收征收管理中税务机关和税务人员的职权，主要包括以下几个方面。

1. 税收立法权

税收立法权包括参与起草税收法律法规草案，提出税收政策建议，在职权范围内制定、发布关于税收征管的部门规章等。

2. 税务管理权

税务管理权包括对纳税人进行税务登记管理、账簿和凭证管理、发票管理、纳税申报管理等。

3. 税款征收权

税款征收权是征税主体享有的最基本、最主要的职权。税款征收权包括依法计征权、核定税款权、税收保全和强制执行权、追征税款权等。

4. 税务检查权

税务检查权包括查账权、场地检查权、询问权、责成提供资料权、存款账户核查权等。

5. 税务行政处罚权

税务行政处罚权是对税收违法行为依照法定标准予以行政制裁的职权，如罚款等。

6. 其他职权

如在法律、行政法规规定的权限内，对纳税人的减、免、退、延期缴纳的申请予以审批的权利；阻止欠税纳税人离境的权利；委托代征权；估税权；代位权与撤销权；定期对纳税人欠缴税款情况予以公告的权利；上诉权等。

二、征税主体的义务

征税主体的义务直接体现为税收征收管理中征税机关和税务人员的职责。征税机关和税务人员在行使职权时，也要履行相应的职责，主要包括：

(1) 宣传税收法律、行政法规，普及纳税知识，无偿为纳税人提供纳税咨询服务。

(2) 依法为纳税人、扣缴义务人的情况保守秘密，为检举违反税法行为者保密。纳税人、扣缴义务人的税收违法行为不属于保密范围。

(3) 加强队伍建设，提高税务人员的政治业务素质。

(4) 秉公执法，忠于职守，清正廉洁，礼貌待人，文明服务，尊重和保护纳税人、扣缴义务人的权利，依法接受监督。

(5) 税务人员不得索贿受贿、徇私舞弊、玩忽职守、不征或者少征应征税款；不得滥用职权多征税款或者故意刁难纳税人和扣缴义务人。

(6) 税务人员在核定应纳税额、调整税收定额、进行税务检查、实施税务行政处罚、办理税务行政复议时，与纳税人、扣缴义务人或者其法定代表人、直接责任人有利害关系，包括夫妻关系、直系血亲关系、三代以内旁系血亲关系、近姻亲关系、可能影响公正执法的其他利害关系的，应当回避。

(7) 建立、健全内部制约和监督管理制度。上级税务机关应当对下级税务机关的执法活动依法进行监督。各级税务机关应当对其工作人员执行法律、行政法规和廉洁自律准则的情况进行监督检查。

【例 7–1 · 单选题】 下列选项中，属于征税主体义务的是(　　)。

A. 对纳税人税收违法行为进行处罚

B. 对扣缴义务人税收违法行为进行保密

C. 税务人员在进行税务检查时，与纳税人存在利害关系的应进行回避

D. 阻止欠税纳税人离境

答案：C

解析：选项 A、选项 D 属于征税主体的权利；选项 B，纳税人、扣缴义务人的税收违法行为不属于保密范围。

三、纳税人的权利

纳税人的权利是指纳税人在依法履行纳税义务时，由法律确认、保障与尊重的权利和利益，以及当纳税人的合法权益受到侵犯时，纳税人所应获得的救助与补偿权利。为了方便纳税人了解纳税过程中所享有的权利和应尽的义务，帮助纳税人及时、准确地完成纳税

事宜，促进纳税人与税务机关在税收征纳过程中的合作，2009 年 11 月，国家税务总局专门下发了《国家税务总局关于纳税人权利与义务的公告》，对纳税人应该享有的权利和应尽的义务进行了公告。按照我国现行税法规定，纳税人以及扣缴义务人(以下统称纳税人)的权利主要包括以下方面。

1. 知情权

纳税人有权向税务机关了解国家税收法律、行政法规的规定以及与纳税程序有关的情况，享有被告知与自身纳税义务有关信息的权利。纳税人的知情权主要包括：现行税收法律、行政法规和税收政策规定；办理税收事项的时间、方式、步骤以及需要提交的资料；应纳税额核定及其他税务行政处理决定的法律依据、事实依据和计算方法；与税务机关在纳税、处罚和采取强制执行措施时发生争议或纠纷时，纳税人可以采取的法律救济途径及需要满足的条件。

2. 保密权

纳税人有权要求税务机关对其商业秘密及个人隐私保密。主要包括纳税人的技术信息、经营信息和纳税人、主要投资人以及经营者不愿公开的个人事项。上述事项，如无法律、行政法规明确规定或者纳税人的许可，税务机关将不会对外部门、社会公众和其他个人提供。但根据法律规定，税收违法行为信息不属于保密范围。

3. 税收监督权

纳税人有权控告和检举税务机关、税务人员的违法违纪行为，如索贿受贿、徇私舞弊、玩忽职守，不征或者少征应征税款，滥用职权多征税款或者故意刁难纳税人等。同时，纳税人也有权检举其他纳税人的税收违法行为。

4. 纳税申报方式选择权

纳税人可以直接到办税服务厅办理纳税申报或者报送代扣代缴、代收代缴税款报告表，也可以按照规定采取邮寄、数据电文或者其他方式办理上述申报、报送事项。但采取邮寄或数据电文方式办理上述申报、报送事项的，需经主管税务机关批准。

纳税人如采取邮寄方式办理纳税申报，应当使用统一的纳税申报专用信封，并以邮政部门收据作为申报凭据。邮寄申报以寄出的邮戳日期为实际申报日期。

数据电文方式是指税务机关确定的电话语音、电子数据交换和网络传输等电子方式。纳税人如采用电文方式办理纳税申报，应当按照税务机关规定的期限和要求保存有关资料，并定期书面报送主管税务机关。

5. 申请延期申报权

纳税人不能按期办理纳税申报或者报送代扣代缴、代收代缴税款报告表的，应当在规定的期限内向税务机关提出书面延期申请，经核准，可在核准的期限内办理。经核准延期办理申报、报送事项的，应当在税法规定的纳税期内按照上期实际缴纳的税额或者税务机关核定的税额预缴税款，并在核准的延期内办理税款结算。

6. 申请延期缴纳税款权

纳税人因有特殊困难，不能按期缴纳税款的，经省、自治区、直辖市国家税务局、地方税务局批准，可以延期缴纳税款，但是最长不得超过三个月。这里所指的特殊困难主要是指：①不可抗力导致纳税人发生较大损失，正常生产经营活动受到较大影响的；②当期货币资金在扣除应付职工工资、社会保险费用后，不足以缴纳税款的。纳税人满足以上任何一个条件都可以申请延期缴纳税款。税务机关应当自收到申请延期缴纳税款报告之日起20日内作出批准或者不予批准的决定；不予批准的，从缴纳税款期限届满之日起加收滞纳金。

7. 申请退还多缴税款权

纳税人超过应纳税额缴纳的税款，税务机关发现后应当立即退还；纳税人自结算缴纳税款之日起三年内发现的，可以向税务机关要求退还多缴的税款并加算银行同期存款利息，税务机关及时查实后应当立即退还；涉及从国库中退库的，依照法律、行政法规有关国库管理的规定退还。税务机关发现纳税人多缴纳税款的，应当自发现之日起10日内办理退库；纳税人发现多缴税款的，税务机关应当自接到纳税人退还申请之日起30日内查实并办理退库手续。

8. 依法享受税收优惠权

纳税人依法享有申请减税、免税、退税的权利，即纳税人有权根据法律、行政法规的规定向税务机关申请享受税收优惠的权利。但必须按照法定程序进行申请、审批。减税、免税期满，纳税人应当自期满次日起恢复纳税。减税、免税条件发生变化的，应当自发生变化之日起15日内向税务机关报告；不再符合减税、免税条件的，应当依法履行纳税义务。

纳税人享受的税收优惠需要备案的，应当按照税收法律、行政法规和有关政策规定，及时办理事前或事后备案。

9. 委托税务代理权

纳税人可以委托税务代理人代为办理以下事项：办理、变更或者注销税务登记，除增值税专用发票外的发票领购手续，办理纳税申报或扣缴税款报告，办理税款缴纳和申请退税手续，制作涉税文书，审查纳税情况，建账建制、办理账务，税务咨询，申请税务行政复议、提起税务行政诉讼以及国家税务总局规定的其他业务。按规定必须由纳税人自行办理的其他税务事宜，税务代理人不得办理。

10. 陈述与申辩权

纳税人对税务机关所作出的行政处罚决定，享有陈述权、申辩权。

陈述权是指纳税人对税务机关作出的决定所享有的陈述自己意见的权利。申辩权是指纳税人对税务机关作出的决定所主张的事实、理由和依据享有申诉和解释说明的权利。如果纳税人有充分的证据证明自己的行为合法，税务机关就无权对其实行行政处罚，即使纳税人的陈述或申辩不充分合理，税务机关也应当解释其行政处罚行为的原因，并将纳税人的陈述内容和申辩理由记录在案，以便在行政复议或司法审查过程中有所依据。

11. 对未出示税务检查证和税务检查通知书的拒绝检查权

纳税人在接受税务检查时，有权要求检查人员出示税务检查证和税务检查通知书，未出示税务检查证和税务检查通知书的，纳税人有权拒绝检查。

12. 税收法律救济权

纳税人对税务机关作出的决定，依法享有申请行政复议、提起行政诉讼、请求国家赔偿等权利。

纳税人、纳税担保人同税务机关在纳税上发生争议时，必须先依照税务机关的纳税决定缴纳或者解缴税款及滞纳金或者提供相应的担保，然后可以依法申请行政复议；对行政复议决定不服的，可以依法向人民法院起诉。如对处罚决定、强制执行措施或者税收保全措施不服的，可以依法申请行政复议，也可以依法向人民法院起诉。

当税务机关的职务违法行为对纳税人和其他税务当事人的合法权益造成侵害时，纳税人和其他税务当事人可以要求税务行政赔偿。主要包括：①纳税人在限期内已缴纳税款，税务机关未立即解除税收保全措施，使纳税人的合法权益遭受损失的；②税务机关滥用职权违法采取税收保全措施、强制执行措施或者采取税收保全措施、强制执行措施不当，使纳税人或者纳税担保人的合法权益遭受损失的。

13. 依法要求听证的权利

在对纳税人作出规定金额以上罚款的行政处罚之前，税务机关会向纳税人送达《税务行政处罚事项告知书》，告知纳税人已经查明的违法事实、证据、行政处罚的法律依据和拟将给予的行政处罚。对此，纳税人有权要求举行听证。纳税人要求举行听证的，税务机关应组织听证。如纳税人认为税务机关指定的听证主持人与本案有直接利害关系，有权申请主持人回避。

对应当进行听证的案件，税务机关不组织听证的，行政处罚决定不能成立，但纳税人放弃听证权利或者被正当取消听证权利的除外。

14. 索取有关税收凭证的权利

税务机关征收税款时，必须给纳税人开具完税凭证。扣缴义务人代扣、代收税款时，纳税人要求扣缴义务人开具代扣、代收税款凭证时，扣缴义务人应当开具。

税务机关扣押商品、货物或者其他财产时，必须开付收据；查封商品、货物或者其他财产时，必须开付清单。

四、纳税人的义务

纳税人的义务是指纳税人依照宪法、税收法律和行政法规的规定，在纳税过程中应负有的义务。

1. 依法进行税务登记的义务

纳税人应当自领取营业执照之日起 30 日内，持有关证件向税务机关申报办理税务登记。税务登记主要包括领取营业执照后的设立登记，税务登记内容发生变化后的变更登记，依法申请停业、复业登记、依法终止纳税义务的注销登记等。

在各类税务登记管理中，纳税人应该根据税务机关的规定分别提交相关资料，及时办理。同时，纳税人应当按照税务机关的规定使用税务登记证件。税务登记证件不得转借、涂改、损毁、买卖或者伪造。

2. 依法设置账簿、保管账簿和有关资料以及依法开具、使用、取得和保管发票的义务

纳税人应当按照有关法律、行政法规和国务院财政、税务主管部门的规定设置账簿，根据合法、有效凭证记账，进行核算；从事生产、经营的，必须按照国务院财政、税务主管部门规定的保管期限保管账簿、记账凭证、完税凭证及其他有关资料；账簿、记账凭证、完税凭证及其他有关资料不得伪造、变造或者擅自损毁。

此外，纳税人在购销商品、提供或者接受经营服务以及从事其他经营活动中，应当依法开具、使用、取得和保管发票。

3. 财务会计制度和会计核算软件备案的义务

纳税人的财务、会计制度或者财务、会计处理办法和会计核算软件，应当报送税务机关备案。纳税人的财务、会计制度或者财务、会计处理办法与国务院或者国务院财政、税务主管部门有关税收的规定相抵触的，应依照国务院或者国务院财政、税务主管部门有关税收的规定计算应纳税款、代扣代缴和代收代缴税款。

4. 按照规定安装、使用税控装置的义务

国家根据税收征收管理的需要，积极推广使用税控装置。纳税人应当按照规定安装、使用税控装置，不得损毁或者擅自改动税控装置。如纳税人未按规定安装、使用税控装置，损毁或者擅自改动税控装置的，税务机关将责令纳税人限期改正，并可根据情节轻重处以规定数额内的罚款。

5. 按时、如实申报的义务

纳税人必须依照法律、行政法规规定或者税务机关依照法律、行政法规的规定确定的申报期限、申报内容如实办理纳税申报，报送纳税申报表、财务会计报表以及税务机关根据实际需要要求纳税人报送的其他纳税资料。

扣缴义务人必须依照法律、行政法规规定或者税务机关依照法律、行政法规的规定确定的申报期限、申报内容如实报送代扣代缴、代收代缴税款报告表以及税务机关根据实际需要要求扣缴义务人报送的其他有关资料。

纳税人即使在纳税期内没有应纳税款，也应当按照规定办理纳税申报。享受减税、免税待遇的，在减税、免税期间应当按照规定办理纳税申报。

6. 按时缴纳税款的义务

纳税人应当按照法律、行政法规规定或者税务机关依照法律、行政法规的规定确定的期限，缴纳或者解缴税款。

未按照规定期限缴纳税款或者未按照规定期限解缴税款的，税务机关除责令限期缴纳外，从滞纳税款之日起，按日加收滞纳税款万分之五的滞纳金。

7. 代扣代缴税款的义务

法律、行政法规规定负有代扣代缴、代收代缴税款义务的扣缴义务人，必须按照法律、行政法规的规定履行代扣代缴、代收代缴税款的义务。扣缴义务人依法履行代扣代缴、代收代缴税款义务时，纳税人不得拒绝。纳税人拒绝的，扣缴义务人应当及时报告税务机关处理。

8. 接受依法检查的义务

纳税人和扣缴义务人有接受税务机关依法进行税务检查的义务，应主动配合税务机关按法定程序进行的税务检查，如实地向税务机关反映自己的生产经营情况和执行财务制度的情况，并按有关规定提供报表和资料，不得隐瞒和弄虚作假，不能阻挠、刁难税务机关及其工作人员的检查和监督。

9. 及时提供信息的义务

纳税人除通过税务登记和纳税申报向税务机关提供与纳税有关的信息，还应及时提供其他信息。如纳税人有歇业、经营情况变化、遭受各种灾害等特殊情况的，应及时向税务机关说明，以便税务机关依法妥善处理。

10. 报告其他涉税信息的义务

为了保障国家税收能够及时、足额征收入库，税收法律还规定了纳税人有义务向税务机关报告如下涉税信息：

(1) 纳税人有义务就与关联企业之间的业务往来，向当地税务机关提供有关的价格、费用标准等资料。纳税人有欠税情形而以财产设定抵押、质押的，应当向抵押权人、质权人说明欠税情况。

(2) 企业合并、分立的报告义务。纳税人有合并、分立情形的，应当向税务机关报告，并依法缴清税款。合并时未缴清税款的，应当由合并后的纳税人继续履行未履行的纳税义务；分立时未缴清税款的，分立后的纳税人对未履行的纳税义务应当承担连带责任。

(3) 报告全部账号的义务。如纳税人从事生产、经营，应当按照国家有关规定，持税务登记证件，在银行或者其他金融机构开立基本存款账户和其他存款账户，并自开立基本存款账户或者其他存款账户之日起 15 日内，向主管税务机关书面报告全部账号；发生变化的，应当自变化之日起 15 日内，向主管税务机关书面报告。

(4) 处分大额财产报告的义务。如纳税人的欠缴税款数额在 5 万元以上，处分不动产或者大额资产之前，应当向税务机关报告。

税务机关与纳税人之间的征纳关系是基于税收法律规定的，双方都有各自的权利和义务。税务机关应当依法征收税款，为纳税人提供优质的服务等；而纳税人则应当积极配合税务机关的工作，按照法律规定申报和缴纳税款等。

【思维税图】

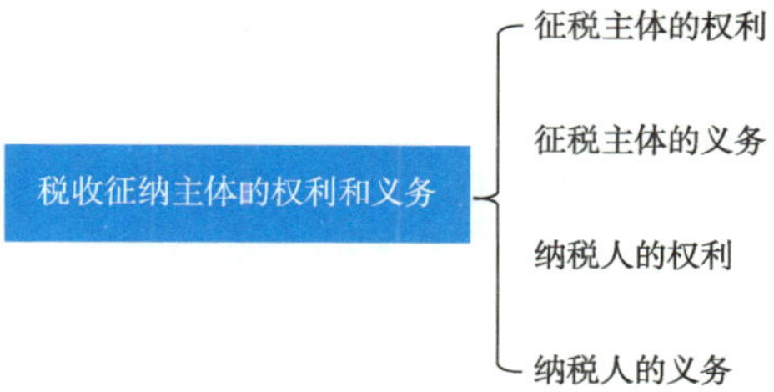

第二节　纳税服务

【税的内容】

一、纳税服务的概念和平台

纳税服务是税务机关根据税收法律、行政法规的规定，在纳税人依法履行纳税义务和行使权利的过程中，为纳税人提供的规范、全面、便捷、经济的各项服务措施的总称。

随着纳税服务领域的拓展和现代科学技术的发展，我国的纳税服务手段不断改进和完善，目前主要有以下几种。

1. 办税服务厅

办税服务厅是纳税服务的重要场所，一般设立申报纳税、发票管理、综合服务三类窗口。在办税服务厅，各种纳税申报实行“一窗式”管理，每个申报窗口都可受理、审核不同税种的申报；推行“一站式”服务，纳税人需要集中办理的各类涉税事项均可统一到办税服务厅办理，并实行即时、限时办理。同时，在办税服务厅还提供了表证单书样本、纸墨等用品，设立税法公告栏，及时编印和发放税收政策法规规定的宣传资料；设立电子触摸屏、显示屏、排队叫号系统等，方便纳税人办税。

2. 税务门户网站

税务门户网站是纳税服务的重要网络平台。税务门户网站根据纳税人的需求设置网站栏目，重点开设税法宣传、纳税咨询、办税服务和权益保护等基本服务项目，并在此基础上，逐步拓展疑难问题在线咨询、意见建议在线收集、投诉举报在线受理等网上互动项目。

3. 纳税服务热线

12366 纳税服务热线的主要服务功能包括纳税咨询、办税指南、涉税举报、投诉监督等，并已逐步开通发票、待办事项等信息查询和电话申报、满意度随机调查等功能。通过人工与自动语音相结合，为纳税人提供 24 小时多功能语音服务。此外，依托 12366 纳税服务热线可同步实现短信服务、网上咨询等功能。

二、纳税服务的主要内容

1. 税法宣传

税法宣传是纳税服务的重要内容，税务机关广泛、及时、准确、有针对性地向纳税人宣传税收法律、法规和政策，普及纳税知识，是增强全社会依法诚信纳税意识、提高纳税人税法遵从度的重要措施。

（1）丰富宣传内容。税务机关应根据纳税人的需求不断丰富和更新税法宣传内容，以纳税知识、税收政策和征纳沟通渠道为重点，针对税收常识、办税流程、难点问题、最新税收政策规定等，大力开展税法宣传。

（2）实施分类宣传。税务机关应根据纳税人的不同情况进行分类宣传，不断增强税法宣传的针对性和有效性。对于不同行业和不同经济类型的纳税人，企业管理层、财务主管、办税人员等不同群体，以及涉税中介机构、行业协会等不同组织，按照不同需求，突出相应重点，分别开展宣传。积极发挥税收管理员、办税服务厅人员和税务稽查人员直接接触纳税人的优势，有针对性地开展个性化分类宣传。

（3）健全长效机制。税务机关坚持日常宣传和集中宣传相结合，坚持正、反面典型宣传相结合，既广泛宣传依法诚信纳税的典型，又对涉税违法犯罪大案、要案进行曝光。对重要税收政策及管理措施实行规范性文件与宣传解读稿同步起草、同步报审、同步发布，提高税法宣传的及时性、准确性和针对性。坚持运用报刊、图书等传统媒体与新兴媒体宣传相结合，注重利用互联网、12366 纳税服务热线、手机短信等新兴载体深入开展税收宣传活动。积极开展税法宣传进学校、进社区、进乡村活动，进一步扩大税法宣传的覆盖面。坚持开展税收宣传月活动，每年 4 月由国家税务总局组织全国税务系统集中开展税收宣传，对于加大税收宣传力度、增强税收影响力起到了积极作用。

2. 纳税咨询

为纳税人提供纳税咨询是税务机关的职责，《中华人民共和国税收征收管理法》（以下简称《税收征管法》）明确规定，税务机关应当无偿地为纳税人提供纳税咨询服务。

（1）做好日常咨询。税务机关坚持依法、无偿、准确、规范、便捷的原则，扎实做好日常纳税咨询服务。办税服务厅工作人员和税收管理人员是进行纳税咨询辅导的直接责任人员，负责面对面地解答纳税人提出的问题，并加强与纳税人的联系和沟通，及时进行办税辅导。在接受纳税咨询时，税务人员努力自觉做到语言文明、举止庄重、讲普通话。回答问题时，力求做到准确、及时，减少和避免纳税人由于了解政策不及时、不全面或不熟知程序而出现的问题。税务机关定期收集和了解不同规模和类型纳税人的需求，积极开展个性化的纳税咨询。

（2）提供多种选择。税务机关为纳税人提供电话咨询、信函咨询、现场咨询、网络在线咨询等多种咨询途径。积极引导纳税人通过 12366 纳税服务热线、税务网站等专业咨询渠道进行纳税咨询。

（3）确保及时回复，税务机关积极推行纳税咨询限时回复公开承诺，对于能够明确解释的咨询问题，给予当场答复；对于不能即时解答的，在规定时限内按约定方式回复；对于暂不能准确答复的，按照规定程序，及时转交有关部门限时办理后回复；对于涉及多部门的疑难咨询问题，说明原因，经提交咨询专家组研究后及时回复。

3. 办税服务

办税服务是税务机关为方便纳税人准确、及时办理涉税事项、履行纳税义务的重要措施，办税服务质量和效率是检验纳税人满意度的重要标准。税务机关一直致力于通过不断完善服务功能，推行多元办税、优化办税流程、精简涉税资料等手段，帮助纳税人更便捷、更高效地行使权利和履行义务。

（1）优化办税流程。税务机关对实际操作中复杂的办税流程依法简并，对税收业务流程进行集中梳理，对能够下放的审批权限和前移的审批事项予以下放和前移。不断优化办税流程，切实解决纳税人办税"多头找、多次跑"和税务机关"重复找纳税人"等突出问题。降低税收成本，提高办税服务效率，切实方便纳税人。

（2）推行多种办税和缴款方式。税务机关按照"窗口受理、内部流转、限时办结、窗口出件"的要求全面实行"一站式"服务，积极推行全程服务、预约服务、提醒服务、延时服务、首问责任制等办税服务制度。在有条件的地方逐步推进自助办税，并为办税不便的纳税人提供流动服务和上门服务。积极建立网上申报、上门申报、电话申报、邮寄申报等多元化申报纳税体系，方便纳税人快捷办理各种涉税事项。大力推广使用支票、银行卡、电子结算等方式缴纳税款，推行以财税库银横向联网为依托的电子缴税方式。建立"一个平台，两级处理，三个覆盖，四个系统"，完善税收管理信息化建设。

（3）精简涉税资料。加强与政府部门和社会组织的涉税信息共享，充分利用现有信息资源。避免纳税人向税务机关重复报送涉税报表和数据信息，简并报表资料，切实减轻纳税人和基层税务机关负担。

4. 权益保护

（1）尊重和保护纳税人的权利是税务机关的法定义务。近年来，税务机关积极响应纳税人诉求、妥善解决税收争议、切实维护纳税人合法权益、及时满足纳税人合理需求，为纳税人营造了公平、公正、和谐的税收环境。

（2）加强纳税人权益保护的制度建设。税务机关认真落实各项税收实体法和程序法有关纳税人权益保护规定，积极推动保护纳税人权益的法律制度建设。在税收规章和规范性文件制定过程中，通过广泛征求纳税人的意见和建议，切实保障纳税人的知情权、参与权、表达权和监督权。建立了纳税人权益保护沟通制度，充分利用纳税服务窗口、定点联系制度和第三方调查等渠道收集纳税人对税收管理与服务方面的意见和建议，不断完善纳税服务措施。建立健全对纳税人意见和投诉的快速处理机制，努力做到向纳税人及时反馈。加大纳税人民主听证、监督评议等工作力度，充分体现纳税人的权益。

（3）大力推行政务公开。税务机关坚持以公开为常态、不公开为例外，贯彻落实政府信息公开制度，规范公开信息的收集、审查、发布程序。利用网站、办税场所等渠道，及时、全面、准确地公开税收法律法规和规定，使税务机关的行政职责、办事程序、办事结果、监督方式等信息为纳税人广泛知晓。

（4）扎实做好税务法律救济工作。税务机关通过认真贯彻《中华人民共和国行政复议法》和税务行政复议有关制度，切实做好税务行政复议工作，依法解决税收争议，制止和纠正违法及不当税务行政行为，保护纳税人合法权益。严格执行《中华人民共和国国家赔偿法》有关行政赔偿和补偿制度，保证纳税人受到的损失依法获得赔偿。充分利用税收协定，启用相互协商程序，维护境外投资者的合法税收权益。

（5）严肃查处损害纳税人利益的不正之风。加大纠风工作力度，坚决制止在税收执法过程中损害纳税人合法权益的行为，严格治理向纳税人乱摊派、拉赞助、推销商品等不正之风，推动政风行风建设不断取得新成果。

5. 信用管理

国家税务总局根据《纳税信用管理办法（试行）》，全面开展纳税信用评价工作，推进税收信用体系建设。纳税信用评价内容涉及纳税人遵从税法情况和接受税务机关管理情况，具体包括税务登记情况，纳税申报情况，账簿凭证管理情况，税款缴纳情况，违反税收法律、行政法规行为处理情况等，根据这些情况划分的标准，纳税信用级别设置 A、B、C、D 四级。税务机关积极建立纳税信用信息数据库，实现纳税信用的动态管理。

纳税信用评价坚持依法、公正、公平、公开的原则，按照统一的内容、标准、方法和程序进行。

6. 社会协作

社会协作是指税务机关进一步延伸服务范围，发挥社会主体服务优势的重要举措。目前税务机关推进社会协作的主要形式有：

（1）发挥涉税中介作用。税务机关不断优化涉税中介机构执业环境，健全涉税中介行业制度，为涉税中介机构守法、中立、公正开展服务营造良好环境。加强涉税中介机构的监管，杜绝指定或强制税务代理现象，促进涉税中介机构健康发展。加强涉税中介执业质量评估监控和行业诚信体系建设，促进行业自律，提高服务质量。向涉税中介机构提供有针对性的培训和指导，提高涉税中介机构服务能力，发挥涉税中介机构在纳税服务工作中的积极作用。

（2）加强社会组织协作。税务机关加强与财政、公安、工商、银行以及社区组织、行业协会等部门和组织的合作，为纳税人提供更加便利的服务。支持纳税服务志愿者开展志愿服务，提供志愿者税收知识辅导培训，为志愿者和需求者之间的信息交流创造条件。与第三方机构加强合作，联合开展满意度测评、需求调查和纳税服务课题研究等工作。

【例 7-2 · 判断题】 纳税信用评价坚持依法、公正、公平、公开的原则，按照统一的内容、标准、方法和程序进行。

答案：√。

【思维税图】

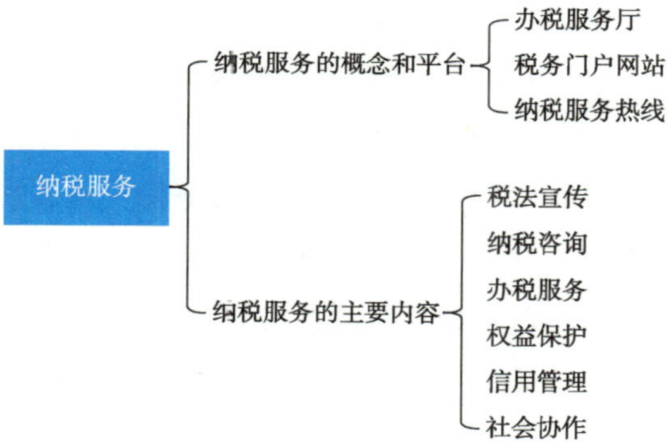

第三节　税收征管的内容

【税的内容】

税收征管是国家税务机关依据税法、征管法等有关法律、法规的规定，对税款征收过程进行的组织、管理、检查等一系列工作的一种行政管理活动。

税收征管包括税务登记、账簿和凭证管理、发票管理、纳税申报、税款征收、税务检查等内容

一、税务登记

税务登记又称纳税登记，是纳税人在开业、歇业前以及生产经营期间发生变动时，就其生产经营的有关情况向所在地税务机关办理书面登记的一种制度。税务登记是税收征管的首要环节，具有应税收入、应税财产或应税行为的各类纳税人，都应依法办理税务登记。

设立(开业)税务登记，是指纳税人依法成立并经工商行政管理登记后，未确认其纳税人的身份、纳入国家税务管理体系而到税务机关进行的登记。

从事生产、经营的纳税人，向生产、经营所在地税务机关办理税务登记。非从事生产、经营但依照规定负有纳税义务的其他纳税人，向纳税义务发生地税务机关办理税务登记。

税务机关对纳税人税务登记地点发生争议的，由其共同的上级税务机关指定管辖。

1. 申报办理税务登记的时限

(1) 从事生产、经营的纳税人领取工商营业执照的，应当自领取工商营业执照之日起30日内申报办理税务登记，税务机关发放税务登记证及副本。

(2) 从事生产、经营的纳税人未办理工商营业执照但经有关部门批准设立的，应当自有关部门批准设立之日起30日内办理税务登记，税务机关发放税务登记证及副本。

(3) 从事生产、经营的纳税人未办理工商营业执照也未经有关部门批准设立的，应当自纳税义务发生之日起30日内申报办理税务登记，税务机关发放临时税务登记证及副本。

(4) 有独立的生产经营权、在财务上独立核算并定期向发包人或者出租人上交承包费或租金的承包承租人，应当自承包承租合同签订之日起30日内，向其承包承租业务发生地税务机关申报办理税务登记，税务机关发放临时税务登记证及副本。

(5) 境外企业在中国境内承包建筑、安装、装配、勘探工程和提供劳务的，应当自项目合同或协议签订之日起30日内，向项目所在地税务机关申报办理税务登记，税务机关发放临时税务登记证及副本。

(6) 非从事生产经营但依照规定负有纳税义务的其他纳税人，除国家机关、个人和无固定生产、经营场所的流动性农村小商贩外，均应当自纳税义务发生之日起30日内，向纳税义务发生地税务机关申报办理税务登记，税务机关发放税务登记证及副本。

2. 办理税务登记的程序

(1) 申请税务登记。

纳税人应当在规定的时限内，向主管税务机关申报办理税务登记，并根据不同情况向

主管税务机关如实提供以下证件和资料：工商营业执照或其他核准执业证件；有关合同、章程、协议书；组织机构统一代码证书；法定代表人、负责人或业主的居民身份证、护照或者其他合法证件。其他需要提供的有关证件、资料，由省、自治区、直辖市税务机关确定。

（2）填写税务登记表。

纳税人在申报办理税务登记时，应当如实填写税务登记表。税务登记表的主要内容包括：单位名称、法定代表人或者业主姓名及其居民身份证、护照或者其他合法证件的号码；住所、经营地点；登记类型；核算方式；生产经营方式；生产经营范围；注册资金(资本)、投资总额；生产经营期限；财务负责人、联系电话；国家税务总局确定的其他有关事项。

（3）税务登记证件的核发和管理。

纳税人提交的证件和资料齐全且税务登记表的填写内容符合规定的，税务机关应当日办理并发放税务登记证件。纳税人提交的证件和资料不齐全或税务登记表的填写内容不符合规定的，税务机关应当场通知其补正或重新填报。

3. 变更税务登记

变更税务登记，是指纳税人办理设立税务登记后，因登记内容发生变化，需要对原有登记内容进行更改，而向主管税务机关申报办理的税务登记。

纳税人已在市场监管部门办理变更登记的，应当自变更登记之日起 30 日内，向原税务登记机关申报办理变更税务登记。

纳税人按照规定不需要在市场监管部门办理变更登记，或者其变更登记的内容与工商登记内容无关的，应当自税务登记内容实际发生变化之日起 30 日内，或者自有关机关批准或者宣布变更之日起 30 日内，到原税务登记机关申报办理变更税务登记。

纳税人提交的有关变更登记的证件、资料齐全的，应如实填写税务登记变更表，符合规定的，税务机关应当日办理；不符合规定的，税务机关应通知其补正。

税务机关应当于受理当日办理变更税务登记。纳税人税务登记表和税务登记证中的内容都发生变更的，税务机关按变更后的内容重新发放税务登记证件；纳税人税务登记表的内容发生变更而税务登记证中的内容未发生变更的，税务机关不重新发放税务登记证件。

4. 停业、复业登记

停业、复业登记，是指实行定期定额征收方式的纳税人，因自身经营的需要暂停经营或者恢复经营而向主管税务机关申请办理的税务登记手续。

（1）停业登记。

实行定期定额征收方式的个体工商户需要停业的，应当在停业前向税务机关申报办理停业登记。纳税人的停业期限不得超过 1 年。

纳税人在申报办理停业登记时，应如实填写停业复业报告书，说明停业理由、停业期限、停业前的纳税情况和发票的领、用、存情况，并结清应纳税款、滞纳金、罚款。税务机关应收存其税务登记证件及副本、发票领购簿、未使用完的发票和其他税务证件。

纳税人在停业期间发生纳税义务的，应当按照税收法律、行政法规的规定申报缴纳税款。

（2）复业登记。

纳税人应当于恢复生产经营之前，向税务机关申报办理复业登记，如实填写停业复业报告书，领回并启用税务登记证件、发票领购簿及其停业前领购的发票。

纳税人停业期满不能及时恢复生产经营的，应当在停业期满前到税务机关办理延长停业登记，并如实填写停业复业报告书。

5. 注销登记

注销税务登记，是指纳税人由于出现法定情形终止纳税义务时，向原税务机关申请办理的取消税务登记的手续。办理注销税务登记后，该当事人不再接受原税务机关的管理。

（1）办理注销税务登记的原因。

纳税人发生以下情形的，向主管税务机关申报办理注销税务登记：

① 纳税人发生解散、破产、撤销以及其他情形，依法终止纳税义务的；

② 纳税人被市场监管部门吊销营业执照或者被其他机关予以撤销登记的；

③ 纳税人因住所、经营地点变动，涉及变更税务登记机关的；

④ 境外企业在中国境内承包建筑、安装、装配、勘探工程和提供劳务的，项目完工、离开中国的。

（2）申报办理注销税务登记的时限。

① 纳税人发生解散、破产、撤销以及其他情形，依法终止纳税义务的，应当在向市场监管部门或者其他机关办理注销登记前，持有关证件和资料向原税务登记机关申报办理注销税务登记；按规定不需要在市场监管部门或者其他机关办理注销登记的，应当自有关机关批准或者宣告终止之日起 15 日内，持有关证件和资料向原税务登记机关申报办理注销税务登记。

② 纳税人被市场监管部门吊销营业执照或者被其他机关予以撤销登记的，应当自营业执照被吊销或者被撤销登记之日起 15 日内，向原税务登记机关申报办理注销税务登记。

③ 纳税人因住所、经营地点变动，涉及改变税务登记机关的，应当在向市场监管部门或者其他机关申请办理变更、注销登记前，或者在住所、经营地点变动前，持有关证件和资料，向原税务登记机关申报办理注销税务登记，并自注销税务登记之日起 30 日内向迁达地税务机关申报办理税务登记。

④ 境外企业在中国境内承包建筑、安装、装配、勘探工程和提供劳务的，应当在项目完工、离开中国前 15 日内，持有关证件和资料，向原税务登记机关申报办理注销税务登记。

6. 外出经营报验登记

从事生产、经营的纳税人到外县(市)临时从事生产、经营活动时，应当向营业地税务机关申请报验登记。

7. 临时税务登记

从事生产、经营的个人应办而未办营业执照，但发生纳税义务的，可以按规定申请办理临时税务登记。

【例 7-3 · 多选题】 纳税人在下列情形下需要办理注销税务登记的有(　　)。

A. 纳税人发生解散、破产、撤销的

B. 纳税人被工商行政管理机关吊销营业执照的

C. 纳税人因住所、经营地点或产权关系变更而涉及改变主管税务机关的

D. 纳税人因经营地点发生变化而涉及改变主管税务机关的

答案：ABCD

二、账簿和凭证管理

账簿是纳税人和扣缴义务人连续记录其各种经济业务的账册和簿籍。凭证是纳税人用来记录其各种经济业务，明确经济责任，并据以登记账簿的书面证明。税务部门按照税收法律、行政法规和财务会计制度规定，对纳税人的会计账簿、会计凭证等实行管理和监督，是税收征管的重要环节。

(1) 纳税人财务、会计制度备案制度。从事生产经营的纳税人应当自领取营业执照之日起 15 日内，将其财务、会计制度或者财务、会计处理办法和会计核算软件，报送主管税务机关备案。采用计算机记账的，其记账软件和使用说明及有关资料在使用前也应当报送税务机关备案。

(2) 企业财务、会计制度与税收规定不一致的处理办法。纳税人执行的财务、会计制度或办法与税收规定抵触的，依照有关税收规定计算纳税。

(3) 账簿设置要求。纳税人应按要求设置总账、明细账、日记账(特别是现金日记账和银行存款日记账)及与履行纳税义务有关的其他辅助账簿。

(4) 会计凭证使用要求。会计凭证应合法、有效。合法，是指要按照法律、行政法规的规定取得填制凭证，不得使用非法凭证；有效，是要求取得和填制的凭证内容真实、要素齐全。

(5) 账簿及凭证保管要求。纳税人应按《会计档案管理办法》规定保存账簿、记账凭证、完税凭证及其他有关资料，不得伪造、变造或者擅自损毁。

(6) 税控装置使用要求。税务部门根据税收征收管理的需要，积极推广税控装置。纳税人应当按照规定安装、使用税控装置，不得损毁或擅自改动税控装置。

（7）违法处理。纳税人未按规定设置、保管账簿、记账凭证和有关资料，未按规定将财务、会计制度或办法和会计核算软件报送税务机关备查，未按规定安装使用税控装置，非法印制完税凭证的，由税务机关责令限期改正，并视情节相应给予罚款等行政处罚。

三、发票管理

发票是指在购销商品、提供或者接受服务以及从事其他经营活动中，开具、收取的收付款凭证。国务院税务主管部门统一负责全国的发票管理工作。省、自治区、直辖市税务机关依据职责做好本行政区域内的发票管理工作。发票的种类、联次、内容以及使用范围由国务院税务主管部门规定。

按照发票使用范围，分为增值税专用发票和其他发票两大类。国务院税务主管部门负责发票印制、领购、开具、取得、使用、保管、缴销的管理和监督。

1. 发票的印制

增值税专用发票，由国务院税务主管部门确定的企业印制；其他发票，按照国务院税务主管部门的规定，由省、自治区、直辖市税务机关确定的企业印制。禁止私自印制、伪造、变造发票。

印制发票应当使用国务院税务主管部门确定的全国统一的发票防伪专用品。禁止非法制造发票防伪专用品。

发票应当套印全国统一发票监制章。全国统一发票监制章的式样和发票版面印刷的要求，由国务院税务主管部门规定。发票监制章由省、自治区、直辖市税务机关制作。禁止伪造发票监制章。发票实行不定期换版制度。发票监制章和发票防伪专用品的使用和管理实行专人负责制度。

发票应当使用中文印制。民族自治地方的发票，可以加印当地一种通用的民族文字。有实际需要的，也可以同时使用中外两种文字印制。

禁止在境外印制发票。

2. 发票的领购

（1）需要领购发票的单位和个人，应当持税务登记证件、经办人身份证明，按照国务院税务主管部门规定式样制作的发票专用章的印模，向主管税务机关办理发票领购手续。主管税务机关根据领购单位和个人的经营范围及规模，确认领购发票的种类、数量以及领购方式，在5个工作日内发给发票领购簿。

单位和个人领购发票时，应当按照税务机关的规定报告发票使用情况，税务机关应当按照规定进行查验。

（2）需要临时使用发票的单位和个人，可以凭购销商品、提供或者接受服务以及从事其他经营活动的书面证明、经办人身份证明，直接向经营地税务机关申请代开发票。依照税收法律、行政法规规定应当缴纳税款的，税务机关应当先征收税款，再开具发票。税务机关根据发票管理的需要，可以按照国务院税务主管部门的规定委托其他单位代开发票。禁止非法代开发票。

（3）临时到本省、自治区、直辖市以外从事经营活动的单位或者个人，应当凭所在地税务机关的证明，向经营地税务机关领购经营地的发票。

临时在本省、自治区、直辖市以内跨市、县从事经营活动领购发票的办法，由省、自治区、直辖市税务机关规定。

（4）税务机关对外省、自治区、直辖市来本辖区从事临时经营活动的单位和个人领购发票的，可以要求其提供保证人或者根据所领购发票的票面限额以及数量交纳不超过1万元的保证金，并限期缴销发票。

按期缴销发票的，解除保证人的担保义务或者退还保证金；未按期缴销发票的，由保证人或者以保证金承担法律责任。

税务机关收取保证金应当开具资金往来结算票据。

3. 发票的开具

（1）销售商品、提供服务以及从事其他经营活动的单位和个人，对外发生经营业务收取款项，收款方应当向付款方开具发票；特殊情况下，由付款方向收款方开具发票。

（2）开具发票应当按照规定的时限、顺序、栏目，全部联次一次性如实开具，并加盖发票专用章。任何单位和个人不得有虚开发票行为。

安装税控装置的单位和个人，应当按照规定使用税控装置开具发票，并按期向主管税务机关报送开具发票的数据。

使用非税控电子器具开具发票的，应当将非税控电子器具使用的软件程序说明资料报主管税务机关备案，并按照规定保存、报送开具发票的数据。

我国推广使用的网络发票管理系统开具发票，具体管理办法根据国务院税务主管部门制定的《网络发票管理办法》实施。

除国务院税务主管部门规定的特殊情形外，发票限于领购单位和个人在本省、自治区、直辖市内开具。

4. 禁止性规定

所有单位和从事生产、经营活动的个人在购买商品、接受服务以及从事其他经营活动支付款项时，应当向收款方取得发票。取得发票时，不得要求变更品名和金额。

不符合规定的发票，不得作为财务报销凭证，任何单位和个人有权拒收。

任何单位和个人不得有下列虚开发票的行为：

（1）为他人、为自己开具与实际经营业务情况不符的发票。

（2）让他人为自己开具与实际经营业务情况不符的发票。

(3) 介绍他人开具与实际经营业务情况不符的发票。

5. 发票的使用、保管和缴销

(1) 任何单位和个人应当按照发票管理规定使用发票，不得有下列行为：

① 转借、转让、介绍他人转让发票、发票监制章和发票防伪专用品。

② 知道或者应当知道是私自印制、伪造、变造、非法取得或者废止的发票而受让、开具、存放、携带、邮寄、运输。

③ 拆本使用发票。

④ 扩大发票使用范围。

⑤ 以其他凭证代替发票使用。

税务机关应当提供查询发票真伪的便捷渠道。

(2) 除国务院税务主管部门规定的特殊情形外，任何单位和个人不得跨规定的使用区域携带、邮寄、运输空白发票。禁止携带、邮寄或者运输空白发票出入境。

(3) 开具发票的单位和个人应当建立发票使用登记制度，设置发票登记簿，并定期向主管税务机关报告发票使用情况。

(4) 开具发票的单位和个人应当在办理变更或者注销税务登记的同时，办理发票和发票领购簿的变更、缴销手续。

(5) 开具发票的单位和个人应当按照税务机关的规定存放和保管发票，不得擅自损毁。已经开具的发票存根联和发票登记簿，应当保存 5 年。保存期满，报经税务机关查验后销毁。

6. 违法处理

违反发票管理规定，未按规定印制发票或者生产发票防伪专用品，未按规定领购、开具、取得、保管发票，非法携带、邮寄、运输或者存放空白发票，私自印制、伪造、变造发票，非法制作发票防伪专用品，伪造发票监制章，税务机关可以依法查封、扣押或者销毁，没收非法所得和作案工作，并处以相应罚款，情节严重构成犯罪的，依法追究刑事责任。

【例 7-4 · 单选题】 (　　)统一负责全国的发票管理工作。

A. 国务院　　　　B. 财政部

C. 国务院税务主管部门　　　　D. 财政部主管

答案：C

四、纳税申报

纳税申报是纳税人按照税法规定的期限和内容，向税务机关提交有关纳税事项书面报告的法律行为，是纳税人履行纳税义务、承担法律责任的主要依据，是税务机关税收管理信息的主要来源和税务管理的一项重要制度。

1. 申报对象

纳税人或者扣缴义务人无论本期有无应缴纳或者解缴的税款，都必须按税法规定的申报期限和申报内容，如实向主管税务机关办理纳税申报。

2. 申报内容

纳税申报的内容主要体现在纳税申报表或代扣代缴、代收代缴税款报告表中，主要项目包括：税种和税目，应纳税项目或者应代扣代缴、代收代缴税款项目，计税依据，扣除项目及标准，适用税率或者单位税额，应退税项目及税额、应减免税项目及税额，应纳税额或者应代扣代缴、代收代缴税额，税款所属期限、延期缴纳税款、欠税、滞纳金等。

纳税人办理纳税申报时，除如实填写纳税申报表，还要根据情况报送有关证件及资料。

3. 申报期限

纳税人和扣缴义务人要依照法律、行政法规或者税务机关依法确定的申报期限如实办理纳税申报，报送纳税申报表、财务会计报表或者代扣代缴、代收代缴税款报告表，以及税务机关要求报送的其他纳税资料。

4. 申报方式

（1）直接申报（上门申报）。直接申报是指纳税人和扣缴义务人自行到办税服务厅办理纳税申报或者报送代扣代缴、代收代缴报告表的申报方式。

（2）邮寄申报。邮寄申报是指经税务机关批准的纳税人、扣缴义务人使用统一规定的纳税申报特快专递专用信封，通过邮政部门办理邮寄手续，并向邮政部门索取收据作为申报凭据的方式。邮寄申报以寄出的邮戳日期为实际申报日期。

（3）数据电文（电子申报）。电子申报是指经税务机关批准的纳税人，通过电话语音、电子数据交换和网络传输等方式办理纳税申报的一种方式。纳税人采用电子方式办理纳税申报的，要按照税务机关规定的期限和要求保存有关资料，并定期书面报送主管税务机关。

（4）银行网点申报。银行网点申报是指税务机关委托银行代收代缴税款，纳税人在法定的申报期限内到银行网点进行申报。

（5）简易申报。简易申报是指实行定期定额征收方式的纳税人，经税务机关批准，以缴纳税款凭证代替申报。

（6）其他方式。纳税人、扣缴义务人可以根据税法规定，委托中介机构税务代理人员代为办理纳税申报或简并征期申报。

5. 延期申报

纳税人、扣缴义务人不能按期办理纳税申报或者报送代扣代缴、代收代缴税款报告表的，经税务机关核准，可以延期申报，但要在纳税期内按照上期实际缴纳的税额或者税务机关核定的税额预缴税款，并在核准的延期内办理税款结算。

6. 违法处理

纳税人、扣缴义务人不按规定期限办理纳税申报的，税务机关可责令限期改正，并视情节给予相应罚款。

五、税款征收

税款征收是税务机关依据国家税收法律、行政法规确定的标准和范围，通过法定程序将纳税人应纳税款组织征收入库的一系列活动。税款征收是税收征管活动的中心环节，也是纳税人履行纳税义务的体现。

1. 税款征收的主要方式和适用对象

（1）查账征收。查账征收是指税务机关根据纳税人会计账簿等财务核算资料，依照税法规定计算征收税款的方式。适用于财务制度健全、核算严格规范、纳税意识较强的纳税人。

（2）查定征收。查定征收是指税务机关根据纳税人从业人数、生产设备、耗用原材料、经营成本、平均利润率等因素，查定核实其应纳税所得额，据以征收税款的方式。一般适用于经营规模较小、实行简易记账或会计核算不健全的纳税人。

（3）定期定额征收。定期定额征收是指税务机关根据纳税人自报和一定的审核评议程序，核定其一定时期应税收入和应纳税额，并按月或季度征收税款的方式。一般适用于经营规模小、不能准确计算营业额和所得额的小规模纳税人或个体工商户。

（4）代收代缴、代扣代缴。代收代缴、代扣代缴是指税务机关按照税法规定，对负有代收代缴、代扣代缴税款义务的单位和个人，在其向纳税人收取或支付交易款项的同时，依法从交易款项中扣收纳税人应纳税款并按规定期限和缴库办法申报解缴的税款征收方式。适用于有代收代缴、代扣代缴税款义务的单位和个人。

（5）委托代征。委托代征是指税务机关依法委托有关单位和个人，代其向纳税人征收税款的方式。主要适用于零星、分散、流动性大的税款征收，如集贸市场税收、车船税等。

（6）查验征收。查验征收是指税务机关对纳税人应税商品通过查验数量，按照市场同类产品平均价格，计算其收入并据以征收税款的方式。一般适用于在市场、车站、码头等场外临时经营的零星、流动性税源。

2. 纳税期限与延期缴纳

纳税人和扣缴义务人必须依法按照规定的期限，缴纳或者解缴税款。未按照规定期限缴纳或解缴税款的，税务机关除责令限期缴纳外，从滞纳税款之日起，按日加收滞纳税款千分之零点五的滞纳金。

对纳税人因不可抗力，导致发生较大损失、正常生产经营活动受到较大影响，或当期货币资金在扣除应付职工工资、社会保险费后，不足以缴纳税款的，经省、自治区、直辖市国家税务局、地方税务局批准，可以延期缴纳税款，但最长不能超过3个月。经批准延期缴纳的税款不加收滞纳金。

3. 税款减免

税款减免是税务机关依据税收法律、行政法规和国家有关税收的规定，给予纳税人的减税或免税。

按法律、法规规定或者经法定的审批机关批准减税、免税的纳税人，要持有关文件到主管税务机关办理减税、免税手续。减税、免税期满，应当自期满次日起恢复纳税。

享受减税、免税优惠的纳税人，如果减税、免税条件发生变化的，要自发生变化之日起15日内向税务机关报告；不再符合减税、免税条件的，要依法履行纳税义务，否则税务机关要予以追缴。

4. 税款退还和追征

对计算错误、税率适用不当等造成纳税人超过应纳税额多缴的税款，税务机关应及时退还。纳税人超过应纳税额缴纳的税款，税务机关发现后立即退还；纳税人自结算缴纳税款之日起3年内发现的，可以向税务机关要求退还多缴的税款并加计银行同期存款利息，税务机关及时查实后要立即退还。

同时，对因税务机关的责任，致使纳税人、扣缴义务人未缴或者少缴税款的，税务机关在3年内可以要求纳税人、扣缴义务人补缴税款，不得加收滞纳金；因纳税人、扣缴义务人计算错误等失误，未缴或者少缴税款的，税务机关在3年内可以追征税款、滞纳金，有特殊情况的，追征期可以延长到5年；对逃避缴纳税款、抗税、骗税的，税务机关追征其未缴或者少缴的税款、滞纳金或者所骗取的税款，不受上述规定期限的限制。

5. 税收保全和强制执行

税收保全措施是税务机关为了保证税款能够及时足额入库，对有逃避纳税义务的纳税人的财产的使用权和处分权予以限制的一种行政保全措施，是保证税收征管活动正常进行的一种强制手段。主要包括书面通知纳税人开户银行或者其他金融机构冻结纳税人的相当于应纳税款的存款，以及扣押、查封纳税人的价值相当于应纳税款的商品、货物或者其他财产两方面内容。

税收强制执行是税务机关依照法定的程序和权限，强迫纳税人、扣缴义务人、纳税担保人和其他当事人缴纳拖欠的税款和罚款的一种强制措施，主要包括两方面内容，即书面通知纳税人的开户银行或者其他金融机构从其存款中扣缴税款；扣押、查封、依法拍卖或者变卖其相当于应纳税款的商品、货物或者其他财产。

税务机关采取税收保全、强制执行措施必须符合法定的条件和程序，如违法采用，将承担相应的行政赔偿责任。同时，一旦税收得到实现，相应的税收保全、强制执行措施应立即解除。

6. 违法处理

纳税人逃避缴纳税款、骗税、欠税、逃避追缴欠税，纳税人、扣缴义务人不缴或者少缴税款、编造虚假计税依据，有关单位和个人的违法行为导致他人未缴、少缴或者骗取税款等行为，妨害税款征收的，由税务机关责令限期改正，相应给予罚款等行政处罚，情节严重构成犯罪的，追究相应的刑事责任。

六、税务检查

税务检查是税务机关依照国家有关税收法律、法规、规章和财务会计制度的规定，对纳税人、代扣代缴义务人履行纳税义务、扣缴义务情况进行审查监督的一种行政检查。税务检查是确保国家财政收入和税收法律、行政法规、规章贯彻落实的重要手段，是国家经济监督体系中不可缺少的组成部分。

1. 税务机关在税务检查中的权力

为保证税务机关能通过检查全面真实地掌握纳税人和扣缴义务人生产、经营及财务情况，《税收征管法》明确规定了税务机关在税务检查中的权力，包括：查账权、场地检查权、责成提供资料权、调查取证权、查证权、检查存款账户权，并对各项权力的行使规定了明确的条件和程序。

2. 税务检查形式

按实施主体分类，税务检查可分为税务稽查和征管部门的日常检查。税务稽查是由税务稽查部门依法组织实施的，对纳税人、扣缴义务人履行纳税义务、扣缴义务情况进行的全面综合的专业检查，主要是对涉及逃避缴纳税款、抗税和骗税的大案要案的检查。征管部门的检查是征管机构在履行职责时对征管中的某一环节出现的问题或者防止在征管某一环节出现问题而进行的税务检查。

3. 税务检查规范

（1）对税务机关行使税务检查权的规范。主要包括：

① 控制检查次数。

② 实行检查回避制度。

③ 应当出示相关税务证件。

④ 税务机关实施税务检查，应当有两人以上参加。

⑤ 检查存款账户在审批、使用、人员等方面有严格限制。

⑥ 调账检查有严格的审批和时间限制。

⑦ 应保守被检查人的秘密。

（2）对纳税人和有关部门配合税务检查的规范。纳税人、扣缴义务人必须接受税务机关依法进行的税务检查，如实反映情况，提供有关资料，不得拒绝、隐瞒。有关部门和单位应当支持、协助税务机关依法进行的税务检查，如实向税务机关反映纳税人、扣缴义务人和其他当事人与纳税或者代扣代缴、代收代缴税款有关的情况，提供有关资料或证明材料。

4. 税务检查程序

（1）选案。主要通过采用计算机选案分析系统进行筛选，采取人工归集分类、比例选择或随机抽样进行筛选，根据公民举报、上级交办、有关部门转办、交叉协查、情报交换等资料确定检查对象三种方式。其中，涉税举报是查处涉税违法案件重要来源之一。

（2）检查。税务检查机构一般应提前以书面形式通知被查对象，向被查的单位和个人下达《税务检查通知书》，告知其检查时间、需要准备的资料等情况，但有下列情况不得事先通知：公民举报有税收违法行为的；稽查机关有根据认为纳税人有违法行为的；预先通知有碍稽查的。税务人员在检查过程中，应依照法定权限和程序向被查对象、证人及利害关系人了解情况，提取和索取物证、书证，进行实物或实地检查等。

（3）审理。在实施检查完毕的基础上，由税务机关专门组织或人员核准案件事实，审查鉴别证据，分析认定案件性质，作出处理决定。对数额较大、情节复杂或征纳双方争议较大的重大案件，税务检查机构应及时提请所属税务机关的重大税务案件审理委员会进行集体审理，确保案件定性和处理的准确、适当。

（4）执行。税务检查事项完毕后，税务部门应及时将《税务处理决定书》送达纳税人，并督促被查对象将查补税款、滞纳金及罚款及时、足额缴入国库。

【思维税图】

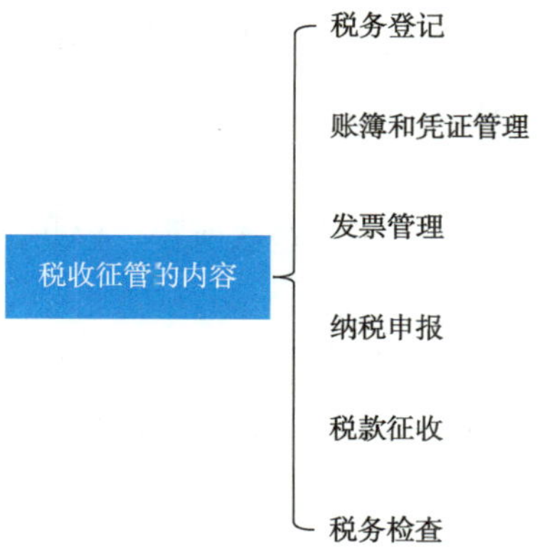

第四节　税收法律责任和法律救济

【税的内容】

一、税收法律责任

税收法律责任，是指税收法律关系的主体因违反税收法律规范所应承担的法律后果。税收法律责任的形式主要有行政责任和刑事责任。

（一）行政责任

税法中的行政责任是指因行政违法引起的，用以调整和维护行政法律关系，具有一定的惩罚性。纳税人、扣缴义务人或者其他税务行政相对人违反《税收征管法》应当追究行政责任的，依法给予行政处罚；税务机关、税务人员违反《税收征管法》应当追究行政责任的，依法给予行政处分。

1. 税务行政相对人行政责任

（1）税收违法行为。追究税务行政相对人行政责任的税收违法行为可以归纳为违反税务管理和妨害税款征收两大类。

① 违反税务管理。违反税务管理行为包括不按规定办理、使用税务登记证，违反账簿、凭证、账号管理规定，不按规定安装、使用税控装置，违反发票管理规定，不按规定期限办理申报，非法印制、使用完税凭证，阻挠税务检查，以及不按规定协助税务工作。

② 妨害税款征收。妨害税款征收行为包括逃避缴纳税款，不缴或者少缴税款，应扣未扣、应收不收税款，编造虚假计税依据，不申报纳税，逃避追缴欠税，抗税，骗税，以及因违法行为导致他人未缴、少缴或者骗取税款。

（2）税务行政处罚。追究税务行政相对人税收违法行为的行政责任，依法给予行政处罚。税务行政处罚主要有三类：罚款、没收违法所得、停止出口退税权。

2. 税务人员行政责任

（1）税收违法违纪行为。根据《税收征管法》规定，追究税务人员行政责任的税收违法违纪行为，包括擅改征管范围、入库级次，不按规定查封、扣押，唆使、协助偷逃骗税，受贿，不征、少征税款，刁难纳税人和扣缴义务人，打击报复，违规预征、缓征或摊派，违规开、停征税或者减免、退补税，未按规定回避，未按规定保密，私分扣押、查封的物品。

（2）行政处分。税务机关擅改征管范围、入库级次的，《税收征管法》明确规定对直接负责的主管人员和其他直接责任人员依法给予降级或者撤职的行政处分。税务人员滥用职权，故意刁难纳税人和扣缴义务人的，调离税收工作岗位并依法给予行政处分。税务人员的其他税收违法违纪行为，则依法给予行为人或者直接负责的主管人员和其他直接责任人员行政处分。

（二）刑事责任

纳税人和扣缴义务人或者其他人实施危害税收征管的犯罪行为，税务人员实施税收职务犯罪行为，应当按照刑法规定追究刑事责任，给予刑事处罚。

1. 危害税收征管罪

（1）税收犯罪行为。

① 妨害税款征收的犯罪。包括逃避缴纳税款、抗税、逃避追缴欠税和骗取出口退税。

② 妨害发票管理的犯罪。主要是妨害增值税专用发票管理的犯罪，是我国危害税收征管罪的重要内容，包括虚开增值税专用发票，虚开用于骗取出口退税、抵扣税款的其他发票；伪造、非法出售、非法购买增值税专用发票；非法出售、非法制造普通发票。

（2）刑事处罚。

对危害税收征管罪的刑罚，包括管制、拘役、有期徒刑、无期徒刑，以及罚款和没收财产。其中虚开增值税专用发票罪，虚开用于骗取出口退税、抵扣税款发票罪，以及伪造、出售伪造的增值税专用发票罪，骗取出口退税罪，非法出售增值税专用发票罪的最高刑是无期徒刑；其他最高刑为有期徒刑。

对于涉嫌危害税收征管犯罪的税收违法行为，税务机关可以依法先行给予行政处罚。当人民法院审判构成犯罪并判处罚金时，税务机关已经给予当事人罚款的，应当折抵罚金。

在刑事处罚中，税款追缴优先。因犯逃避缴纳税款罪、抗税罪、逃避追缴欠税罪、骗取出口退税罪、虚开增值税专用发票罪或者虚开用于骗取出口退税、抵扣税款的其他发票罪，被判处罚金、没收财产的，在执行前，应当先由税务机关追缴税款和所骗取的出口退税款。

对于纳税人有涉嫌逃避缴纳税款罪税收违法行为的，经税务机关依法下达追缴通知后，补缴应纳税款，缴纳滞纳金，且已受行政处罚的，不予追究刑事责任；但是，5 年内因逃避缴纳税款受过刑事处罚或者被税务机关给予两次以上行政处罚的除外。

2. 税务人员职务犯罪

职务犯罪是指国家工作人员、企业工作人员或者其他工作人员，利用职务之便进行违法违纪活动，依照刑法应当受到刑罚处罚的犯罪行为的总称。

税务人员属于国家工作人员，以国家工作人员为犯罪主体的职务犯罪，诸如贪污、受贿、挪用公款、滥用职权、玩忽职守、徇私舞弊等，税务人员均可涉及。但刑法规定的只能由税务人员构成的职务犯罪有两个罪名，即徇私舞弊不征、少征税款罪和徇私舞弊发售发票、抵扣税款、出口退税罪。

徇私舞弊不征、少征税款罪，是指税务人员徇私舞弊，不征、少征应征税款，致使国家税收遭受重大损失的行为。

徇私舞弊发售发票、抵扣税款、出口退税罪，是指税务人员违反法律、行政法规的规定，在办理发售发票、抵扣税款、出口退税工作中徇私舞弊，致使国家利益遭受重大损失的行为。

犯此两罪的，依法应处有期徒刑或者拘役。

二、税收法律救济

法律救济是指公民、法人或者其他组织认为自己的人身权、财产权因行政机关的行政行为或者其他单位和个人的行为而受到侵害，依照法律规定向有权受理的国家机关告诉并要求解决，予以补救，有关国家机关受理并做出具有法律效力的活动。

纳税人、扣缴义务人或者其他当事人在征纳税过程中与税务机关发生争议或者分歧时，可以依照法律规定采取法律救济，申请行政复议，或者向人民法院起诉，提起行政诉讼。

税务机关和税务人员在征纳税过程中的职权行为侵犯纳税人、扣缴义务人或者其他当事人合法权益造成损害的，受害人可以依法取得赔偿。

（一）税务行政复议

纳税人、扣缴义务人或者其他当事人认为税务机关具体行政行为侵犯了其合法权益的，可向税务机关提出行政复议申请，税务机关受理行政复议申请，并做出行政复议决定。税务机关负责法制工作的机构为复议机构，具体办理行政复议事项。

税务行政复议实行复议前置制度。纳税人、扣缴义务人及纳税担保人同税务机关在纳税上发生争议寻求法律救济时，应先申请行政复议，对行政复议决定不服的，才能依法向人民法院提起行政诉讼。而且，申请行政复议，必须先依照税务机关的纳税决定缴纳或者解缴税款及滞纳金或者提供相应的纳税担保。

1. 行政复议范围

纳税人、扣缴义务人或者其他当事人与税务机关发生税收争议，只能对税务机关做出的具体行政行为申请行政复议。主要是指：

（1）征税行为，包括确认纳税主体、征税对象、征税范围、减税、免税、退税、抵扣税款、适用税率、计税依据、纳税环节、纳税期限、纳税地点和税款征收方式等具体行政行为，征收税款、加收滞纳金，扣缴义务人、受税务机关委托的单位和个人做出的代扣代缴、代收代缴、代征行为等。

（2）行政许可、行政审批行为。

（3）发票管理行为，包括发售、收缴、代开发票等。

（4）税收保全措施与强制执行措施。

（5）行政处罚行为包括：

① 罚款。

② 没收财物和违法所得。

③ 停止出口退税权。

（6）不依法履行职责的行为包括：

① 颁发税务登记。

② 开具、出具完税凭证、外出经营活动税收管理证明。

③ 行政赔偿。

④ 行政奖励。

⑤ 其他不依法履行职责的行为。

（7）资格认定行为。

（8）不依法确认纳税担保行为。

（9）政府信息公开工作中的具体行政行为。

（10）纳税信用评价行为。

（11）通知出入境管理机关阻止出境行为。

（12）其他具体行政行为。

2. 行政复议管辖

对各级税务机关做出的具体行政行为不服的，向其上一级税务机关申请行政复议。

对国家税务总局做出的具体行政行为，向国家税务总局申请行政复议。对国家税务总局复议决定不服的，申请人可以向法院提起行政诉讼，也可以向国务院申请裁决，国务院的裁决为终局裁决。

对计划单列市税务局做出的具体行政行为不服的，在税务系统内，向省税务局申请行政复议。对税务所、各级税务局的稽查局做出的具体行政行为不服的，向其主管税务局申请行政复议。

3. 行政复议程序

（1）申请与受理。纳税人、扣缴义务人或者其他当事人可以在知道税务机关做出具体行政行为之日起60日内提出行政复议申请。因不可抗力或者其他正当理由耽误法定申请期限的，申请期限自障碍消除之日起继续计算。

申请人申请行政复议，可以书面申请，也可以口头申请。

税务行政复议机关收到复议申请后，应当在5日内进行审查。经审查，对不符合规定的复议申请不予受理，并书面告知申请人。对符合规定，但不属于本机关受理的复议申请，应当告知申请人向有关行政复议机关提出申请。

（2）审理与决定。复议机关应当自受理之日起7日内将复议申请书副本或者行政复议申请笔录复印件发送被申请人。被申请人对其做出的具体行政行为负有举证责任。

对复议案件可以采取书面审理的方式，但申请人提出要求或者复议机构认为有必要时，应当听取申请人、被申请人和第三人的意见，并可以向有关组织和人员调查情况。

复议机关对复议进行审理，应当自受理复议申请之日起 60 日内做出行政复议决定。情况复杂，不能在规定期限内做出行政复议决定的，经复议机关负责人批准，可以适当延长，但延长期限最多不得超过 30 日。

在复议决定做出前，对下列行政复议事项，申请人和被申请人可以按照自愿、合法的原则，达成和解，行政复议机关也可以调解：行使自由裁量权做出的具体行政行为，如行政处罚、核定税额、确定应税所得率等；行政赔偿；行政奖励；存在其他合理性问题的具体行政行为。

复议机关认为具体行政行为认定事实清楚、证据确凿、适用依据正确、程序合法、内容适当，可以决定维持该具体行政行为。认定被申请人不履行法定职责的，可以决定其在一定期限内履行。认为具体行政行为主要事实不清、证据不足，适用依据错误，违反法定程序，超越或者滥用职权，或者明显不当的，可以决定撤销、变更或者确认该具体行政行为违法；决定撤销或者确认该具体行政行为违法的，可以责令被申请人在一定期限内重新做出具体行政行为。

（二）税务行政诉讼

纳税人、扣缴义务人及纳税担保人同税务机关在纳税上发生争议必须先申请行政复议，对行政复议决定不服的，才能依法向人民法院起诉。纳税人、扣缴义务人、纳税担保人或者其他当事人对税务机关的处罚决定、强制执行措施、税收保全措施或者其他具体行政行为不服的，可以直接向人民法院起诉。税务行政诉讼受案范围与税务行政复议范围一致。

诉讼期间，税务机关做出的具体行政行为不停止执行。除非作为被告的税务机关认为需要停止执行；或者原告申请停止执行，人民法院认为该具体行政行为的执行会造成难以弥补的损失，并且停止执行不损害社会公共利益，裁定停止执行。

税务行政诉讼经过人民法院一审、二审或再审的程序审定后，当事人必须履行人民法院发生法律效力的判决、裁定。纳税人或者其他当事人拒绝履行判决、裁定的，税务机关可以向一审人民法院申请强制执行，或者依法强制执行。税务机关拒绝履行判决、裁定的，人民法院可以通知银行从该税务机关的账户内划拨应当归还的罚款或者应当给付的赔偿金；在规定期限内不执行的，从期满之日起，按日处 50 元至 100 元的罚款；向税务机关或者监察、人事机关提出司法建议等。

（三）税务行政赔偿

纳税人、扣缴义务人或者其他当事人，因税务机关和税务人员的职权行为，致其人身权或者财产权受到侵犯并造成损害的，可以依法取得税务行政赔偿。因税务人员与行使职权无关的个人行为，或因纳税人、扣缴义务人以及其他当事人自己的行为致使损害发生的，国家不承担赔偿责任。

税务行政赔偿以支付赔偿金为主要方式。能够返还财产或者恢复原状的，予以返还财产或者恢复原状。返还罚款、解除冻结存款，应当支付银行同期存款利息。致人精神损害，应当在侵权行为影响范围内，为受害人消除影响、恢复名誉、赔礼道歉；造成严重后果的，应当支付相应的精神损害抚慰金。

赔偿请求人要求赔偿，应当向赔偿义务机关单独提出，也可以在申请行政复议和提起行政诉讼时一并提出。

税务行政赔偿请求人请求国家赔偿的时效为 2 年，自其知道或者应当知道税务机关及其工作人员行使职权时的行为侵犯其人身权、财产权之日起计算。

【例 7-5·多选题】 根据税收征收管理法律制度的规定，纳税人对税务机关的下列行政行为不服时，可以申请行政复议的有(　　)。

A. 罚款　　B. 确认适用税率

C. 加收滞纳金　　D. 制定具体贯彻落实税收法规的规定

答案：ABC

【思维税图】

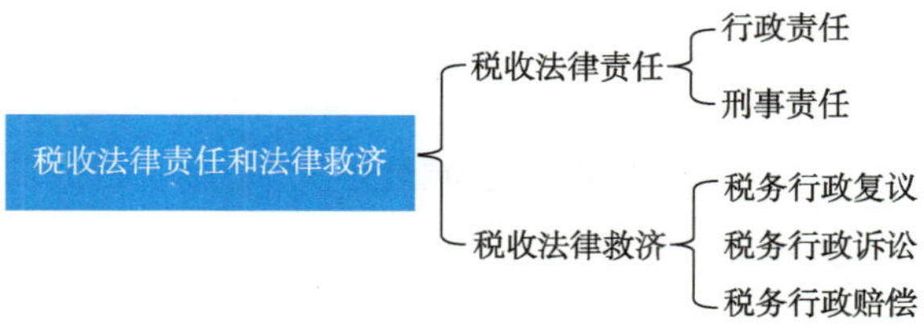

课后练习

一、单选题

1. 税务机关针对纳税人的不同情况可以采取不同的税款征收方式。对于账册不健全，但能控制原材料、产量或进销货物的单位，适用的税款征收方式是(　　)。

A. 查账征收　　B. 查定征收

C. 查验征收　　D. 定期定额征收

2. 甲公司按照规定，最晚应于 2022 年 1 月 15 日缴纳税款 30 万元，该公司却迟迟未缴。主管税务机关责令其于 2022 年 2 月 28 日前缴纳，并加收滞纳金，但直到 2022 年 3 月 15 日，该公司才缴纳税款。甲公司应缴纳的滞纳金金额为(　　)元。

A. 8850　　B. 8700　　C. 9000　　D. 6600

3. 根据税收征管法律制度的规定，下列规定中，属于税收保全措施的是(　　)。

A. 责成纳税人提供担保

B. 书面通知纳税人开户银行从其存款中扣缴税款

C. 拍卖纳税人价值相当于应纳税款的货物，以拍卖所得抵缴税款

D. 查封纳税人价值相当于应纳税款的货物

4. 纳税人因实施违法行为被行政机关处以罚款、没收违法所得，后又欠缴税款。下列关于税务机关对该纳税人征收税款的表述中，正确的是(　　)。

A. 税收优先于罚款、没收违法所得　　B. 罚款优先于税收、没收违法所得

C. 没收违法所得优先于罚款、税收　　D. 罚款、没收违法所得优先于税收

5. 从事生产、经营的纳税人应当自领取营业执照之日起(　　)日内，持有关证件向税务机关申报办理税务登记。

A. 30　　B. 15　　C. 20　　D. 10

6. 纳税人发生的下列情形中，不应办理变更税务登记的有(　　)。

A. 更换法定代表人　　B. 改变银行账号

C. 由国有企业改制为股份制　　D. 经营地址迁移需要改变原税务机关

7. 税务机关可在(　　)情况下，责成纳税人提供纳税担保。

A. 欠缴税款的纳税人或者法定代表人需要出境的

B. 纳税人同税务机关在纳税上发生争议，需申请行政复议的

C. 纳税人有逃避纳税义务的行为，并在限期缴纳税款的期限内有明显转移其应纳税商品的迹象

D. 纳税人因有特殊困难，不能按期缴纳税款的

8. 对临时从事经营的纳税人，(　　)。

A. 由税务机关核定其应纳税额，责令缴纳

B. 税务机关应责令其办理工商注册登记

C. 税务机关在其办理工商注册登记后进行税款的征收

D. 由工商行政管理机构征收应缴的税费

二、多选题

1. 下列各项中，属于税务机关职权的有(　　)。

A. 税务管理权　　B. 税款征收权

C. 税务检查权　　D. 税收法律规范的知情权

2. 甲公司的下列行为中，属于虚开发票的有(　　)。

A. 为乙公司开具与实际经营业务情况不符的发票

B. 让丙公司为自己开具与实际经营业务情况不符的发票

C. 介绍丁公司开具与实际经营业务情况不符的发票

D. 为自己开具与实际经营业务情况不符的发票

3. 下列情形中，税务机关有权核定纳税人应纳税额的有(　　)。

A. 纳税人有抗税、骗税行为的

B. 纳税人拒不提供纳税资料的

C. 按规定应设置账簿而纳税人未设置的

D. 纳税人虽设置账簿，但账目混乱，难以查账的

4. 根据税收征管法律制度的规定，下列各项中，属于纳税担保方式的有(　　)。

A. 纳税保证　　B. 纳税抵押　　C. 纳税质押　　D. 纳税留置

5. 根据税收征管法律制度的规定，下列关于退还纳税人多缴税款的表述中，正确的有(　　)。

A. 纳税人发现多缴税款但距缴款日期已超过 3 年的，税务机关不再退还多缴税款

B. 税务机关发现纳税人多缴税款但距缴款日期已超过 3 年的，不再退还多缴税款

C. 税务机关发现纳税人多缴税款的，在退还税款的同时，应一并计算银行同期存款利息

D. 纳税人结算缴纳税款后次年发现多缴税款的，可以向税务机关要求退还多缴的税款并加计银行同期存款利息

6. 根据税收征管法律制度的规定，税务机关在实施税务检查时，可以行使的职权有(　　)。

A. 检查纳税人会计资料

B. 检查纳税人货物存放地的应纳税商品

C. 检查纳税人托运、邮寄应纳税商品的单据、凭证

D. 经法定程序批准，查询纳税人在银行的存款账户

7. 下列选项中需要办理税务登记的是(　　)。

A. 从事生产经营的机关团体

B. 个体工商户

C. 企业在外地设立的分支机构和从事生产、经营的场所

D. 国家机关

8. 企业向税务机关办理税务登记时需要提供的资料有(　　)。

A. 营业执照　　B. 法定代表人的身份证

C. 企业章程　　D. 企业财务报表

9. 纳税人在办理注销登记前，应当向税务机关办结(　　)事项。

A. 注销工商登记

B. 结清治安罚款

C. 缴销发票、税务登记证件和其他税务证件

D. 结清应纳税款

10. 纳税人办理税务登记后，发生(　　)情况，应办理税务变更登记。

A. 改变住所　　　　B. 增减银行账号

C. 改变隶属关系　　　　D. 改变法定代表人

三、判断题

1. 纳税人因生产、经营场所变动的，应当在向工商行政管理机关申请办理变更登记前或者生产、经营地点变动前，向原税务登记机关办理注销税务登记。(　　)

2. 纳税人发生解散、破产、撤销以及其他情形，依法终止纳税义务的，应当自工商行政管理机关办理注销之日起30日内，持有关证件向原税务登记管理机关申报办理注销税务登记。(　　)

3. 纳税人在纳税期内没有应纳税款的，可以不办理纳税申报。(　　)

4. 税务机关应当对纳税人欠缴税款的情况定期予以公告。(　　)

5. 纳税人采取邮寄方式办理纳税申报的，以税务机关收到申报日期为实际申报日期。(　　)

6. 欠缴税款的纳税人或者法定代表人需要出境，未结清税款、滞纳金，又不提供担保的，税务机关可以通知出境管理机构阻止其出境。(　　)

法规（参考文献）

税收管理

《中华人民共和国税收征收管理法(2015 年修正)》

国税发〔2002〕126 号《中华人民共和国税收征收管理法实施细则》

增值税

《中华人民共和国增值税暂行条例》

财政部　税务总局　海关总署公告 2019 年第 39 号 《财政部　税务总局　海关总署关于深化增值税改革有关政策的公告》

国家税务总局公告 2018 年第 18 号 《国家税务总局关于统一小规模纳税人标准等若干增值税问题的公告》

财政部　税务总局公告 2023 年第 19 号 《财政部　税务总局　关于增值税小规模纳税人减免增值税政策的公告》

国家税务总局令第 56 号 《国家税务总局关于修改〈中华人民共和国发票管理办法实施细则〉的决定》

国家税务总局公告 2021 年第 20 号 《国家税务总局关于增值税　消费税与附加税费申报表整合有关事项的公告》

国家税务总局 2019 年第 15 号 《国家税务总局关于调整增值税纳税申报有关事项的公告》

财税〔2018〕38 号 《财政部　税务总局关于延续动漫产业增值税政策的通知》

工信部联电子函〔2023〕228 号 《关于 2023 年度享受增值税加计抵减政策的集成电路企业清单制定工作有关要求的通知》

消费税

《中华人民共和国消费税暂行条例》

财税〔2006〕33 号 《财政部　国家税务总局关于调整和完善消费税政策的通知》

国家税务总局公告 2021 年第 20 号 《国家税务总局关于增值税　消费税与附加税费申报表整合有关事项的公告》

国税发〔1993〕156 号 《消费税若干具体问题的规定》

财政部　税务总局公告 2023 年第 11 号 《财政部　税务总局关于部分成品油消费税政策执行口径的公告》

财政部　海关总署　税务总局公告 2022 年第 33 号 《财政部　海关总署　税务总局关于对电子烟征收消费税的公告》

国家税务总局令第 26 号 《卷烟消费税计税价格信息采集和核定管理办法》

企业所得税

《中华人民共和国企业所得税法（2018 年修正）》

中华人民共和国国务院令第 512 号 《中华人民共和国企业所得税法实施条例》

国家税务总局公告 2022 年第 27 号 《国家税务总局关于企业所得税年度纳税申报有关事项的公告》

国家税务总局公告 2018 年第 23 号 《国家税务总局关于发布修订后的〈企业所得税优惠政策事项办理办法〉的公告》

《研发费用税前加计扣除新政指引（2023 版）》

财政部　税务总局公告 2023 年第 37 号 《财政部　税务总局关于设备、器具扣除有关企业所得税政策的公告》

国家税务总局公告 2023 年第 6 号 《国家税务总局关于落实小型微利企业所得税优惠政策征管问题的公告》

国家税务总局公告 2021 年第 3 号 《国家税务总局关于发布〈中华人民共和国企业所得税月（季）度预缴纳税申报表（A 类）〉的公告》

个人所得税

《中华人民共和国个人所得税法》

国家税务总局公告 2024 年第 2 号 《国家税务总局关于办理 2023 年度个人所得税综合所得汇算清缴事项的公告》

财政部　税务总局公告 2023 年第 64 号 《财政部　税务总局关于铁路债券利息收入所得税政策的公告》

财政部　税务总局公告 2023 年第 32 号 《财政部　税务总局关于延续实施个人所得税综合所得汇算清缴有关政策的公告》

财政部　税务总局公告2023年第30号《财政部　税务总局关于延续实施全年一次性奖金个人所得税政策的公告》

国家税务总局公告2023年第12号《国家税务总局关于进一步落实支持个体工商户发展个人所得税优惠政策有关事项的公告》

财政部　税务总局公告2022年第34号《财政部　税务总局关于个人养老金有关个人所得税政策的公告》

其他

《中华人民共和国资源税法》

《中华人民共和国环境保护税法(2018修正)》

《中华人民共和国城镇土地使用税暂行条例》

《中华人民共和国土地增值税暂行条例》

《中华人民共和国房产税暂行条例》

《中华人民共和国车船税法》

《中华人民共和国契税法》

《中华人民共和国耕地占用税法》

《中华人民共和国印花税法》

《中华人民共和国烟叶税法》

《中华人民共和国车辆购置税法》

《中华人民共和国城市维护建设税法》

《中华人民共和国关税法》

《中华人民共和国船舶吨税法》

财政部　税务总局公告2022年第10号《财政部　税务总局关于进一步实施小微企业"六税两费"减免政策的公告》

2023年文化和旅游优秀研究成果汇编

中国旅游研究院（文化和旅游部数据中心） 编

中国旅游出版社

责任编辑：刘志龙
责任印制：闫立中
封面设计：中文天地

图书在版编目（CIP）数据

2023年文化和旅游优秀研究成果汇编 / 中国旅游研究院（文化和旅游部数据中心）编. -- 北京 : 中国旅游出版社, 2024.6
ISBN 978-7-5032-7312-4

Ⅰ. ①2… Ⅱ. ①中… Ⅲ. ①文化产业—成果—汇编—中国②旅游业发展—成果—汇编—中国 Ⅳ. ①G124 ②F592.3

中国国家版本馆CIP数据核字(2024)第077005号

书　　名：2023年文化和旅游优秀研究成果汇编

作　　者：中国旅游研究院（文化和旅游部数据中心）
出版发行：中国旅游出版社
（北京静安东里6号　邮编：100028）
http://www.cttp.net.cn　E-mail:cttp@mct.gov.cn
营销中心电话：010-57377103，010-57377106
读者服务部电话：010-57377107
排　　版：北京旅教文化传播有限公司
经　　销：全国各地新华书店
印　　刷：三河市灵山芝兰印刷有限公司
版　　次：2024年6月第1版　2024年6月第1次印刷
开　　本：787毫米 × 1092毫米　1/16
印　　张：8.75
字　　数：157千
定　　价：56.00元
I S B N　978-7-5032-7312-4

编写说明

经文化和旅游部批准，原国家旅游局优秀研究成果评奖调整为文化和旅游优秀研究成果遴选，由中国旅游研究院（文化和旅游部数据中心）组织实施，该项目旨在鼓励全国各方面围绕文化和旅游研究产出高质量研究成果。

文化和旅游优秀研究成果要求聚焦文化和旅游研究，成果形式包括（1）政府决策咨询、专题调研和数据研究报告（不含规划类成果）；（2）公开发表的学术论文；（3）公开出版的学术专著。根据2023年成果遴选公告，参评成果完成时间范围为2022年1月1日至2022年12月31日。经征集、遴选，2023年文化和旅游优秀研究成果共30项成果入选。其中学术论文10项，专著10项，研究报告10项。

本成果汇编收录了2023年30项优秀研究成果摘要。

目　录

学术论文类——一等奖

学术论文类——二等奖

学术论文类——三等奖

专著类——一等奖

专著类——二等奖

专著类——三等奖

研究报告类——一等奖

研究报告类——二等奖

研究报告类——三等奖

学术论文类

——一等奖

旅游开发中旅游吸引物权的制度化路径与实践效应

——以“阿者科计划”减贫试验为例

作　　者：保继刚　杨兵
依托单位：中山大学
成果类别：集体成果

一、研究内容

文章尝试将“旅游吸引物权”学术概念进行落地运用，通过一场持续5年的社会试验，探索出旅游吸引物权的制度化路径（图1、图2）。

研究发现：①旅游吸引物权的产权建构需要首先从结构层面建立兼顾分配和资源保护意义的制度规则体系，制度规则背后的核心运行逻辑是经济利益调节。②制度结构建立后，再从能力与文化层面建构多方主体对旅游吸引物权表达与实践的理解和认知，建立产权共识。③地方政府作为土地产权的决定性主体，对旅游吸引物权的理解、授权与支持是开展产权建构的根基性条件。④文章所指的旅游吸引物权建构是对各个构成物要素凝结的共有性、整体性旅游吸引价值的产权关系进行系统表达，本质上是不改变现有构成物的“名义产权”制度，利用制度多元逻辑引导多方主体改变产权认知观念与结构，在认知范畴上建立关于新增的旅游吸引价值的“事实产权”。

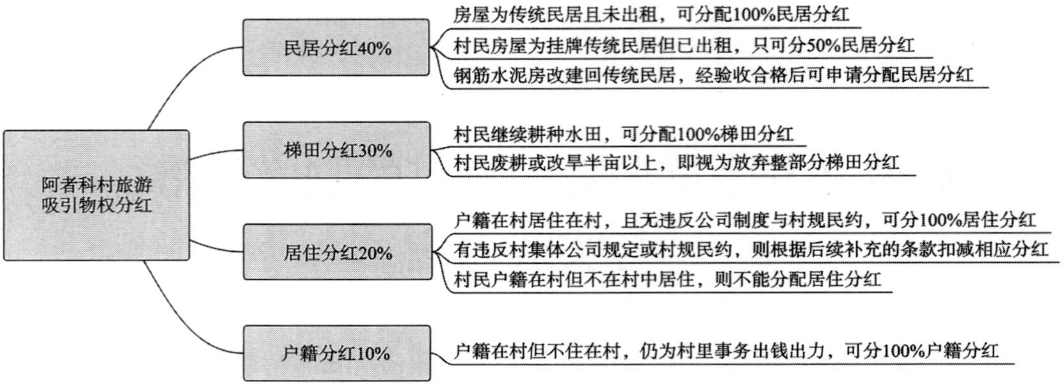

图 1　阿者科计划的旅游吸引物权分红体系

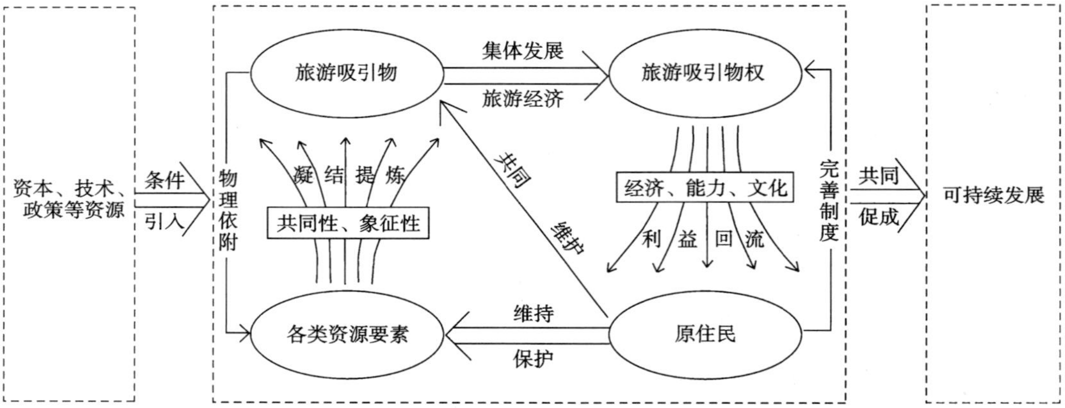

图 2　旅游吸引物权的制度化路径与机制

二、研究框架和研究方法

论文采取了“过程—事件”的研究框架。本文第二作者于 2018 年 7 月正式与当地政府派出的青年干部联合进驻阿者科村，出任“旅游村长”。在驻村 14 个月期间，积累田野日记 14 万字，翔实记录了旅游吸引物权的具体操作过程。

人类学的参与式观察法、深度访谈主要被运用于笔者与村民同吃同住、同劳动的长期过程中，在与政府、旅游经营者、游客等多方主体的工作沟通协商中，深入理解多方主体对旅游吸引物权的感知、态度与行为。

三、理论创新和学术价值

（1）本文为旅游吸引物权进行产权实践提供了制度化路径与过程的剖析。这突破了现有研究仅停留在概念与法理的理论探讨，呈现多元主体互动的实践场域下，旅游吸引物权不断生成的产权要素、结构与秩序的实践样态。本文首次提供构建制度方案的基本指引，论证了“旅游吸引物权”这一学术概念的可操作性。

（2）从“一物一权”拓展至“多物一权”的研究视野。旅游吸引物构成要素的综合性（由土地、房屋、人文等多要素构成的“复合物”），不同于现有产权研究所关注的单一类型产权客体（土地、森林、房屋等）的属性。本文尝试突破“一物一权”，呈现“多物一权”视野下，旅游吸引物权的整合、拆分与协商实践过程与机制。

四、应用价值和经济、技术、社会效益

本文为旅游社区参与提供了增权方案，有助于为更多社区争取权益。本文揭示出，中国大多乡村类旅游吸引物属于集体产权，所有参与创造和维系旅游吸引物的原住民都应获得旅游开发收益，而不应只有少数人获益。

目前已经有 3 个区域正在推行本文的研究成果。

其一，撒玛坝实践。2021 年，云南红河县撒玛坝万亩梯田景区引进了“阿者科计划”团队，已完成专项规划与方案。

其二，吐峪沟计划。2022 年，新疆大学联合中山大学在新疆吐鲁番市吐峪沟村发起了“吐峪沟计划”，目前正在由新疆大学师生驻村开展产权实践。

其三，元阳梯田在地扩展计划。2023 年 7 月，云南元阳县政府邀请主创团队对元阳 6 万亩梯田，开展旅游吸引物的产权界定与分配机制重塑。

旅游电商直播：基于主播视角的价值营销框架的识别和检验

作　　者：谢朝武　余军　黄松山　张江驰
依托单位：华侨大学
成果类别：集体成果

一、研究内容

揭示旅游电商直播要素的价值属性及其分析框架，是旅游直播营销领域有待解决的重大理论需求。课题组设计了定性和定量相结合的2个子研究。研究1，以疫情期间携程集团旅游电商直播案例作为研究对象。研究发现，成功的旅游电商直播呈现了合适的产品（SP）、产品供应（PS）、技术易用性（TU）、技术有用性（TE）、名人光环（CA）、娱乐氛围（EA）、政府支持（GS）、产品介绍（PI）、情感传递（ET）、价格优惠（PD）和知识溢出（KS）11类直播营销要素，归属于产品价值、价值呈现、价值强化和价值实现4类价值营销范畴，由此形成了面向旅游电商直播的价值营销分析框架。研究2，基于在线问卷调查数据进行实证检验。结果显示，价值呈现、价值强化和价值实现等价值营销行为对直播受众的产品价值感知均具有正向影响。这表明，电商直播的深层逻辑在于将社交场和营销场整合在同一个场域中，最终通过价值呈现、价值强化和价值实现来促成产品的价值营销。

二、研究框架和研究方法

本文遵循“理论分析→框架识别→框架检验→框架应用”的逻辑开展研究，具体采用了视频转译、内容扎根、PLS-SEM 检验等方法。

第一，研究综合了媒介场景理论和价值营销理论，为框架识别提供了理论分析基础。

第二，研究运用了扎根方法和 Nvivo 编码工具，基于携程集团的 7 个直播主题共 624 分钟的视频资料、近 17 万字的文本内容，识别了旅游电商直播价值营销框架。

第三，研究运用了 SPSS 和 SmartPLS 分析工具，基于 713 份问卷数据检验了旅游电商直播价值营销框架。

三、理论创新和学术价值

第一，研究探索和建构了旅游电商直播的价值营销要素分析框架，为分析旅游电商直播要素的价值营销属性和价值营销关系提供了理论基础。

第二，研究将媒介场景理论引入旅游电商直播领域，发展和验证了直播营销“价值呈现→价值强化→价值实现”的价值营销链，为分析直播营销要素的价值关系提供了分析视角和线索。

第三，研究探索和验证了旅游电商直播成效的影响因素，丰富了电商直播研究的产品类型。

四、应用价值和经济、技术、社会效益

第一，厘清旅游直播价值营销机制，提升文旅企业数字营销成效。研究对于帮助目的地、酒店、航空公司等旅游企业，科学认知旅游直播价值营销要素及其机制，提升旅游数字化营销成效等，具有重要的应用价值和借鉴意义。

第二，呈现中国旅游创新实践案例，传播中国旅游时代发展经验。研究系统地分析与了解中国 OTA 企业携程集团开创的旅游电商直播营销创新实践，为国内外旅游服务企业创新直播营销提供了重要的参考案例和经验体系。

学术论文类

——二等奖

基于游客互律监督的游客不文明行为治理机制构建与障碍研究

作　　者：李涛　陈芸
依托单位：江苏师范大学
成果类别：集体成果

一、研究内容

促进文明旅游建设是“十四五”旅游业发展规划的重要目标，游客间的互律监督作为一种潜在治理游客不文明行为的途径，在现实中并未发挥应有的效用。针对这一现象，本文开展了两个阶段的研究。

（一）游客互律监督在游客不文明行为治理中的理论价值研究

基于文献回顾，总结提出现有官方管理与个体自律的两层次游客不文明行为治理体系存在管理空白。随后，基于道义公平理论，提出游客互律监督在官方与个体间具有桥梁功能，以此构建组织、个体与人际三个层面的游客不文明行为治理体系（图1）。

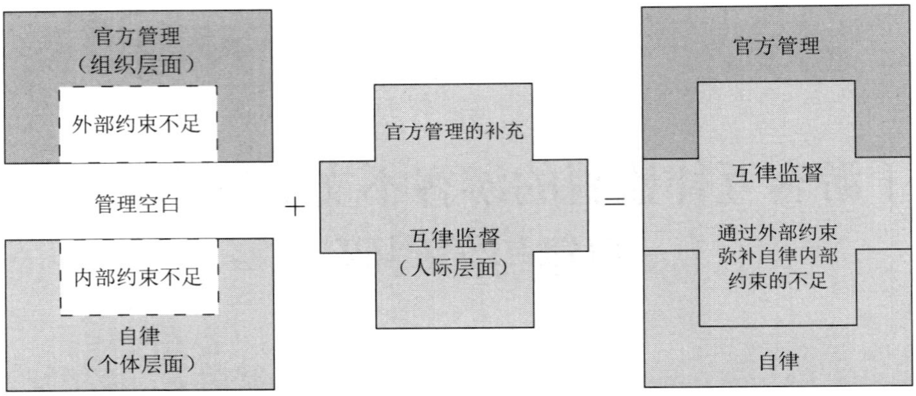

图 1　游客互律监督在构建游客不文明行为治理体系中的桥梁机制

（二）游客互律监督尚未发挥实效的理论解释与实证研究

针对游客互律监督并未发挥实效的问题，基于道义公平与道德社会认知理论，提出个体对游客不文明行为的干预意愿受到其对违规者报复的畏惧与其内化道德认同的影响（图 2）。并通过两个准实验，对理论模型进行了验证。为构建游客互律监督治理机制提供了管理建议。

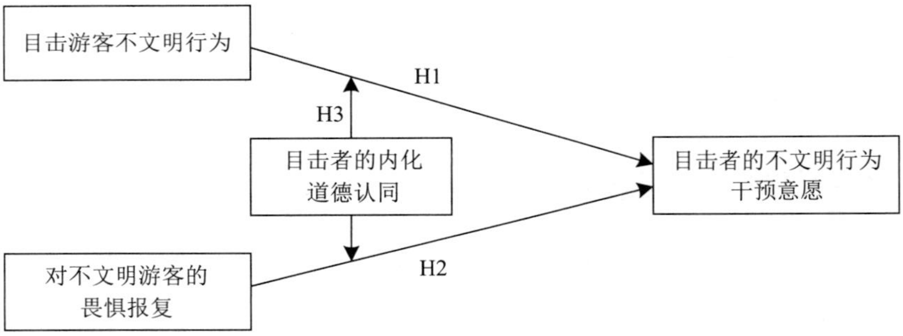

图 2　研究模型

二、研究框架和研究方法

（一）研究框架

（1）引言。提出游客互律监督的意义与现实问题。

（2）文献回顾与研究假设。提出借助游客互律监督构建三层次游客不文明行为治理体系的理论框架；针对互律监督尚未发挥实效的问题，提出研究模型。

（3）研究方法。研究模型的检验。

（4）结果讨论。研究结果的讨论与比较。

（5）研究结论。总结研究理论与实践价值；进行未来研究展望。

（二）研究方法

采用两个准实验设计，对研究理论模型进行检验。

三、理论创新和学术价值

第一，通过探索游客互律监督，将游客不文明行为的治理扩展到人际层面。提出并搭建了包含官方治理、个体自律、互律监督三个层次的游客不文明行为治理体系。

第二，基于道义公平理论和道德社会认知理论，解释并验证了游客互律监督尚未发挥实效的原因。研究从人际互动的角度出发，扩展了旅游管理的研究方向。

第三，研究通过探索目击游客不文明行为事件中第三方的反应，丰富了道义公平领域的相关研究。

四、应用价值和经济、技术、社会效益

首先，研究揭示了建立游客互律监督治理体系中的障碍。为促进公众对游客不文明行为的干预意愿，管理者与目的地景区应减少公众对违规者报复的畏惧，并促进他们的内化道德认同发展。

其次，研究提出了包含组织、个体与人际三个层次的游客不文明行为治理机制。研究有助于促进旅游业高质量发展，并有助于“十四五”旅游业发展规划中关于促进文明旅游建设目标的落实。

基于自适应集成预测器的旅游企业重组绩效预测

作　　者：李辉　何凌阳　杨晶晶
依托单位：南开大学
成果类别：集体成果

一、研究内容

在数字化革命、经济高质量发展以及后疫情时期经济恢复的新形势下，作为旅游经济高质量发展微观基础的旅游企业正面临着十分严峻的失败风险。如何对旅游企业重组绩效进行表征和挖掘，以及对其未来的生存风险进行预警和预测，进而开展有效的企业管理决策具有重要的现实意义。该研究以旅游公司价值为焦点，以事件研究法为驱动，提炼了旅游企业重组绩效中蕴含的旅游行业特质和重组绩效问题需求，率先提出了旅游企业重组绩效预测这一新的研究领域，并构建了一种新的自适应集成预测模型来预测旅游企业中期重组绩效，包括旅游企业重组绩效预测指标识别、基于决策树的集成预测模型构建、多层超参数体系自适应优化、旅游企业重组绩效预测及评价。

二、研究框架和研究方法

研究发现，重组后获得公司价值提升的旅游企业通常具有如下特质：①有丰富的借助负债运营旅游产品和业务的经验；②有能力建立完善的企业内部管理制度，通过旅游产品和业务运营获得大量未分配利润和流动资产；③有能力通过新技术、新理念来不断提升旅游产品和业务运营的管理效率。相反，那些有能力通过股东权益获得高额盈利空间或者运营收入处于快速增长期的旅游企业一旦在此期间选择重组，则大概率会干扰当前公司的正常旅游产品和业务运营，难以获得因旅游重组事件带来的公司价值提升。此外，旅游行业的固有周期特征导致的时间异质性因素，在预测旅游企业中期重组绩效时需重点考虑。最后，文章通过系统的实证研究验证了所提出的自适应集成预测模型在预测旅游企业中期重组绩效时的优越性能。

三、理论创新和学术价值

以旅游企业的重组绩效为研究对象，开展重组绩效的影响因素识别和预测研究，具有重要的学术价值和实践启示。

四、应用价值和经济、技术、社会效益

首先，在前沿性方面，该研究符合人类社会迈向智能化发展的趋势、对新时代企业高质量发展内涵和思想的把握以及“数智时代”旅游企业智能化管理方向的前瞻预判等方面内容。其次，该研究创新性地将“依托智能预测支撑更有效的管理决策”的思想嵌入“AI 模型 + 知识管理”的研究范式来推动接待企业的智能化“蝶变”和高质量“可持续”发展。最后，该研究立足于中国特色旅游经济前沿分析视角，为推进我国从信息社会迈向智能社会和服务国家重大战略需求，提供了独具风格的多元旅游上市企业管理的理论贡献，为新时代背景下我国新文科和旅游交叉学科建设提供实践启示。

时空轨迹数据赋能旅游目的地规划与管理：基于创新的启发式方法

作　　者：郑伟民　李梦玲　林志斌　张洋煜
依托单位：厦门大学
成果类别：集体成果

一、研究内容

在信息技术发展下，新的追踪技术被应用于捕捉游客时空轨迹，为研究者提供了高效可靠的高分辨率游客时空数据。旅游研究的底层支撑由“小体量、粗粒度”的传统数据模式走向“海量多元、高分辨率”的大数据模式。如何挖掘海量时空数据中的有效信息、分析其反映的游客行为特征、理解其蕴含的目的地空间结构，成为大数据时代下研究游客活动的破题关键。

基于对新兴行为追踪技术的深入理解，紧密把握游客活动的多元性和海量时空数据的复杂性，本研究结合地理学、管理科学等多学科交叉研究范式，综合运用空间聚类、数据挖掘方法，创新提出了利用手机定位数据深度分析游客移动性的启发式方法。

二、研究框架和研究方法

本研究包含空间聚类和频繁模式两阶段。①空间聚类：利用自适应 DBSCAN 将时空轨迹中的所有位置点进行聚类。相较前人研究，该方法优势在于：其一，采用邓恩指数来选择 DBSCAN 算法参数，显著提高了算法性能；其二，引入 BrowseRank 算法，在空间聚类过程充分考虑游客行为时间维度的重要价值；其三，引入自适应参数，克服游客在目的地分布不均影响，实现更精细化的多层次空间聚类。②频繁模式：在频繁路径生成中，同时考虑游客在景点的停留时间和空间移动，克服了大多数频繁模式挖掘方法不考虑时间维度的缺点，提高了结果的实用价值。最后，将方法应用于案例地厦门，得到目的地空间聚类分布和不同强度阈值下的游客活动频繁模式等结果（图 1~ 图 5）。

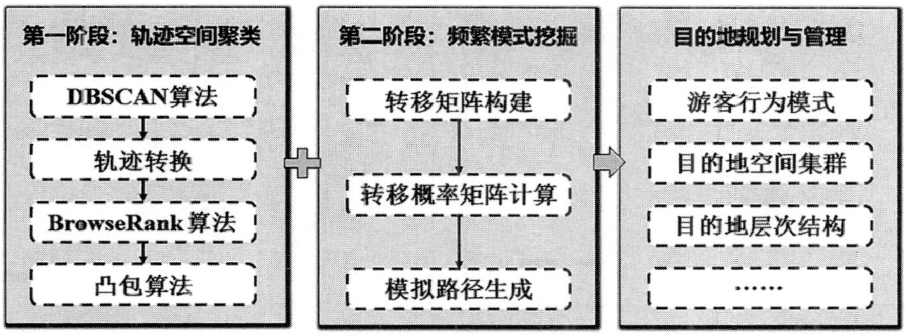

图 1　方法框架

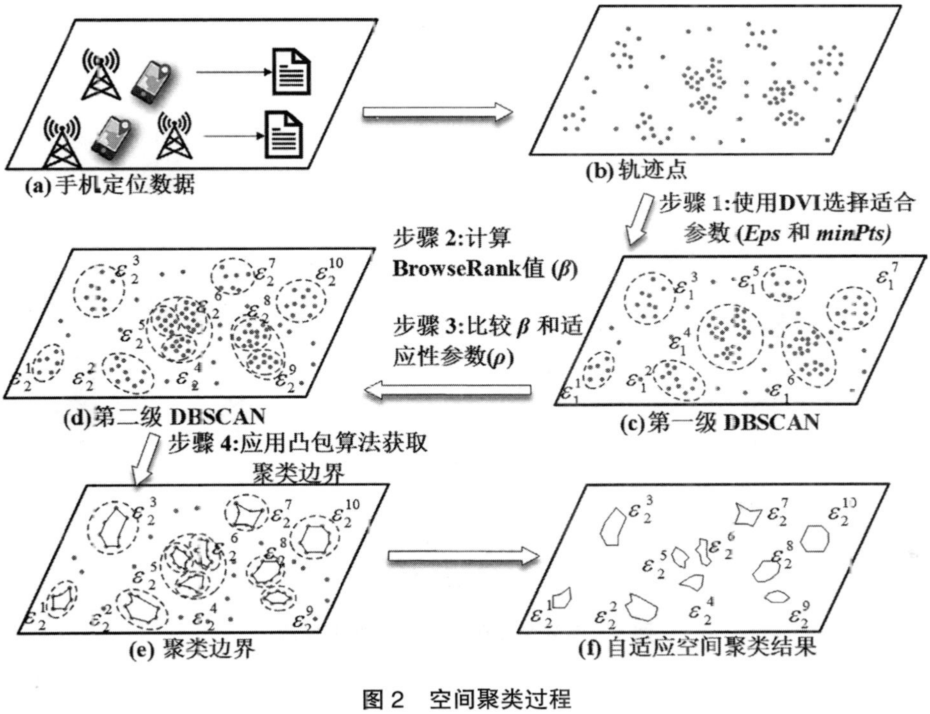

图 2　空间聚类过程

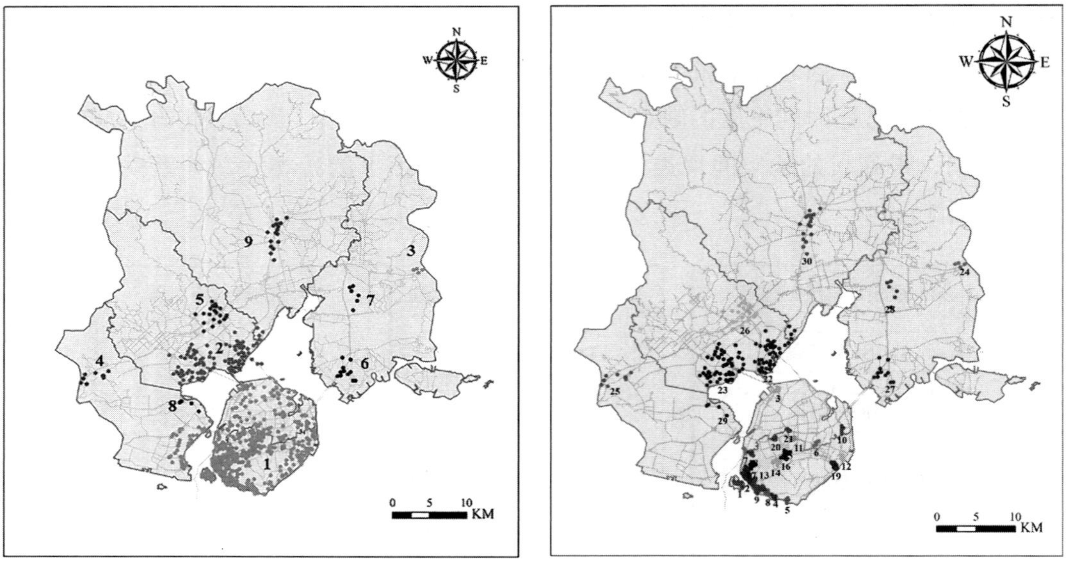

图 3　两次聚类结果

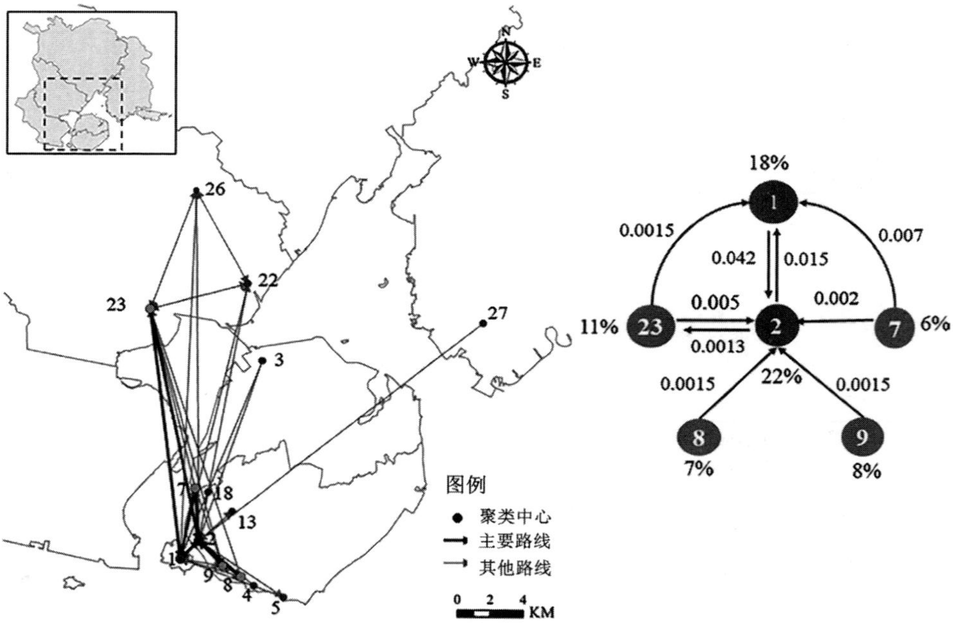

图 4　序列为 2 的频繁模式挖掘结果

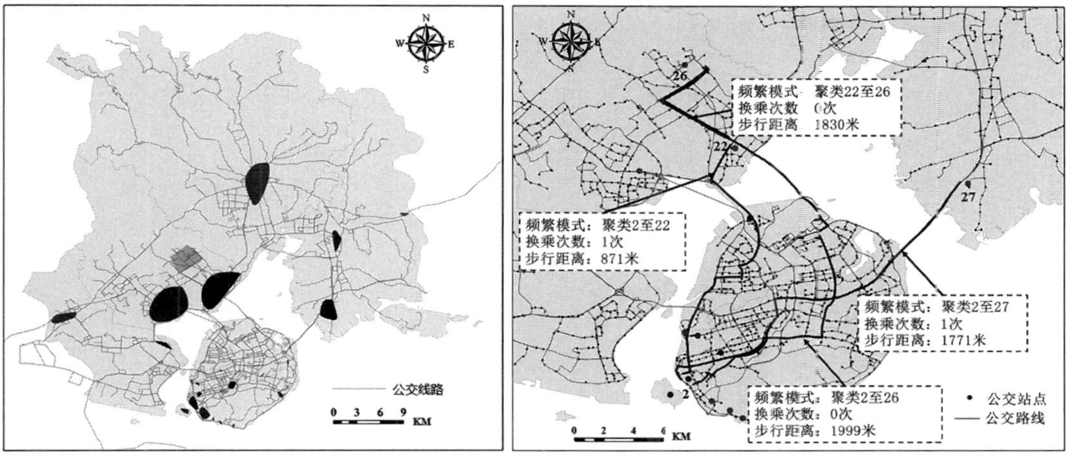

图 5　公交线路和与之比对得出的 4 种公共交通便利性差的频繁模式示例

三、理论创新和学术价值

在游客行为研究重要性与复杂性并存的现实下，首先，本研究结合地理科学、管理科学和信息科学等多学科知识，帮助更新大数据时代下旅游移动性范式，完善跨学科旅游管理理论研究，以及推进旅游科学管理方法论进步。其次，本研究综合运用多种数据分析挖掘方式，充分考虑轨迹数据中的语义信息，有助于拓展旅游移动性研究视角和丰富目的地空间理论体系。

四、应用价值和经济、技术、社会效益

利用时空轨迹数据挖掘探求深层次的城市动力学机制，有助于协调游客活动和居民日常生活的交互关系，将旅游功能更好融入城市整体功能，有效提升城市交通统筹、智慧城市建设和应急事件处理等能力。同时，基于时空轨迹数据所蕴含的目的地特征信息，有助于理解城市内部旅游景区的层次结构、景区之间的关联关系，为构建城市区域旅游协同机制提供精准支撑。

学术论文类

——三等奖

从碗式炉到小竖炉的转变：来自广西六浊岭冶铁遗址的新证据

作　　者：邹桂森　蒙长旺　李延祥　黄全胜　崔春鹏
依托单位：广西民族大学
成果类别：集体成果

一、研究内容

本研究对广西贵港市平南县六浊岭遗址考古发掘出土冶金文物进行了科学分析，该遗址作为六陈镇冶铁遗址中唯一一处经科学发掘并报道的遗址，其研究相当重要。C^{14}测年结果表明，该遗址年代为公元419年至769年，结合陶器类型学分析，表明其为一处六朝时期的冶铁遗址。对冶金文物的科学分析表明，该遗址为一处块炼铁遗址。对清理的炼炉分析研究，表明遗址存在碗式炉与竖式炉两种炉型，通过两类炉型的地层关系分析及冶金文物研究表明，该遗址存在由碗式炉逐步发展为竖式炉的技术转变。通过对炉渣中FeO（氧化亚铁）含量分析可知，炉型的变化引起炉内还原气氛的变化，从而提高铁矿石还原率。本研究不仅揭示了遗址生产性质，还为探讨岭南地区冶铁技术的起源与发展，厘清岭南地区与东南亚冶铁技术的关系提供了重要的线索和材料。

二、研究框架和研究方法

（一）研究框架

摘要；引言；遗址背景；材料和方法；年代；结果和讨论；结论。

（二）研究方法

对冶金遗物采用了 C^{14} 测年、扫描电子显微镜能谱仪、金相显微镜等科学分析手段，对广西贵港市平南县六浊岭遗址冶金技术开展系统研究。

三、理论创新和学术价值

（一）理论创新

对象新：广西贵港古代冶铁遗址群是我国第一处经确认的块炼铁冶炼遗址群，六浊岭遗址是此前该地区唯一一处经考古发掘的冶铁遗址，遗物丰富，炼炉保存较好，是研究岭南乃至中国南方古代冶铁技术发展的重要环节。

知识新：通过对冶铁遗物及地层分析研究，揭示了该遗址存在由碗式炉向小竖炉的重要技术转变，为岭南冶铁技术的起源、发展提供了新认识。

视角新：通过技术视角，对广西及其周边冶炼技术开展对比研究，为探讨广西及东南亚由块炼铁向生铁冶炼技术的转变、中国南方与东南亚冶铁技术交流提供了重要的视角。

（二）学术价值

古代冶铁技术在中国文明发展历程中具有重要的作用，古代中原地区发现生铁冶炼遗址较多，鲜有块炼铁遗址。中国在公元前600年至公元前500年，仍使用块炼铁，公元前500年之后，生铁冶炼技术迅速推广，领先欧洲2000多年。广西是中原与东南亚的重要衔接地区，在汉唐时仍大量使用块炼铁，宋代开始使用生铁冶炼技术，冶铁技术的起源与发展呈现出特殊性。

团队基于田野调查及考古发掘工作，对广西六浊岭遗址的冶金技术发展与转变开展了研究，是目前国内基于考古发掘并结合冶金考古研究揭示古代冶铁技术发展与转变的重要案例，对其他冶金遗址的研究具有重要借鉴意义。此项研究具有地区性、国际性、前沿性。

四、应用价值和经济、技术、社会效益

（1）本研究于2022年3月，发表在冶金考古领域重要的著名国际期刊 *Archaeological and Anthropological Sciences*（《考古学人类学科学》）（社会科学引文索引SSCI一区收录，JCR 2022年）中，被3篇SSCI、SCI英文研究成果引用3次。

（2）本研究于2022年3月在广西民族大学民大要闻及中国民族网中得到报道，对学界与社会产生了重要影响。2022年9月，作为《【民大这十年】“第一动力”创佳绩 科研兴校谱新篇》推介的两篇学术论文成果之一刊发。

（3）本研究在2021年全国第十五届科技考古学术讨论会、2022年国际冶金史重要学术会议“The Tenth International Conference on the Beginnings of the Use of Metals and Alloys”作汇报，得到与会专家的好评。

（4）2023年6月，本成果获广西民族大学2021—2022年度人文社会科学优秀成果奖。

新旅游资源观视角下旅游资源研究框架

作　　者：任以胜　陆林　韩玉刚
依托单位：安徽师范大学
成果类别：集体成果

一、研究内容

旅游资源是旅游活动的基本要素和旅游产业发展供给的重要物质载体，决定着旅游资源开发利用的综合效益。新时代，旅游资源已经被抽象为一种价值要素或价值存在方式，越来越多的非旅游要素持续注入旅游系统中，只注重旅游经济增长而忽略旅游资源可持续性的传统模式，已经难以适应经济高质量发展的新需求。因此，面临更加重大的国家战略需求和发展机遇，保护好、传承好、利用好旅游资源，构建一种新的旅游资源观是对区域发展实践的再认识和再实践，能够避免旅游资源开发利用的不平衡性和旅游发展的极限性，以推进中国式现代化建设。

二、研究框架和研究方法

首先，论文梳理与总结传统旅游资源观视角下旅游资源研究成果的发展脉络，发现已有研究在开展基础研究的同时，在服务国家重大战略和区域经济社会发展方面做出了重要贡献，一定程度上实现了“理论指导实践”与“实践完善理论”的良性互动局面。其次，明确新旅游资源观的内涵及其特征，认为新旅游资源观是指在科学技术进步、价值观念变革、旅游需求提升、人均收入提高等背景下，人们对不同来源、不同结构、不同层次的旅游资源进行整合、配置、重组和优化的动态过程，表现为人们的思维认知对旅游资源性状改变的一种能动响应；新旅游资源观是对传统旅游资源观的根本突破，呈现出新旅游资源价值观、新旅游资源利用观、新旅游资源发展观、新旅游资源效益观和新旅游资源空间观等特征。

三、理论创新和学术价值

从旅游资源价值转化、旅游资源可持续利用、旅游资源融合发展、旅游资源区域效益、旅游资源空间重构等方面构建新旅游资源观视角下的“五维一体”的旅游资源研究内容体系，强化旅游资源的跨区域聚合、竞合与融合，揭示跨区域旅游资源开发利用的相互作用机理。

四、应用价值和经济、技术、社会效益

论文立足于新时代新要求，正确认识旅游资源发展的基本规律和内在逻辑，加强旅游资源的创造性转化和创新性发展。首次提出新旅游资源观的内涵和特征，构建面向时代、面向未来、面向自然的新旅游资源观视角下的旅游资源研究框架，探究旅游资源可持续利用与区域经济社会协调发展的现实路径，能够为提升旅游资源利用效率、推动旅游高质量发展、推进中国式现代化建设提供理论支持和决策依据。

拙朴之美：繁昌窑青白瓷纹饰的构成原理与规律研究

作　　者：胡小兵
依托单位：安庆师范大学
成果类别：个人成果

一、研究内容

繁昌窑创烧于五代，是一座专烧青白瓷的窑场。繁昌窑造型样式丰富，以酒器、茶器、食器及女性用之奁器为大宗，其装饰虽多以素面以凸显器物釉色之美，但其器物上的装饰母题亦较为多样，基本以形饰和纹饰组成。形饰是以窑工在器物造型过程形成的样式形态和在制坯和修坯过程中留下的简单印痕为主；而纹饰则是以人物、动物、植物、建筑和几何形态等母题为主。这些母题装饰既有写实手法处理，亦有以点、线、面为基本的单元设计元素组织。本研究通过对繁昌窑器物上的母题纹饰的构成形态分析，总结其纹饰的构成原理与形式规律，以此来展现繁昌窑的器物形制与纹饰设计、形式与功能的和谐统一。由此反映出母题纹饰无论采用何等装饰方法，皆是窑工从器物的功用出发，运用相应的设计构成法则，为繁昌窑青白瓷呈现出较强的拙朴之秩序美，为读者展现繁昌窑作为早期青白瓷生产地所具之陶瓷设计文化。

二、研究框架和研究方法

研究框架如图1所示。

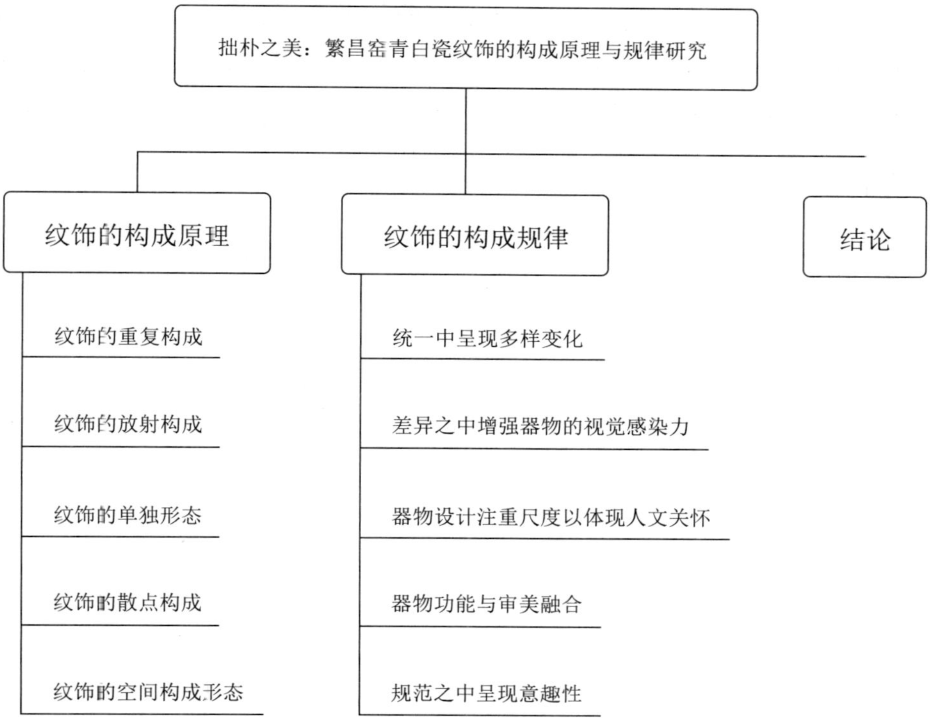

图 1　研究框架

本研究使用了设计学、图像学和文化学的研究方法。

三、理论创新和学术价值

（1）从繁昌窑青白瓷设计原理与规律出发，打破以往研究繁昌窑皆以考古学视角为立足点，无法展示繁昌窑的设计文化。本研究采用交叉学科融合之方法，对繁昌窑青白瓷器物设计纹饰变化形态进行分析，探究器物与社会发展形成的互动，研究视角较为独特，有效地向读者展现繁昌窑型与饰的设计形态。

（2）从设计学的视角运用交叉学科研究，探讨繁昌窑青白瓷设计本体，有助于丰富我国陶瓷文化的多样性理论。可为相关研究者提供理论资料。

四、应用价值和经济、技术、社会效益

从设计学视角对繁昌窑青白瓷的装饰设计进行研究，发现其构成原理和规律，将

为繁昌窑当代产业化发展和创新设计研究提供有益指导，也补充对繁昌窑研究方面的不足。本研究既可作为高校传统陶瓷设计文化的教学素材，也可作为繁昌窑器物装饰设计理论指导资料，研究成果将会产生较好的社会效益。本研究成果被安徽省社科联评为 2022 年“优秀读物”。

文化冲突对中国入境旅游需求的影响

作　　者：唐培　何建民　冯学钢
依托单位：华东师范大学
成果类别：集体成果

一、研究内容、研究框架和研究方法

文化冲突可能是影响中国入境旅游需求的重要因素。鉴于专题研究缺乏，以文化冲突为核心解释变量，以中国入境旅游需求为被解释变量，基于2002—2018年联合国世界旅游组织关于66个客源地对中国的入境旅游人数数据和面板数据估计策略，探究了文化冲突对中国入境旅游需求的影响及其机制。结果表明：①文化冲突显著负向影响中国入境旅游需求；②文化冲突对中国入境旅游需求影响在不同性别、区域、年龄、目的群组中具有异质性；③文化认同是文化冲突影响中国入境旅游需求过程中的机制变量。

二、理论创新和学术价值

首次从文化冲突视角构建了一个分析中国入境旅游需求的理论框架，能推进入境旅游需求影响因素研究，并丰富旅游需求理论。在入境旅游需求影响因素研究中，除早期的收入、价格等经济学变量，近期研究更多关注多重距离、制度供给、重大事件等，关于文化冲突因素从理论到实证均欠缺。在旅游需求理论框架中，对文化因素的（文化冲突）研究也有限，且目前遇到了瓶颈。然而，无论从文化对旅游消费者行为的影响，还是从国际旅游的跨文化特性出发，都不容忽视对文化因素的考察。本研究不仅从理论上就文化冲突对中国入境旅游需求的抑制效应及其机制进行了论证，并且进行了实证检验。虽只是中国的个案研究，但首次提供了相关理论与经验性证据，一定程度上起到理论建构的作用。

三、应用价值和经济、技术、社会效益

研究结果能推进入境旅游需求影响因素理论研究，为实现中国入境旅游需求复苏提供新的理论依据和政策参考：第一，应大力实施中国文化走出去战略。应通过深入推进文化体制改革，大力培养复合型文化产业人才，精研海外文化消费市场偏好，以及增强文化企业国际竞争力等系统性举措来增加中国核心价值观的输出，真正实现中国文化走出去。第二，应深入细分市场开展精准化营销。在既有的旅游客源地市场细分路径中，一般是依据地理区位、年龄、性别和旅游动机等进行市场细分，但这些传统方法在全球目的地竞争愈发激烈的当下，日益难以适应实践发展的需要。本研究则提供了另一种市场细分的思路：可根据文化冲突、文化认同细分中国客源地，重点关注那些文化冲突较小、文化认同较高的客源地市场，并据此进行更精准的目的地营销，优先实现这些客源地对中国的入境旅游需求复苏，避免资源的浪费，提高成效。

价值共振—共创—共生：以旅游业推动各民族交往交流交融

作　　者：李燕琴　张良泉
依托单位：中央民族大学
成果类别：集体成果

一、研究内容

本研究从主客关系这一旅游发展内核出发，通过对主客互动关系阶段性演进特征的系统总结，诠释了如何通过发展旅游业助推目的地主人与客人通过“共振—共创—共生”过程生成协同价值，即主客如何从“我—他”关系的自我主体型或他者主体型互动，演进到“我—你”关系的伦理他者型互动，最后通过主客间多元互动生成协同共生价值，真正实现“我们”关系，形成主客共同体。

二、研究框架和研究方法

本研究基于笔者长达十余年对民族地区乡村案例地旅游发展的跟踪调查，长期关注“价值”如何在主客间流动；同时依托跨学科研究视角，系统总结不同学科关于价值共振、价值共创、共生价值的研究进展，以及已有关于主客互动类型的研究，以逻辑演绎的方法提出主客的“共振—共创—共生”价值协同过程模型（图1）。

①价值共振阶段是主客协同的关键起点。此时主人与客人还是“我—他”关系的自我主体型或他者主体型互动，通过旅游业发展主客对话成为可能，通过接触、互动主客找寻一致认同的方向、物质与非物质价值实现的共同频道，形成可共享的价值主

张，从而推动关系向良性发展，并为价值共创意愿激发提供动力和方向。②价值共创阶段进一步消减主客二元对立的思维模式，主客基于共同的价值追求建构起平等的、互为中心的伦理关系，形成“我—你”关系的伦理他者型互动。“我—你”关系代表一种平等的主客伦理，标志着以自我为中心的意识开始消解，转换成互为主体的存在。③价值共生阶段主客在价值共创的互动实践中形成对群体的主体身份认同，加剧了双方价值协同，主客生成共生价值，使“我—他”或“我—你”关系中的弱联结进化为“我们”的强联结，主客由分立结为共同体，最终形成主客共生的价值生态圈。

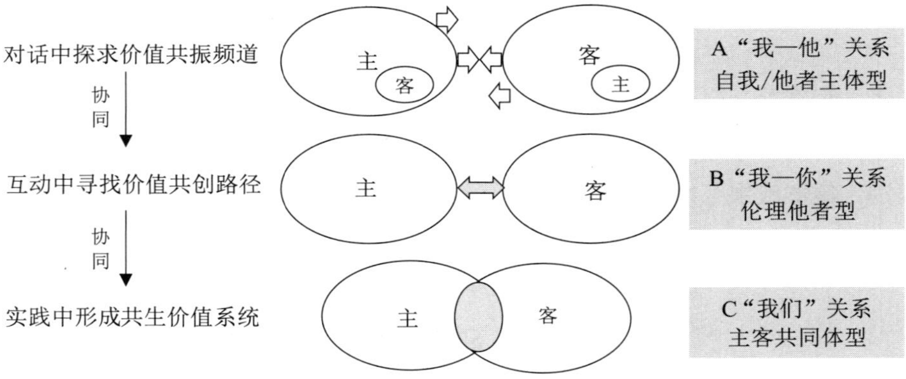

图 1　价值协同过程模型

三、理论创新和学术价值

本研究以“共振—共创—共生价值协同链”为基础，进一步阐释了主客价值协同过程，明确旅游业在促进各民族交往交流交融中的关键角色，可为推动各民族间良性深层互动、在思想和行动上实现全面互嵌式发展以及促进民族地区同步实现中国式现代化提供理论参考。

四、应用价值和经济、技术、社会效益

本研究为如何通过主客关系良性发展实现价值协同，并进一步推动多元主体合作共建提供了路径指引，有助于旅游业在建设美好新疆、美好边疆进程中发挥更大作用。

专著类

——一等奖

乡村旅游小微企业成长机制研究

作　　者：张环宙
依托单位：浙江外国语学院
成果类别：个人成果

一、研究内容

农业、农村、农民问题是关乎民族命运和国家长治久安的战略性问题，是高质量建设共同富裕示范区的重要关注点。党的十九大提出了“乡村振兴战略”，明确指出要把解决“三农”问题作为全党工作的重中之重。近年来，乡村旅游在繁荣农村经济、促进农民脱贫致富方面显现出巨大功效，各级政府纷纷将发展乡村旅游作为改造城乡二元结构、实施产业跨界融合、提高农民生活水平的重要抓手。作为乡村旅游产业的“市场主体”，农家乐、乡村民宿等旅游小微企业是乡村产业发展的基石。特别是由当地农民创建和经营的“内生型”旅游小微企业在提升农民生活水平、实现旅游产业可持续发展方面具有重大意义。“内生型”旅游小微企业的数量和质量在很大程度上决定了乡村旅游发挥经济、文化、环境、社会综合效益，进而提升助力乡村振兴的能力。然而，在农村地区旅游产业蓬勃发展的背景下，学术界对“内生型”旅游小微企业的研究还比较少，尤其是关于这类特殊企业如何产生、如何发展、如何成长的系统研究。

本研究以农民自主创业乡村旅游小微企业为研究对象，围绕“亲缘社会网络如何影响乡村旅游微型企业的创建—经营—成长”这一核心问题，系统剖析和检验影响小微企业生成、绩效、成长的关键因素与内在规律，力求为地方政府和旅游管理部门鼓励农民旅游创业、推动乡村旅游市场主体健康持续发展提供智力支撑。

二、研究框架和研究方法

（一）研究框架

基于“亲缘社会网络嵌入”视角，聚焦于乡村旅游小微企业这一特殊的研究对象，系统探讨和检验亲缘社会网络在乡村旅游小微企业的创建、经营、成长不同阶段所扮演的差异化角色。本研究以亲缘社会网络的影响为核心，设计了四个层层递进、不断深入的实证研究，具体的影响对象包含农民乡村旅游创业意愿——研究一；乡村旅游微型企业创业绩效——研究二；乡村旅游微型企业成长（量的成长）——研究三；质的成长——研究四。研究框架见图 1。

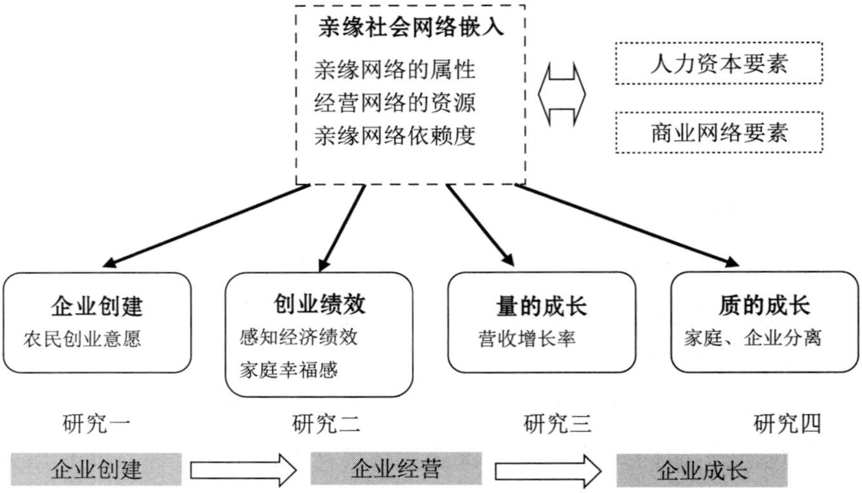

图 1　研究框架

研究一：驱动农民创建旅游小微企业意愿的关键因素研究。本部分聚焦以村民为主体的“亲缘网络”，分析这一中国农村社会的关键人际关系网对农民旅游创业行为意向的影响，检验和比较亲缘网络与人力资本在驱动农民旅游创业意愿方面的差异，为相关政府机构促进农民参与旅游创业的政策措施提供理论指引。

研究二：乡村旅游小微企业综合绩效及其影响因素研究。本部分依据“网络嵌入—资源获取—创业绩效”的逻辑，分析在亲缘与商业双重网络嵌入的情况下，新创乡村旅游小微企业绩效的影响因素和内在机制。考察两种关键的社会网络如何通过资源获取（建议性资源、资产性资源、情感性资源）影响创业企业综合绩效（客观经济绩效、主观幸福感绩效），厘清亲缘、商业两种网络对新创旅游小微企业绩效的差异化影响。

研究三：社会网络嵌入对乡村旅游小微企业持续成长的影响研究。本部分关注乡村旅游小微企业在“量”的层面的持续成长，并比较亲缘网络、商业网络依赖度对小微企业成长速率的差异性影响。本部分以乡村旅游微型企业近3~5年规模增长率、营收增长率为因变量，分析并比较创业者建议资源、资产资源、情感支持资源中，亲缘网依赖度、商业网依赖度对企业经济绩效增长率的影响关系。通过模型推导和实证检验，本研究认为过度依赖亲缘网络可能阻碍创业企业持续成长，相关结论对于实现乡村旅游高质量发展具有借鉴意义。

研究四：社会网络嵌入对乡村旅游小微企业多元能力获取的影响研究。本部分着眼于乡村旅游小微企业“质”的成长，从产品服务能力、市场营销能力、技术创新能力等多维度构建乡村旅游小微企业“竞争力模型”，分析、比较亲缘网络和商业网络对农民创业者多元能力获取的差异性影响，厘清双重社会网络对小微企业竞争力成长的驱动机制。通过本部分的开展，完成社会网络嵌入视角下对乡村旅游小微企业“创建—经营—成长”全过程的审视。

（二）研究方法

整体而言，本研究采用理论驱动下的定量研究方法，在文献阅读与分析的基础上，使用“理论驱动—假说推演—定量检验”式的定量研究方法（以问卷调研为主），并在部分子研究中融合了质性研究方法，以实现研究方法与研究问题的匹配。

在案例选取上，本研究选取共同富裕示范区——浙江省的典型乡村旅游目的地（浙江省杭州市临安区的白沙村、湖州市长兴县的顾渚村、金华市浦江县的虞宅乡和前吴乡）为研究场景，以当地小微企业主为研究对象，以问卷调查为主要研究方法，运用第一手调查数据检验亲缘社会网络对乡村旅游微型企业产生、经营和成长的影响机制，勾勒乡村旅游微型企业从创建到成熟的内在发展规律。

三、理论创新和学术价值

本研究关注乡村旅游小微企业创建、经营、成长的各个环节，具有较高的理论和学术价值，具体包括以下三部分内容。

（1）研究对象上。聚焦于内生型乡村旅游小微企业，弥补了以往研究对乡村旅游市场主体研究的不足。乡村旅游领域的研究一直呼吁推动“社区赋权”和“社区参与”，而扶植农民创立旅游企业并协助农民企业成长正是有力推进社区赋权和社区参与的直接抓手。因此，本研究拓宽了乡村旅游市场主体的研究对象，也阐明了新时代以乡村旅游推动社区参与、实现社区赋权的理论路径与机制。

（2）研究框架上。本研究以系统的视角整合乡村旅游微型企业的创立、经营、成长三大阶段，突破了研究将三者相互割裂的局限。通过整合性视角，本研究得以更加深刻地把握乡村旅游微观市场主体发展的一般规律，为促进乡村旅游产业的健康发展和转型升级提供更加完整、全面、动态的理论基础。

（3）研究方法上。不同于乡村旅游研究领域以往普遍使用的案例研究、访谈调查、对策研究等质性研究方法，本研究侧重于使用“理论驱动—假说推演—定量检验”式的实证研究方法，以求更加客观精准地分析不同因素在乡村旅游小微企业的创立、经营、成长过程中的影响和作用。

四、应用价值和经济、技术、社会效益

（一）应用价值

在实践方面，本研究为地方政府孵化、培育“内生型”旅游小微企业，从而促进农村产业和经济振兴提供理论基础与实践路径，具体包含以下应用价值。

（1）为鼓励农民乡村旅游创业提供思路与建议。地方政府和乡村旅游管理部门可通过建立基于亲缘群体的辅导体系，更有效地推动农民参与本地乡村旅游的创业活动。

（2）为推动乡村旅游企业良性发展提供路径对策。通过构建现代化商业合作网络平台，地方政府和旅游管理部门能够提升乡村旅游小微企业获取异质、专业的创业资源和市场信息的能力。

（3）为促进乡村旅游业可持续发展提供政策基础。通过把握亲缘网络对企业成长的双面效应，乡村旅游目的地可以根据自身资源特点和整体市场定位因地制宜地“管控”微型企业的成长，以获取目的地的竞争优势。

（二）经济、技术、社会效益

研究以内生式发展、“两山”理论转化为切入点，服务乡村振兴国家战略。基于本

书所关注主题，研究团队共发表 14 篇相关成果，被引 785 次。其中，CSSCI 来源期刊 9 篇。立项国家社科基金 2 项，国家发改委重大委托课题、浙江省文化研究工程重大项目等省部级项目 8 项。

本研究的内容已广泛应用于实践，所提倡的“内生式发展模式”也在浙江遂昌、安吉、洞头、湖北恩施等多地得到应用，为乡村可持续发展做出突出贡献。例如，申请人基于本研究成果主持《浙江遂昌县乡村旅游发展规划》，帮助遂昌获“全国十大年度县域旅游之星”；主持《湖北恩施沐抚大峡谷旅游建设总体规划》《基于资源优势的旅游后发地区规划思路探讨》，将恩施沐抚大峡谷打造为“最佳山地旅游目的地”。研究报告《文旅融合推动长三角一体化发展对策》被《浙江省社科要报》第 72 期刊用，并得到了时任浙江省委书记袁家军、常务副省长陈金彪、副省长成岳冲批示。研究报告《“十四五”时期推动文化旅游融合与高质量发展战略研究》被国家发改委社会发展司采纳。研究报告《促进经济发展和生态保护双赢》在《人民日报》（理论版）发表。

旅游公共服务通论

作　　者：曾博伟
依托单位：北京联合大学旅游学院
成果类别：个人成果

一、研究内容

全书一共包括基础篇、内容篇和保障篇三个部分，共十二章，具体内容如下。

（1）基础篇：第一章旅游公共服务背景和意义（公共服务的理论和认知、完善旅游公共服务的重要意义）；第二章旅游公共服务的基本理论（旅游公共服务基础理论现状、旅游公共服务的内涵）；第三章中国旅游公共服务发展历程（起步建设阶段、积极探索阶段、系统推进阶段）。

（2）内容篇：第四章旅游公共交通服务（旅游外部交通设施与服务、旅游集散中心系统、城市旅游交通系统）；第五章旅游公共信息服务（旅游咨询服务中心、智慧旅游信息服务）；第六章旅游安全保障服务（旅游安全概述、旅游安全风险防范、旅游安全管理、旅游安全应急和救援、旅游安全事后救济和保险）；第七章旅游惠民服务（旅游惠民消费、旅游厕所、旅游志愿服务）；第八章旅游权益服务（特殊群体旅游权利保障、旅游消费权益保障）；第九章文化旅游公共服务融合（文化旅游公共服务融合的背景、文化旅游公共服务融合的内容、文化旅游公共服务融合的展望）。

（3）保障篇：第十章政策标准（政策支持、标准引导）；第十一章机制完善（旅游公共服务的政府协调机制、旅游公共服务的协作生产机制、旅游公共服务的区域合作机制）；第十二章绩效评估（旅游公共服务绩效评估概述、旅游公共服务绩效评估指标、旅游公共服务绩效评估方法）。

二、研究框架和研究方法

（一）研究框架

（1）旅游公共服务意义和背景的研究。尽管旅游公共服务在实践上有强烈的需要，但在理论研究上却明显滞后，因此本研究从旅游业自身发展和公共服务理论完善等需求出发，首先对旅游公共服务研究的必要性和重要性进行了分析阐述，尝试研究旅游公共服务“为什么”的问题。

（2）旅游公共服务基本理论（概念、内容和特征）的研究。通过概念的辨析、实践的提炼、逻辑的梳理，对旅游公共服务的主体和客体、旅游公共服务的基本概念、旅游公共服务的主要内容、旅游公共服务的基本特征进行了深入分析。并在此基础上，详细分析了旅游公共服务的五大内容——旅游公共交通服务、旅游公共信息服务、旅游安全保障服务、旅游惠民服务、旅游权益服务，并对当下实践中亟须解决的公共文化服务和旅游公共服务融合问题进行了分析，尝试研究旅游公共服务“是什么”的问题。

（3）旅游公共服务如何推进实施的研究。从旅游公共服务的政策标准制定、体制机制完善和绩效考核的视角出发，尝试研究旅游公共服务“怎么做”的问题。

（二）研究方法

（1）调查法。通过与文化和旅游部门行政官员、旅游业界以及旅游信息咨询服务中心、旅游集散中心、旅游安全救援、旅游志愿团体等旅游公共服务供给方进行调研和访谈，获取旅游公共服务方面的一手资料。

（2）文献研究法。通过全面收集和梳理与旅游公共服务相关的政策文件、发展规划、工作总结报告、相关著作和论文，总结和归纳前人的研究成果，在此基础上拓展和深化相关研究。

（3）定性分析法。通过对旅游公共服务的概念、内涵和内容等进行“质”的分析和研究，构建起全书基本的理论框架。

三、理论创新和学术价值

（一）理论创新

（1）旅游公共服务主体研究的创新。结合美国学者奥斯特罗姆夫妇 20 世纪 60 年代的研究成果（公共服务供给与生产是可以分离的），从旅游公共服务的提供者和生产者两个视角分析旅游公共服务的主体。提出旅游公共服务的提供者主要是政府，其职能主要是对旅游公共服务的生产进行决策、投入和管理；旅游公共服务的生产者则不限于政府，可以是政府、企业和社会组织。

（2）旅游公共服务客体研究的创新。通过研究梳理，本书提出旅游企业和从业人员不应纳入旅游公共服务范畴；旅游公共服务是主要面向旅游者提供的公共服务，而不应包括主要为居民提供、但旅游者也可使用的公共服务；判断旅游公共服务，其主要的标准应该看是否直接服务于旅游者，而不是间接服务于旅游者。

（3）旅游公共服务概念研究的创新。在借鉴前人研究成果和最新理论实践的基础上，本书提出了新的旅游公共服务概念，即旅游公共服务是以满足旅游者直接、非商业共同需要为主要目的，由政府为主体的非营利组织提供，由政府、企业、社会组织共同生产，具有公共性、公益性的旅游设施和服务的总称。

（4）旅游公共服务特征研究的创新。第一次从三个维度提出了旅游公共服务的六大特征。即公共性、公益性是所有公共服务固有的本质特征；复合性、差异性是公共服务在旅游领域具体实施时体现出来的非本质特征；全程性、法定性可以理解为当下和未来旅游公共服务发展的要求。

（5）其他研究的创新。本书第一次对中国旅游公共服务发展历程的三个阶段进行了归纳和提炼；在全面阐释旅游公共服务五大内容体系时，也对前人的研究进行了丰富和提升；从三个维度对公共文化服务和旅游公共服务融合的内容进行的研究具有一定的创新性。此外，本书对旅游公共服务“怎么做”这个实践中非常重要的问题进行了系统的阐述，也具有一定的引领性。

（二）学术价值

本书从学理层面系统全面地阐释了旅游公共服务的基本理论，是旅游公共服务基础理论研究领域的最新成果；第一次从六个方面系统提出了旅游公共服务建设的主要内容，并结合最新的实践进行了分析阐述。本书的研究承上启下，有助于为未来旅游公共服务研究在理论和实践方面的不断深化和细化奠定坚实基础。

四、应用价值和经济、技术、社会效益

（一）应用价值

对旅游行业相关的政府公务员而言，本书有助于其了解旅游公共服务的边界和内容，以便其根据自身职能主动开展和协调推动相关工作；对旅游行业研究者而言，本书有助于其把握旅游业发展的特点，为地方提高旅游目的地竞争力出谋划策；对旅游企事业单位的从业人员而言，本书有助于其理解政府实施旅游公共服务工作的逻辑，从而将自身的发展和政府的举措有效结合起来；对旅游消费者而言，本书有助于其了解政府开展旅游公共服务的大体情况，同时也可以帮助其了解在旅游过程中可以享有的权利；对学习旅游专业的学生而言，本书有助于其掌握旅游公共服务相关知识，全面掌握旅游业发展的理论，发现更多旅游自身发展中的特殊规律。

（二）经济、技术、社会效益

作者在写作过程中形成的理论观点、分析框架和政策建议在文化和旅游部公共服务司的多个课题研究，以及作者正在承担的 2023 年文化和旅游部旅游公共服务高质量发展文件中得到了充分体现。此外，作为学术著作，本书累计销售已近 6000 册，成为当下旅游公共服务研究领域最有代表性的一本书。

专著类

——二等奖

遗产、游憩与文化自信：中国大运河的经验

作　　者：吴茂英
依托单位：浙江大学
成果类别：个人成果

一、研究内容

党和国家高度重视文化遗产的创造性保护与创新性发展。党的二十大报告强调“建好用好国家文化公园”“文化和旅游深度融合”，满足人民美好生活的需要，推进新时代文化自信，铸就社会主义文化新辉煌。在文化遗产的保护与利用实践中，休闲游憩功能开发是最普遍、最有效的途径之一。遗产地的休闲游憩空间依托文化消费实现遗产保护和利用的统一，促进中国话语和叙事体系构建，助力中华文化的伟大复兴与永世延存。

本书以中国大运河这一高度主客共享的国家文化公园为研究场景，强调文化遗产地游憩空间的多重属性（居民休闲、国内遗产旅游体验、跨国文化交流空间），从多元参与主体视角审视文化遗产地游憩功能开发和文化自信提升的理论关系及实现路径，对“如何通过文化遗产地多重游憩空间生产提升文化自信”这一重大战略问题提供系统解答，为实现物质和精神文明相协调的中国式现代化、创造人类文明新形态提供理论指引。

本书认为，中华文化自信应覆盖国内、国际两大维度，即既包括国内民众的文化认同和自信，又涉及国际社会的文化认知和共鸣。在探究文化遗产地的游憩空间生产助力文化自信提升时，应同时关注国民自信、国际认同两个层面。基于此，本书的实证研究从本地居民、国内游客、国际游客等多元主体视角着手，通过对大运河沿线多

案例地的深入研究，探索多重游憩空间的呈现和交融过程中，多元主体文化自信提升的路径机制。

二、研究框架和研究方法

本书共涵盖三篇 9 章，分别为：理论篇（第 1~4 章）、实证篇（第 5~8 章）和对策篇（第 9 章），具体的研究框架见图 1。

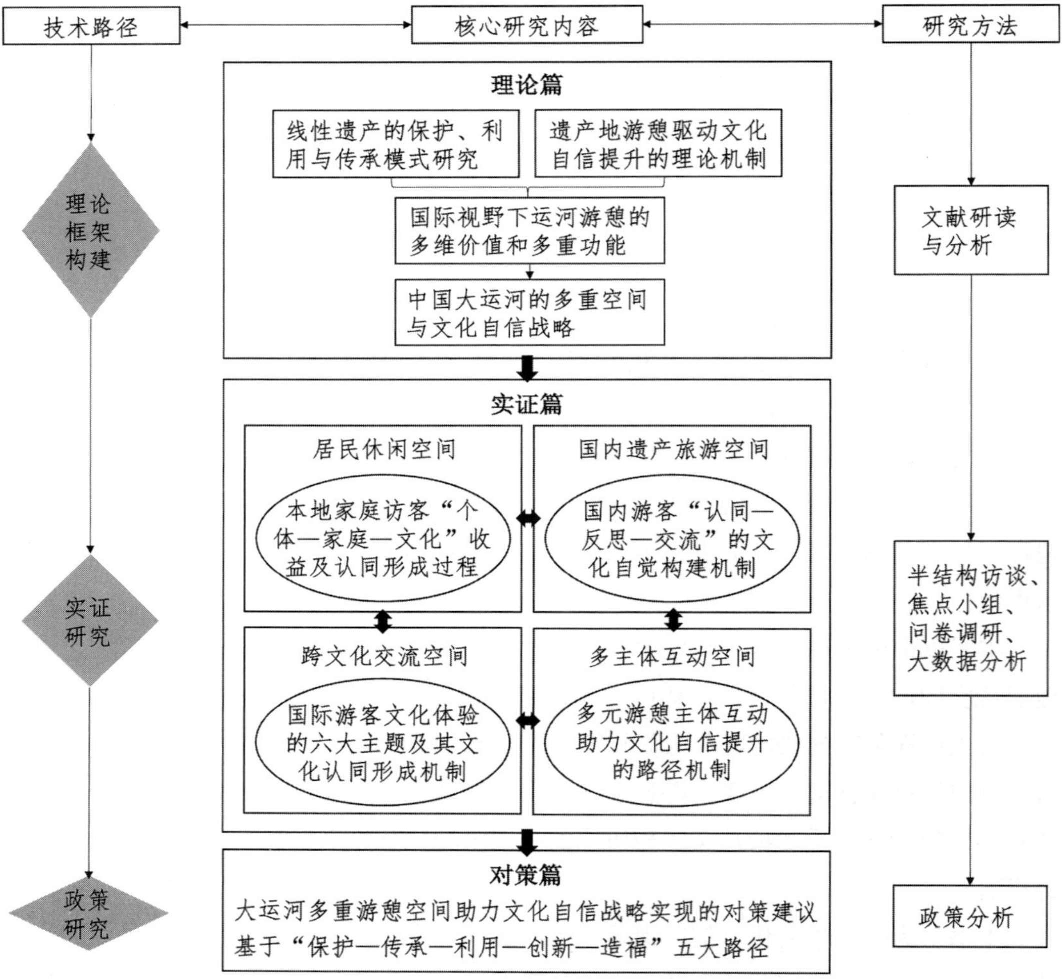

图 1　研究框架

理论篇主要采取文献分析法构建理论框架。第 1 章全面梳理线性遗产保护、传承、利用的经典理论，提炼出国家文化公园新形式；第 2 章探讨遗产地游憩空间驱动文化自信提升的理论机制；第 3 章关注运河游憩的国内外研究，强调中国大运河表征国家形象、培育国民自信、推动国际交流等新任务；第 4 章聚焦中国大运河，梳理其历史脉络、当代价值和时代使命，探讨运河休闲游憩空间与时代使命实现之间的关联。

实证篇以居民休闲空间、国内遗产旅游体验空间、跨国文化交流空间以及多主体互动空间为主线，探讨多重游憩空间如何助力大运河时代使命的实现。第 5 章以大运河沿线博物馆的家庭访客为研究对象，通过半结构访谈和问卷调研等研究方法，发现家庭访客在博物馆休闲中的感知收益涵盖个人成长、家庭凝聚、地方文化等维度，并以此探讨居民文化认同的形成机制。第 6 章以大运河江苏段五大国家级历史文化街区为研究场景，通过大数据分析技术挖掘国内游客文化体验的主题构成、情感评价及其影响因素，提出旅游者“文化认同—文化反思—文化交流”的文化自觉构建机制。第 7 章以苏州古运河段和杭州大运河主城核心段为研究场景，基于大数据分析和焦点小组，探讨国际游客的运河文化体验，提炼出包含共同认知、共同兴趣、国际水准、国际趋势、制约因素、国际形象在内的“六大国际主题”，探索国际游客文化认同的形成过程。第 8 章以运河沿岸的非遗产传承人和普通居民为研究对象，通过多轮深度访谈揭示出多元游憩主体间的持续性互动对于增强中华文化主体性、提升多主体文化认同和自信的重要作用。

对策篇（第 9 章）在前述研究的基础上，重申中国大运河的新时代使命，提出大运河多重游憩空间生产的“保护—传承—利用—创新—造福”五大路径，并据此提出相关对策建议。

三、理论创新和学术价值

本书融合多学科理论，深层次、多角度、全方位探究文化遗产地的多重游憩空间与国家文化自信提升的理论关系，具有重要的学术价值。

（一）聚焦大尺度线性文化遗产，以国际视野审视大国文化自信建构

本书立足大国情，彰显大视野、展现大格局，突破了以往研究多关注区域性遗产地（点）的研究局限，以系统视角探索大尺度、跨区域、综合性的线性遗产带，并将其视为能够代表国家形象和民族精神、体现大国风貌和文化自信的国家文化标志。本书还拓展了已有研究以单一的国内视角探讨文化自信建构的做法，旗帜鲜明地提出中

华文化自信所包含的国内、国际双重维度，并以国内国际双视角互为补充的方式丰富和拓展中华文化自信的理论内涵和构建机制，既关注国内民众的遗产体验、文化学习和文化自信的互促过程，也关注国际社会对我国文化遗产从理解到认同、从感知到共鸣的转变过程。

（二）关注遗产地多元参与主体，以空间视角探索文旅深度融合实践

本书积极响应文旅深度融合的政策导向，创新性地以游憩空间开发来桥接文化遗产保护和文化自信培育两大实践，帮助二者弥合理论内涵和内部逻辑的张力，实现发展目标的匹配。本书的理论研究显示出游憩空间生产在协调遗产地经济效益和社会效益、保障国民物质富裕和精神富足方面的强大潜能。此外，本书以现实问题为导向，以多元运河游憩主体及其互动的系列实证研究来探索遗产地游憩空间开发助力文化学习、提升文化自信的理论机制，突破了以往文化自信研究的概念性、思辨性传统。本书系统梳理了世界文化遗产地的多重空间属性及其协同效应，有助于把握世界文化遗产地休闲游憩实践的全貌，并指明了文化自信建构的关键主体、理论路径和空间载体。

四、应用价值和经济、技术、社会效益

本书以“如何通过世界文化遗产地多重游憩空间生产提升文化自信”为战略命题，具有以下应用价值和社会文化效益。

（一）贯通古今中外，探索中国式文化遗产保护新模式

在梳理全球范围内线性遗产的保护利用趋势、回顾中国大运河的古今发展脉络的基础上，本书积极探索中国式文化遗产保护新模式，以保护大运河文化遗产的原真性、传承大运河的历史文脉、创新大运河的利用途径、彰显大运河的现实价值。本书建议应以大运河文化与旅游融合发展为导向，提升大运河旅游的文化内涵，彰显大运河文化的独特魅力。在此基础上，以整体性视角保护历史文物及周边环境，实现遗产保护的区域联动；提炼遗产地特色资源，挖掘和传承遗产地历史文化价值和当代生活价值，使之与人类共同价值协同共振；以系统化、品牌化的运营思路提升文化遗产的阐释与传播效果，以文艺创作、展演活动等多种形式讲述遗产故事，彰显遗产地格局和品位。

（二）关注民生福祉，开拓中华文化自信提升新路径

本书高度重视大运河作为“人民的运河”“游客的运河”的民生使命，并以此为基础探讨大运河遗产地助力中华文化自信提升的路径机制，为新时代文化强国建设和人民幸福生活目标的实现添砖加瓦。通过大运河文化和旅游的深度融合发展，通过“居民休闲”“国内遗产旅游体验”和“跨国文化交流”三重空间的协同生产，展现了遗产地造福民众、泽被四方的巨大潜力，让本地居民与国内外游客在运河上、运河边感受运河精神、发现遗产魅力、体悟中国文化。本书还建议以中国大运河这一黄金水线为依托，开发国际化的运河公共休闲廊道、特色文化廊道和主题休闲公园，以不断满足人民的休闲生活、文化体验、艺术审美和自然探索需求，持续提升包含国内、国际双重属性的中华文化自信。

（三）依托研究成果，推动国家文化公园建设的落地实施

本书与国家文化公园建设等国家战略高度吻合，受国家社会科学基金一般项目资助。相关研究成果得到《浙江社科要报》、文化和旅游部《文化与旅游调研》《浙江日报》《中国旅游报》等刊发，学习强国平台转载，并得到袁家军书记等多位省部级领导的肯定性批示。成果的采纳应用体现了本书的社会价值和文化价值，也证明了本书对新时代国家文化公园如何培育爱国情怀、凝聚家国共识、激发文化自信的积极指导意义。

京剧发展研究：时代变迁与市场演进

作　　者：王海文
依托单位：北京第二外国语学院
成果类别：个人成果

一、研究内容

本书内容分为七章。在绪论部分，基于京剧艺术与相关市场问题的思考，提出京剧市场研究这一课题的重要价值，并系统梳理了有关研究进展。在此基础上，剖析京剧发展过程中的市场化意识，特别是对于党的文艺方针政策与京剧市场的发展进行了深入探讨，进而从京剧供给市场、消费市场、国际市场的开拓和模式的选择，以及京剧市场拓展的对策措施等方面展开分析。

从纵向看，即沿着历史前进和市场发展变化的线索，在生产方式与生活方式时代变迁的背景中，审视从诞生、发展、繁荣、鼎盛及战争年代，中华人民共和国成立和改革开放之前，京剧市场化意识的孕育与发展。即便是简单商品经济以及社会形态变迁过程中，京剧繁荣发展也取得了较大市场化成就，体现出那个时代京剧艺术水平和市场发展的特征。其市场化的成就表现在形成适应当时社会经济的京剧艺术市场秩序和格局，初步成功实践了京剧艺术与商业的融合协调发展，构建了以名角、戏班、戏园、剧场等为主体的京剧服务供给模式。而其市场化的特征则体现为区域市场和特定空间为主导，以表演艺术市场拓展为主体，市场机制和功能发挥有限，以及京剧改良运动与市场化相互动。其中尤以梅兰芳先生访美为代表性，其商业化运作至今都值得借鉴和学习。而在京剧市场发展过程中，党的文艺方针政策的引领发挥着极为重要的作用，必须始终坚持“二为”方向、“双百”方针，大力推动作为中华优秀传统文化代表的京剧艺术实现创造性转化、创新性发展。

从横向看，即将对京剧市场的分析立足于构成市场的供给与消费的两个方面，重点研究改革开放之后的当代京剧供给市场和消费市场的环境、结构，供给市场相关机制与主要方式，京剧艺术消费方式和心理的变化等以及京剧市场的国际化。之所以研究京剧供给和消费市场的环境，是因为对环境特征和变化趋势的探讨以及对消费群体变化的分析，有助于更为深入准确把握与之前相比，当代京剧市场环境的变化，从而为结构分析打下基础。结构的视角以及对市场结构的研究是市场研究的重点，也是理论分析的重要切入点。成果运用市场结构的理论，在艺术经济学相关理论的基础上，对京剧供给市场和消费市场结构进行了较为深入的剖析，探讨了供给市场结构的特征、类型和变革趋势，分析了消费市场结构的特征，消费市场结构对京剧艺术创新发展和京剧消费群体培育的影响。

从国内看，将研究的重心置于国内市场，但并非封闭的市场。即便在京剧发展史上，也有京剧走向国际市场的实践。只不过当下京剧市场，存在于一个全球市场紧密联系、专业化分工高度发达、商业交换关系普遍存在的环境中。面对时代的机遇和挑战，京剧市场必然将从国内拓展到国际，这是京剧艺术繁荣发展的理性选择和必经之路。

从国际看，在我国建设社会主义文化强国，构建全方位对外开放新格局，推动中华文化“走出去”的背景下，需要进一步提升京剧开拓国际市场的能力和水平，探索开拓国际市场的模式和路径。从而增强京剧市场发展的内生动力和竞争压力，在更广阔的国际市场舞台上迈上新的发展台阶。针对模式的分析，成果基于国际服务贸易的跨境交付、境外消费、商业存在和自然人流动四种模式，探讨影响京剧对外贸易模式选择的因素，以及京剧开拓国际市场具体模式的选择。不仅如此，成果还从城市文化贸易的角度出发，研究了京剧艺术与城市空间塑造，以及城市文化贸易促进京剧市场国际空间拓展的机制，进一步深化了京剧开拓国际市场空间维度的分析。

二、研究框架和研究方法

（一）研究框架

无论是在京剧发展的历史上，还是在当下京剧所处的环境中，京剧与市场都有着天然的联系。京剧艺术在社会变迁中表现出顽强的生命力与难以抗拒的魅力。本书以京剧艺术市场作为研究对象，基于现代的观点与市场的角度，从纵向到横向，从国内到国际，构建了研究京剧市场的整个逻辑分析框架。该框架既有纵向的历史维度，又基于市场供求以及国际拓展的视角深入展开，形成了对京剧发展的新认识。

（二）研究方法

（1）文献研究法。成果研究过程中，系统梳理相关资料文献，收集了关于京剧创新发展的大量文献，主题涉猎广泛，尤其对于京剧市场的发展历史和相关问题更需要研读文献，找到支撑证据。

（2）比较研究法。成果对国外著名院团进行分析比较，有助于学习先进经验，推动更深入了解国外著名院团如何运作。

（3）案例分析法。成果在分析过程中采用案例分析的方法，重点剖析相关典型案例。

（4）实地调研法。赴相关院团进行调研，了解实际遇到的困难和问题。

（5）专家咨询法。重点向京剧艺术专家进行咨询，对成果框架和研究内容提出建议。

三、理论创新和学术价值

（一）理论创新

本成果关注现实发展，针对已有研究缺乏对京剧市场进行系统深入研究的状况，聚焦京剧艺术，以京剧市场作为研究对象，不仅关注京剧表演艺术服务，而且从产业链和市场生态环境的角度研究京剧市场的发展，选题新颖，体现出鲜明的理论研究取向。同时成果运用艺术学、经济学、管理学和传播学等多学科理论，尝试基于京剧艺术的发展规律，从历史发展、市场结构、服务贸易模式等视角展开对京剧市场的研究，具有理论应用的创新性。

（二）学术价值

作为我国“国粹”的京剧艺术，其传承与发展一直受到社会各界的广泛关注。相关研究所涉及的主题、范围非常广泛，交叉学科研究日益深入。如果说京剧繁荣发展的历史中从来不缺商业的因素和动力，那么立足于当代社会和市场环境，深入系统研究京剧市场问题，推动京剧艺术的创造性转化与创新性发展，从而更好实现中华优秀传统文化的传承与发展，无疑是极具重要意义和价值的研究课题。

本成果以京剧市场为研究对象，运用多学科理论进行系统分析，进一步拓展了京剧研究的内容，对于京剧学的交叉学科研究具有积极的意义。在研究过程中，构建了分析的理论框架，特别是运用市场理论，立足于京剧艺术的特殊性，对京剧供给市场、消费市场结构进行了深入分析，深化了对京剧市场发展规律的认识，对于京剧研究、艺术经济学和市场学是一个有益的贡献。

本成果重视京剧艺术领域的专业化分工、产业链完善，进一步拓展了对京剧市场的认识。不仅如此，在开放视野下还探讨了京剧开拓国际市场的问题，将国际服务贸易、城市文化贸易的相关理论与京剧市场研究密切结合起来，深化了京剧市场研究的国际视角分析。

四、应用价值和经济、技术、社会效益

本成果不仅能够促进京剧市场的发展与繁荣，还能对戏曲艺术和其他艺术形式的未来发展产生积极的借鉴价值。而对京剧市场结构的研究有助于深入了解市场发展水平、阶段，对于完善市场机制、提升竞争力具有极为重要的意义。本成果比较分析和借鉴了国外知名院团的实践经验，同时聚焦国内京剧院团的改革创新，无疑有助于文化体制改革在京剧艺术领域的深入推进，有助于院团发展，从而促进相关人才培养，进一步提升中华文化的国际影响力，也有助于中华民族现代文明的建设。

旅游国际话语权高质量构建探索

作　　者：杨劲松
依托单位：中国旅游研究院（文化和旅游部数据中心）
成果类别：个人成果

一、研究内容

研究成果的主要内容如下。

第一章是国际话语权概述。在这一章中，初步定义了国际话语权，阐释了对国际话语权的简单思考。

国际话语权就是指国际话语主体以国家利益为核心、对国际事务“发声”的权利以及由“声音话语”所生成的权力。从话语指向和内容上看，国际话语权涵盖知情权、表达权、参与权、决定权和与之相关的影响力，在包括对国际事务、国际事件的定义和对国际标准、国际规则的制定，以及对国际事件、国际活动的评议等方面表达出来。对国际话语权的认识有多种角度，主要有传播的视角、国家利益争斗的视角和身份建构的视角。在传播的视角中，国际话语权与媒体紧密关联。可以看作通过有效的国际传播活动，通过触达和触动主流媒体和主流人群，影响和引导国际舆论的能力。在国家利益争斗的视角中，国际话语权既是影响国家利益的必要条件，又是体现这种国家竞争过程的结果。建构国际话语权，是主动与国际接轨，还是坚持自身的腔调，或者实现两者的融合，都体现着对自身的理解、对其他国家的理解和对国际关系的理解，并在这个理解和互动过程中建构着理想的国际关系。

第二章强调人类命运共同体思想是旅游国际话语权构建的基本指引。在这一章中，分析了人类命运共同体的内涵与外延，梳理了人类命运共同体的相关研究，剖析了人类命运共同体与旅游、旅游外交与国际话语权以及旅游国际传播和国家形象塑造与国际话语权的关系。

第三章是我国旅游国际话语权的演进和面临形势。在这一章中，划分了我国旅游国际话语权演进的阶段，分析了中国参与的旅游领域重要机制和作为，分析了中国在重要国际旅游组织中的地位和作用，并研判了发展环境和趋势。强调当前和未来都会面临更严峻复杂的发展环境，我国旅游国际话语权的构建形势在中短期严峻、中长期乐观。强调旅游国际话语权的系统性成长和高质量要求将更为突出。具体表现为话语内容质量高、话语传播方式更有效、舆论性话语权和制度性话语权能够高效转换。拥有影响议题设定和评判标准的强能力。通过意见表达和提供理念影响甚至主导国际规则的制定。

第四章是旅游国际话语权高质量构建的界定。在这一章中，梳理了对旅游国际话语权高质量构建的认识，剖析了旅游国际话语权高质量构建的意义，分析了旅游国际话语权高质量构建面临的问题。

第五章是机制制约和优化方向研究。在这一章中，分析了机制制约和突出问题，进行了优化方向的探索。认为在高质量构建过程中，需要发挥文旅融合理论的支撑作用，特别是文化和旅游融合与国际话语权提升的相互关系和基本作用机制。通过对新时代文化和旅游国际话语权需求和供给之间落差的分析，明确话语战略及战术调整的方向，推动话语生成的动力重构。包括话语内容和形式的高质量重构、舆论性话语权的高质量重构和制度性话语权的高质量重构等内容。

第六章是以人类命运共同体理念为指引夺取道德高地。在这一章中，提出了优化锚定人类命运共同体理念的制度供给、提高理念的创新阐释能力和国际动员能力、在理念践行中提升国际话语权的建议。

第七章是以文塑旅提升旅游国际话语权。在这一章中，分析了文化、生活方式和旅游之间的关系，提出要从源头激发国际话语权的清流活水，凸显鲜明中国特色、以文化和旅游高质量发展夯实国际话语权根基，以及引导入出境旅游市场主体强化文化自信。

第八章是构建高质量的旅游宣传体系。在这一章中，提出要抓住“中国梦”的战略机遇，优化入境旅游发展的宏观环境，明确高质量的国家旅游品牌体系特征以及向市场主导的营销体系转变。

第九章是培育高质量的国际传播能力。在这一章中，明确了高质量的要求，提出要优化话语传播的策略，以冬奥会、进博会和服博会为例，拆解分析了国际传播能力培育和发挥影响的典型案例。

第十章是培育文化和旅游领域具有国际视野的高水平智库。在这一章中，提出要培育智库的理论创新能力和系统性政策供给能力，要提升智库的政策评估能力以及平台创造和舆论供给能力。

二、研究框架和研究方法

研究成果立足于旅游国际话语权的基本概念内涵，尝试回答高质量的旅游国际话语权是什么、做什么、如何做等基本问题。研究从对话语、话语权和国际话语权的认识和界定开始，强调人类命运共同体思想是旅游国际话语权构建的基本指引。通过明确人类命运共同体的内涵与外延，梳理人类命运共同体的相关研究，探索人类命运共同体思想指引下旅游国际传播和国家形象塑造与国际话语权的接口。研究分析了我国旅游国际话语权的演进和面临形势，明确界定了旅游国际话语权高质量构建的概念。明确了构建过程中的机制制约，对高质量构建的方向进行了初步探索。研究强调，要以人类命运共同体理念为指引夺取道德高地，以文化和旅游融合为抓手，从源头上激发旅游国际话语权的清流活水。同时，要构建高质量的旅游宣传体系，培育高质量的国际传播能力，培育相关领域具有国际视野的高水平智库。

研究方法采用了文献分析、深入访谈法、实地观察法和比较研究等方法。

三、理论创新和学术价值

从改革开放到 20 世纪 90 年代中期。这个阶段我国开始并践行全面对外开放，经济实力迅速增长，旅游领域对发出自己的声音有更多的需求，也迫切需要发挥更大的影响力。这一阶段对国际话语权有了模糊的认识，也开始了艰辛的探索。“摸着石头过河”检验和改造西方模式为我所用，也就成为提高文化和旅游领域国际话语权构建效率的现实选择。党的十八大以来，文化和旅游战线紧紧围绕新时代的使命和要求，深挖文化和旅游融合所释放出的巨大潜能。为解决国际社会普遍关心的问题贡献中国智慧和中国方案，并且创造性构建国际话语去阐释和表达。不仅扩大了“人类命运共同体”“中国梦”“一带一路”“美丽中国”“全面小康”等中国话语的传播和影响，还将“欢乐春节”等基于中国实践经验，富含马克思主义理论意蕴，又易为世人传播理解的话语推广开来。作为新格局塑造的重要方面，旅游国际话语权的重要性日益凸显，更体现出无限丰富的可能性。高质量的中国旅游发展，呼唤高质量的旅游话语权。我们正在见证历史，也正在穿过历史和创造历史。

四、应用价值和经济、技术、社会效益

专著立足于旅游国际话语权的基本概念，尝试回答高质量的旅游国际话语权是什么、做什么、如何做等基本问题。专著全景式展现旅游国际话语权发展的历程和经验，探索和试图回答在新时代如何从深度、广度和创新性等方面高质量构建旅游国际话语权。有简要的理论梳理，更有鲜活的实践认知和经验的介绍总结，案例丰富，针对性强，是构建有中国特色的旅游国际化理论新的尝试，对于旅游官产学各界均具有借鉴意义。

专著类

——三等奖

我国城市历史街区的旅游体验价值适度开发研究

作　　者：郑锐洪
依托单位：天津工业大学
成果类别：个人成果

一、研究内容

历史街区是城市中保存文物特别丰富、历史建筑集中成片、能够较完整和真实地体现传统格局和历史风貌，并具有一定规模的街区，往往是构成历史文化名城、名镇的核心部分，承载着历史文脉和城市精神。历史街区曾经是城市中一些破烂不堪的老地方，而今大多发展成为城市地标、城市名片、城市文化旅游目的地。20世纪70年代，美、英、法、德、意等西方国家认识到历史街区的价值，并掀起了历史街区的保护与开发运动。西方国家对历史街区遗产价值的保护，经历了从单体建筑保护到街区整体保护、从静态文物保护到动态文旅资源保护的演进过程。开发上也经历了基于文化遗产意义的文化开发、城市化浪潮推进下的房地产开发和旅游经济发展大潮下的文旅开发等发展阶段。事实表明，历史街区作为一种活态遗产，存在着眼文化、地产、商业、旅游等多种开发模式及路径，基于复杂利益相关者综合利益的旅游开发被认为是振兴城市历史街区的主要方式；历史街区是城市珍贵的文化遗产资源，适度的商业、旅游开发能够促进历史街区的动态保护与地区经济发展的良性循环，而过度开发（错误开发、开发不足和过度商业化）则会造成历史街区遗产资源的破坏和流失。

二、研究框架和研究方法

我国历史文化名城、名镇、名街、名村的保护运动从20世纪80年代开始全面展开。在文化部、国家文物局的推动下，陆续开展了五届中国历史文化名街评选活动，迄今共评选出50条全国“历史文化名街”，有力地推进了我国城市历史街区遗产资源的发掘与保护工作。由于城市化建设的需要，历史街区的保护与开发规划被提上正式日程，80年代吴良镛先生主持的北京什刹海地区整体保护与“有机更新”规划首开先河；90年代阮仪三先生主持的苏州古城系统保护与利用规划则为我国城市历史街区的有效保护与利用树立了标杆。20世纪90年代以来，随着我国快速城镇化与旅游业的迅猛发展，各地历史文化街区纷纷进入大规模、全面开发通道，特别是我国旅游消费升级，旅游业从观光游向休闲游、体验游转型，基于遗产价值体验的历史街区文化休闲旅游成为热点。然而，由于缺乏科学的规划，错误的开发往往使很多历史街区被推倒重建，原真性和整体性遭到“建设性破坏”，或者陷入过度商业化的泥潭。也有一些历史街区采取消极的“博物馆式”保护，这也不是对待活态遗产的科学态度，也会造成遗产资源的流失。总之，不少历史街区盲目地、过度地或者错误地开发给街区遗产资源造成了无法弥补的破坏和损失，危及文化遗产传承与街区的可持续发展。现实不得不让我们反思，如何才能在遗产资源保护、文化传承与地区经济发展之间找到一种平衡。因此，怎样正确认知城市历史街区的复杂价值，如何科学、合理地开发历史街区的旅游价值以造福当代和利于千秋，这是摆在我国城市经营者和旅游研究者面前迫切而重要的课题。

近年来国家大力推进“文旅融合”的旅游业发展战略，旨在挖掘和发挥我国丰富文化资源的旅游价值，提升我国旅游业的文化品质，以增强文化自信。这给生态文明背景下我国城市历史街区的旅游价值开发带来了历史性的机遇，同时也是一种挑战。生态文明是西方可持续发展理论的中国化发展，用以指导我国城市历史街区的旅游开发则意味着应该秉持“适度开发”的态度，走“可持续发展”的道路。况且，由于历史街区作为遗产资源的环境敏感性、生态脆弱性和不可复制性特征，历史街区遗产保护与开发利用始终是一对矛盾，开发不当会造成遗产资源的破坏和损失。因此，采用何种开发模式、控制怎样的开发程度才可能既充分实现历史街区的价值，又达到保护与开发的平衡，这是新时期我国城市历史街区“文旅融合”与可持续发展亟须解决的管理难题。

三、理论创新和学术价值

本研究提出，城市历史街区的旅游价值适度开发是指，在其旅游开发过程中，既能发挥旅游经济价值，又能在一定程度上保持历史原真性和文化延续性，遵循两条分析思路：一是合适的开发模式选择，二是适当的开发程度控制。项目将历史街区纳入城市空间格局审视，将历史街区旅游开发置入营销管理的思维框架。同时将历史街区视为一种特殊的“地区”和“地区产品”，采用基于田野调查的多案例与实证研究方法，从复杂顾客体验的“地区营销”视角探寻我国城市历史街区“文旅融合”的开发模式，构建基于生态文明与旅游可持续发展的城市历史街区旅游体验价值适度开发的理论模型、评价体系及策略体系，以期为我国城市历史街区的科学开发与旅游可持续发展评价、决策提供依据。

研究是在学界关于历史街区旅游开发“适宜性评价”研究基础上的创新拓展，全书共分 13 章设计和呈现。第 1~4 章为理论基础研究。首先采用文献研究法阐释当今文旅融合的产业背景与生态文明的国家战略，梳理国内外研究进展并界定核心概念，紧接着探究基于复杂顾客体验的历史街区价值认知与测度问题，以确立历史街区复杂顾客体验价值分析框架，并采用因子分析、层次分析（AHP）方法揭示复杂顾客的价值认知共性及其差异性，作为概念基础与实证依据。第 5~8 章主要探索历史街区的旅游开发模式选择问题。首先探究顾客体验价值形成与实现的二维路径以及免费体验模式的营销机理，构建地区整合体验品牌化战略框架，然后通过单案例、双案例研究归纳我国城市历史街区旅游价值开发的典型模式，跨案例分析其中共性成功要素及差异性特征。第 9~12 章重点进行城市历史街区的旅游价值适度开发评价。首先通过质性研究探讨我国城市历史街区的旅游价值适度开发及其评价问题，构建“合适的开发模式”选择的定性评价标准以及“开发适度性评价”的定量测量维度及其指标体系。然后以国内六个典型历史街区为例，进行多案例研究与验证。再运用重要性分析（IPA）、层次分析法（AHP）以及模糊综合评价法，对城市历史街区的旅游体验价值开发“适宜性”与“适度性”进行实证分析，以验证理论模型并展开对策讨论。第 13 章主要探讨我国城市历史街区的旅游可持续发展对策。此部分内容首先通过质性研究分析遗产旅游资源的特点，提炼遗产旅游可持续发展的关键要素。然后通过“他山之石”分析国外典型案例的可持续发展经验。再依据问题导向讨论并构建我国城市历史街区旅游可持续发展的战略规划及策略体系。

四、应用价值和经济、技术、社会效益

本研究期望从理论上丰富和拓展我国地区营销、体验营销、遗产旅游管理理论的内容及边界，推进文化遗产类旅游资源开发的“适度性评价”这一理论问题的研究。从实践上为我国各地遗产类旅游资源的保护性开发，特别是国内历史街区文旅融合的开发决策提供参考，以避免文化遗产资源急功近利的过度开发，促进我国各地历史街区综合价值的科学开发与旅游高质量可持续发展。

珠江流域民族河流文化与价值研究

作　　者：何秋萍
依托单位：广西师范大学
成果类别：个人成果

一、研究内容

以珠江流域河流发展为研究背景，以“河流文化”“文化价值”为两大脉络，“河流文化”围绕“文化”体系展开，“文化价值”围绕“价值”体系研究。具体研究内容如下。

（1）珠江流域民族河流文化构成与价值形成历程研究。

①民族河流文化构成概况研究。从体系框架分解珠江流域民族河流文化为西江水系、北江水系、东江水系、珠江三角洲河网、独流入海水系、海南岛诸河民族河流文化，并展开民族文化类型概况研究。

②河流文化价值形成历程研究。从历史演变角度分析珠江流域民族河流文化价值形成过程，分别形成史前萌芽时期、秦汉至六朝形成时期、隋唐五代发展时期、宋元成熟时期、明清高潮时期、近现代曲折探索时期、当代新生时期七个阶段，并展开历史详尽探讨。

（2）珠江流域民族河流文化特色与特色价值关系研究。

①从珠江地域角度研究河流文化特色内容。分别调研珠江流域地域条件，挖掘出居住、文化遗产、航运、边域、水景、商业、温泉 7 类特色文化。文化中包含河流神话故事特色、节庆、图腾崇拜、历史传奇四大特色内容，形成珠江河流文化特色内涵。

②从文化价值角度研究河流文化特色价值。收集珠江流域河流文化特色价值资源，

分别包含内在、可利用、经济价值三部分，建立文化特色价值数据库，整合文化价值特色对珠江生态、社会、经济保护的作用机理。

（3）珠江流域河流文化运用与文化价值的时代更新研究。

①河流文化运用的时代发展研究。根据珠江河流文化特色，扩宽文化特色运用渠道，展开渠道类型、深度、广度研究，力求打造珠江河流文化品牌，提高珠江流域河流文化自信。

②文化价值的时代更新研究。针对珠江河流文化的时代危机，厘清文化价值需求的变更部分，进行河流文化价值发展更新研究，包含价值理念、内涵、层次、目标的更新。

（4）珠江流域民族河流文化价值转化尝试。

①民族地域场地河流文化传承发展研究。寻求珠江流域传统河流文化精华的传承策略，包含传统河流文化理念、伦理、思想、价值观等方面的传承，延续传统文化精髓，推动文化的可持续发展。

②河流文化传承发展与多元价值转化。整合河流文化传承与发展方略，形成珠江河流文化建设未来发展蓝图，完善珠江水域文化价值体系，促使河流文化价值多元转化与发展。

③民族河流文化景观营造案例尝试。选取桂柳古运河进行河流文化环境景观设计，以龙胜各族自治县广南村进行了河流水体与神话景观设计，进行了典型案例尝试。

二、研究框架和研究方法

（一）研究框架

研究的框架如图1所示。

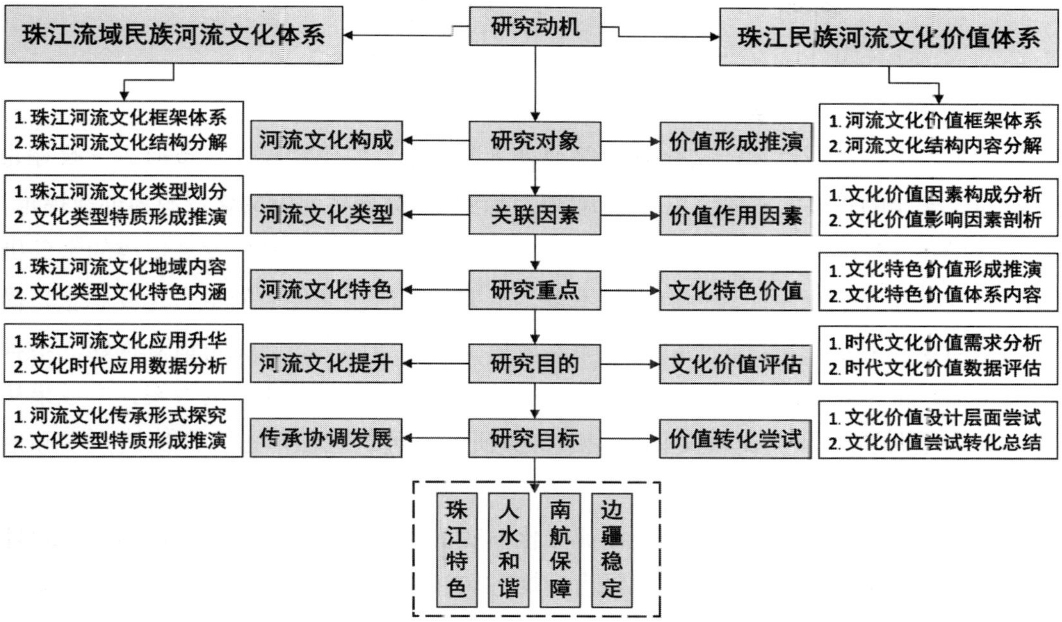

图 1　研究框架

（二）研究方法

本研究分别用了文献分析法、案例分析法、定性定量法、系统研究法等，具体如下。

①文献分析法：收集珠江流域内河流的相关文献，包含各干流、支流相关古籍、著作与论文，并按时间顺序对其进行梳理、分类与归纳。

②案例分析法：通过选取珠江支流河流文化作为典型案例进行研究，获取典型个体的现状情况。

③定性定量法：对文化特色进行定性概括，并对文化价值的效益进行定量评估，用价值定量为特色进行定性分层对比，保证文化特色挖掘的科学性，厘清价值层次分级。

④系统研究法：在以上研究方法的运用上采用系统研究法，完善文化研究框架，并分析各元素的关联，在宏观上整合出理论成果。

此外，课题还采用了对比分析法、层次分析法等。

三、理论创新和学术价值

首先，珠江区域性河流文化遗产保护有待深入。目前研究长江、黄河、三峡等北中部河流文化的较多，本研究以珠江流域地域特色与区域性河流文化资源为创新视角。其次，增强河流文化对当下水资源危机问题的应对影响。现今时代发展造成的水危机日新月异，建设思想中能绿色应对的不多，本书研究河流文化中的生态建设思想，提高当代居民应对水资源危机的处理能力。最后，利于当代生态河流价值观构建。学者们对河流环境治理的方法、河流与城市环境的生态营造提供了相关的方案，本成果从思想意识上加强对河流流域文化的生态价值研究，可从意识形态方面构建人水和谐关系。

本成果通过梳理珠江流域民族河流文化演变历史，构建珠江流域民族河流文化理论框架；建立珠江流域河流文化数据库，推进珠江流域河流文化传承延续；丰富河流文化价值转化层次研究，扩宽当代河流价值的运用范围。成果转化的理论论文如下。

①成果转化成论文 1 发表：何秋萍 . 珠江流域民族河流文化类型与特色浅析［J］. 绿色科技，2021，23（9）：204-207.

②成果转化成论文 2 发表：何秋萍 . 珠江流域河流文化历史演变简析［J］. 名汇，2021（7）：16-18.

③成果转化成设计作品发表：何秋萍，莫江耀 . 相思埭古运河历史陡门牛尾陡场景景观设计［J］. 建筑科学，2020，36（1）.

四、应用价值和经济、技术、社会效益

本成果在应用价值上有助于传承珠江流域特色，避免河流文化特色遗失，推动珠江流域个性发展；有利于制定珠江流域河流文化振兴策略，并反补珠江保护与可持续应用；有效影响湘、桂、滇、黔、粤五省区的河流文化协同保护工作，改善珠江流域文化危机现状，为西南、华南地区与南疆边界提供水文化生态保障，为“一带一路”协调发展做好南疆航运生态保障。具体的应用成果如下。

①成果转化的论文《民族圩镇多元祭祀文化景观更新研究——以贺州红花镇红头瑶圩镇为例》成功入选第七届中国（广西）—东盟民族文化论坛，由广西壮族自治区社会科学界联合会、广西民族大学举办，2022 年 11 月。

②著作转化的论文《民族圩镇多元文化振兴与景观更新研究——以红花镇红头瑶圩镇为例》成功入选首届漠川乡村振兴论坛、首届大碧头乡村振兴圆桌会议，由桂林市乡村振兴促进会、广西知青文化研究会举办，2022 年 10 月。

③课题研究技术转化成专利 1：何秋萍，张正举．一种复合型河道生态护岸结构：中国，202220922467.1［P］.2022-4-20.

④课题研究技术转化成专利 2：何秋萍，张正举．一种激流型河流沉水植物固植结构：中国，202222035167.4［P］.2022-08-04.

⑤课题研究技术转化成专利 3：何秋萍，张正举，郑鑫杨．一种河流垃圾清理装置：中国，202223389902.8［P］.2022-12-17.

成果中包含珠江流域河流文化传承与价值转化方略，著作通过吉林大学出版社公开出版，并形成论文正式发表，可供国内外学术界交流，并获得相关奖项，具体如下。

①成果转化的论文获奖 1：何秋萍，李敏，白雅力克．《珠江流域民族圩镇多元文化景观更新策略研究——以贺州红花镇红头瑶圩镇为例》获第七届米兰设计周——中国高校设计学科师生优秀作品展（国赛专业组论文类）非命题赛场获奖作品一等奖，2023.06.15.

②成果转化的论文获奖 2：何秋萍．《民族圩镇多元文化振兴与景观更新研究——以红花镇红头瑶圩镇为例》获教研成果一等奖，“美丽中国全国生态文化精品”作品征集暨全国生态环境创意设计成果展，2023.01.06.

滇桂黔石漠化片区旅游减贫研究

作　　者：韦欣仪
依托单位：贵州师范学院
成果类别：个人成果

一、研究内容

贫困问题是世界性难题。消除贫困、改善民生、实现共同富裕，是社会主义的本质要求。中国特色社会主义乡村振兴道路怎么走？其中之路是“打好精准脱贫攻坚战，走中国特色减贫之路”。旅游业是中国减贫战略的一个重要组成部分，具有目标准、成本低、见效快、受益面广、返贫率低、受益期长等特点。旅游减贫是贫困地区脱贫攻坚的一个重要减贫方式，也是践行“两山”理念打赢脱贫攻坚战的重要途径。滇桂黔石漠化集中连片特困地区（以下简称“滇桂黔石漠化片区”）是我国 14 个集中连片特困地区中贫困人口最多、贫困程度最高的地区，2020 年以前大部分贫困人口还未真正脱贫致富。实施旅游减贫是党和政府及社会各界人士心系贫困群体、帮助他们尽早实现物质和精神“双脱贫”致富的重要举措。

旅游业对地方经济发展起着越来越重要的作用，这影响并吸引着诸多具有潜在旅游资源的贫困地区也试图通过旅游减贫开发带动区域社会经济发展，实现脱贫致富和乡村振兴。然而，贫困地区包括滇桂黔石漠化片区想要通过发展旅游业带动地方经济发展从而实现减贫绝非易事。因为旅游开发的直接受益者通常是开发者或投资者，试图通过发展旅游业带动区域经济发展，对于贫困人口减贫产生的影响是间接的，而非直接的。值得深思的是，在旅游开发中，处于弱势地位的贫困人口是否能够真正受益而脱贫呢？笔者实地调研发现，贫困地区开发旅游时，常常出现“旅游飞地”等现象，使贫困人口不但很难从旅游开发中受益，还要承受因旅游开发带来的代价，如环境破坏、水污染、文化冲突等。因此，如何建立起一套有效的旅游减贫机制，促贫困人口从旅游减贫中直接受益，成为滇桂黔石漠化片区旅游发展中亟须解决的关键性问题。该问题还是我国整体性脱贫和将脱贫攻坚成果与乡村振兴有效衔接亟须解决的重大社会问题，也是当前国际学术界的学科前沿问题。对此问题及时地开展深入系统地研究，不仅有着重大的学术价值，还对我国滇桂黔石漠化片区及其他集中连片特困地区合理利用旅游资源、解决就业难题、振兴乡村、提高区域竞争力，同样具有重大的现实意义。

二、研究框架和研究方法

本研究共六章二十九节，在梳理国内外旅游减贫相关文献的基础上，以问题为导向，围绕滇桂黔石漠化片区的贫困地区和贫困人口如何通过旅游减贫实现乡村振兴的核心目标，对滇桂黔石漠化片区 14 个地（市、州）58 个县（市、区）175 个乡镇 525 个村寨进行了实地调查走访研究。调研行程累计 10 万余公里，访谈了 1050 个贫困户，获取了大量第一手访谈记录、图像、录音及数据资料，对这些资料进行忠实记录与规范整理。结合定性与定量的方法，主要采用文献研究法、深度访谈法、案例研究法、模型分析法、对比分析法、文献计量学方法等，以旅游学、社会学、管理学、经济学、民族学、生态学等多学科交叉理论为指导，对旅游减贫、石漠化等相关概念和关系进行了界定和辨析。深入分析了滇桂黔石漠化片区旅游减贫的发展现状、成效及其存在的十大问题，采用文献计量学方法和 Super-DEA 等方法分别对滇桂黔石漠化片区 35 个县（市、区）的旅游减贫效益和旅游减贫效率进行了定性和定量研究。研究表明：中国政府主导下的旅游减贫模式是成功的。滇桂黔石漠化片区 35 个县（市、区）旅游减贫的总体效益呈良好的发展趋势，旅游减贫效率总体保持在中上等水平。根据旅游效率形态，将滇桂黔石漠化片区 35 个县（市、区）划分为双低型、朝阳型、黄金型和潜力型地区四种类型，根据不同类型地区的不同特点有针对性地提出了旅游减贫模式和发展思路。然而，滇桂黔石漠化片区中还有部分县（市、区）在旅游减贫的要素配置、资源利用、基础设施等方面还有待加强，导致其旅游减贫效率出现停滞不前的状态。说明在旅游减贫开发过程中出现了一些关键性的问题，与实地调研相符，也印证了本研究提出的十大问题。为解决这些问题，提高旅游减贫效率，本研究提出了滇桂黔石漠化片区旅游减贫机制的优化措施，构建了旅游减贫体系，并提出了相应的保障措施确保该体系能够正常运转。

本研究拓展了旅游减贫研究的深度和广度，促进旅游减贫研究的纵深发展，深化了相关研究体系，在旅游减贫理论体系的建构和方法的使用上取得一定创新性成果。助推我国旅游减贫相关研究取得新进展，促进巩固拓展脱贫攻坚成果与乡村振兴有效衔接，有助于扩大我国旅游减贫实践的国际影响力，为贫困地区的旅游减贫实践提供参考和借鉴。

三、理论创新和学术价值

（一）理论创新

（1）创新地将理论研究与应用研究相结合，兼具理论性和实用性。

（2）创新地采用定性与定量相结合的方法，借鉴采用了多学科交叉融合方法。

（3）创新地构建了滇桂黔石漠化片区旅游减贫指标体系。

（4）创新地构建了滇桂黔石漠化片区旅游减贫机制。

（5）创新地构建了滇桂黔石漠化片区旅游减贫体系。

（二）学术价值

（1）有助于深入推进多学科交叉融合发展。

本研究力图打破学科之间的壁垒，综合运用旅游学、地理学、经济学、管理学等多学科交叉融合的理论和方法，对滇桂黔石漠化片区旅游减贫问题进行系统研究，深入推进多学科交叉融合发展，深化和促进相关学科体系建设。

（2）有助于完善旅游减贫研究理论体系建设。

旅游减贫备受学界关注，但至今尚未形成系统的理论分析框架和范式。本研究综合运用旅游可持续发展理论、“两山”理论等，构筑了旅游减贫研究理论分析框架，拓展了研究深度和广度，有助于完善和深化旅游减贫研究理论体系建设。

四、应用价值和经济、技术、社会效益

（一）应用价值

（1）有利于拓宽贫困地区“旅游减贫”的思路。

本研究突破了旅游界一直以来“就旅游论旅游”“为发展旅游而发展”的封闭思维模式，对贫困地区实施“旅游减贫”的思路具有一定的启发意义。

（2）有利于改善贫困地区基础设施和人居环境。

有利于改善贫困地区的交通、医疗卫生、通信网络等公共服务设施，让乡村环境“美起来”，实现百姓富、生态美有机统一。

（3）有利于带动贫困人口实现物质和精神的“双脱贫”。

将旅游资源优势转换为经济优势，增加了就业岗位促增收，提高了当地居民综合素质，增强了贫困地区“造血”功能，实现物质和精神的“双脱贫”。

（4）有利于发挥旅游业的关联带动作用促进乡村振兴。

有利于促进旅游生产力作用的发挥，为滇桂黔石漠化片区旅游经济发展和乡村振兴找到新的增长点。

（5）有利于促进省际联动发展与交流合作。

有利于促进建立健全跨省（区）协作机制，进一步加强各省（区）、市（州）、县（市、区）之间的协调发展与交流合作，深入推进西部大开发战略，促进民族团结进步和边境地区繁荣稳定。

（二）经济、技术、社会效益

该成果根据申请者已结项的2016年度国家社科基金青年课题《精准脱贫视角下滇桂黔石漠化集中连片特困地区旅游扶贫研究》（项目编号：16CGL025）修改而成。“该成果有助于旅游扶贫理论体系的建构，促进旅游扶贫及相关研究，对于我国滇桂黔石漠化片区的合理利用旅游资源、解决就业难题、提高区域竞争力等方面具有重大的实践意义。”“我国西南地区的石漠化面积大，定居在此的居民贫困程度高，脱贫难度大，任务艰巨。课题选题是研究利用旅游扶贫手段解决石漠化地区的贫困问题，本身具有较高的现实意义与研究价值。”（国家社科通讯鉴定专家匿名评审意见）。本成果由国家社科基金、贵州师范学院专著出版基金联合资助，在社会科学文献出版社出版发行。

民宿共享平台在线设计对用户行为的影响

作　　者：梁赛
依托单位：南开大学
成果类别：个人成果

一、研究内容

本研究以 Airbnb 为研究对象，旨在分析民宿共享平台如何提出和改善在线设计，解决其发展“瓶颈”。具体而言，本研究基于民宿共享平台发展中的房东积极性、交易效率以及交易可信性三大问题，关注平台针对以上问题提出的对应在线设计内容，聚焦在线设计的提出和使用如何影响平台中房客和房东的在线行为。具体研究内容包括以下几个方面。

（1）民宿共享平台游戏化设计对房东积极性的激励作用。由于民宿共享平台中，房东大多为业余从业人员，因此房东缺乏完成交易匹配的积极性是制约平台发展的重要因素，而游戏化设计在传统在线平台中往往被用来激励用户参与的积极性。本研究将游戏化设计与民宿共享平台相结合，观察游戏化设计在民宿共享平台中对房东参与的积极促进作用。

（2）民宿共享平台匹配设计对交易效率的影响。民宿共享平台与传统酒店平台相比，制约民宿共享平台发展的另一“瓶颈”是用户往往需要投入更多的搜索成本来完成预订和最终交易，这可能导致平台利润减少以及用户流失等问题。本研究基于 Airbnb 针对此问题提出的一项独特在线设计，即允许房东自由切换其在线匹配的模式，进而分析该设计对平台中房东的定价策略、房客和房东的交易效率以及房东的在线声誉造成的影响。

（3）民宿共享平台声誉设计对房客评论发布行为的影响。交易可信性是制约平台发展的重要因素，为用户建立声誉机制是在线平台增加交易可信度的重要途径之一。例如，在传统在线平台中，买家可以根据卖家建立的声誉体系对相应卖家进行质量判断，从而修正其购买决策。然而，对于民宿共享这一双边平台而言，大多数民宿平台倾向于使用双向评论机制，即同样为买家建立声誉体系，从而帮助卖家通过声誉信息筛选到可靠买家。而买家也可以基于建立良好声誉的目的，在交易中规范自身行为。本研究从房客的视角出发，观察房客在声誉积累的过程中，其评论发布行为的变化。

（4）民宿共享平台声誉设计对房东平台使用决策的影响。与传统在线平台使用的单向评论机制相比，双向评论机制一方面使得房客建立了其声誉的评价体系，另一方面也增加了房客和房东间的在线互动。房东在收到房客对其的评价信息后可以选择是否反馈房客以更新其声誉信息。因此，本研究在此部分重点关注房东对房客的评论行为如何影响其后续的交易效率、声誉以及平台使用决策。

二、研究框架和研究方法

（一）研究框架

首先，本研究系统阐明民宿共享平台与传统在线酒店平台相比之下拥有的优势，厘清民宿共享平台发展过程中的瓶颈，梳理民宿共享平台以及用户在线行为相关文献，提出本研究的研究问题和结构安排。其次，通过界定双边市场等相关概念，梳理用户在线行为相关理论，为后续实证分析奠定理论基础。最后，实证分析民宿共享平台游戏化设计、匹配设计和声誉设计对用户行为的影响机制。

（二）研究方法

本研究以最具代表性的民宿共享平台 Airbnb 为研究对象，探索其在线设计对平台参与用户在线行为的影响。本研究主要采用理论分析和实证研究相结合的研究方法。在理论分析方面，本研究对以往的文献进行了回顾和梳理。一方面，对共享经济、P2P 平台、双边平台以及民宿共享平台的相关研究进行了回顾和总结，并明确了其与传统在线平台（如酒店平台）的差异性。另一方面，本研究对用户在线行为的相关理论和文献进行了总结，基于民宿共享平台的特殊性，将以往研究用户在线行为的理论和概念模型拓展至民宿共享平台这一特殊的研究背景中，进而分析民宿共享平台市场策略设计对用户在线行为的影响机理，为本研究所有章节的研究奠定理论基础。

实证分析方法方面，本研究对实证方法的应用包括数据的采集、清洗、处理、分析，等等。涉及管理学、经济学、计算机科学、心理学、计量经济学等多个学科和领域。数据采集和清洗方面，本研究主要使用了全球最大的民宿共享平台 Airbnb 中的多份数据。同时，基于 R 软件有关文本的分析包对所有文本数据进行了清洗以及文本指标的计算。在数据分析方面，本研究主要通过构建计量经济学模型进行数据分析。首先通过不同领域如管理学、经济学、心理学等学科相关理论构建理论模型，进而选择恰当的计量经济模型展开数据分析工作。由于研究问题的复杂性，本研究使用了多种计量经济模型及方法，包括负二项回归模型、Tobit 回归模型、面板数据线性回归模型、匹配模型以及生存分析模型，等等。

三、理论创新和学术价值

（1）为游戏化设计研究领域提供了新的研究方向。以往游戏化设计的相关研究主要基于用户或消费者视角，通过完成游戏任务方式激励其更多地参与网站和平台在线活动。本研究基于民宿共享平台这一特殊的研究对象，聚焦游戏化设计作用于产品和服务供应商，而非消费者时对用户在线行为的影响机理，延伸了游戏化设计效应的研究视角。

（2）丰富了在线市场用户匹配相关理论和成果。基于双边匹配和单边匹配方式的差异，本研究基于民宿共享平台的游戏化在线设计，探索了双边市场传统的“匹配”模式以及单边市场的“购买”模式在实践过程中对平台交易双方短期和长期交易效率的影响。

（3）扩展了在线声誉机制的相关研究领域。以往有关在线声誉的研究往往集中在卖方（产品或服务供应商）的在线声誉如何影响其后续的在线销量。而本研究基于民宿共享平台使用的双向评论系统，进一步探索了买方（房客）声誉的建立和提升如何作用于其自身后续的评论发布行为。

依托本研究发表论文成果如下。

［1］Sai Liang，Markus Schuckert*，Rob Law，Chih-Chien Chen，2017，“Be a ‘Superhost’：The importance of badge systems for peer-to-peer rental accommodations”. Tourism Management，60，454-465（ESI 高被引和热点论文）。

［2］Sai Liang，Hui Li，Xianwei Liu*，Markus Schuckert，2019，“Motivators behind online information disclosure: Evidence from Airbnb hosts", Annals of Tourism Research 76, 306-319.

[3] Sai Liang, Chunxiao Li, Xiaoxia Zhang, Hui Li*. 2020. The snowball effect in online travel platforms: How does peer influence affect review posting decisions?. Annals of Tourism Research, 102876.

[4] Lanfei Gao, Hui Li, Sai Liang*（通讯作者）, Jingjing Yang, Rob Law, 2022, "How does constraining description affect guest booking decisions and satisfaction?" Tourism Management 93, 104607.

[5] Xi Zhang, Xin Wei, Te Zhang, Sai Liang*（通讯作者）, Yao Ma, Rob Law, 2023, "Power of sentiment expressions on peer-to-peer rental platforms: A mixed-method approach", Journal of Travel Research, forthcoming.

[6] Xi Zhang, Xiaoxia Zhang, Sai Liang*（通讯作者）, Yang Yang, Rob Law, 2023, "Infusing new insights: How do review novelty and inconsistency shape the usefulness of online travel reviews"? Tourism Management 96, 104703.

[7] Sai Liang, Markus Schuckert*, Rob Law, Chih-Chien Chen, 2020, "The importance of marketer-generated content to peer-to-peer property rental platforms: Evidence from Airbnb". International Journal of Hospitality Management. 84, 102329.（ESI 高被引论文）.

[8] Sai Liang, Xiaoxiao Zhang, Chunxiao Li, Hui Li*, Xiaoyu Yu, 2021. "Tit for tat: understanding the responding behavior of property hosts on peer-to-peer rental platforms". International Journal of Contemporary Hospitality Management, 33（3）, 1105-1126.

[9] Qiang Ye, Sai Liang*（通讯作者）, Zaiyan Wei, Rob Law, 2023, "Effects of reputation on guest satisfaction: From the perspective of two-sided reviews on Airbnb" International Journal of Contemporary Hospitality Management, forthcoming.

[10] Xiaoxia Zhang, Xi Zhang, Rob Law, Sai Liang*（通讯作者）, 2021, "Identifying local bias on peer-to-peer rental platforms", International Journal of Hospitality Management, 99（3）, 103072.

[11] Zuolong Zheng, Ziying Li, Xuwen Zhang, Sai Liang*（通讯作者）, Rob Law, Jiasu Lei, 2023, "Substitution or complementary effects between hosts and neighbors' information disclosure: Evidence from Airbnb", Journal of Business Research, forthcoming.

四、应用价值和经济、技术、社会效益

本研究重点探究民宿共享在线平台设计对用户在线行为的影响，本研究的应用价值主要集中在房客、房东以及平台自身三方面。

（1）为房客如何使用较低搜索成本，寻找高质量房源和房东提出实践建议。本研究通过不同角度，包括匹配方式的转变、声誉培养等多方面，探索了房客在实践中如何更加高效地搜索到满意的房源和房东，以提升其后续的预订满意度。

（2）为房东提高交易效率以及提升平台生存周期提供实践建议。由于民宿共享平台大多数研究设计都直接作用于房东而非房客，且房东的交易效率直接影响平台的盈利情况，本研究大多的研究篇幅集中在平台现有的设计机制下，房东如何通过改变自身的市场策略在平台中获取更多短期和长期收益。

（3）为平台管理者如何进一步修正和完善在线设计机制提出实践建议。本研究基于理论和实证研究结果，明晰平台在线设计对交易效率和交易可靠性的积极效应，进而提出平台可持续发展的管理建议。

文化资本时代的中国文化消费论

作　　者：徐望
依托单位：江苏省文化艺术研究院
成果类别：个人成果

一、研究内容

本研究将“当代中国文化消费”置于“文化资本”和“消费社会”这两个理论与现实视域之下，突出“文化资本时代”的时代坐标。经过学术史梳理，在学理层面关注当代中国文化消费意识形态问题、文化消费伦理问题、文化消费生态问题等；说明文化消费基本知识点；初步建立文化消费心理学体系。在应用层面，发掘文化消费现实意义；剖析我国文化消费现状与问题；探索推动文化消费升级的系列路径；对农村地区、民族地区文化消费展开专题研究；梳理与评价改革开放以来文化消费相关政策法规；对教育以外各个主要文化消费门类的发展趋势进行了分析。

第一，基于学术史逻辑和现实问题逻辑，确定把“当代中国文化消费”作为研究对象，置于“文化资本与消费社会双重视域下”。

第二，先进行基础研究，再进行应用研究。

第三，在基础研究方面，①开展周全的相关学术史研究，把握国内外研究动态；②重点论证当代文化消费的社会背景为“文化资本时代”和“消费社会”；③分析当代文化生产和消费的商品化走向，进而在理论层面上，基于文化消费伦理，重点建构文化消费文明生态；④插入 2 个专题理论研究：文化消费基本知识点、文化消费心理学。

第四，在应用研究方面，①明确发展文化消费的现实意义；②剖析我国文化消费现状与问题；③对提升文化消费的策略进行重点研究；④进行 5 个专题应用研究：文化消费样本采集分析研究、乡村振兴战略下提振农村文化消费研究、民族地区文化消费与民族文化协同发展研究、改革开放以来文化消费相关政策法规梳理与评价、教育以外主要文化消费门类发展趋势研究。

二、研究框架和研究方法

（一）研究框架

在章节设计上，本书共分十六章，第一至九章为基础研究，第十至十六章为应用研究。

第一章“文化资本理论探源”：分别从社会学和经济学视角对文化资本理论的国内外研究进行了简要述评。前者述及布尔迪厄的文化资本理论、布尔迪厄后国内外社会学界的相关研究；后者述及思罗斯比的文化资本理论、思罗斯比后国内外经济学界的相关研究。

第二章“文化资本时代的到来”：通过论述文化资本化这一当代文化发展趋势，确立了文化资本时代的时代坐标，描绘社会学和经济学两种语境下的文化资本时代特征；进而探讨文化资本积累转化与当代文化消费的关系。

第三章“消费社会与文化消费研究述略”：研究文化消费必然要借鉴“消费社会”理论，本章引介消费社会相关概念和理论，包括消费、消费文化、消费社会、消费主义。进而简要述评消费社会理论背景下的国内外文化消费研究，指出现有研究的视域局限和突破方向。

第四章“消费社会的来临”：分述西方和中国消费社会的形成；对于消费社会理论进行解读，揭示消费社会的本质和内在逻辑，并对消费社会的文化特征进行分析，对消费社会与文化资本之间的关系进行论述，呼应“文化资本时代”命题。

第五章“消费社会的文化生产与消费”：接续第四章，继续对消费社会与文化产业、消费主义与文化物化进行理论层面的研究。研究前者时，论述了经典理论的对立态度、消费社会对文化产业的作用、文化产业对消费社会的作用；研究后者时，指出消费主义促使文化的物化价值体系生成，并审视当代中国消费观转型中的意识形态矛盾。

第六章“文化生产的商品化转向”：由第四章和第五章的逻辑推导下去，消费社会必然造成文化商品化问题。本章以文化商品化的社会历史进程论证这一趋势的必然性，进一步分析文化商品化的层次；商品和市场密不可分。因此接下来论述我国大众与分众文化市场，指出我国大众文化市场虽不断繁荣但问题、矛盾丛生，分众文化市场日益兴盛凸显消费分流作用，提出我国大众与分众文化市场的未来发展导向。

第七章“文化商品化大潮下的文化消费伦理思考”：沿着第六章的思路，反思文化商品化，对如何分解消费主义、巩固主流意识形态进行研究，提出要认清消费主义是一种资本主义意识形态，要用社会主义核心价值观引导文化消费态势；进一步提出，应基于文化消费伦理，建构文化消费文明生态。

第八章“文化消费基本知识点”：本章是知识说明性的一章，首先，明晰了文化消费概念，说明了文化消费的含义与范围，文化消费的形态、层次、手段，文化消费的内容、类型、项目；其次，从文化消费的目的和作用、文化消费的基本要素与影响因素、文化消费的向度与特点等几个层面解释了文化消费行为。

第九章“文化消费心理学初探”：尝试初步建立文化消费心理学理论体系，研究了消费心理与文化消费心理；对文化消费心理进行全方位解析；分别探究了消费者群体共性的文化消费心理和个体个性文化消费心理；探讨了诱导文化消费的心理战术。

第十章“发展文化消费的现实意义”：首先，基于本项研究的理论视域，探讨了文化资本与消费社会双重视域下的文化消费意义。其次，提出更为具体的意义，包括增强文化软实力，全面建设“文化强国”；迎向全面小康社会，实现人的全面发展；推动休闲经济浪潮，激活学习型社会。

第十一章“我国文化消费现状与问题”：首先，论述我国消费大环境的变革；其次，指出我国文化消费总体趋势向好，显现可喜势头。然而，文化消费仍是短板，存在一段较长瓶颈，当前文化消费结构发展不尽如人意，文化消费增长速度未达到预期，文化消费环境欠佳。附以文化消费样本采集分析报告（2017），对实施和完成于2017年的“南京市大众文化消费现状与潜力调查”项目所采集的量化和质化样本进行定量和定性分析，以南京市大众文化消费情况为例，支撑本项研究论证。

第十二章“开启我国文化消费新纪元”：针对第十一章指出的问题，提出多端口协同发力的文化消费拉动对策，包括全面改革供给端、全面优化消费端、全面协调政策端、全面创新作息端、全面充实服务端、全面规范法治端、全面开放贸易端；并且展望我国文化消费前景，预期实现量与质的飞跃，并促进社会文化资本积淀与结构升级。

第十三章“乡村振兴战略下提振农村文化消费研究”：首先，提出乡村振兴战略下农村文化消费问题，展开国内农村文化消费研究述略；其次，以在江苏农村开展的样本调研所取得的一手数据作为佐证，全面反映农村居民的文化消费空间、时间、心理、行为、水平、氛围、评价等状况，进一步解剖农村文化消费问题；最后，针对问题，提出引导与扩大农村文化消费的路径。

第十四章“民族地区文化消费与民族文化协同发展研究”：首先，对民族地区文化消费相关研究展开述略；其次，对民族地区文化消费特点与现状进行分析；最后，提出以文化消费促进民族文化传承发展的路径。

第十五章“改革开放以来，文化消费相关政策法规梳理与评价”：首先，细致地梳理了改革开放以来的文化消费相关政策法规，将我国文化消费市场分为开局期（1978—1985）、建成期（1986—1995）、发展期（1996—2005）、繁荣期（2006—2015）、超越期（2016—）五个阶段，按阶段梳理相关政策法规；其次，探索建立文化消费相关政策、法规效能评价指标体系。

第十六章“教育以外主要文化消费门类发展趋势报告（2016—2019）”：首先，论述了本项研究的文化消费门类分类依据和标准，明确了本项研究对文化消费的界定原则；其次，分别对文化消费中的文教类消费、体育类消费、旅游类消费、娱乐类消费、产品类消费、其他类消费的发展趋势进行了分析，数据截取时间段为2016—2019年。

（二）研究方法

研究方法可以概分为规范研究法、实证研究法两大类。

规范研究法侧重于理论研究，回答应然性（“应怎样”）的问题，主要方法为：文献研究法、逻辑演绎法、阐释分析法、归纳提炼法、比较研究法等。

实证研究法主要为应用调研，回答实然性（“是怎样”）的问题，主要方法为：文献研究法、比较研究法、调查研究法、案例研究法、样本研究法等。

同时，系统研究法和跨学科研究法是贯穿整个研究的基本研究方法。

三、理论创新和学术价值

（一）理论创新

（1）新时代：与我国“新时代”社会背景密切结合，聚焦“新时代”的文化经济领域“新矛盾”，面向“美好生活”，具有时代感。

（2）新视域：将研究置于“文化资本和消费社会双重视域”之下，打通社会学和经济学的关节，激发对文化消费与文化资本、文化消费与消费社会的新思考，产生了对于我国大众与分众文化市场、文化消费伦理、文化消费生态治理体系建构等的新论证。

（3）探心理：文化消费心理学研究较为系统，对于文化消费心理可诱导性的分析较为新颖，基于当代中国民众文化消费心理变化发展趋势，探讨了诱导文化消费的心理战术。

（4）梳政策：对于我国改革开放以来的文化消费相关政策、法规进行系统的梳理，探索效能评价指标体系的建立，进一步尝试进行评价，是一项新工作。

（5）多路径：提出了多端口协同发力的文化消费拉动对策，涵盖了对供给端、消费端、政策端、作息端、服务端、法治端、贸易端的不同优化策略，路径全面；对于农村地区、民族地区的文化消费拉动对策同样具有紧扣现状，全面解决问题的特点。

（6）多学科：涉及社会学、经济学、艺术学、心理学、管理学、统计学、民族学、文化人类学等多学科领域，学科跨度广、借鉴理论多、研究方法多。

（二）学术价值

（1）基于社会学与经济学双重视域，阐释发展“文化资本”概念，确立“文化资本时代”的时代坐标，为相关研究提供新视野。

（2）反思消费社会带来的消费主义意识形态、文化商品化等问题，学理化地探索了文化消费伦理体系和文化消费生态现代化治理体系的构建，对社会主义文化建设理论有所增益。

（3）初步建立了文化消费心理学的理论体系，推动文化消费领域的消费心理学研究。

四、应用价值和经济、技术、社会效益

（一）应用价值

（1）细致剖析了我国文化消费现状与问题，并佐以文化消费采样分析和教育以外的主要文化消费门类发展趋势分析，为相关部门、文化经营者、文化消费者提供参考。

（2）提出了一系列文化消费拉动对策，并分别研究了农村地区和民族地区的文化消费升级举措，为相关决策部门展开顶层设计提供新思路。

（3）系统化梳理了改革开放以来文化消费相关政策法规，并探索建立效能评价指

标体系，供文化政策法规制定部门把握政策轨迹，全盘审视思辨，明确前进方向，提出优化策略。

（二）经济、技术、社会效益

（1）应和我国“文化强国”战略，本研究对发展文化经济、提升文化软实力具有重要意义。

（2）契合全面建成小康社会的内涵，本研究对促进人与社会的全面发展具有重要意义。

（3）位于“文化资本时代”，本研究对个体与社会文化资本结构升级、学习型社会建设等具有重大意义。

（4）处于“消费社会”，本研究对于消费结构升级、文化消费意识形态和价值观引导等具有重要意义。

研究报告类

——一等奖

中国休闲发展年度报告 2022

作　　者：李雪　吴丰林　王春玉　黄璜　郭娜等
依托单位：中国旅游研究院（文化和旅游部数据中心）
成果类别：集体成果

一、研究内容

作为日渐彰显的国民权利，休闲已成为我国城乡居民日常生活的刚性需求和重要组成部分。为全面把握城乡居民休闲需求特征及变化规律，稳步落实《国民旅游休闲发展纲要（2022—2030 年）》，有效支撑国民休闲的公共服务政策创新和市场空间拓展，本报告从休闲时间、休闲空间和休闲活动三个维度构建国民休闲调查理论体系，依托中国旅游研究院（文化和旅游部数据中心）自主网络平台，对北京、上海、广州、成都、西安、长沙、沈阳、武汉、南京、杭州 10 个样本城市进行问卷调查，运用清洗后的数据从宏观层面对城镇居民、农村居民与退休居民等不同群体、不同属性人群的休闲行为进行系统研究；进而以国民休闲重要的综合性空间载体——休闲街区、商圈为研究对象，选取北京南锣鼓巷、三里屯、蓝色港湾，成都宽窄巷子，上海南京路等 10 个知名街区、商圈等为案例地，从微观视角探索国民休闲需求。

二、研究框架和研究方法

本报告共分为以下 6 部分。

第一部分为政策分析。主要梳理了国务院、文化和旅游部、国家发展和改革委员会、国家体育总局等机构出台的与国民休闲相关的调控手段与政策响应，明确了政策出台的宏观背景与市场基础，为进一步提出推进国民休闲发展的对策建议提供依据。

第二、三、四部分为宏观层面国民休闲行为研究，是本报告的核心内容。这三部分主要是从休闲时间、休闲活动和休闲空间范围三个维度对城镇居民、农村居民以及退休居民等不同群体不同时段、不同属性人群的休闲消费行为进行调研。总结 2022 年城乡居民休闲现状，分析国民休闲行为相较于疫情前呈现出的趋势性特征，形成了以下部分结论。

（1）休闲时间方面。从全天时间利用结构来看，随着国民生活品质的不断提高，城乡居民用于休闲的时间开始超过无偿劳动所花费的时间，休闲成为继生理活动、工作（有偿劳动或学习）之后的首要选择。具体调查数据显示，城乡居民每日休闲时间平均为 3.89~5.66 小时。其中，城镇居民休闲时间与可支配时间紧密相关，退休居民休闲时间最长。从变化趋势来看，城乡居民休闲时间较疫情前均有不同程度增长，其中，周末增幅最大，成为城镇居民休闲重要时段，周末休闲日趋常态化。这一趋势进一步表明，对节假日不应做过多的前挪后移、拼假凑假的调整，应尽量维持人们的生活工作节奏，把什么时间、去什么地方休闲、旅游的权利交给人民群众，以满足国民在不同时段的旅游休闲需求。

（2）休闲活动方面。本报告将休闲活动总体上划分为消费购物、文化休闲、体育健身和居家休闲四大类。其中，消费购物以绝对优势成为国民休闲的基础选项。随着闲暇时间增多，城镇居民消费购物占比波动下降，而文化休闲比重波动上升。与疫情前2019年相比，越来越多的城乡居民愿意走出家门，参与多元化户外休闲活动，其中，文化休闲在城镇居民日常生活中的比重日益提升。具体到休闲活动，城乡居民存在较大的偏好差异。如从单项文化休闲活动来看，城镇居民最喜欢看电影，尤其是工作日；而随着闲暇时间增多，选择参观博物馆、展览馆、科技馆等文化场所的城镇居民有所增加。对于退休居民，其对书法、绘画、集邮等活动表现出更为明显的偏好意向。

（3）休闲空间方面。城乡居民近程化休闲趋势日益明显。与疫情前 2019 年相比，城乡居民选择近程休闲的受访者占比大幅增长，而选择中远程休闲的受访者占比降幅明显，距家 1~3 公里以内区域构成了国民休闲活动的主体空间范围。

此外，本报告分析了不同性别、年龄、受教育水平、收入水平、家庭情况等不同属性人群的休闲时间、休闲空间以及休闲活动范围偏好。

第五部分，以 10 家旅游休闲街区为案例，从微观视角探索国民休闲需求，从空间、功能、形象等多维视角刻画深受游客和当地居民喜爱的旅游休闲街区应具备的基本元素与特征，进而以需求为导向构建旅游休闲街区建设方向。

第六部分，基于政策分析与国民休闲行为研究，提出了推进国民休闲发展、提升国民休闲品质的对策建议。

本报告采用问卷调查与网络评价文本分析相结合的研究方法，具体研究框架如图1。

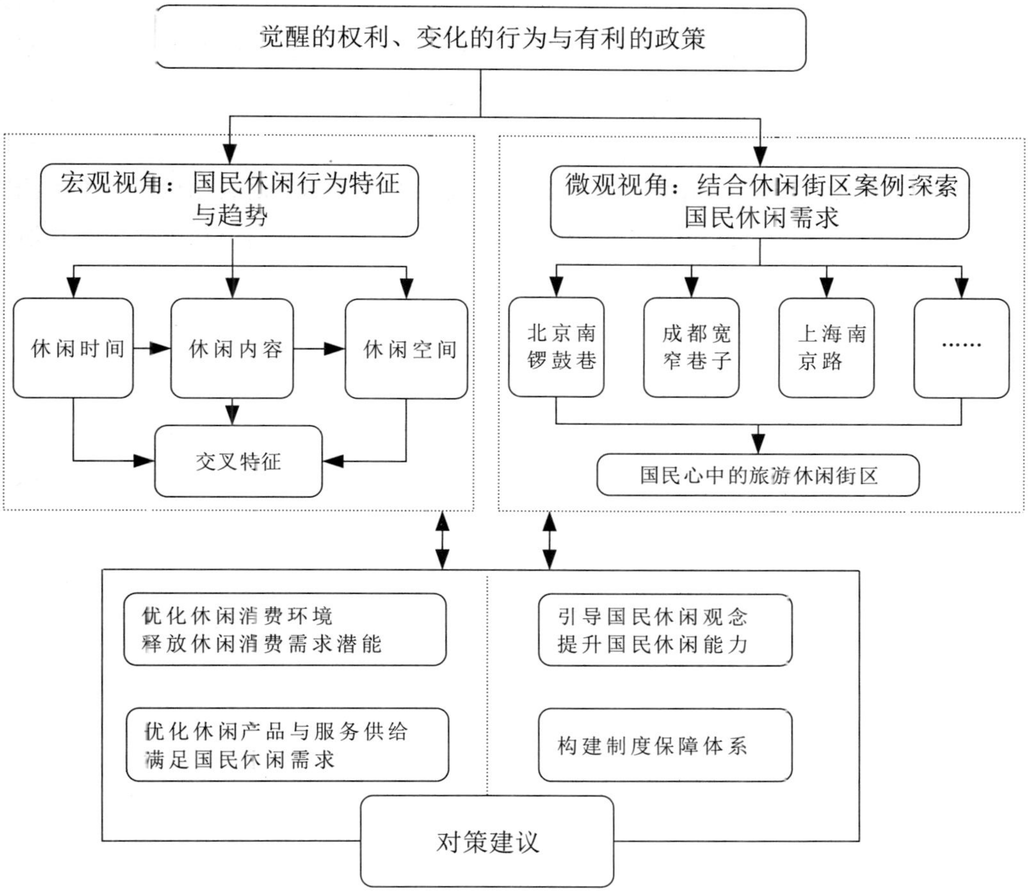

图1　研究框架

三、理论创新和学术价值

本报告从休闲时间、休闲空间和休闲活动三个维度构建了国民休闲调查理论体系，依托中国旅游研究院（文化和旅游部数据中心）自主网络平台，对北京、上海、广州、成都、西安、长沙、沈阳、武汉、南京、杭州10个样本城市进行问卷调查，对国民休闲行为研究的科学化、系统化和规范化具有重要理论参考价值。

四、应用价值和经济、技术、社会效益

本报告对城乡居民休闲需求特征及变化规律进行了全面把握，研究成果可为国民休闲公共服务政策创新和市场空间拓展提供有效支撑。如休闲时间研究得出的周末休闲日趋常态化这一结论，可为优化假日安排以更好地满足国民休闲需求奠定基础；不同属性人群在休闲活动选择、休闲空间范围方面的规律性特征，可为完善休闲产品供给、拓展休闲服务功能、优化休闲空间布局等提供市场依据。研究结论对于推动国民休闲发展、提升国民休闲品质具有一定的实践指导价值。部分研究成果已形成旅游内参《小康社会的国民休闲：觉醒的权利与变化的行为》（2022.11.05）。

文旅融合推进武汉市黄陂区旅游高质量发展研究

作　　者：李志飞　万小妹　江畅　曾菊新　张硕等
依托单位：湖北大学
成果类别：集体成果

一、研究内容

（一）文旅融合的四大举措

1. 依托本土文化品牌打造文旅精品景区。
2. 依托文旅宣传造势提升全域旅游品牌。
3. 依托文旅重大项目打造文旅产业集群。
4. 依托文旅政策红利共享文旅融合成果。

（二）文旅融合的五大问题

1. 文旅空间布局有待优化。
2. 地方文化挖掘有待提升。
3. 文博非遗活化有待加强。
4. 文旅消费形式有待拓展。
5. 文旅融合业态有待扩展。

（三）文旅融合的五条建议

1. 做好文旅融合规划，优化文旅空间布局

一是要继续强化党政主导、企业主角、农民主体、品牌主打、行业主管的全域旅游发展模式，为文旅深度融合提供制度支撑。二是应在现有基础上优化县域文化旅游空间布局，发挥比较优势，强化特色功能，锚定建设“一轴多线”的文化旅游产业布局。三是合理规划重大项目的落地与布局，规划打造文旅产业的集群化发展。

2. 深度挖掘地方文化，优化打造文旅品牌

一是深挖木兰文化精神内涵，持续做大做好“木兰主题文化”品牌。二是充分发挥区内文化资源特色，着力打造区域全新文旅品牌。三是体现区域红色文化品牌优势，集中打造“红色文化”品牌。

3. 整合文物文化资源，加强非遗活态传承

一是要整合文物文化资源。在文旅融合背景下，要充分发挥文博资源在文化旅游中的重要作用。二是加强非遗传承与活态化。在产业化发展背景下，非遗与旅游融合是实现文化发展的有效手段。

4. 创新文旅发展活力，拓展文旅消费形式

一是推进黄陂旅游由生态观光游向深度体验游的转型升级，不断拓展文旅体验的丰度和长度。二是助推发展夜间旅游经济。在构建以国内大循环为主体、国内国际双循环相互促进的新发展格局的背景下，扩大内需是我国经济发展的立足点。三是通过文创产品研发、景区形象设计、节会活动打造、精品游线构建等多种途径，激活文旅产品的市场活力。

5. 加大自主创新力度，扩展文旅融合业态

一是创新文化展现形式，以场景构建、全景演出、实景体验、博览展示等多种方式推介优秀文化内容，并打造出全新文旅体验项目。二是充分发挥地方行业协会、民间组织、高校的平台，发挥数字化优势，引入主题公园、文化小镇、文创休闲、航空农旅、夜游经济等多元文旅业态优化、打造全生态的黄陂文旅产业结构，升级黄陂文旅的体验度与品牌力。三是丰富宣传推广形式。加强宣传推广对推动文化旅游品牌化发展有着重要的作用。

二、研究框架和研究方法

序号	调研计划执行	完成时间	备注
1	课题立项	2022.6.8	
2	第一次实地调研（汉口北汉口镇戏码头、汉口商业博物馆、万国小镇、二程书院、郭元咀考古文化、木兰草原、木兰花乡、青荷小木民宿、湖北省文物考古研究院木兰湖基地（湖北考古博物馆）、湖北明清古建筑博物馆、盘龙城国家考古遗址公园）	6.27~6.28	第一次座谈会6月28日（20人）
3	第二次实地调研（花乡茶谷、木兰野村谷）	7.5~7.6	第二次座谈会7月6日（12人）
4	提交调研报告摘要	7.6	《湖北日报》（理论版）发表 湖北省人民政府门户网站全文转载 学习强国全文转载
5	提交决策咨询建议1	7.5	《人民日报》（理论版）发表
6	提交决策咨询建议2	8.5	社情民意
7	提交决策咨询建议3	9.6	黄陂区委常委、宣传部长，黄陂区政府分管副区长肯定性签批
8	提交调研报告	9.20	

三、应用价值和经济、技术、社会效益

（1）提炼文旅融合的县域旅游高质量发展的“黄陂新模式”。黄陂是武汉最大的近郊城区，是武汉城市文明之根，也是木兰故里。近年来，武汉市黄陂区以坚持全域旅游高质量发展为主线，以加强文旅融合为重要抓手，深耕“木兰文化”、保护文化遗址、整合文化资源，坚持共建共享，把全域作为完整旅游目的地整体规划布局和营销，形成景城共建共享、景城融合、村景融合、产业融合的发展新格局。

（2）为国内其他县域通过文旅融合推进县域旅游高质量发展提供借鉴。文化生活是衡量人们生活质量的重要标志，旅游是发展经济、增加就业和满足人民日益增长的美好生活需要的有效手段。习近平总书记强调，“要坚定文化自信，推动中华优秀传统文化创造性转化、创新性发展”。加强文旅融合，是加强文明交流互鉴的必然要求，是坚定文化自信的重大支撑。县域是文旅融合落实推进的重要单元。

研究报告类

——二等奖

广东省“剧本杀”行业发展调研报告

作　　者：庞莉华　任红伟　刘学敏　邹飞祥　何烨彤等
依托单位：广东省文化和旅游发展与保障中心
成果类别：集体成果

一、研究内容

本报告重点围绕行业发展现状、管理现状、存在问题等方面对广东省“剧本杀”行业进行了全面、系统的梳理，提出相应的管理建议，对摸清底数，找准问题，引导、规范行业发展具有一定的指导意义。主要研究内容如下。

（一）全国“剧本杀”行业的发展状况

从“剧本杀”发展历程、产业链、发展环境等方面，对国内“剧本杀”行业的基本情况进行介绍。

（二）广东省“剧本杀”行业的现状

围绕市场竞争格局、用户特征、发展趋势及管理现状等方面，通过数量与质量特征呈现广东省“剧本杀”行业的发展现状，梳理总结出其发展特点。

（三）广东省“剧本杀”行业发展存在的问题

结合行政部门访谈和实地调研，从政府监管到市场运作，从“剧本杀”场所到剧本内容，多角度指出广东省“剧本杀”行业当前存在的乱象和隐患。

（四）规范广东省“剧本杀”行业发展的建议

基于广东省“剧本杀”行业现存问题及管理现状，以北京、上海、南京等管理措施相对完善的地区为参考，从行业工作机制、行业内容管理、行业日常监督等方面，探索性提出促进广东省“剧本杀”行业有序发展的措施办法。

二、研究方法和研究框架

（一）研究方法

1. 系统研究法

针对“剧本杀”行业产业链，将涉及行业发展的各个要素、各个环节统筹考虑，结合市场监督管理现状，综合分析研判，提出符合广东实际的行业管理建议。

2. 文献研究法

查阅、收集剧本娱乐行业相关研究及数据资料，初步掌握“剧本杀”行业基本概况，为针对性地开展实地调研和访谈讨论提供参考。

3. 实地调研法

采用实地调查和重点访谈的方法，深入了解广东省“剧本杀”行业发展的现状、用户行为特征，走访经营者、从业人员和行业协会，了解行业前沿消息与数据。

4. 专家讨论法

编制完成研究报告初稿，组织开展专家小组评议会，征求行业部门、专家学者等对广东省“剧本杀”行业存在问题、发展对策等方面意见建议。

（二）研究框架（图1）

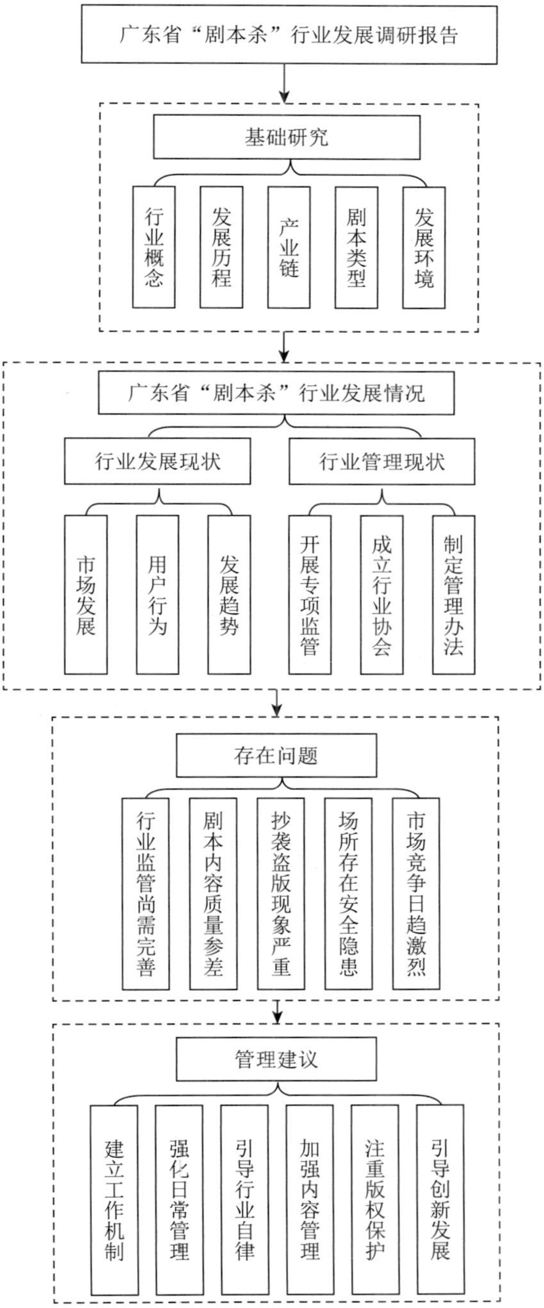

图1　广东省“剧本杀”行业发展调研报告研究框架

三、理论创新和学术价值

（一）选题创新

剧本娱乐是近年来深受追捧的新消费业态，但当前业界和学界对其的研究仍较为匮乏，已有研究普遍侧重全国性的行业观察，鲜见地方性的细分研究。本报告作为首份聚焦广东省剧本娱乐行业的调研报告，是对该领域研究的有益补充。

（二）内容创新

已有研究多局限在行业规模、内容监管、未成年人保护等单点内容上，缺乏对剧本娱乐行业的系统性分析研究。本报告从发展现状、管理现状、存在问题等方面对广东省“剧本杀”行业进行了全面、系统地梳理和分析，并据此提出行业管理建议，在研究内容上具有一定的创新性。

（三）结论创新

本报告所提对策建议注重可操作性和发挥行业自律组织的柔性作用，率先提出的“组织开展行业培训”“建立未成年人剧本‘白名单’制度”“实施精品剧本孵化计划”等措施，为制定政策引导规范剧本娱乐发展提供了工作思路和有益的探索。

四、应用价值和经济、技术、社会效益

（一）为规范行业发展提供指引

近年来，以“剧本杀”为代表的新型文化消费业态在国内一、二线城市快速兴起。因其新颖的娱乐方式和较强的社交属性，“剧本杀”受到年轻一代的追捧。然而，伴随行业的快速发展，行业内的一些乱象和隐患正逐步显现。作为首份聚焦广东剧本娱乐行业发展与管理的调研报告，本报告首创性地对广东省“剧本杀”行业的发展现状、管理现状和存在问题等方面进行了全面、系统的梳理和分析，为摸清广东省剧本娱乐经营单位底数，加强剧本娱乐管理，促进行业健康有序发展提供了智力支持和决策参考。

（二）政府对新型文化娱乐业监管机制的创新性实践

报告成果被多次应用于文化和旅游行政部门的实际工作中，有效辅助有关部门开展行业摸底排查和专项整治工作，同时也对推动出台行业相关规范性文件提供了有益参考。

跃入现代旅游建设阶段：对新阶段江西旅游发展战略的思考与建议

作　　者：曹国新
依托单位：江西财经大学
成果类别：个人成果

一、研究内容

江西省委、省政府高度重视旅游业发展。从 2001 年省委《关于加快旅游业发展的决定》开始，到 2009 年省委、省政府《关于加快旅游产业大省建设的若干意见》，2013 年省委、省政府《关于推进旅游强省建设的意见》，2018 年省委、省政府《关于全面推进全域旅游发展的意见》，各阶段的省委、省政府文件前后衔接一直不曾脱漏。然而，《全域旅游意见》之“发展目标”规定的期限是 2020 年，迄今已到期，受新冠疫情的影响，未出台新的战略文件。新冠疫情后，经济社会条件和旅游业发展环境均有重大变化，亟须出台新的战略文件。

二、研究框架和研究方法

（1）溯源追本：独重景区的传统招式已经过时。

通过对比省级文件与市县级实施文件，访问老领导、老专家、老员工，本文作者发现江西旅游发展战略文件的实施中存在“独重景区”的问题。如 2001 年省委《关于加快旅游业发展的决定》要求集全省之力建设庐山和原中央苏区红色旅游景区；2009 年省委、省政府《关于加快旅游产业大省建设的若干意见》要求限期实现“县县有景区”；2013年省委、省政府《关于推进旅游强省建设的意见》要求限期实现“(设区市)市市有5A”；2018年省委、省政府《关于全面推进全域旅游发展的意见》要求限期实现“县县有4A”。这些关于景区建设的要求，既符合江西亟待“消灭旅游空白点”的现状，又明确而具体，远比文件中的其他要求“坚硬”，因而一直主导着地方政府的施力方向，产生了示范效应，形成了路径依赖，也积累了系列问题。

（2）问题解析：江西旅游业存在六大效率问题。

战略上独重景区直接和间接引发了六大影响效率提升的问题，制约着供给侧结构性改革、扩大有效需求和优化营商环境等工作的开展。

一是上下游产业链不全。由于较少着力上下游产业环节，产业链上缺乏周边企业和生产性服务商。既造成无力向中心城区渗透的问题，更造成了赣东北接入长三角旅游产业链、赣西接入长株潭旅游产业链、赣南接入粤港澳大湾区旅游产业链等分散接入的情况，目前已上升为江西旅游主要矛盾。

二是进位赶超后劲不足。2018年江西旅游经济总量跃入全国前十，面对第一方阵中的高水平竞争，出现了持续晋位艰难的情况，亟待聚焦产业动能的革命性变革，推动“换道超车”“换车超车”。

三是效率提升能力不强。经核算，“十三五”期间，江西旅游业增加值仅为旅游总收入的48%左右，而江浙广东等东部省份则接近80%，江西旅游的财富创造能力较低，滚动发展势能不足。

四是旅游招商机制不全。由于未形成行之有效的国有旅游资源经营权转让退出机制，全省七成以上资源型民营景区已陷入“僵尸”状态，旅游招商环境卡顿严重。

五是景区委托管理乡镇模式不全。景区委托管理乡镇是江西旅游发展重要经验，却没有形成预先布局，能下先手棋的模式工具箱。

六是旅游数字经济转型能力不强。在旅游数字经济大潮前表现茫然，举措失度。

（3）战略目标：跃入现代旅游业体系建设阶段。

江西旅游的问题在于未勠力建设产业体系。省第十五次党代会设定的全省经济工作顶层战略为构建“现代经济体系”“现代产业体系”。贯彻党代会精神，江西旅游可聚焦构建“现代旅游产业体系”，将新的全省旅游发展战略定位为“现代旅游建设”。

（4）战略实施：强化链长、激活用地、找准数字旅游赛道。

一是顶层设计上以产业链链长制推动产业链建设。发挥文旅产业链长制优势，抓重点城市、龙头景区、旅游集团三大旅游产业链构建主体，构建城市型、景区型、集团型等三型旅游产业链，加快构建独立自主的强大本土旅游产业链。

二是根本资源上以新型农村集体旅游经济激活用地。旅游资源是核心，产业用地是根本。当前，旅游用地的重要性已超过旅游资源，应全面激活国有建设用地、农村集体建设用地、农用地、未利用地，特别是以新型农村集体旅游经济激活后三种用地。

三是获利模式上以模仿创新找准旅游数字经济赛道。江西现有旅游数字经济模式不能获利，因此不可持续。通过实地调研找到直击散客、精准服务、数字收账、优化执法、集约建设五个可示范的本土实践模式。

三、理论创新和学术价值

本研究是政府决策咨询报告，遵循不说套话，说落地的话，有话则长无话则短的写作原则，秉持“感觉只解决现象问题，理论才解决本质问题”的学术追求。从现象中提出，20 世纪八九十年代，全国各地旅游部门都以建设优质景区为主要发展模式，该模式类似采矿业，遵循第一产业的经济规律。21 世纪头十年，东部省市旅游业发展模式演进到组建旅游集团，该模式类似制造业，遵循第二产业的经济规律。进入 2010 年后，东部省市旅游业进一步演进到依托互联网平台企业的旅游数字经济模式，旅游业真正转型为现代服务业，表现出第三产业的跨界联合能力、消费激发能力和综合获利能力。江西旅游的问题在于模式落后。同时，细致划分了江西旅游发展战略的七阶段特点。首次提出了江西景区委托管理乡镇模式。在旅游政策研究中贯彻了因地制宜的区域视野。

四、应用价值和经济、技术、社会效益

建议可聚焦构建“现代旅游业体系”，编制新阶段江西旅游发展战略文件，得到采纳。助推文件的编制列入 2023 年工作计划，并获邀参与编制组执笔撰写文件初稿。

国家艺术基金开展“一带一路”共建工作的调研报告

作　　者：王明亮　杨舟贤　刘立明　史晓丽　李悦等
依托单位：国家艺术基金管理中心
成果类别：集体成果

一、研究内容

早在2014年，习近平主席在联合国教科文组织总部发表的演讲中，就强调过“文明是包容的，人类文明因包容才有交流互鉴的动力。一切文明成果都值得尊重，一切文明成果都值得珍惜”。后来又强调“我们主张平等、互鉴、对话、包容的文明观，世界各国弘扬和平、发展、公平、正义、民主、自由的全人类共同价值，以文明交流超越文明隔阂，以文明互鉴超越文明冲突，以文明共存超越文明优越，为世界文明朝着平衡、积极、向善的方向发展提供助力”。“文明因交流而多彩，因互鉴而发展。”在2023年6月2日的文化传承发展座谈会上，习近平总书记再次深刻指出“中华文明的包容性，从根本上决定了中华民族交往、交流、交融的历史取向，决定了中国各宗教信仰多元并存的和谐格局，决定了中华文化对世界文明兼收并蓄的开放胸怀”。

为深入贯彻习近平总书记系列重要讲话精神，繁荣发展中国特色社会主义文艺事业，建设中国特色社会主义文化强国，落实《推动共建丝绸之路经济带和21世纪海上丝绸之路的愿景与行动》的整体部署，以及文化和旅游部相关文件精神，国家艺术基金始终坚持社会主义先进文化前进方向，通过资助关于“一带一路”的艺术创作和艺术活动，讲好中国故事，传承丝路精神，推进文化自信自强，深化文明交流互鉴，推动中华文化更好地走向世界，促进“一带一路”沿线国家和地区的文化交流与民心互通，从而凸显共建“一带一路”的初心。这是该调研报告诞生的原因，也是该成果的主要研究内容。

二、研究框架和研究方法

该报告的研究思路大致为：现状、成绩与问题。研究背景（“一带一路”及资助项目的基本概况）——实施现状（以资助促共建的具体实施）——所获成绩（共建情况的成效）——存在问题（共建情况的反思）——思考建议（推进“一带一路”共建的工作设想）。采用的是文献分析、实地考察、数据分析、专家访谈及跨学科研究等多种研究方法。

（一）“一带一路”及“一带一路”资助项目基本概况

在国家大力倡议和全面推进共建“一带一路”背景下，《国家艺术基金“十三五”时期资助规划》《国家艺术基金“十四五”时期资助规划》和“年度一般项目申报指南”中明确提出，国家艺术基金重点支持服务共建“一带一路”倡议的重大现实题材作品创作项目、围绕“一带一路”倡议策划的传播交流推广项目，强化政策引导，加强艺术基金在“一带一路”共建工作中的合力效果和推动作用。

“一带一路”主题的国家艺术基金资助项目涵盖了舞台艺术创作、传播交流推广、艺术人才培训、美术创作、青年艺术创作人才等全部资助项目类型。国家艺术基金还秉持丝绸之路精神，与“一带一路”沿线重要国家地区的文化艺术机构建立联系、加强交流、促进合作，探索开拓“一带一路”共建工作的途径与渠道。2021年起，国家艺术基金面向香港特别行政区、澳门特别行政区全面开放了一般项目申报，促进港澳特区文化艺术事业繁荣发展并参与“一带一路”的建设。

（二）以资助促共建的具体实施情况

国家艺术基金积极支持“一带一路”区域项目申报，促进丝路文旅发展；支持“一带一路”主题项目申报，推动丝路精神传承；支持“一带一路”人才项目申报，储备丝路文化力量，同时加强建立“一带一路”协调合作机制，以舞台艺术展演和美术作品展览两种形式，积极参与国际重大文化交流，在传播交流推广中提升中华文化的影响力；积极开展国内“一带一路”沿线文化交流，其中既有优秀传统艺术的展演交流，也有当代艺术新成果的集中展示，既有阳春白雪的经典再现，也有杰出的民间创造，立体展示丝路文化的光彩魅力。

（三）国家艺术基金资助“一带一路”项目获取较好成效

在国家艺术基金的引导下，以艺术语汇讲述丝路故事、彰显丝路精神，成为中国舞台艺术创作的重点，很多由此创作出来的精品力作都在国内外获得广泛赞誉，或在国内外各类评奖活动中荣获奖励。国家艺术基金资助的二十几部来自不同省份和地区、种类丰富、风格鲜明的丝路主题项目先后亮相第四届、第五届、第六届丝绸之路国际艺术节，在为观众带来视听享受的同时，也为促进沿线各国艺术交流、文明互鉴，以及“一带一路”文化和旅游发展建设，发挥了重要作用。

（四）以资助促共建的方式目前存在的短板

以整体性、发展性眼光审视国家艺术基金对“一带一路”相关项目的资助，尚存在长足的上升空间。如“一带一路”国内沿线省（区、市）文化发展不均衡，从沿海到西北内地，受资助项目数量逐步减少，香港和澳门的项目申报也显示出较大的上升空间；“一带一路”精神的弘扬和传承尚显不足，工作思路亟待拓展。

（五）增进“一带一路”共建的工作设想

一是坚持“抓当前”与“谋长远”相统一，结合艺术基金工作实际，继续关注“一带一路”主题项目，切实参与“一带一路”文化建设，推动共建“一带一路”高质量发展；二是深入开展对“丝绸之路经济带”区域和“21 世纪海上丝绸之路”沿线省份的资助政策解读，补上薄弱环节；三是继续扩大深化与丝路沿线国家和地区的文化艺术机构合作机制，加强文化交流互鉴；四是加强“一带一路”主题项目实施督导，提高资助项目的完成质量；五是扩大“一带一路”主题项目的成果运用和宣传推广，营造浓厚丝路文化氛围，推进“一带一路”建设。

三、理论创新和学术价值

本研究采取的是一种扎实、求实的研究态度，以及平实、朴素的撰写风格。观照国家艺术基金作为我国社会主义文艺事业发展方针政策的重要执行者和宣传者，是如何发挥自己的优势特长，为“一带一路”共建工作贡献力量的。以国家艺术基金资助项目的角度切入，既有真实性，又有准确性；既让人感到亲切，又令人觉得信服。整个研究过程，有案例分析，有数据支撑；有取得的成绩，也有存在的不足。不仅不回避问题，更是直面问题、分析问题、解决问题。

四、应用价值和经济、技术、社会效益

这篇调研报告的撰写不仅有利于向公众更鲜明地展示国家艺术基金在大众面前的社会形象，还有利于让大家对国家艺术基金所解读和引领的国家文艺政策有更多更深入的了解与理解，更有利于让大家对"一带一路"的合作共建工作有更直观感性的认识。而且对本课题的后续研究，以及"一带一路"的相关研究、文艺发展的相关研究、各艺术类别发展的相关研究等，都奠定了一定的研究基础，具有相当的学术价值和应用价值，相应的社会效益也不言而喻。

研究报告类

——三等奖

数字化助力湖北乡村文化旅游融合发展研究

作　　者：万小妹　余日季　李志飞　王平　许立飞等
依托单位：湖北大学
成果类别：集体成果

一、研究内容

1. 项目提出背景

党的十九大提出实施乡村振兴战略是提出本项目研究的政策背景，数字化转型助推中国经济是历史背景，湖北省大力推动乡村旅游发展、中国数字化技术的发展和疫后旅游市场的需求是现实条件。

2. 项目研究和实施的意义

湖北是农业大省，本研究创新性提出运用数字化技术推进湖北乡村文化和旅游的融合发展，在深化供给侧结构性改革、推动乡村文旅产业高质量发展、助力全面推进乡村振兴方面具有现实价值。

3. 本项目中“数字化”的核心技术

数字文化旅游的核心支撑技术主要包括：互联网、物联网、云计算、大数据、人工智能、地理信息、虚拟现实与区块链等数字化技术。

4. 湖北省乡村文化和旅游融合发展实现数字化的条件分析

湖北省地处我国中部，乡村文化和旅游资源丰硕。湖北省既是楚文化发源地，又是巴文化、土家族文化、苗族文化等多元民族文化交融地，具有博大精深、源远流长的乡村文化资源。湖北省乡村旅游资源有八大主类，单体共有至少638处，是数字化助力全省乡村文化与旅游融合发展的坚实基础条件。

5. 后疫情时代文化旅游消费市场的变化

新冠疫情给文旅行业带来巨大冲击，催生文旅消费市场多元化新需求。新冠疫情是旅游消费理念的转折点，促使旅游消费理念的变革，具体体现在文化消费和数字消费上。供需矛盾在新冠疫情期间甚至疫后很长一段时间内依然是我国旅游业面临的最主要矛盾。

6. 当前湖北省乡村文化旅游融合发展工作存在的问题

存在乡村文化和旅游资源系统梳理不够、乡村文化资源数字化网络共享与传播不够、满足旅游消费者日益增长的心理需求不够、乡村文旅资源与政府治理高效对接不够、专项规划编制不够、扶持政策制定不够、乡村文化与旅游融合发展的水平不够、人才队伍建设不够八个主要问题。

7. 数字化助力湖北乡村文化和旅游融合发展的路径

运用数字化技术多角度、全方位助推湖北乡村文化旅游高质量发展，开启新基建时代的湖北乡村文化和旅游数字化探索的新路径。

8. 数字化助力湖北乡村文化旅游融合发展的对策建议

加快建设“一码游”湖北乡村数字平台、健全完善乡村文化旅游资源数字库专区、丰富完善“一码游”湖北乡村数字平台内容、推进“一码游”湖北乡村数字平台尽快落地、加强乡村数字文化旅游专业人才培育建设。

9. 建立健全机制保障

建立健全组织机制、建立健全人才机制、建立健全政策机制。

10. 结语与展望

二、研究框架和研究方法

本研究成果基于国家支持乡村旅游和数字技术的发展政策、中国数字技术发展水平已居世界前列和数字旅游市场需求越加旺盛的三大背景条件，运用文献研究、实地调查、定性研究法、定量研究方法，根据“提出问题→分析问题→解决问题”的研究框架展开研究。首先，系统收集整理和挖掘湖北乡村特色旅游资源，梳理湖北乡村旅游的特征和发展现状，提出现如今湖北乡村文化旅游融合发展存在的问题。其次，分析后疫情时代旅游市场消费特征和旅游消费理念的变化，探究当今旅游市场的矛盾问题。最后，提出加快建设“一码游”湖北乡村数字平台，健全完善乡村文化旅游资源数字库，丰富完善数字平台内容，推进数字平台尽快落地，加强乡村数字文化旅游专业人才培育建设的对策建议。

三、理论创新和学术价值

核心观点创新如下：湖北省要顺应并驾驭“十四五”时期数字经济发展引领撬动全方位发展的关键期，在数字乡村建设的全面“布局”和重点“破局”的窗口期，扩大数字技术推广应用，抢占数字乡村文化旅游制高点，推动乡村文化旅游数字化先行省建设，助力湖北乡村文旅高质量发展。湖北省应充分发挥乡村文化和旅游资源禀赋优势，用数字赋能传统乡村文化旅游产业转型升级。

研究成果对美丽乡村建设、促进乡村振兴、巩固脱贫攻坚成果、助力湖北乡村文化旅游高质量发展、促进共同富裕方面都具有重要的意义和实际作用。

四、应用价值和经济、技术、社会效益

本研究成果创新性提出建立湖北乡村文化旅游数字平台，平台集成一个中心、两大平台、三大体系，运用数字化手段整合、展示、传播湖北乡村文化和旅游资源，运用数字技术深度促进全省乡村文化和旅游的融合发展，并以建设成为更好满足人民对美好生活的需要为核心目标的旅游数字平台为目标。由于湖北是农业大省，本研究从全面推进乡村振兴的高度，牢牢把握做好新时代乡村旅游工作是服务全省“三农”工作的总体定位，从扎实推动共同富裕的高度，提出运用数字技术深度推进全省乡村文化和旅游的融合，对于改善全省农村人居环境和促进农民增收致富将具有重要促进作用；从加快构建新发展格局的高度，建议积极推进湖北乡村文化旅游数字平台建设的落地，将在扩大内需、形成强大国内市场中发挥重要作用。本研究成果的实施将对湖北乡村旅游的高质量发展和促进全面推进乡村振兴产生实际效益和作用。成果预期会在全国产生示范效应，并为湖北省“建成支点、走在前列、谱写新篇”做出实际贡献。

2021—2022 云南 129 县（区）旅居风向标

——云南省旅居发展研究报告

作　　者：杨晓　蒙睿　杨晓旭　潘龙宇　张冬等
依托单位：云南省旅游规划研究院
成果类别：集体成果

一、研究内容

（一）旅居概念

从旅居者角度来解释是，指一年之内在一个旅游地停留七天以上称为旅居，可分为养老旅居者、度假旅居者、生活方式型旅居者三类；学术研究应从心理特征、文化特征、行为特征、动机特征四个维度对旅居者进行辨析。当前旅居业态主要依托旅居小镇、乡村、旅居社区形成集旅游、休闲、度假、康养、商务、创业等综合功能。

（二）云南省旅居现状研判

云南旅居发展呈现旅居人群多元化和旅居模式的多样化。西双版纳是重要的候鸟养老旅居目的地，大理成为全国有代表性的艺术旅居目的地。主要特点和趋势如下。

（1）云南有避寒和避暑双重优势，当前避暑旅居优势大于避寒旅居。

（2）旅居者以云南热门旅游城市为中心向周边乡镇扩散，由生活成本高的城市向生活成本低的地区扩散。

（3）呈现由养老旅居为主向生活方式型旅居发展趋势。

（三）云南省县域旅居适宜度评价

研究提出构建了“旅居适宜度”指标，从自然环境舒适度、文化旅游吸引力、旅居产品供给力、旅居服务保障度四方面搭建了指标体系，对云南 129 县进行分析评价，形成了云南县域旅居排行榜。

云南旅居适宜度指数高的县区整体画像为：日照时数均位于适宜值 2200 时 / 年以上，全年最舒适月份达到 8~12 个月，空气质量综合指数在 3 以下，空气质量优良天数平均达 352.5 天，国家 3A 级旅游景区数量平均为 3.6 个，度假区数量平均为 0.8 个，旅游名镇、名村数量平均为 3.9 个，省级以上非遗数量为 5 项，文保单位数量平均为 7 个；三星级及以上酒店数量平均为 182 家，民宿数量平均为 428 家。

研究概括，云南县域旅居发展整体特征呈现以下特点。

（1）空间分布：主要分布于滇中和滇西北地区。

（2）类型判断：整体呈现“文化旅游指向型”。

（3）业态特征：民宿和地产是旅居住宿业态的主力。

（4）阶段趋势：呈现资源、区位驱动—城市品牌—业态繁荣—复合发展的基本路径。

（四）云南省旅居发展存在的主要问题

云南省旅居发展的共性问题主要有以下几方面。

（1）气候和旅居成本优势没有形成“卖点”。

（2）文旅品牌没有带动形成城市品牌。

（3）旅居产品供需错配。

（4）康养业态和服务的缺位。

（5）城乡人居环境和设施体系薄弱。

（五）推动云南旅居发展的对策建议

基于全省角度，从以下几方面提出对策措施。

（1）优化空间布局，构建“综合 + 特色”型旅居体系。

（2）培育康养产业，促进康养与旅游的业态融合。

（3）促进业态集聚，推动旅游地产向旅居运营转型发展。

（4）完善人居环境，构建“主客共享”设施配套体系。

（5）建立对话机制，推动旅居人才参与本地发展。

（6）探索政策创新，分类开展城市和乡村旅居试点。

二、研究框架和研究方法

（一）研究框架

按照提出问题—研究分析—提出对策—成果转化的思路开展。

（1）提出问题。

基于云南省旅游现状提出问题：什么是旅居、支撑业态是什么、哪些县区适合发展旅居、如何有效推动产业发展。

（2）研究分析。

以文献研究法归纳旅居概念及理论基础，通过实地调研研判云南省旅居者特征、旅居业态和旅居目的地现有现状，定量评价云南省129县市区旅居适宜度。

（3）对策建议。

结合专家咨询，从空间布局、产品业态、设施配套、试点示范等方面提出对策措施。

（4）成果转化。

一是形成全省129县市区旅居适宜度排行榜单进行发布；二是形成决策咨询报相关部门参考，与企业合作进一步转化研究成果。

（二）研究方法

（1）实地调研法。

调研了昆明市、西双版纳州、楚雄州、德宏州旅居情况，调研民宿、公寓、房地产、养老社区等项目30多个，访谈50余人次，掌握第一手数据。

（2）定量分析法。

构建了旅居适宜度指标体系，运用熵权法对云南129县市区的旅居适宜度进行了定量评价。

（3）专家咨询法。

对旅居适宜度指标内容和指标权重征求了专家两轮意见，并于2022年5月和9月两次召开专家咨询会，对成果征求专家意见。

三、理论创新和学术价值

（一）理论创新

（1）研究基于县域尺度，提出了“旅居适宜度”这一指标，尝试构建旅居目的地评价体系，丰富了旅居内涵。

（2）观点创新：不同于游客以消费为主，旅居者参与了本地发展，将旅居者和本地居民简化为经济关系将加深“主客”矛盾。云南为少数民族聚集地区，应建立良好的旅居人口管理和引导措施，促进“主客”价值共创，增进民族交流、交往、交融。

（二）学术价值

课题提供了云南研究样本。目前学术界对候鸟养老旅居研究较多，但缺乏不同地区、不同类型的翔实数据和研究案例。本研究为学术界开展旅居研究提供云南数据和云南案例。

四、应用价值和经济、技术、社会效益

（一）应用价值

（1）推动政策制定。研究成果转化为咨询决策已报省文旅主管部门；该成果形成了《关于大力发展我省旅居业的建议》，由民进云南省委在云南省政协十三届一次全体会议上作为省级重点提案提出（第 13010161 号），由云南省领导领办和督办，云南省文旅和自然资源主管部门正在研究制定推进云南旅居发展的相关政策。

（2）产生学术宣传效应。该报告内容中的云南 129 县市区适宜度旅居排行榜，发布后将引起行业对云南旅居的关注，形成学术宣传推广云南的效果。

（3）指导企业发展。以本研究为基础，芒市伟创汇金置业有限公司与云南省旅游规划研究院联合成立了旅居产业研究联合实验室，后续将深化研究，将成果运用到傣族古镇等项目发展。

（二）经济效益

傣族古镇项目在业务方向、产品优化上吸收了本研究成果。基于此，芒市伟创汇金置业有限公司与云南省旅游规划研究院共建了旅居产业研究联合实验室，于 2022 年 5 月 19 日挂牌成立，进一步推动科研转化为市场效益。

（三）社会效益

（1）提升社会对旅居的认识。课题组对旅居的研究较早，并在 2022 年云南省咖啡产业发展大会、云南省学术委员会年会上进行成果发布、开展研讨，逐步获得了业内专家、企业、政府人员的共识，引起了省内更多科研人员对旅居的研究。

（2）服务于旅游产业发展。本研究形成的提案《关于大力发展我省旅居业的建议》，目前由云南省文化和旅游厅、自然资源厅办理，已组织开展了调研，正在制定相关政策，并将“大力发展旅居产品”列入云南省文旅康养产业发展实施方案中。

（3）团队将持续深化研究。2023 年，研究团队持续深化旅居研究，选题《“有一种叫云南的生活”理念下推动乡村旅居业态发展研究》被列入云南省文化和旅游厅调研选题清单中。

广东省建设粤港澳大湾区世界级旅游目的地的基础与条件

作　　者：徐红罡　刘逸　左冰　毛子丹　孟令坤等
依托单位：中山大学
成果类别：集体成果

一、研究内容

本研究将粤港澳大湾区作为整体区域，对粤港澳大湾区与全球三大湾区的旅游业发展进行比较研究。研究从旅游产品、旅游市场与形象、旅游产业、旅游人才培养四个方面对比了粤港澳大湾区和纽约湾区、旧金山湾区、东京湾区四个世界级湾区旅游业发展现状。发现大湾区以主题公园、会展旅游和文旅地标为核心吸引物引发全球游客关注，具备一定的特色优势，内部可达性和行业整体规模已经超越其他三个湾区，但在旅游吸引力、品牌知名度、服务质量和全球化水平等方面，与三大湾区存在一定的差距，旅游服务品质尚未达到国家标准，仍然有待提升；国际旅游市场对大湾区关注度不足，大湾区外国游客接待能力有待进一步提高。

本研究指出大湾区旅游发展的破局思路有认清使命、勇于担当，顺势而为、扬长避短，面向未来、积极创新，区域统筹、合理协作四点。基于破局思路，立足湾区使命要求，结合自身优势特点，顺应时代潮流，在建设粤港澳大湾区世界级旅游目的地的核心战略上本研究报告认为有三点可以突破。

首先，大湾区建设的使命任务要求我们在湾区文明风貌展现、新时代科技突破和时代风尚引领方面有所工作，旅游业作为湾区建设的重要方面，需要积极回应上述使命，并结合旅游在对外展示、文化传播、友好包容等方面的优势，贡献独特力量。其次，大湾区培育了世界领先的科技企业和产业集群，在通信技术、互联网技术等方面走在了世界的前列，吸引着世界的目光，这正是大湾区培育世界级旅游目的地的核心竞争力所在，我们要充分发扬这一优势。最后，纵观全球旅游市场的需求新动向，参考其他湾区的成功经验，时尚新潮趣味的娱乐和生活方式已经成为全球游客共同追求的核心体验，我们要主动迎合这一时代浪潮，湾区在这些方面已拥有发展基础，通过针对性的提升，大湾区可以更快成为宜居、宜业、宜游的高品质人类生活聚集区。

因此，建设大湾区世界级旅游目的地，需要围绕文明、科技和时尚三大主题，这是建设粤港澳大湾区世界级旅游目的地的根本使命、必然方向和核心手段。

二、研究框架和研究方法

本研究报告汇集了大湾区的 11 个城市、纽约湾区的 31 个县、旧金山湾区的 5 个区域、东京湾区的东京、横滨、川崎等地的城市基础数据。

第一，整理基础资料，概括总结四大湾区的区位特征、资源禀赋；

第二，产业经济方面，收集四大湾区国内、国际旅游规模数据和旅游产业贡献情况，分析旅游核心产业中餐饮类、住宿类、生活类、娱乐类、观光类 POI 的发展规律和空间结构，进行现状挖掘；

第三，结合特色优势产业——会展的相关数据，对湾区进行机遇、挑战和趋势的分析；

第四，市场现状方面，收集 2013—2020 年间湾区的市场规模、谷歌趋势和景点评论，进行客源市场结构、潜在市场热度和市场形象的相关分析；

第五，环境现状方面，在自然环境、政策环境、经济环境和文化环境等方面分别进行数据收集和政策梳理。

四维研究框架如下。

核心旅游产品：梳理旅游产品谱系，重点对主题公园、会展旅游和文化旅游等方面进行比较分析。

旅游市场与形象：比较四大湾区的旅游人数、旅游收入和外国游客占比，对客源市场结构与偏好、潜在市场热度和市场形象方面进行探索。

旅游产业：通过米其林餐厅数量、星级和餐饮业附加值衡量四大湾区餐饮业发展现状，以住宿业规模、酒店价格水平结构及酒店效益对比大湾区与其他湾区住宿业发展的差别，以航空运输、轨道交通、路网密度比较四大湾区交通业情况，选取与城市娱乐生活关联紧密的娱乐休闲设施和购物中心数量，分别对旅游娱乐业和旅游购物业进行分析。

旅游人才培养体系：从整体教育水平和旅游休闲人才培养等方面对四大湾区的旅游人才培养体系进行比较分析。

三、理论创新和学术价值

本研究的理论创新在于将粤港澳大湾区作为一个整体，结合湾区的定位和发展特点，提出了以核心旅游产品、旅游市场与形象、旅游产业、旅游人才培养体系为核心的四维分析框架，与世界上另外三大湾区的旅游业进行比较分析，系统、客观、准确地揭示了四大湾区旅游业的差距。

本研究的学术价值在于通过对世界旅游发展新趋势的研判，揭示全球四大湾区的发展规律，提炼动力机制，为广东省研判大湾区发展趋势、制定产业扶持政策提供基础理论支撑；通过对大湾区旅游产业发展的优劣势做出了全面客观的判断，对所面临的机遇和挑战进行准确的解析，为大湾区制定针对性措施、整体战略定位、空间布局和近期建设重点提供核心决策支持。

四、应用价值和经济、技术、社会效益

本研究核心观点最终被广东省委宣传部采纳，融入大湾区建设成为世界旅游目的地的政策文件中。本研究的主要内容整理成为《粤港澳大湾区与全球三大湾区旅游业发展比较研究》一文，出版了《粤港澳大湾区蓝皮书——粤港澳大湾区旅游业发展报告（2022）》蓝皮书，获评第二十三次全国皮书年会第十三届“优秀皮书报告奖”一等奖。

江西省县域文化和旅游高质量发展相关政策制定的建议

作　　者：李志强　罗萍　钟家雨
依托单位：江西科技师范大学
成果类别：集体成果

一、研究内容

（一）文化和旅游高质量发展本质内涵与核心要素

文化和旅游高质量发展是以满足人民群众对文化和旅游的多层次需要为目标，以提高人民群众对文化和旅游发展的满意度为要求，以文化和旅游资源的保护、传承、创新、可持续发展为基础，以文化和旅游供给侧结构性改革为主线，加快转变文化和旅游发展模式，发挥文化赋能、旅游带动的作用，不断提升文化和旅游产业的贡献度、惠民度，实现区域文化和旅游创新发展、特色发展、融合发展和优质发展。

“文化和旅游高质量发展”主要包括文旅惠民度、满意度、产业贡献度、遗产活化度四个核心要素。

（二）“风景独好”旅游名县的概念及评价的主要指标

“风景独好”旅游名县主要是指旅游品牌特色鲜明、产业实力雄厚、基础设施完善、发展环境优良、服务水平良好、综合效应突出，在国内外具有较高知名度、美誉度和影响力的县（市、区）。主要评价指标包括县域旅游发展机制、县域旅游发展水平、县域旅游设施、县域旅游品牌体系、县域旅游美誉度五个方面。

（三）江西省革命文物保护利用示范县的基本要求及测评体系

革命文物保护利用示范县的基本要求主要包括：革命文物资源禀赋良好；革命文物工作基础扎实；革命文物保护水平较高；革命文物传承运用成效显著；革命文物品牌形象突出五个方面。相对应地从革命文物资源禀赋、革命文物工作基础、革命文物保护水平、革命文物传承运用、革命文物品牌形象五个方面构建测评指标体系。

二、研究框架和研究方法

本研究成果是以“江西省县域文化和旅游高质量发展相关政策制定的建议”为题，围绕县域文化和旅游高质量发展相关政策制定的目标要求、核心要素、指标体系等，采用文献研究法、实地调研法、专家意见咨询等方法开展研究，具体框架如下。

第一部分是本建议提出的背景，分析了江西省县域文化和旅游高质量发展相关政策制定的背景材料；第二部分是厘清文化和旅游高质量发展的本质内涵与核心要素；第三部分是对江西县域文化和旅游高质量发展相关政策制定的具体建议；第四部分是本建议的总结。

三、理论创新和学术价值

（一）理论创新

本研究成果明确了“旅游名县”“革命文物示范县”的本质内涵，有助于区别以往的旅游特色县、旅游强县、革命文物大县等概念，凸显旅游名县、革命文物示范县的产业导向与文物活化，更强调游客视角和市场效益，为今后旅游名县、革命文物示范县的相关研究工作澄清了概念，奠定了基础。

（二）学术价值

在本研究成果基础上制定的相关文件构建了文化和旅游高质量测评指标体系，始终以人民利益为出发点与落脚点，分别从群众满意度、产业贡献度、文旅惠民度及文化遗产活化度等角度设计评价指标，重申了文旅深度融合发展的指导思想，拓宽了文化和旅游发展研究视野。

四、应用价值和经济、技术、社会效益

（一）应用价值

（1）在本研究成果的基础上制定的《江西省革命文物保护利用示范县创建管理办法》是全国首个针对县域革命文物保护利用工作进行示范指导的专项文件，首次提出了革命文物保护利用示范县的概念，构建了省、市、县三级联动、部门互动、社会力量参与的示范县创建工作矩阵。

（2）在本研究成果的基础上制定的《关于开展“风景独好”旅游名县建设的实施意见》是江西省首个针对县域旅游经济社会发展的指导性文件，作为“江西风景独好”著名品牌的核心产品，江西省政府将对获批单位给予1000万元的资助奖金，并对其相关发展举措予以优先扶持，将有利于形成县域旅游发展比学赶超的良好局面。

（二）经济、技术、社会效益

1. 颁布实施情况

本成果的社会反响主要体现在受江西省文化和旅游厅委托上，本团队拟定的《关于开展“风景独好”旅游名县建设的实施意见》和《江西省革命文物保护利用示范县创建管理办法》，分别于2022年4月29日和3月31日颁布实施，到目前为止已评出旅游名县10个，革命文物保护利用示范县创建单位10个，各地参评热情高涨，已产生良好的社会反响。

2. 宣传报道情况

《人民日报》、文化和旅游部官网、国家文物局官网、中国青年网、《江西日报》、江西省人民政府官网等高级别官媒及省内外数十家媒体对“风景独好”旅游名县、革命文物保护利用示范县的相关内容进行了报道，一致认为这两项工作是江西推进文化和旅游高质量发展的重要举措，将为建设文化强省、旅游强省奠定扎实基础，相关内容对其他省份有借鉴意义。

3. 接受新闻采访

本研究主持人作为《关于开展“风景独好”旅游名县建设的实施意见》的第一起草人，并担任“风景独好”旅游名县评选工作主要评委，因其深厚的理论功底、扎实的专业素质、客观的评选态度广受好评，接受了宜春市文化广电新闻出版旅游局的采访，并对宜春创建“风景独好”旅游名县工作予以肯定。

山西省推动特色民宿发展的政策研究

作　　者：邵秀英　刘丽娜　耿娜娜
依托单位：太原师范学院
成果类别：集体成果

一、研究内容

本研究从山西省民宿发展实际出发，分析了山西省民宿业从农家乐阶段到“三个人家”特色民宿阶段的发展历程，总结了山西特色民宿的现状特点，并从民宿发展带来的问题和制约民宿发展的问题两个方面总结了山西民宿发展的政策需求。在梳理总结德国、日本及我国台湾地区和浙江省民宿发展的政策管理经验的基础上，研究设计了由管理体制机制、约束性政策和激励性政策共同构成的民宿发展政策体系，提出了民宿发展的具体政策建议：①提出政策目标：建立政府引导、市场主导的特色民宿经营发展管理的长效机制，培育村委、村民、社会资本等民宿开发经营多元主体模式，推进民宿高质量发展与主客共享。②提出对接国家战略，加强顶层设计；多部门协同管理，落实“一业一证”改革方案的政策管理。③约束性政策包括：完善民宿业配套制度、科学调整民宿准入条件、完善民宿评定标准等。④激励性政策包括：民宿用地、财税和金融、人才保障以及分级分类政策。

二、研究框架和研究方法

（一）研究框架

一是问题导向下提出针对性政策建议，从民宿业发展现状出发，发现问题，针对存在的问题提出解决问题和突破制约的政策措施（针对民宿市场出现的问题提出约束性政策措施，针对制约民宿发展的问题提出激励性政策措施）；二是在国家战略指引下探索解决实际问题，推动民宿业发展是“2022 年中共中央一号文件”提出的重要内容，结合民宿业发展现状，从实际出发寻求推动民宿发展的政策措施，以更好地落实国家发展战略。

（二）研究方法

一是理论分析与案例研究相结合，从实际典型案例发现普遍性问题；二是引入利益相关者研究框架，从政府、民宿业主、游客与研究者多方参与角度分析；三是运用公共管理理论，开展政策力研究。

三、理论创新和学术价值

从民宿业发展实际出发把准问题，发现问题；从政策体系的角度提出政策方案，设计了由管理体制机制、约束性政策和激励性政策共同构成的民宿发展政策体系，民宿发展不仅需要激励也需要约束，既要符合法律法规要求，又要解决实际问题；进行了案例研究，通过比较国内外民宿发展政策经验，为山西省民宿发展政策研究提供借鉴和启示。

四、应用价值和经济、技术、社会效益

为山西省政府部门掌握了解山西省民宿发展现状问题提供基础研究；报告中的国内外案例分析可为民宿业主提供一定借鉴；报告中的政策研究与对策建议能够为各级政府乡村民宿发展提供决策参考与对策指导，对山西省民宿业发展具有现实指导意义；该研究针对山西“三个人家”特色民宿特点，提出了由政策目标、约束性政策和激励

性政策构成的民宿发展政策体系和具体政策建议，对其他地区的民宿政策研究具有一定的借鉴，有利于山西民宿发展经验的政策推广。

该研究报告被山西省政府发展研究中心采纳，刊发于《山西决策建议》专报 2022 年第 28 期，并得到时任山西省副省长张复明肯定性批示。同时，该研究报告获 2022 年度山西省政府重大决策咨询课题“优秀奖”。